A Brief History
of
the Common Law

普通法简史

〔英〕哈利·波特 著

武卓韵 译　周大伟 审校

HARRY POTTER

北京大学出版社
PEKING UNIVERSITY PRESS

LAW, LIBERTY AND THE CONSTITUTION: A BRIEF HISTORY OF THE COMMON LAW
Copyright © Harry Potter 2015
Simplified Chinese edition copyright © 2022 PEKING UNIVERSITY PRESS
Published by arrangement with BOYDELL & BREWER LIMITED
All rights reserved

献给阿尔菲

目 录

插图说明   001
序　言   001

第一部分　创制：公元600—1500年

第1章　盎格鲁-撒克逊时期法律的发布   003
第2章　盎格鲁-撒克逊时期法律的实施   017
第3章　诺曼枷锁？   029
第4章　亨利二世和普通法的创设   045
第5章　贝克特和神职罪犯   053
第6章　亨利二世的成就   065
第7章　大宪章   075
第8章　从神明裁判到陪审   085
第9章　法律神鹰   091

第二部分　冲突：公元1500—1766年

第10章　国王的良心，法官的脚   107
第11章　星室法庭：让英格兰沉默   115
第12章　酷刑逼供   123
第13章　令状和自由宪章   131

第 14 章	"王是法律"对"法律是王"¹:爱德华·科克爵士	137
第 15 章	俄狄浦斯时刻:查理一世大审判	153
第 16 章	生而自由的约翰	171
第 17 章	从王朝复辟到光荣革命	181

第三部分 转变:公元 1766—1907 年

第 18 章	英格兰的纯洁空气	199
第 19 章	暴民的威胁	215
第 20 章	重罪犯恐惧症	229
第 21 章	加罗律师?	235
第 22 章	西塞罗之舌:托马斯·厄斯金	243
第 23 章	自由乐队的指挥:亨利·布鲁厄姆	259
第 24 章	平静的篝火:皮尔、公共保护和警察	267
第 25 章	疯癫与法律	277
第 26 章	险境面前无法律	289
第 27 章	律界阿波罗:爱德华·马歇尔·霍尔	303

第四部分 法治:公元 1907—2014 年

第 28 章	"阿道夫·贝克的殉难"和刑事上诉法院的建立	313
第 29 章	为安全牺牲自由	321
第 30 章	纽伦堡和诺曼·伯基特	333
第 31 章	是非与权利	345
第 32 章	堕落和腐败:亵渎、淫秽和奥斯卡·王尔德	351
第 33 章	命悬一"线"	371

第34章 卡特福德谋杀案	**383**
第35章 法治受到威胁？	**389**
略语表	**399**
注　释	**401**
参考文献	**431**
索　引	**439**

插图说明

图1:《埃塞伯特和圣奥古斯丁》(Aethelbert and Augustine),伯纳德·伦斯(Bernard Lens)绘制。现藏伦敦国家肖像美术馆(National Portrait Gallery)。

图2:《亨利二世和托马斯·贝克特》(Henry II and Thomas Becket),约瑟夫·斯特拉特(Joseph Strutt)绘制。现藏伦敦国家肖像美术馆。

图3:蚀刻在英国最高法院图书馆门上的文字,引自《大宪章》。已获该图书馆许可使用。

图4:《1730年的威斯敏斯特厅》(Westminster Hall c. 1730)。现藏中殿荣誉协会(2014年)。

图5:《1671年圣殿景观》(A View of the Temple in 1671),此时约克公爵詹姆斯(即后来的詹姆斯二世)也是内殿学院的成员之一。现藏中殿荣誉协会(2014年)

图6:《爱德华·科克爵士》(Sir Edward Coke)。作者藏品。

图7:《弗朗西斯·培根爵士》(Sir Francis Bacon),雕版画,西蒙·德·帕斯(Simon De Passe)制作,年份不详。现藏格雷律师学院。承蒙格雷律师学院主事人员的慷慨协助。

图8:《查理一世大审判》(Trial of Charles I),雕版画,根据1684年伦敦出版的约翰·纳森所著《高等法院对查理一世王审判的真实记录》(John Nalson, A True Copy of the Journal of the High Court of Justice for the Tryal of K. Charles I)制作。作者藏品。

图9:《约翰·李尔本》(John Lilburne),作者佚名。现藏伦敦国家肖像美术馆。

图10:《威廉·布莱克斯通爵士》(Sir William Blackstone)。现藏中殿荣誉协会(2014年)。

图11:《曼斯菲尔德勋爵》(Lord Mansfield),弗朗西斯科·巴尔托洛齐(Francesco Batolozzi)绘制。现藏伦敦国家肖像美术馆。

图12:《托马斯·厄斯金》(Thomas Erskine),R·伍德曼(R. Woodman)根据约翰·霍珀(John Hoppner)的一幅画作雕刻。作者藏品。

图13:《审判卡洛琳王后》(The Trial of Queen Caroline),乔治·海特爵士(Sir George Hayter)绘制于1820年。现藏伦敦国家肖像美术馆。

图14:《罗伯特·皮尔》(Robert Peel),托马斯·劳伦斯爵士(Sir Thomas Lawrence)绘制。作者藏品。

图15:《爱德华·马歇尔·霍尔》(Edward Marshall Hall),文森特·布鲁克斯(Vincent Brooks)绘制,刊于1903年《名利场》(*Vanity Fair*)。作者藏品。

图16:《大法官罗伯特·杰克逊和大卫·马克斯韦尔–法伊夫在纽伦堡》(Associate Justice Jackson and David Maxwell-Fyfe at Nuremberg)。作者藏品。

图17:《御用大律师诺曼·伯基特》(Norman Birkett KC),刊于1929年5月22日《笨拙》杂志(*Punch*)。作者藏品。

图18:《范·德·艾尔希》(Mrs Van Der Elst)。作者藏品。

序　言

你们这些律法师有祸了！因为你们拿去了知识的钥匙。

——《路加福音》11:52

所有绅士和博学之士……都应拥有足够的法律知识，这是教化开明和礼仪中……非常有用的东西。

——威廉·布莱克斯通:《英格兰法律评论》
(William Blackstone, *Commentaries on the Laws of England*)

1　　一天,英国广播公司(BBC)找到我,希望我像其他律师那样,在电视上做一档节目,谈一谈英格兰的法律历史。他们把节目取名叫《奇怪案例》,但当时我对这档节目要讲些什么内容毫无头绪,于是便开始努力地补课。在补课过程中,我逐渐意识到,法律的历史故事应当被更多的人了解和熟悉。为了翻越法律枯燥的知识壁垒,需要一部简明扼要、生动有趣、摒弃拗口术语同时又涵盖关键知识的法律史。这本书就是这种尝试的成果:它没有前无古人的创新,但为讲述法律史提供了新的角度和路径;它将前人成果蒸馏浓缩,提供给受过教育的普通人。这种类型的法律史并不常见。它无疑是一篇对普通法制度的颂词,但也不乏说理辨析。同时,那些不吝褒奖的赞扬辞藻,在涉及公法领域时,似乎更像一曲挽歌。

英格兰是受法律规制的国家:议会制定法律、法院执行并解释法律、公民作为整体遵守法律。人们追求的是正义:它超越了法律刻板文字构成的坚硬外壳;它不偏不倚、公正无私,由赋予众望、无所畏惧地捍卫法律和权利的法官,和那些独立、按照自身判断作出裁定的陪审员们落到实处。英格兰的法律、司法程序、司法体系、陪审团制度,以及对法治下自由、平等和公正的保护,在世界范围内都受到了认可。

英格兰的"普通法"一点都不普通,这至少体现在两个方面。第一,与议会立法不同,普通法的法律并不是由普通民众或者社区创造的,而是由国王及其司法机关制定的;第二,普通法制度绝不"普遍",相反,它的起源和发展都是独一无二的。当然,这套制度虽然产生于英格兰,但并非与世隔绝——就像它在欧洲大陆的强大对手罗马法或大陆法一样,它起初通过帝国及其殖民手段,尔后又因其内在优势逐渐扩散到全世界。这本身就体现了它内在的规律。

2　　这本书讲述了一个设计之初用以限制血亲复仇、解决土地争端,并为早期定居的日耳曼和斯堪的纳维亚殖民者划定基本规则的制度,如何一步步发展为也许是世界上最复杂的法律体系的故事。英格兰普通法的源头可追溯到盎格鲁-撒克逊时期,发端于这座岛屿的海边。虽然日耳曼和北欧的实践在早期曾对普通法有一定影响,但它本身与罗马法或大陆法相交甚少。英格兰位于欧洲的边缘,但毕竟是独立的岛屿;尽管被一批又一批欧洲大陆人占据,但一直保持和延续了与欧洲大陆的分隔。无论是好是坏,英格兰的普通法在英格兰的土地上甚为普通,但在欧洲大陆并非如此。

得益于它的公平公正、对个体权利的保护、将制度化的程序和遵循先例的原则相结合,以及有律师等专业人士和普通大众通过陪审员制度的共同积极参与,普通法成为世界范围内法律制度的榜样。

普通法在英国之所以成功,是因为它从未将已经定型的法律条文生搬硬套在整个国家。相反,普通法产生于本地习俗,由国王和法官将其逐渐锻造为国家法律,在共识和强制的基础上树立了权威,在长达几个世纪的漫长时间里应对不断变化的环境,且在此过程中变得越来越复杂。可以说,普通法的本质是保守而非革命的。它总是回望旧有的习俗,依靠已有的案例作为锚点,向先人的智慧致以敬意,并用其解决当下的问题。

法律这个单词的两个含义*都很重要。但对于英格兰社会,法治的理念才是根本。法治像血管一样贯穿了整个国家叙事。它生命力强大且适应力强——当然,这更像是不得已而进化出的能力,因为自中世纪以来,普通法从未缺乏对手,不得不持续面对各种挑战。

---

* law 一词在英文中既有"法律"的含义,又有"定律"的含义。——译者注
本书脚注均为译者注,以下不再逐一标明。

1470 年,凯茨比高级律师*宣称普通法自创世以来就一直存在。这当然是夸张的说法。十七世纪时,出于政治目的,议员和律师将普通法描述为自"诺曼枷锁"前便已存在的一套制度,而不是由当下王朝所创造,希望借此古老传统维护普通法的地位。实际上,英格兰普通法的基本元素可以上溯到盎格鲁-撒克逊时代的君权能动主义阶段。到十二世纪时,再由君主将零散的元素锻造成一套强大的司法中央集权制度。这套皇家司法制度发展出一套能在整个英格兰普遍适用的规则,与五花八门的地方习俗并不完全一致。至此,普通法意味着"一套国王的法庭制定的法律,它适用于所有的自由民众,在民事程序中民众可以根据自己的意愿选择适用,在严重的刑事案件中则强制适用"。[1] 这套统一法律制度的诞生远早于欧洲其他任何国家。背后的原因,或许是由于在公元 1000 年至 1200 年这段关键时期,英格兰国王的权力远远大过欧洲其他国家的同行。一个小岛加一个强力君主,决定了普通法能够得以施行。

　　有观点认为,普通法制度"不仅是英格兰的荣耀之一,甚至是中世纪最重要的遗产"。[2] 赞颂者们还用了各种各样的比喻来赞美普通法:一条众多溪流汇聚而成的江河;一棵根深叶茂的巨树;一座肥沃多产的花园……但有一个比喻更加贴切:普通法最初由王室孕育和抚养,但到了十七世纪,这位王室的后代像俄狄浦斯一样拥有了压制生父的能力,并最终成为弑君者。此后,普通法与它的继父之间保持了一种牢骚不断的关系。而这位继父就是君权衣钵的继承

---

* 高级律师(Serjeant)是早期英格兰律师界的最高阶层。中世纪时,高级律师是司法界的领导者,由在法官面前进行辩护工作的群体发展而来。17 世纪时,其地位受到了皇家大律师(King's Counsel)的冲击。高级律师的头衔可能由诺曼人引入,当时他们并非现代意义上的律师,只是王室负责法律事务方面的臣僚,可以担任多种职务。

引用来源:http://lawyer.get.com.tw/Dic/DictionaryDetail.aspx? iDT = 76652,查阅日期:2019 年 9 月 23 日

者——议会。

土地法、合同法或侵权法这样的主题和领域都非常重要,但这本书不可能面面俱到。我在本书中会将注意力集中于与宪法、刑事法理学和公民自由领域相关的法律演化、案例及其特色。我会按照年代详略得当地讲述自盎格鲁-撒克逊时代至1215年的法律创制和发展。然后按照主题去介绍普通法此后的变化和挣扎,其中包括十七世纪那些重大的宪法冲突、兴盛的辩护制度、杰出的法律实践者以及与蓄奴、癫狂、淫秽和司法不公相关的奇怪案例。最后,我会将目光延伸到国际舞台,关注战犯审判、人权保护等主题,与强制道德主义、国家紧急状况、对恐怖主义的过激反应等威胁法治与自由的问题并列讨论。本书的总结部分将会涉及这套制度(尤其在刑事司法方面)所面临的困难和挑战。

"普通法"一词在历史上有过许多含义。最初,由于基督教在不同地区的习俗和实践存在差异,教律学家用它指代具有普遍性的教会规则。到了英格兰,当世俗社会削弱教会权力后,它被用来指代由法官创制而得以普遍适用的不成文法律规则,并以此与其他地方习俗、成文法或其他国家的法律相区分。与基于罗马法和成文法典的大陆法不同,任何普通法制度(例如以英格兰普通法为源头的美国普通法)均主要由法官根据先例发展而成。它灵活、包容且具有延展性。即便是出于弥补普通法缺陷而发展起来的衡平法,亦由同一个法院来管理,因此也深刻融入普通法制度之中。

4

这些不成文的法律与成文的法典紧密结合又相互迥异。人们把法官创制的法律称为"在议会许可和监督下的从属立法"。[3]长期以来,尽管成文法在创造和振兴法律方面的成就超越甚至取代了普通法先例,但它们在解释和执行层面仍然遵循普通法的基本原则。那些最为根本和基础的原则——通过公正的法官获得公正审判的权利、在刑事领域通过同侪陪审团审判的权利等——并非来源于议会,而是来自从古至今的普通法先例。

如今,议会的权威——由国王、贵族和下院所组成——取代了王室的权威。它脱胎于一系列综合的因素:十七世纪的宪政动荡,普通法制度[4],议会对自身权威的主张,以及对此观念的长期认同和坚持。这套制度并非凭空自然产生,而是经历了政治和司法的构建,效果显著。伟大的宪法学者戴雪(Albert Venn Dicey)为这一宪制安排作出了无与伦比的贡献。他在维多利亚女王(Queen Victoria)的太平盛世中宣称:"议会可以做所有的事情——除了让男人变成女人或让女人变成男人——这是所有英格兰律师都应当遵守的基本原则。"[5] 当然,随着变性手术的发展,如今就连这一例外也不再是议会不可碰触的议题。

事实上,即便是议会亦不可超越普通法。即使在今天,议会也不可能以立法破坏公平、自由、平等和正义等基本原则——这是无法想象的。如果议会变成一个暴君,超过其权力无形无声的边界(例如立法宣布红头发非法,或宣布囚禁所有锡克教教徒,或剥夺民众获得公正审判的权利),尽管这些法律理论上仍将通过法院执行,但必然导致宪法危机,因为法官会以这些法律违反普通法的权利和正义原则而拒绝执行。正如一位伟大的英格兰法学家经常说的那样:"无论你身处何位,法律总在你之上。"[6] 它同样适用于议会。

英格兰的普通法,无论存在多少缺陷,但保障了基本的正义和自由。就这方面而言,它可以和英国在艺术、科学方面所取得的伟大成就相提并论。接下来,请听我讲述它的故事。

第一部分

创 制

公元600—1500年

第 1 章

盎格鲁-撒克逊时期法律的发布

信奉基督之人不应被微不足道的原因判处死刑;为了全体人类之福祉,应当创设仁慈的刑罚,以使由上帝创造并珍视的渺小生物不至于被彻底毁灭。

——伍尔夫斯坦主教:《埃塞尔雷德法典(五)》
(Archbishop Wulfstan, Aethelred's Code V)

复仇是一种野蛮的正义,人类的天性越是趋向它,法律就越是要清除它。

——弗朗西斯·培根:《论复仇》
(Francis Bacon, 'Of Revenge')

在这片被后世称为英格兰的土地上,盎格鲁人和撒克逊人只能算外部入侵者之一。与他们一样入侵并定居于这片土地上的,此前已经有罗马人,往后还会有维京人和诺曼人。大约公元五、六世纪时,盎格鲁人和撒克逊人从如今的德国一带迁徙而来,并建立了星罗棋布的众多王国,其中最著名的包括肯特、威塞克斯、东盎格利亚和麦西亚等。人们通常以为,盎格鲁-撒克逊法律是这个民族渴望自由的集中体现,而非王室权力的延伸;人们还认为,它虽然根植于英格兰,但同时也是日渐衰落的日耳曼人历史的余音,并且自埃塞伯特法典诞生到亨利一世(Henry I)时代的五百年间几乎从未改变。[1] 但这些看法至少在两个方面都是错误的。

首先,尽管凯尔特人和罗马人对诺曼征服之前的英格兰法律几乎没有什么贡献,而且早期的盎格鲁-撒克逊法典(尤其是肯特和威塞克斯的法典)很大程度上要归功于它们的日耳曼渊源,但这些法律自创立之初就从未故步自封。它们不仅自身在不断成长,而且以斯堪的纳维亚半岛为代表的外来影响也一直在对它们进行着冲击和渗透。

其二,君权的深度介入在盎格鲁-撒克逊法律发展中起到了至关重要的作用。英格兰法律制定和兴盛的功臣并非来自田间地头,它主要依靠早期基督教国王的权力和影响力。这套法律由历代盎格鲁-撒克逊人精心培育,并在所谓的"诺曼枷锁"中得以幸存;它的生命力在历史积淀中逐渐强盛,直到一位安茹王朝的国王最终将之确立为国家标准,设定为国家根本制度。但需要注意的是,他在这套法律中使用的基本元素都是由诺曼时期以前的先人们锻造,它们就是为了传承而生的。

几个世纪以来,盎格鲁-撒克逊国王制定了许多与刑法和程序法相关的法律,它们也被称为"审判书"。这些早期法律中的惩罚措施主要是罚金,但随着时间推移和王室力量的增大,金钱补偿逐渐被征收、取缔、肉刑和死刑所取代,而且在几百年间变得越来越严酷。

现存最早的法典来自埃塞伯特统治时期的肯特王国,它大约颁布于公元597年至602年之间,[2] 其前身可上溯至经过口语化改造的日耳曼语法律。这些简陋的法律虽已足以满足一个初生小国对法律的需求,但埃塞伯特的野心不止于此——他的影响力已经超出了自己领土的边界,并很可能获得了"不列颠统治者"*的称号。他的势力范围向北一直延伸到亨伯(Humber),同时对"南部领土"觊觎已久。[3] 对国王而言,维护法律和社会秩序是其主要职责,但当时普遍存在的血亲复仇又是社会动乱的主要原因。于是,金钱赔偿制度在极大减少此类动乱的同时,也能够加强和维护国王自己的统治。当然,促使国王参与其中的原因还有一个:执行金钱赔偿能为国库带来可观的收入。

圣奥古斯丁到达坎特伯雷后不久,埃塞伯特就做了两件事情:皈依基督教和制定属于自己的法典。这两者不仅同时发生,而且有着必然的内在联系——传教士不只是带来福音,而且带来了"超出盎格鲁-撒克逊人理解范围的强大法律"。[4] 圣奥古斯丁是拉丁基督教派出的特使,来自罗马这个拥有悠久法律传统和卓越立法技术的圣地。他为英格兰带来了《圣经》,这本经书以摩西律法开头,颂扬了所罗门的辩论智慧和对耶稣的拥护,并以末日审判结尾。因此,皈依基督教使埃塞伯特得以同时拥抱基督和法律两股重要的传统力量。作为第一位信仰基督教的盎格鲁-撒克逊君主,他很可能将欧洲大陆的克洛维一世(Clovis)和查士丁尼一世(Justinian)视为榜样,并希望以立法作为他拥抱基督教世界的证明和名垂青史的功绩。[5] 比德认为,埃塞伯特"以罗马人为榜样"创制了一部法典。他在上述文字中使用的复数形式似乎

---

* 不列颠统治者(Bretwalda)是一个古英语词汇,从公元五世纪开始被用来称呼某些特定的盎格鲁-撒克逊王国的国王。

图1 埃塞伯特和圣奥古斯丁：教会和国家共同创制了英格兰第一部法典

在暗示,当时的法兰克人法典可能也对埃塞伯特产生了影响。毕竟,无论罗马人还是法兰克人的法典,或多或少都可归为受罗马制度影响的一类。⁶ 当然,无论比德书中这简略的短语确切含义如何,很明显,埃塞伯特与罗马文化的接触激发了他对这一传统的致敬,结果就是第一部法典的创制。这部法典是教会和国家共同制定的。实际上,法典的头七个条款都与补偿教会相关,因此有人进一步推测圣奥古斯丁很可能在法典起草过程中起了主导作用。

法律的创设和实施是信仰基督教的国王的义务。自埃塞伯特统治后,教会一直致力于将王室立法与基督教基本教义相互融合。由于很多法律都由大主教经手起草,因此教会很容易便能实现这种融合,从而使得法律同时具备了皇家权威和宗教权威的双重认证。这些"埃塞伯特国王在圣奥古斯丁时期所创制的律法"是法典在这片土地的滥觞。尽管法典的形成晚于法律条文本身,但它将教会和国家一并封装其中。这些法律本身可能鲜有创新,但是通过把旧有的法律纳入新的立法框架,并用成文法典的形式记载下来,国王让这些散布江湖的法律登堂入庙,成为"国王自己的法律"。⁷

埃塞伯特颁布法典的方式是独特甚至古怪的。与欧洲大陆的先驱不同,他没有以当时通用的传统法律语言拉丁语书写和颁布这部法典,而是用了当地的盎格鲁-撒克逊语,即他的臣民所使用的古英语。我们尚不清楚他这样做的原因。⁸ 但埃塞伯特法典不仅是英语书写的第一部法典,还是现存最古老的用古英语书写的文献档案。这些最早的英格兰法律普遍适用于每一个人——这是相当重要的,因为普通人的参与(最重要的例子是陪审员)一直是英格兰法律体系的基本特征。

虽然埃塞伯特法典在形式和灵感上模仿了罗马人,但法律的实际条文完全没受到罗马法的影响,而是深受当地日耳曼人的影响。这些法律条文是对传统习俗的回顾,在实质内容上鲜有创新;它们并没有构成一般性的立法，在内容上几乎都只与刑事犯罪的金钱赔偿有关，并以此来保护教会和维护领土秩序。由于当时教会也在积极把建立合法的替代血亲复仇的刑罚"作为目标之一",[9] 所以这种特点可能再次反映了教会对于这部法典的影响。教皇格里高利派遣奥古斯丁前往英格兰，他对诸如在教堂偷窃之类的犯罪要比罗马人和后世的盎格鲁-撒克逊人都更加仁慈。格里高利认为，因贪婪而盗窃和因生活必需而盗窃是不同的，刑罚应当区分这些具体情境和主观意图。仁慈的目的是监督改正，正义的标志不是冤冤相报，而是作出赔偿或接受惩罚。[10] 这也是我们如今所说的"恢复性正义"的早期表达。并非巧合，在埃塞伯特法典中，占主导地位的也是补偿——为造成的伤害支付金钱赔偿或接受惩罚。

埃塞伯特法典中，上自国王下到奴隶，各个阶层的人都被确定了不同的价格，定价还具体到了从大脚趾到睾丸在内的身体不同部位：一个大脚趾 10 先令，一只脚 15 先令（这并非一笔小钱，据记载，当时肯特王国一头公牛也才值 1 先令）。[11] 定价最高的是生殖器官——导致他人丧失生殖器要赔偿三个"个人价格"（*leodgeld*）或 300 先令。[12] "个人价格"是指应当为一条生命支付的赔偿，例如，杀死一名王室官员需赔偿一个"个人价格"。[13] 之所以生殖器定价高达一条生命的三倍，是因为定价不光考虑了丧失生殖器带来的肉体痛苦，还考虑了受害者无法生育后代的损失，这些本能够出生的后代也被计算到了赔偿范围之内。相比之下，如果仅仅是割伤睾丸或砍伤阴茎，赔偿金额就只有 6 先令。根据法典，即便最轻微的肉体损毁也需赔偿 3 先令。[14] 扯掉头发的赔偿金额最低，仅为 50 银币。[15] 这部法典将伤害和赔偿从头到脚列出，不仅在形式上简单易记，也体现了它们作为民俗长期口头流传的历史。埃塞伯特将其子民的古老习俗书写成文，此后他的臣民就不再会因为赔偿的金额产生争议。

当时的执法者并不是国王或者国家机关,而是受害者及他们的家属。民间产生的争议可以通过查阅这本"书"而获得解决。这种补偿文化在很多方面都对社会的整体发展有益:当社会中每个人都扛着棍棒、大刀或锄头的时候,争吵就很容易变成打斗,而打斗又很容易造成伤亡。把杀人凶手杀死只会造成世仇泛滥,却对解决问题毫无益处。早期盎格鲁-撒克逊社会的主要威胁并非来自外敌,而是社会内部冤冤相报引起的动荡,因此如何解决争议、化解冤屈,就成了当务之急。国王和教会虽然无意也无力彻底禁绝血亲复仇,但也不想火上浇油。通过制定赔偿规则,至少可以限制和约束这种日常混乱。此外,人口作为宝贵的社会和战争资源,埃塞伯特也不希望他们因无休无止的内部混乱而被吊死。因此,埃塞伯特当时的选项其实也极为有限。当然,赔偿之外的罚款不仅能维持和平,也可以充盈王室的金库。从这些角度看,对这位充满野心的基督教国王而言,这部基于补偿的法典可谓无价之宝。

七世纪晚期至八世纪早期,肯特国王赫洛希尔、埃德里克、维特雷德以及梅西亚国王奥法都先后颁布了自己的法典。在盎格鲁-撒克逊人和其他许多人心中,亵渎上帝和犯下罪行是相互关联的。这些法典融合着基督教教义,从而实现保护教会、推行教法和惩罚犯罪等多种目的。[16] 重点在于,是国王颁布了这些法律。通过国王的命令,无法无天被约束,血亲复仇被控制,"对程序正义的要求最初来自国王,并非民众,它来自一个有组织的权威的声音。"[17]

当然,国王在一开始就不可能独立完成这项工作,更不能为所欲为地完成。根据比德的记述,埃塞伯特征求了"大臣们的同意";[18] 维特雷德特别召集了"贤人会议",与会者包括"英国大主教"布里特沃尔德(Brihtwold)和罗彻斯特主教杰夫蒙德(Gefmund)。这次会议上,"领袖制定了法令,并将其规定为肯特民众日常生活的一部分。"[19] 由此可见,在制定法律过程中,国王既要征求大臣意见,还要巩固已有的习俗,并至多"对先人制定的法律进行增添"。[20] 所以他们是在过去基础上的逐渐发展,而非将全新创设的法律强加于民众;他们是在修订法律,而非创造法律;这是一个保守而逐渐适应的过程,而非一场革命。

随着王室对司法的逐步深入参与,刑罚逐渐变得严苛起来。一些严重的犯罪被认为是无法补偿的,因此该类犯罪的惩罚也不能只用金钱来衡量。随着王权观念的兴起,犯罪行为不再被仅仅认为是对受害者的侵害,而是对王权甚至上帝的冒犯。犯罪行为被认为是与王室的对抗(即便今天也是如此),因此应当被严格地以肉刑甚至死刑的方式惩罚。此外,国王扮演了正义保护者的角色,他们还可以对生者或死者处以罚款、没收等处罚。

八世纪晚期,维京人开始入侵英格兰,他们大量定居并设立了众多"丹麦法区"(Danelaw)——斯堪的纳维亚因素对于英格兰法律的影响开始显现。[21] 在其他散落的未被斯堪的纳维亚人占领的土地上出现了一位统治者,他将各地的盎格鲁-撒克逊群体团结成为统一的英格兰,被认为是"盎格鲁-撒克逊晚期法律最明显也最重要的影响。"[22]

阿尔弗雷德大帝是唯一被称为"大帝"的英格兰国王。他于公元878年在爱丁顿大败维京人,挽救了他的威塞克斯王国,并带领它在此后的岁月中不断发展壮大,统治了麦西亚,占领了伦敦,并将所有未被丹麦人统治的英格兰人都纳入自己的王国。他在文化、军事、法律等多个方面重塑了自己的王国,充分展现了他的伟大之处:他可以毁灭,也可以创造;他可以维护国内的安定,也能够确保与外界的和平;他可以带领国家前进,也能够让国家丰饶。他拥有无与伦比的能力,同时又极度虔诚。他认为这些成功是在上帝的保佑下获得的,只有对上帝持续虔诚才能继续获得保佑,而虔诚的最重要方式,就是对知识、文化和法律的顶礼膜拜。

阿尔弗雷德大帝拥有智慧和公正的美誉。他的裁决深受好评,民众都希望他介入处理纠纷。但是,国土辽阔,分身乏术,他无力亲自过问每一宗争议。因此,司法权必须下放。在挑选司法官员时,他通常看重的是候选人的智慧,而非他们的专业知识。根据同时期传记作者威尔士主教阿瑟的记载,当他发现不识大字和缺乏智慧的郡长、镇长或其他地方官员作出错误裁决时,会命令这些地方官员重新学习并运用智慧进行裁判,否则就会褫夺他们的官爵和地位。[23] 他非常重视在官员和贵族中普及文化,同时坚定不移地在疆域内施行他制定的书面律法。所以,用英语书写这些律法,以便民众广泛知晓和传播,就变得理所当然。

作为一名拥有大帝野心的君主,阿尔弗雷德想得到的不仅是公正的美誉,而是不朽的传奇——从受到神启的摩西,到欧洲大陆的基督教皇帝查理大帝(Charlemagne,法兰克国王,神圣罗马帝国皇帝,公元768年至814年在位),他希望自己能与历史上最伟大的立法者们齐名。他渴望能够拥有如上帝赐予所罗门一般的"智慧、理解力和判断力"[24],并期冀自己在和平时代与战时一样伟大——而这些法律将作为"立法的巅峰与王室的雄心相称"。[25] 就这样,在与欧洲大陆一衣带水的小岛上那个小小的王国中,惊天动地的变化正在发生。

随着阿尔弗雷德统治疆域的不断扩张,各地、各族之间不同的法律也需要一定程度的协调。他把自己和子民视为继以色列人之后新的天选之子,因此必须秉持正义,也必须要了解和遵守信条。在统治的后半期,公元890年左右,阿尔弗雷德仔细研究了肯特、威塞克斯、麦西亚的法律,并在此基础上制定了属于自己的宏伟法典。[26] 根据传统惯例,他很可能实际参与起草了这部法典。而作为一名信仰基督教的国王,他在立法中也遵循了《圣经》的传统——新约和旧约是他立法的起点。他不仅在前言部分引用了上帝对摩西的告诫,而且重述和强调了《路加福音》中的"黄金法则"*：

> 不需要什么法典，一个人仅遵循这句话就能做出正确的裁决：当对任何人做出裁决时，应该先想一想，如果自己是接受审判的一方，会如何作出这个裁决。[27]

尽管阿尔弗雷德说不需要法典，但在当时，在盎格鲁－撒克逊诸法典中，他的法典可谓卷帙浩繁。也正因如此，安茹王朝时期他被尊为英格兰法律的缔造者。当然，他并不奢望能为所有的英格兰人创制统一的法典，这部法典本身也并不全面。确切而言，它只在有限的领域内实现了统一。阿尔弗雷德从150年前统治威塞克斯的伊恩（Ine）那里借鉴良多，但也不乏创造。调解和赔偿受到推崇，圣殿受到保护，血亲复仇被进一步限制——即使对被捉奸在床的偷情者的攻击，也不能升级为仇杀。[28] 赔偿在法律中的地位逐渐上升，除了叛国欺君应当处死外，其他所有罪行的初犯都可通过罚款免罪。即便真的被指控欺君叛国，也可以通过立下和君主价格相当的誓言实现清白。[29] 在一个基督教国家的基督徒国王眼中，即使是一个叛徒也不会轻易许下这种严厉的誓言。同理，一个基督徒国王也不太会轻易杀人，更别说滥杀无辜。严酷的刑法只有罪行明确无误时才能实施，而且一两个榜样足以杀鸡儆猴。后来，阿尔弗雷德在疆域内的管治广受赞誉，人们称赞他给整片国土"带来了和平，即便将金手镯挂在大道的十字路口，也没有人敢偷走。"[30]

阿尔弗雷德最初的动机可能是为了给他日益增长的国土制定可以统一适用的法律。按照马姆斯伯里修道士威廉的说法，是阿尔弗雷德将土地细分为"百户"和"十家区"，使得每个人都要为其四邻的行为负责。[31] 在"所有大臣的帮助下"，[32] 他对前人的法律进行了扬弃，制定的法律让识字或文盲的民众都能听懂。埃塞伯特在肯特的这番基

---

* 《路加福音》6:31:你们愿意人怎样待你们、你们也要怎样待人。

因突变,经他之手,转化成为英格兰的传统。这种对立法的执着自此传承了下去,不断被继任者效仿。随着帝国的扩张,这些法律的适用范围也不断扩大。它的能动性在欧洲独树一帜,无与伦比。

到了十世纪,在阿尔弗雷德的孙子阿瑟尔斯坦的带领下,威塞克斯王国逐渐崛起,成为盎格鲁-撒克逊族群乃至整个不列颠最强大的王国。身为一名十二世纪的历史学家,马姆斯伯里修道士威廉记载,"这是一种悠久的共识:在英格兰历史上,阿瑟尔斯坦是最为守法且接受过水准最高的教育的统治者"。[33] 在阿瑟尔斯坦的墓碑上刻着也许是威廉书写的墓志铭:"正直之路,正义之电,纯洁典范"[34]。阿瑟尔斯坦葬在威廉的修道院中,所以威廉难免对这位君主心怀偏爱,但无论当时的史料抑或现今的研究,都支持威廉的看法。

直到最近人们才逐渐认识到,阿瑟尔斯坦在英格兰及其法律史中的地位并不亚于自己的祖父。他极度虔诚,用宗教般神圣的方式构建王权,是历史上第一位在加冕礼上戴着王冠而非头盔、手持权杖而非宝剑的盎格鲁-撒克逊国王。这不代表他剑术不精,相反,他可是一名优秀的战士。在公元937年的布鲁南堡战役中,他击败了苏格兰和维京的联合军队,获得了惊人的胜利。通过军事、外交和王权,他折服了整个英格兰和苏格兰,获得了"不列颠之王"(King of All Britain)的称号,并将其铸造在货币上。

与阿尔弗雷德时代一样,帝国骄傲狂热的情绪一定会成为立法的动力[35]。尽管统治时间很短,阿瑟尔斯坦也是一位狂热的立法者。他在短暂的统治期间颁布了若干法律,扩大自己的疆域,坚定而残酷地执行法律,只为了达到两个目的:根除犯罪,以及维护国家统一。他规定,伪造铸有他头像的钱币等同于颠覆国家,须接受严酷惩罚:犯法者的双手将被砍掉,铸币场将被捣毁。在坚定的目标之下,即使像盗窃这类常见犯罪也成为困扰阿瑟尔斯坦统治的严重问题——对所有盎格鲁-撒克逊法典统计后发现,阿瑟尔斯坦法典中"盗窃"一词出现的次数占到了全部法典的三分之一。在阿瑟尔斯坦的逻辑中,"盗窃"是社会崩溃的表现,它不仅破坏国王治下的和平,而且亵渎了上帝的权威,因此构成对摩西传人、法律化身——国王——最大的不忠。[36]

如果犯罪无法得到阻却和惩罚,无政府状态就会出现。然而,尽管皇家法令变得越来越严苛,但其在阻却犯罪方面收效甚微。为此,国王还曾尝试为认罪并赔偿的罪犯进行大赦,但他很快又改变主意,回到了严刑峻法的老路。他在桑德菲尔德颁布的任内最后一部法典规定,所有的小偷都应被处死并曝尸于众,庇护小偷者也应受到同样的处罚。男性小偷将以石刑处死,女性小偷将处以火刑,女性自由民则可以用推落悬崖或水淹的方式处死。稍微值得宽慰的是,在年轻罪犯身上,此种严刑峻法略微受到了基督教仁慈原则的调和。也许是由于坎特伯雷大主教伍尔夫海姆(Wulfhelm)的影响,阿瑟尔斯坦声称不忍将如此众多犯下轻微罪行的儿童处死,因此将盗窃处死的年龄限制在15岁以上,并规定偷窃金额应超过12便士。但这并非他的一贯主张——在他的第一次立法中,上述限制是12岁和8便士。[37] 即便他后来更改了法律,但12岁以上的再犯仍然会被处以绞刑。

在阿瑟尔斯坦短暂的统治中,王室对于司法的影响印记随处可见,程度堪称史上巅峰。此后的统治者都无法再维持这种势头——尽管仍有一定的延续,但受到了更多的限制。[38]

公元939年,阿瑟尔斯坦去世,他没有子女,王位由弟弟埃德蒙一世继承。出于对血亲复仇的关注和限制,埃德蒙又颁布了一项法令:受害者的亲属们可以"否认"凶手,从而免除自身的复仇义务;"智者"将会介入案件,对案件进行仲裁;皇家法庭拒绝接受复仇中杀人一方的入禀,除非他们进行忏悔;对追捕盗贼者实施复仇,等同于与王室作对;一旦交战双方达成和解,国王本人会作为协议执行的保证人——因此,破坏诚信与和平等同于对国王权威的冒犯,而国王则已对上帝作出维护秩序的承诺。[39]

讽刺的是,埃德蒙未能享受太长时间自己治下的和平。公元946年5月,他在普克彻奇的圣奥古斯丁宴会上遇刺身亡。他没有战死在沙场,却死于一个混入宴会的贼人。

前诺曼时代最后一位具有重要历史地位的统治者并不是盎格鲁-撒克逊人,而是丹麦人。克努特在公元1016年成为英格兰国王,并统治到1035年。他既冷酷无情,又充满智慧。[40]他既是英格兰的入侵者和征服者,也是诺曼底公爵威廉(William I)的榜样。然而,作为一个外来人,他并未轻易改弦更张,没有废除盎格鲁-撒克逊的贵族制度,也没有将不同种族的子民分而治之。克努特的立法灵感主要来自于首席大臣伍尔夫斯坦。伍尔夫斯坦由埃塞尔雷德任命为约克大主教,他的思想极其重要,被称为"继承了查理大帝的光辉思想,是《圣经》治下新英格兰人民按照上帝旨意被统治的新思想的主要阐发者"。[41]在大主教的帮助下,克努特努力"用正义和仁慈洗刷年轻时沾染的血迹,融合他统治的两个种族。"[42]

克努特在立法中一视同仁地对待英格兰和丹麦子民,同时又尊重丹麦、威塞克斯和麦西亚之间不同的风俗。他的法律在疆域内畅行无阻,并非仅为他的丹麦族人制定。他首次颁布了禁止偶像崇拜和巫术,以及处理教会和世俗事务的法律。他规定,修道士在加入修道院时就已脱离俗世,因此不能在复仇中主张金钱赔偿,但世俗的神职人员不受此限。[43]这部法典甚至包括对森林的保护,而森林当时占到国土面积的三分之一。同时,它还引入了"放逐法外"这种世俗刑罚,并规定只有国王才能赦免。* 增加收入、消除异教徒、打击犯罪、保护民

---

* "放逐法外"是一种宣布犯人不在法律保护范围内的刑罚,被放逐法外的犯人将得不到任何的法律保障,其他人可以任意迫害或杀害他们,而不必承担法律责任。

众生命财产安全等,都是他制定律法的主要考虑因素。刑罚的种类也非常明确:初犯从轻,可通过金钱赔偿受害者,并向国王缴纳罚款;再犯和惯犯则罪大恶极,应当用不断升级的肉刑来净化灵魂。

克努特的法典颁布于十世纪二十年代初。它以此前盎格鲁-撒克逊人的法典为基础,[44]强调并体现了连续性。最具有代表性的例子是它引用了先前埃德加法典的内容,而该法典在"忏悔者爱德华"(Edward the Confessor)随后的法典中也多有体现。埃德加和克努特有着类似的关切,由于盎格鲁-撒克逊人的法令和程序相对成熟,他们的想法比较容易在这种基础上建造和实现。实际施行中,不同地区之间的习俗差异仍然巨大,尽管中央政府反复采取干预措施,但地方习俗常常凌驾于中央立法之上。[45]

伍尔夫斯坦希望通过国王来宣扬基督教中那些必须遵守的准则,这些准则一视同仁,无论对民众还是官员。克努特在1027年写给官员的一封信中曾表示,"放纵的年轻岁月做了不少荒唐事,但他保证'忠实地统治王国和人民,并在所有方面维护平等和正义'"。

> 我责成并命令我的大臣们……不管是出于对我的恐惧,或是为了获得权势的青睐,他们都不能让不公在这片土地上蔓延。我还命令所有的地方官员,无论他们希望分享我的好意,还是享受自己的繁荣,应当对所有人一视同仁地施以正义,不应对任何人施加不义的暴力,无论他们富裕或贫穷,尊贵或普通。所有人……都有权在法律下寻求正义,他们无论是获取国王青睐,或是出于对权势的尊重,或是为我积累钱财,都不许偏离我的命令,我不需要非法勒索来的金钱。[46]

晚年的克努特极度渴望成为一个公正的国王而非暴君。不幸的是,后世一再有英格兰的国王——最典型的是约翰(John),以及查理一世(Charles I)——为了增加国库收入,放纵对法律的无视和滥用。

第 2 章

盎格鲁-撒克逊时期法律的实施

人类应该受到贤明法律的约束。

——托马斯·巴宾顿·麦考莱:《英格兰史》
（Thomas Babington Macauley, *History of England*）

基督徒和异教徒都应该明白，法律既是对永恒真理的认可，也是一个社群对其当下问题的回应。

——丽贝卡·韦斯特,《叛国罪新解》
（Rebecca West, *The New Meaning of Treason*）

俗语有言:"合意胜过法律,爱意胜过裁决",¹ 因此在盎格鲁-撒克逊社会,大部分争议并未诉诸法律,而是在争议双方之间和平解决。但如果争议复杂、激烈,靠私下解决就没有那么简单。开庭、审理、裁决等都是法院的基本工作,但同时它们还要居中调停,促成各方和解。漫长的历史中,盎格鲁-撒克逊人在这个领域发展出了一套复杂的工程网络。从下往上看,其中包括庄园或村落的基层法庭,乡镇郡县的中层法院,直到由国王或其指定官员作出最终裁判的皇家法院。

郡县制度诞生于威塞克斯。诺曼征服之前,这套制度随着威塞克斯势力的扩张而逐渐在全境施行。到公元 1000 年时,英格兰全境已经有 32 个郡。其中有像肯特和苏塞克斯这样的古老王国,也有一些新创设的郡。这些新设的郡往往取名为"堡"(borough),显示出它们最初作为战略要塞的起源和身份。这些要塞为周边提供了安全的环境,因此市场能够在其周围逐渐发展。国王划定的这一套领土网络由他指定的皇家官员管理:每个郡的行政长官都被称为"郡长"或"郡治安官"。有一种说法,"如果法院是政府的脊椎,那么郡长就是脊髓"。²至少从十世纪开始,郡又被分为了数以百计更小的单位,它们每个单位大概有一百户人口,能够提供一百名战士、一百张兽皮,足以支撑一百个家庭,因此被称为"百户"。"百户"由若干个村庄组成,根据人口密度,在某些荒凉地区可能会有十到二十个,但像肯特这样人口稠密的地区可能只需要两个;占地可能从一平方英里到几百平方英里不等。因此,在人口稠密的南部,百户数量大约是北方的十倍。百户构成了地方治理的基本单位,每个百户都有自己的教堂、法院和处决地。

在 1066 年前后的两个世纪中,大多数普通的司法行政工作都逐渐转移到百户法庭(Hundred Courts)完成。³ 它成了解决财产争议及维护社会稳定的核心机构。这些法庭每月都会集中处理各类事务,每半年审查一次什一税,以确保所有的自由人都能进行宣誓,所有的犯罪行为都能被审查。当时法院的上述职责都由地方行政官承担。这些官员的工作包括为王室征税、处理司法事务等,管辖权往往与郡长重叠,所以二者可以相互合作也可以彼此竞争。百户法院通常露天处理事务,它们靠近桥梁、要塞或交通要道,位置便利,允许甚至有时会要求十二岁以上的自由民参与。这种参与并不仅是为了诉讼双方,而是为了整个当地社区。尽管不清楚这种参与的频率有多高,但它确实体现了盎格鲁-撒克逊社会对民众积极参与司法程序的重视。谁是正义的、谁犯下了罪行、哪片土地归属于谁,这些问题不由法官决定,而是由当地的普通民众决定的,他们以此来履行自己对社区应尽的义务。

到埃德加国王时代,"堡"法院每年召集三次会议,郡法院每年召集两次。前者处理的都是自治市镇的事务,后者处理重要的地区事务,但它们与百户法庭的重叠程度我们尚不是很清楚。[4] 郡长主持郡县法院,当地的贵族积极投身到案件裁判中,在此学习并传承当地习俗。市政厅或城堡的会堂、修道院甚至户外都有可能成为举行这些法院会议的地点。[5] 例如,伯克郡法院的会议曾在一座铁器时代遗留的名为斯卡特查摩陵(Scutchamer Knob,有时也叫苏格兰人陵)的山顶举行,方圆数英里都能够看到。

有些案件比较特殊,例如与国王、皇家财产、叛国有关的案件,或者当事人抱怨下级法院未能公正处理的案件,都会被提交给一个更高层级的裁决机构:国王和御前会议。国王在听取建议后,可以亲自宣布判决结果。尽管当时这些法院尚未组成一个综合的系统,且功能存在彼此重叠,但在公元十世纪,这些法院已经让英格兰拥有了欧洲大陆无法比拟的法律和行政基础设施。

当时法律事务的处理并没有对教会和国家作出严格区分,诺曼和安茹时代独立的教会司法体系尚未建立,更没有教会法院。虽然教堂诉讼可以在宗教会议中进行,但大多数有关什一税、婚姻的日常纠纷都发生在百户法院中。主教、牧师可以和世俗人士一起参与案件的审理,同时牧师也是神明裁判体系下不可或缺的一部分。主教和法官会一起主持郡法院或百户法庭。例如埃塞尔温(Aethelwine)郡长和埃斯维格(Aeswig)主教在东安格利亚的维特斯福德就曾经这么做过。[6] 这些达官显贵同时代表教会和国家,同时执行教会和世俗的律法,并维持着法院事务的顺利进行。他们是司法制度的组成部分,但他们是否会亲自决断案件则不甚清楚。有证据表明,主教可以做出判决,并对罪犯处以严厉的刑罚。例如,温彻斯特主教艾尔夫赫亚(Aelfheath)对一个屡教不改的小偷处以鞭刑并放置了足枷。他们在促使各方和解、施行仁慈方面也有不小的作用。克努特命令他的官员们不仅要公正执法,而且要"实践教区主教认可和支持的公正的仁慈"。[7]

当时法律程序的启动方式有两种。一种方式是受害一方提起控告(后来也被称为"重罪指控"[8]),被控告方则需要正式否认该指控;另一种经由生活在当地并且立过誓言的人启动,他们会提供所在地区涉嫌犯罪者的姓名。除了亨伯以南的三个县,每个地方都存在着这种名为"十户联保"(Frankpledge)或"守法保证"的制度。这种制度在诺曼征服前就已存在,并可以追溯至克努特时期甚至更早。[9] 它将维护社会秩序的责任强制分给每一个人,利用同侪压力实现自我监管。具体来说,十二岁以上的自由人会被分为十到十二人的类似准亲属关系的小组。每个小组成员必须保证既不犯罪,也不容忍犯罪,并要迎着被罚款的痛苦将嫌犯扭送法庭。这并不是"十二个真正的好人"的故事,但在英格兰的法律中,很多东西都和这个制度一样,它们最初就像一颗种子,并在此后的岁月中不断成长。

当时,如何逮捕罪犯仍然是一个大问题。如果嫌犯没有被当场抓获,但知道他的身份,受害者或者目击者可以"大声呼叫",迫使每个身体健全的人都尽其所能(*pro toto posse sue*)[10] 去抓捕嫌犯。那些侥幸成功逃脱的人则会被宣布放逐法外。用当时的话来说,他们是"戴着狼头的人",人们可以像猎狼一样猎杀他们。[11]虽然这种方式在某种程度上也利用了民众私力救济的力量,但毕竟将其引导到了司法程序之中,从而对血亲复仇作出了一定限制。

当时的审判并没有过多关注证人盘问或者证据检验,但这个问题不大,因为很多时候审判仅仅是一个指控和否认的过程,既没有证人可以询问,也没有证据可供检测,判决基本都由当地被传唤出庭的人根据声望做出。相比之下,如果争议涉及土地,那么宪章、档案和本地知识都可能作为证据。在缺乏证据的情况下,还可能有另外两种证明手段:宣誓或者神明裁判。这两种证明手段是在利用上帝的威严,只会在对嫌犯说服失败或者没有其他证据的情况下使用。在一个充溢着宗教信仰的社会,人们对地狱深怀恐惧,因此这两种方式在实践中是非常有效的司法手段。这些方式在当时无可争议,并通过将现世正义与神圣宗教的结合而显得格外有优势。

如果指控嫌犯的证据只有邻居的怀疑,那么只要嫌犯名声足够好,他自己立誓清白就可以让自己脱罪;如果嫌犯名声不佳,则需要其他人的背书,不仅需要自己立下清白誓言,还要找到足够数量的[12]"立誓保人"(compurgators)为自己的品性担保,如此方可脱罪。"立誓保人"制度最早出现于肯特王国赫洛佩里和埃德里克时期的律法,并存续了数百年时间。这种方式在当时并不是为了阻碍正义,而是相反。其实立誓在某种程度上也是一种神明裁判,但这种神明裁判的效果要到未来由上帝亲自施行。在没有目击证人的情况下,法庭如何能够确认被告是否有罪?只有期待上帝亲自证明——要么直接通过上帝自己的方法,要么间接通过那些熟知被告良好品德的人。无论是举报犯罪还是担保誓言,邻居的意见都至关重要。"立誓保人"制度尽管简单,却非常有效。因为一旦做了伪证,就等于丢掉了自己的不朽灵魂或危害了自己的声誉,这在当时的社会里确实不太容易。基督教作家不厌其烦地在作品中警告虚假誓言带来的"危险"[13],而且宣誓通常在宗教圣物前作出,这在当时都是对说谎的强大威慑。在许多案件中,嫌犯无法找到足够多的"立誓保人";[14] 当然在另一些案件中,通过贿赂、对被告的同情或被告的良好品格都可能导致他们被错误地无罪释放,但这些错误并没有影响立誓的普遍有效。

立誓同样可以用来解决财产纠纷。一个很好的例子是公元990年在斯卡特查摩陵审理的一起案件。有一位名叫温佛莱德的富太太。她因为伯克郡境内哈哥伯恩和布莱德菲尔德的不动产问题,向一位名叫立奥夫恩的人提起了诉讼。这起案件在立奥夫恩的坚持下,由郡法院的两名主教审理。这位太太找到了多位令人印象深刻的立誓保人,其中包括三位最不可能说谎,也最有可能吸引主教法官的保人:阿宾顿的男修道院院长、努纳敏斯特和雷丁的女修道院院长。由于这位太太最终通过仲裁获得了满意结果,所以这些立誓保人的誓言没有作为证据使用,否则"双方事后将无法维持友谊"。[15] 在大多数争议中,无论刑事还是民事,总有一方或双方在撒谎。作伪证会从根本上伤害人们之间的关系,并且可能导致作伪证者不能在指定的宗教墓地埋葬,从而让他们死后通往地狱。可以说,"立誓保人"是陪审团制度的前身,"立誓保人"在拉丁语中就有"陪审员"的意思,而且他们通常都由十二个人组成。[16]

如果证人害怕被报复,或者担心自己圣洁灵魂受影响而不愿作证时,就会采取另一种举证形式——神明裁判。英格兰人对神明裁判并不陌生。该习俗可能起源于法兰克人,他们在皈依基督教之前可能就有这种传统。它最早在公元510年的《萨利克法》(Salic Law)中就有提及,并在此后遍布整个欧洲。它由异教徒创造,但在基督教的带领下发展了四百余年。英格兰最早使用的记录可追溯至10世纪,但在公元690年的《伊尼法典》(Laws of Ine)中，已有利用大锅来审判的记载。[17]

在盎格鲁-撒克逊时代，神明裁判似乎也不是一种普遍常用的审判程序。但在当时力所能及的其他手段都宣告失效时，它不得不成为最后解决手段。在克努特时期的法典中，神明裁判适用于那些找不到立誓保人，自身人品又得不到信任的嫌犯；尤其适用于那些"知识无法解答，但又绝不允许悬而不决"，或者"可疑程度非常高，但罪行又不完全无疑"的情况[18]。即使通过神明裁判，嫌疑人也要因被指控而染上污点，这种污点就像苏格兰人在审判中采用的"未经证实"一样[19]，但它毕竟为那些遭受中伤的人们提供了自证清白的机会。神明裁判几乎只在有关谋杀、纵火、伪造、偷窃和巫术等的刑事程序中使用，并且大多限制在较低级别的法令中。此外，神明裁判尽管有很多种形式，但英格兰采用的只有三种：热锅、烙铁和冷水。[20] 它们并不是刑讯逼供，也不是惩罚，而是发掘真相和震慑犯罪的一种手段。

这套机制运行的核心是上帝，因此它的执行和管理都由教会主导。它只能在主教管辖区域或者主教指定的地点进行。被告都是教徒，他们虔诚的信仰决定了只有真正的无辜者才有可能冒着被肢解、被处决或遭受污名的风险接受考验；而有罪者通常都会认罪、逃跑或者协商和解。实施神明裁判有严格的程序，即便选择神明裁判也要经过漫长的等待，当然，通过考验的可能性也是非常大的。

自由人很少会经历神明裁判。通常接受神明裁判的往往都是游离在立誓制度之外的人，他们要么是"异乡或无亲友"[21]人士，要么道德口碑很差导致誓言不可信。对他们的神明裁判通常是烙铁或热水。如果是前者，人们会在弥撒的圣餐台前放一块铁块，牧师随后祈祷："主啊，愿上帝保佑，借由你的力量，这块铁已经消除了恶魔的谎言，驱逐了异教徒的诡计，它将为您的信仰者们带来最真实的审判真相。"[22]

在神明裁判之前，牧师祷告"正义和公义应当被彰显"，上帝会将他的"圣意和真诚祝福注入这个铁块，从而让那些正义而坚定的人感受到宜人的凉意，但对邪恶的人毫不留情"。之后，嫌犯会被要求举着炽热的铁块行走几步，然后将他们的双手包裹起来。三天后，人们会拆掉绷带，检查嫌犯的手是否受到感染。类似地，如果是用热水，会要求嫌犯将手伸入沸腾的大锅中取回一块石头，然后将手缠好绷带。[23] 如果发生了感染，嫌犯就是有罪的；如果没有感染，就会宣布无罪。

用冷水进行神明裁判通常只发生在男性农奴身上，因为人们认为这种方式对妇女不雅，对自由男性不敬。嫌疑人会在裁判之前的星期二晚祷时被带到教堂，换上忏悔的衣服，禁食三天，聆听颂歌和弥撒。等到了周六，牧师做着弥撒，告诉嫌犯，如果他犯了罪行，就不要食用圣餐。如果嫌犯此时还不认罪，就会被带到一个宽20英尺、深12英尺的坑前，双手被绑在膝盖以下。人们会在嫌犯的腰间绑上一根绳子，并把绳子在高于嫌犯头顶的位置打一个结。牧师祷告完毕后，人们会将嫌犯吊起并"轻轻地放到水中，以免溅起水花，当他下沉到打结没过水面的位置时，就会被拉起"。[24] 人们认为，如果嫌犯沉下去，说明圣水接纳了他，所以他是清白的；相反，如果他漂在水面，说明圣水拒绝和排斥他，证明他是有罪的。

安茹时期，通过烙铁或浸水进行神明裁判相对普遍一些。在有记录的案例中，17%的案件通过烙铁审判，有83%的农奴通过浸水审判。这两个群体中，有大约三分之二的人通过了考验。史料记载有一次十二个人同时接受了烙铁的考验，并全部通过。[25] 盎格鲁-撒克逊时期的通过率应该也与这个比例相当。那么为何无罪的比例会如此之高呢？一些二十世纪的现代人认为，忏悔室的兴起扭曲了神明裁判的结果。有罪但愿意悔改的罪犯可以通过忏悔而得到赦免，如果让他接受神明裁判，上帝将不得不证明他的无罪。另一种解释认为，有些牧师不仅监督和执行神明裁判,他们同样可以在过程中做些手脚,比如让烙铁的温度不要太高,以便减低伤害的程度并控制审判结果。大部分参加神明裁判的人都是无辜的,否则他们不太会参与这种裁判,因此适当调高通过率也可以理解。这种情况下,牧师只确保上帝的旨意得到执行且手段正当即可。信仰本身就是正义的动力。而另外一些情况,牧师则可能屈服于恐吓,或者被贿赂收买。当然,他们是否会经常以这种方式插手上帝的旨意就不得而知了。

但有一点是清楚的:这套神明裁判制度确保教会在四百余年的司法审判中扮演着核心角色。水火交织的神明裁判非常成功,一直到1215年。那年,第四次拉特兰大公会议(Lateran Council)召开,教会禁止牧师参与其中,神明裁判才被教会自己所消灭。由于神圣的光环不再,这种证明方法很快变得毫无用处。而同样的命运在几个世纪后也会降临在绞刑制度身上。[26]

宣布判决或和解的任务由"诉讼人"承担,他们是那些有义务在法庭现身的人,通常由大乡绅担任。判决作出后,损失会被复原,惩罚会被宣告。由于国王增加了对地方司法的参与,因此处罚的重点被放在了金钱赔偿上。但随着时间流逝,刑罚的严酷程度不断增加,绞刑、斩首,以及包括烙刑、挖眼、宫刑等在内的肉刑变得更加流行。死刑作为终极刑罚,至少可以追溯到公元七世纪,当时《伊尼法典》首次提到死刑,考古证据也证明当时死刑已确实存在。那时,最有可能被处以死刑的是盗贼,官方以此威慑这种普遍流行的犯罪行为,而其中又数那些犯了盗窃罪的奴隶下场最惨。没收财产通常都会与放逐法外或死刑相伴。

但是,死刑的适用范围仍然较窄。它对于青少年犯罪、轻罪、初犯都不适用。统治者既不希望滥杀,也不愿施行"血腥的法典"。这种情形还要再等上一千年。审判者必须在可怕的正义与威慑之间保持平衡,而且有必要既作出惩罚,又保留犯罪的主要群体——年轻人。在一个地广人稀、劳力短缺的时代,年轻人代表了最先进的生产力。在尚存记录的盎格鲁-撒克逊人的审判中,只有六个人被最终判处死刑。[27] 此外,盎格鲁-撒克逊的死刑案件另一个显著特点是,它们都发生在百户或郡县的边境处,这些地方是文明社会的边缘,甚至完全属于化外之地。

一个恐怖的例子可以说明上述两点:人们在罗马通往威塞克斯王国旧都温彻斯特的路旁发现了一座坟地,这里被称为哈尔斯托克,意思是"棍子上的头"。它处在一个自治市镇和百户的交界处,共有十三座坟墓,埋葬着至少十八具死刑犯的尸体,时间跨度从九世纪下半叶一直到十一世纪,大约每十年一具。其他坟地的情况也大致如此。[28] 偶尔执行死刑对所有人都是一个警告。罪犯被带到一个文明与荒野的交界,这里同时又是一个显眼的位置,他们被迫跪在地上,双手伏地,刀起头落,首级被挂在木桩上,以示世人。有时候为了增加警示效果,整具尸体都会惨遭曝露:

> 他被挂在高大的绞架上,吊着,直到灵魂消散,血肉分解……他饱受痛苦,苍白地卧于横梁,被死亡的迷雾笼罩——他的名字叫罪人。[29]

最后,至少从十世纪开始,死刑犯的尸体会被埋葬在不曾被祝福过的土地里。这种操作在当时的欧洲独树一帜。这又是英国刑事司法制度的一个独特之处。

从十世纪开始,国王的法律进入了英格兰的千家万户,法律的普及程度不仅在盎格鲁-撒克逊时代没有先例,也超过了同时期的欧洲大陆。当时英格兰虽有法律,但仍然都没有适用整个疆域。不过,通往一个更加统一的法律体系的基础设施正在形成。尤其是在刑事司法领域,王室的参与程度和责任都在欧洲首屈一指,"我们能在其中窥见整个英格兰统一律法的开端"。[30]

着力维护法律和秩序、皇家司法日益加强巩固,以及对犯罪的有效惩罚,是"盎格鲁-撒克逊时代对英国法律发展的最重要贡献",它"将法律推进到了一个新的时代,国王的命令可以在其领域内或明或暗地传播于全境"。[31] 当然,这种传播的方式多种多样,各地不同的习俗也获得了一定程度的默许、接受甚至鼓励。埃德加在他的法律中规定:"在丹麦人中,最有效的法律就是最好的法律"。埃塞雷德的法典仅仅适用于疆域内的丹麦人聚集区,而威塞克斯、麦西亚和丹麦法区则分别有不同的法律。尽管除了细枝末节外,这些法律可能相差无几。

十一世纪的英格兰可能是欧洲当时最先进的国家。它拥有健全的货币、有效的税收制度和高度发达的司法体系。这片土地由来自欧洲大陆不同地方的种族居住,他们理论上服从一位国王,但又保有自己的地方法律和习俗,和谐地生活在一起。看起来,盎格鲁-撒克逊时代的英格兰怡然自得,仿佛世外桃源。但突然之间,一切都将改变。

第 3 章

诺曼枷锁?

英格兰的橡树上望见了诺曼人,
英国人的脖子上是他们的枷锁;
诺曼的汤勺染指英格兰的餐盘,
诺曼的意志统治英格兰的土地。

——沃尔特·司各特:《艾凡赫》
(Walter Scott, *Ivanhoe*)

撒克逊人不像我们诺曼人。他们举止粗俗。但是在谈论公正和正义的时候,他们却表现出罕见的一本正经。当他站在自己的犁沟前,双目愠怒地盯着你,嘟囔着"这个交易可不公平"的时候,切记,不要再和他争执了。

——吉卜林:《公元 1100 年的诺曼和撒克逊》
(Rudyard Kipling, 'Norman and Saxon, A. D. 1100')

公元 1066 年,诺曼底的威廉公爵在东苏塞克斯的佩文西湾登陆。他在黑斯廷斯战役中杀死了盎格鲁-撒克逊时代的最后一位国王哈罗德二世(Harold II)。一场火星撞地球似的对决。英格兰就此被征服。埃德蒙·伯克(Edmund Burke)盛赞这场征服为"英格兰法理渊源羸弱的涓涓小溪"遇上了"百年一遇的洪水冲刷",是"我们法律的伟大时代"。[1] 杰出的法律史学家梅特兰(Frederic William Maitland)后来也用令人难忘的文字评论:"诺曼征服是一场灾难,但它决定了英格兰法律在此之后的所有未来。"[2]

确实是这样吗?答案既是也不是。诺曼征服的影响直到今天都是一个存在争议的话题。移民、散播和同化当然不是什么新鲜的话题。从罗马人到盎格鲁-撒克逊人自己,再到维京人,诺曼人只是一系列外来征服者中的最后一批。而诺曼人自己也只是法国人的一部分,一直被认为是北欧入侵者或者"海盗",直到十世纪初才被授予了诺曼底公国的定居权。他们和英格兰的确有一些渊源:"忏悔者"爱德华(Edward the Confessor)的母亲是诺曼人,她是威廉的老姨;爱德华自己的幼年时代就是在诺曼底度过的,诺曼的牧师也早已在英格兰担任过不少教会职务。

"征服者"威廉的名字其实有些不太准确,这并不是他在当时就获得的称谓——当时人们叫他"私生子"。在威廉看来,他并非征服了一个异邦,而是以一名合法继承人的身份——理所应当的英格兰威廉一世国王的身份——获得了被哈罗德篡夺的盎格鲁-撒克逊王国的王位。威廉知道,统治的合法性是由法律及其连续性决定的。他在伦敦步步为营,"像一个国王施政而非敌军推进"。[3] 他被加冕为英国国王(*Rex Anglorum*),立下了加冕誓言,像他的前任们一样,承诺维护和平、保护教会、仁慈和公正并施,以及维护英格兰的传统法律。他是在建立自己的王国,而非仅仅掠夺这片被征服的土地。诺曼人到来的目的不是为了摧毁和消灭，而是为了进步和开发。其实征服者的数量并不多，在这个约有200万人口的国家中，他们大约只占1万人。况且这部分征服者也并非全部是诺曼人，而是包括了来自法国其他地区及弗兰德斯领地的人。为了维护自己对这片新领域的统治，威廉需要这些征服者们留下来。为此，他向他们分封土地而非奖赏黄金。如此一来，这些征服者们就必须一直生活在英格兰，并成为国王的核心军事力量。这些征服者们是勇敢的战士，但并未受过多少教育。他们可以征服一个国家，但能够治理它吗？

英格兰人对这些法国侵略者的态度与对他们的挪威前辈大相径庭。这些新来者高高在上，不愿意被同化，甚至拒绝平等对待盎格鲁-撒克逊人。这种敌对的情绪最终发展为暴动，导致英格兰发生了翻天覆地的变化。英格兰人不再值得信任。诺曼人的控制与日俱增：他们逐渐消灭了盎格鲁-撒克逊贵族，没收了他们的土地，驱逐了本地的主教，更换了地方的官员，平息了北方的叛乱并任由那些反叛者因饥荒而死。他们建造了大教堂以宣告征服，矗立了城堡来展示威慑。诺曼人的名字取代了盎格鲁-撒克逊的名字，英语被排挤成为文学和法庭的专用语。经过这场致命的灾难，英格兰变成了"外国人的定居地和异乡人的私产"。[4]

当然，并不是所有一切都荡然无存。英格兰人毕竟幸存了下来，和他们一起幸存下来的还有他们的语言和律法。[5]威廉和他的继任者们将会在历史中一再强调盎格鲁-撒克逊的遗产——"忏悔者"爱德华的律法。相比于其他元素，英格兰的法律"在1016年的混乱中起到了固定支点的作用……是那场风暴中的一个锚"。[6]可以肯定的是，如果没有诺曼征服，英格兰的法律发展会有所不同，但不同的程度和路径就不得而知了。英格兰会拥有本土发展出的法律制度吗？会屈服于罗马法的大潮吗？前者是必然的，后者不太可能。具有讽刺意味的是，英格兰被欧洲大陆的力量征服，却没有采用大陆法系；而它的邻居苏格兰没有被大陆征服，反倒采用了大陆法系。诺曼征服像是一个子宫，其中孕育了盎格鲁-撒克逊和诺曼的混血儿——英格兰普通法。

　　诺曼人没有自己制定的成文法，也不乐意从法国邻居那里借用一部现成的法律。他们的侵略发生时，正值"法兰西法律发展的万古长夜"；而且，"他们将长夜一起带了过来"。[7] 实际上，他们抵达了一个比欧洲大陆所有国家都管理得好的地方。威廉幸运地继承了已有的政府机构设置。英格兰的法律及其基础设施起源于盎格鲁-撒克逊人，但受到维京人和诺曼人的染指。这些法律在某种程度上已经深入普及到日常生活。为什么还要铲除掉这个欧洲最复杂且最有利可图的法律体系？在经营国家方面，英格兰人做的显然比保卫他们的国家更好。

　　国王仍然是法律的中心。威廉宣称自己是在捍卫盎格鲁-撒克逊前任的法律，但偶尔还是有义务做一些补充。他清醒地知道自己继承了一个对法律有创造性和指导性作用的职位，他自己就是法律的源泉。他继续亲自聆听那些影响到自己的案件，继续在高级神职人员、贵族和他们的佃户之间进行裁决，尤其是那些关于土地的纠纷。因为经常不能亲自出席，威廉越来越多地依赖书面指示，这种指示非常简洁，并且印有皇家印章，被称为"令状"。令状是英格兰法律的一个重要突破，但它是否因诺曼征服而来则存在争议，毕竟最早的令状在诺曼征服之前就已经存在。威廉最初使用英文书写令状，但从十一世纪七十年代开始，此起彼伏的叛乱让国王不得不抛弃那些不服从自己的英格兰人，转而越来越多地任用外地官员，所以令状也改为由拉丁文书写。尽管文字被改变，令状的形式和内容依然体现着盎格鲁-撒克逊人的政府权威主义。威廉在地方法院审理的案件中大量使用令状，并扩张了令状的适用范围：从启动与王室有关的诉讼，到将民众之间的争议移送至郡法院。⁸ 他为自己赢得了公正统治的名声，维护着——也可以说威慑着——这片土地的秩序。在他治下，"一个满携黄金的少女可以在整个王国内安然通行"。⁹ 然而，即使他把对强奸犯等罪犯的死刑废除，换以挖眼、宫刑的刑罚，也并不意味着他比前任们更加仁慈。这恰恰表明，他更希望用这些活生生的会行走的残疾人阻吓犯罪。毕竟许多人宁可被处死，也不愿拖着残肢败体或带着毁容度过余生。

传统观点所认为的"诺曼枷锁"，即诺曼人作为外来人对传统英格兰自由的压迫，很大程度上是一种迷思。当时，自由远非每个盎格鲁-撒克逊人都生来享有的权利。那个年代的英格兰还处在蓄奴文化阶段。《末日审判书》（Domesday Book）记载，当时的奴隶要占到农村人口的十分之一至四分之一。而这一比例在诺曼征服之后反而开始下降，并自1135年逐渐消失。¹⁰ 当时，法律面前的平等也无从谈起。从埃塞伯特时期到爱德华时期，社会地位是决定可信度和赔偿额的决定性因素之一。在麦西亚，人们认为一位乡绅的誓言抵得过六个低等级的自由人的誓言。卡纽特法律规定，对侵犯国王权益的行为罚款5镑，对侵犯大主教和王子的行为罚款3镑，对郡长的侵犯罚款2镑。¹¹ 当然，最能体现身份差异的是自由人和奴隶之间的区别。因此，征服对于底层社会到底有多少负面影响是值得怀疑的。

当然，征服后，出于对此起彼伏的英格兰人抵抗活动的应激反应，短期内出现了严酷的镇压。当时唯一使用过"枷锁"一词的人是诺曼系英格兰作家奥德里克·维塔利斯（Orderic Vitalis）。此人1075年生于什罗普郡，并在其作品的一页中使用了两次这个词："英国人在诺曼人的枷锁下呻吟，忍受着骄横君主的压迫，他'镇压所有的当地原住民，并不断给他们增加可耻的重担'。其中罪行最恶劣的当属摄政王、国王同母异父的兄弟厄德主教和国王的亲戚威廉·菲茨奥斯本（William FitzOsbern)。他们'骄傲而浮夸,丝毫不会屈尊听取英格兰人合理的请求,更不会给予他们公正的裁判。'他们只保护自己人,即使这些人犯了杀人或强奸等重罪,他们也不予惩罚,反而只会惩罚指控检举者。不公和歧视是所有问题的核心,'英格兰人为失去自由大声呼号,这种枷锁前所未有,让人无法忍受,英格兰人不停地寻找挣脱它的办法'"。[12] 作者承认,这种枷锁在后来被解除了。奥德里克亲身经历了那个时代:他幼年所见的是富裕的贵族和挨饿的农民,与亨利一世治下不到五十年后的普遍和平与繁荣形成了鲜明的对比。[13] 另一位接近同时代的混血历史学家亨廷顿的亨利(Henry of Huntingdon)也支持这样的观点。他认为诺曼入侵者虽然自以为受上帝派遣"消灭英格兰",在野蛮程度方面登峰造极。但从长远看来,诺曼人对英格兰突然而全面的征服,迫使英格兰人不得不将自己的生命、自由和古老的法律一并交给这些征服者。[14]

最终,征服者和被征服者之间的法律不平等逐渐被弥合。但有证据表明,在一段时间内,对征服者和被征服者的司法管辖权是分开的。这种制度对于创设普通法非常不利。1075年,叛乱者沃尔索夫(Waltheof)根据英国法律被判叛国罪,而他的诺曼同谋则受到"诺曼人的法律"的管辖。[15] 沃尔索夫因此被处死,而他的诺曼同谋仅被判处了监禁。

诺曼国王为了扩大自己珍贵的林地,阻止普通民众享用这些资源,引入了严苛而分裂的森林法。国王领地之外的大量土地都被宣布为皇家森林——即使在征服100年之后,这片疆域内仍有三分之一的土地属于皇家森林。国王将许多普通性质的土地也定为皇家森林,以此对土地和其附属的资源进行垄断管理和使用,而这在以前都是土地所有者们本应享有的权利。威廉还创设了新森林这一地区,专供诺曼人游戏、采伐和开矿,而一直在此生活的民众不得不被驱逐。村庄被连根拔起,狩猎被禁止,只为了保护和扩大"野兽的栖息地",以供诺曼人享用。除此之外,皇家森林禁止无牌猎犬进入。在亨利一世时期,甚至森林附近的猎狗都会被故意弄跛,防止他们被用来狩猎。[16] 这些皇家森林都受专门的森林法管辖,而各地的森林法五花八门。对违反森林法的惩罚(无论是罚款还是实刑)都非常严苛,其中包括:威廉二世(William II Rufus)时代,偷猎雄鹿会被判处死刑;亨利一世时代,违反森林法会被刺瞎双眼和阉割……其实,也只有这种野蛮的刑罚才能保证这种野蛮法律的实施。这种法律不仅野蛮,而且非常特殊,因为他们不是基于"领域内的普遍习惯,而仅仅基于君主的意志和性情。这种情况下,任何依法作出的举动都只能叫做符合森林法,而不能称之为正义。"[17] 这种法律不是维护正义的普通法,而是保护特权的"个人法"。

起初,出于对自己统治稳定性的担忧,诺曼人将这片土地上的人划分为两个民族:法兰西人和盎格鲁人。一直以来,法兰西人深受被盎格鲁人埋伏和暗杀之苦,新的法律试图对这种行为作出威慑。在诺曼征服前,任何没有被人听到或看到的、杀人者也未知的谋杀都被称为"秘密谋杀"。但在诺曼征服后,无论什么谋杀都一律等同于对诺曼人的谋杀——所有的谋杀受害者都被假定为法兰西人。如果凶手未知或者在逃,尸体所在地范围内的数百人将不得不支付沉重的罚款。验尸官将会在周围四个或更多的村庄召集12岁以上的陪审团。陪审团将查验尸体,记录伤口,并判定属于自然死亡、意外或谋杀。他们还将听取一切"死者是英格兰人的证据",如果证据足以推翻死者为法兰西人的假设,罚款将会被免除。[18] 这种对死者的区别对待持续了一段时间,直到亨利二世(Henry II)时期的大融合将盎格鲁-撒克逊人和诺曼人视为一个联合的整体。当最终盎格鲁人和诺曼人统一了语言,都将自己视为英格兰人时,秘密谋杀的罚款也随之统一,它将适用于所有无法解释的自由人的死亡案件。[19] 所有英格兰的自由人都受同一法律的约束,这将成为整个英格兰普遍适用的法律。

诺曼人的一大创举是引进了决斗审判,这是对抗性司法审判的原始实践。[20] 盎格鲁-撒克逊人的法律中没有记载过这种方式,但在许多日耳曼人的早期法律,尤其是与叛国罪和财产纠纷相关的法律中非常常见。刑事案件中,它可以作为神明裁判的替代方法;财产纠纷中,双方可以花钱雇佣斗士进行决斗;但叛国罪审判中,如果被指控者要求,辩控双方需要亲自下场。这种方式没有宗教内容,没有祭司参加仪式,也没有利用自然或超自然的元素介入审判;它也不像是骑士决斗那样身着华丽而昂贵的服饰,更像是农民之间用铁锤和锋利的棍棒进行的残酷斗殴。[21] 这种决斗没有限制,扭打、乱戳甚至撕咬都是被允许的。如一位当时的专家所言,一口好牙"对决斗有莫大帮助"。[22] 当然,这种方式对于公正肯定有一定影响,会给一些嫌疑人洗刷冤屈造成障碍,尤其是那些牙口不好者。

对此类流血冲突的详细记载只能追溯至1221年,但它可能反映了此前一个半世纪的实践。格洛斯特郡有一位名叫托马斯的嫌犯,受到了酒友乔治的控告。乔治是当地的领主,他控告托马斯入室盗窃和故意伤害,但托马斯均矢口否认,并拒绝支付赔偿。四邻组成的陪审团认为这是一起需要辩护的复杂案件,因此案件被移送至伍斯特。又由于入室盗窃属于对国王治下和平的破坏,罪行严重,所以审判程序相当漫长。此案中,被指控的犯罪行为发生在1217年,但直到案件被移送到皇家大法官面前后,审判才终于正式开始。1221年的某一天,在大教堂附近的大草地上,这两人装备了棍棒和盾牌,辅以尖牙利齿,进行了一场搏斗。最终,托马斯的右眼几乎被打出眼眶,不得不高呼投降。出于仁慈,法官并没有决绝地判处托马斯绞刑,而是以宫刑和挖眼替代。虽然侥幸保全了性命,但托马斯余生都将处于忏悔和赎罪之中。刑罚由获胜者和他的朋友们亲自公开执行，引起了好奇民众的热情围观。执行者一丝不苟，仿佛对这项任务有发自内心的热爱。他们"受到复仇快感而非正义的感召"，凿出了托马斯的眼球，扯下了他的睾丸，扔进了围观的人群，被当地的小伙子们踢来踢去，以此捉弄身旁的姑娘们。根据记载，这个故事最终有一个欢快的结尾：经过十天不间断地祈祷，神迹降临在可怜的托马斯身上，他被挖掉的部分又恢复如初——故事就是这么说的。[23]

尽管诺曼人在某些方面坚持保留了自己法律的传统特色，但他们对英格兰习俗中的很多重要元素也并不排斥。在英格兰律法的陪伴下，人们在这片土地上日复一日地生活着。一部分百户法庭被归为大领主私人管辖，但并不普遍；郡县法庭作为王室权威的延伸，都得以保留。亨利一世命令，"我的郡县和百户法庭们"都应当按照爱德华国王时期的规定，在同样的时间和地点召开会议，它们应当像以前那样工作。[24] 就普通法的发展而言，王室对盎格鲁-撒克逊人这套法律基础设施的控制至关重要，这种强力控制与后加洛林叛乱时代国王对法院完全失控形成鲜明对比。[25] 实际上，地方司法基本没有被国王染指，它们依然由地方治安官管理。这些地方治安官是王室进行地方管理的重要人物，"是盎格鲁-撒克逊留下的珍贵遗产，是旧王朝留下来并被新王朝精心保留的'好东西'之一。"[26] 随着诺曼人的统治，很多盎格鲁-撒克逊治安官逐步被诺曼人取代，但他们依然按照这片土地上古老而丰富的习俗完成着他们的工作。

盎格鲁-撒克逊制度的持续性、王室与地方治安官之间通过令状沟通的模式，以及威廉一世在全国范围内进行普查而制作的伟大的《末日审判书》，都为诺曼人即将进行的一项被后世证明为最具创新意义和突出贡献的工程打下了坚实的基础——改变土地所有权。在诺曼人看来，土地所有权和统治权是彼此交织缠绕的。从法律上讲，征服标志着一个新的开始：除了国王之外，没有任何人拥有公元 1066 年之前的财产所有权。每个土地的所有者要么直接自国王那里获得所有权，要么从地方领主那里获得所有权——而地方领主的所有权又来自于国王。一切所有权都起源于征服，胜利者通过这种瓜分战利品的方式，牢固确立了一个流传后世的概念：土地所有权依赖于王权。

《末日审判书》成书于威廉统治二十周年之际。它在这项重大工程中的作用至少体现在两个方面：首先，它假设土地权利长期存在，从而掩盖了"土地保有权依赖性"这个概念的新颖和激进程度；第二，它提供了一份完整的清单，将爱德华时期和威廉时期的土地所有权和土地价值都一网打尽。《末日审判书》的初衷是方便管理，增加王室收入，主要关注对象也是王室财产和直属封臣。同时，它类似产权确认书的功能也使那些巨头们获得了书面确权的好处。它事无巨细，一概记录，详细程度令人发指，甚至记录了地方的罚款和替代惩罚措施。例如，切斯特规定，酿造劣质啤酒的酿酒师应当向地方官员缴纳 4 先令的罚款，否则将被溺毙于马桶之中。这种收集信息的方式和速度展示了诺曼人如何利用盎格鲁-撒克逊人的制度，更证明了这套制度在快速提供信息方面的强大威力。《末日审判书》在中世纪的欧洲无与伦比。国王向每个郡县派出大法官，对陪审团进行调查——其中一半是法国人，一半是英格兰人。后者都是熟悉英格兰习俗的当地人，他们可以宣誓证明当地有多少耕地，当地的河流、沼泽和森林能带来多少收入，谁在何时出售、购买或继承了某片土地……[27] 远早于在刑事审判制度中所使用的陪审团制度，民众参与很早就成为民事诉讼的基础。这种实践在征服前就已经开始，并在征服后一直持续。

威廉作出的另一项重要改变，是对世俗和宗教的司法管辖权进行了区分，这基本与欧洲大陆的通行做法一致。在一项大约颁布于 1070 年的法令中，威廉宣布，自此以后，任何主教或领班神父都不许在百户法庭处理涉及教会法的案件,违反教会法的刑事案件将由一位主教在其选择的地点"按照教规和主教法律"审理,同时任何王室成员不得干涉"与主教有关的法律"。[28] 威廉的这一遗产在未来产生了深远乃至意想不到的影响。它将世俗事务从教会事务中剥离。教会法从此有了不同的实践,成为首个通行英格兰的法律。它将普通民众与神职人员分开,前者在犯下跟教会或宗教有关的罪行时仍然要接受教会法院的审判,但后者完全不再受世俗法庭的管辖。

威廉本人可以毫不费力地控制教会和神职人员。值得注意的是,"可憎的奥多"(Odon de Bayeux)在世俗法庭接受了审判。但为了缓和神职人员的顾虑,精明的坎特伯雷大主教兰弗朗克(Lanfranc)辩称,奥多接受审判的身份不是贝叶主教,而是肯特的伯爵。[29] 可是,这种变通处理的方法很快也不再流行,宗教法庭成为神职人员的避难所,为危险的犯罪分子提供庇护。一旦某个罪犯被视为神职人员,他将从世俗法庭的管辖中完全脱离,不用再害怕世俗法庭那一套严厉的肉体刑罚,而仅仅需要保证自己有罪的灵魂能够得以净化——甚至许多严重的犯罪只靠着自己的忏悔就能得以赦免。以后的历史将证明,在不经意之间,威廉强大的意志就对其继任者持续产生了深远影响。

英格兰被诺曼人改造,英格兰也改造了诺曼人。同化和接纳花费了将近一百年的时间。通过不断地通婚,诺曼人变成了英格兰人,这片土地接纳了这些外来者,而征服者也被这片土地征服。历史的长河中,诺曼人不仅是趾高气扬的征服者,而且是与时俱进的变色龙。这种情形不是没有先例——他们十世纪的维京先辈被分封于诺曼底("北方人的土地"),在一个世纪后就自称为法兰克人。在大致相同的时间后,这些法兰克人又将成为英格兰人。而1204年法国彻底征服诺曼底,不过是一副旧皮囊的再一次蜕变而已。

就法律本身而言，诺曼的统治绝不是一场灾难，而是一副催化剂。英吉利海峡两岸的习惯在缓慢地发展并融合，诺曼人的严明纪律和对大政府的追求与盎格鲁-撒克逊人成熟的基础制度结合，产生了与欧洲其他地方截然不同的法律体系，它在胚胎时期就"展现出了习惯法的特征和方法论"。[30] 诺曼国王们允许英格兰的子民在强大而健全的政府所带来的稳定统治之下，遵循自身多样而古老的法律传统。在这里，国王既是统一稳定的力量，又是连续性的象征。

"征服者"威廉于1087年去世，他的两个儿子威廉二世和亨利一世相继继任。根据当时的记载，威廉二世是一个不公、贪婪和剥削成性的国王。他的暴政让"英格兰痛苦窒息"。他不仅在位期间就受到人们的诅咒，而且"在去世第二天就匆匆下葬"。[31] 如今，这种传统的历史评价正逐渐被平反。他最宏伟的纪念碑莫过于修建于1097年的威斯敏斯特厅。他不惜工本又不遗余力地"确保了它的大气恢弘和光彩壮丽"[32]。这座建筑至今都是西欧同类建筑中最大的一座。从这个角度讲，威廉二世非常成功。尽管他未能亲眼见证，但这座大厅将会成为一笔长存的重要法律遗产。

相比之下，亨利一世被公认为一位伟大的国王，他以智慧闻名，如梅林所预言的一样，"是一头正义的狮子，怒吼让恶龙颤抖。"[33] 他同样冷酷无情且功成名就，深知强大的国王将国家团结起来的重要性。在继位后几个月，他就与苏格兰国王的女儿、"刚勇者"埃德蒙（Edmund Ironside）的曾孙女玛蒂尔达（Matilda）结婚。他与古老的英格兰王室联姻，生下了儿子威廉，使其成为盎格鲁-诺曼人。因为威廉的血统，人们认为"英格兰的希望曾像树一样被砍伐殆尽，却再次开花结果，因此人们以为这个邪恶的时代终于要走向了尾声"。[34] 然而，这位顽强的少主于1120年不幸在巴夫勒尔溺亡，人们的希望随即再次被粉碎。但无论如何，三十五年间，亨利一直是稳定和团结这片破碎土地的力量。

1100年,亨利通过颁布《加冕法典》(Coronation Charter)宣告即位,这是一个充满了善意的举动。这位新国王在宣言中承诺废除"那些长久以来压迫英格兰王国的陈规陋习",并保证不会剥削他的子民。他把怒火倾泻到那些胆敢随意降低货币成色的铸币者身上,让他们领教到了"真正的正义铁拳"。[35] 相比于他父亲和盎格鲁-撒克逊祖先们的所作所为,亨利因其对正义的坚持和对原则的"不知灵活变通"而广受称赞:"在执政之初,因希望给作恶者留下恐惧的印象,他更倾向于采用肉刑,而后来则更倾向于罚金。"[36]

即位二十四年后,亨利仍然偏爱肉刑——至少针对那些腐败的铸币者依旧如此。这些铸币者们通过降低货币成色剥削百姓,让民众处于贫困之中。为此,亨利在诺曼底的圣诞节庆祝活动上向英格兰发出命令,要求砍掉所有铸币者的睾丸和右手。为了展示仁慈的一面,他允许这些人欢庆了最后一个完整的节日,直到新年后才动手执行。[37] 为了巩固权威,亨利一再强调,他是英格兰国王自古以来法统中的一员,他同前任们一起延续并维护了英格兰法律。这是历史学家和神话贩子的黄金时代,因为他们的任务就是复活历史并与当下有机联系。从执政开始,亨利就在努力保持这种连续性。他规定,郡县和百户法庭召集的条件和地点应当与爱德华时代保持一致。《罗切斯特教堂文告》和《亨利一世律法》都产生于他的统治时期:前者在牛皮纸上保留了英格兰婴儿时代的古老律法,后者记载了成书时混乱的法律实践。这是一锅令人困惑的古老法律习俗大杂烩。它取材于盎格鲁-撒克逊国王的判决,并由盎格鲁-诺曼人加以调味。作者磕磕碰碰、跌跌撞撞地尝试将这些杂烩整理成英格兰第一部综合的法典,但似乎并没有成功。

随着王室权威的重新建立,王室的管制能力得以进一步加强。亨利的权威"在普通民众的拥护下"冉冉升起,这些民众都是他的子民。他宣告御前会议在国家治理中的核心地位,其中当然包括司法工作。他在司法力量不足的地方直接干预,将诉讼当事人传唤到皇家法院,或者直接用皇家令状命令和解。有时,他会牺牲封建主的利益,直接任命王室官员作为地方治安官。此外,他创造性地在领域内派遣了"巡回法庭"[38],负责和管理郡县法庭事务,审理国王关心的案件,并在民间塑造皇家法庭的形象。其中许多法官也同时是地方治安官,拉尔夫·巴塞特(Ralph Basset)就是其中之一。1124年圣诞节前的凶日里,他在莱斯特郡开庭审案,"前无古人地一次性绞死了四十四名盗贼,还挖去了六名盗贼的眼睛和睾丸。"[39] 亨利一世时期,巡回法庭只有零星的出访,并且范围有限,并没有从根本上削弱地方法院和当地人民在审判中的作用,但这种形式宣告了王室的统治力,孕育着在未来大展身手的潜力。

亨利不仅保留了"忏悔者"爱德华及其丹麦和盎格鲁-撒克逊祖先的法律,"这些法律在他亲爱的父亲手中得以强化",并且通过"他自己的法律"对之加以改进。郡县法院成为了法治的核心,此前它们审理的都是严重的刑事案件和土地纠纷,尤其是不同领主之间的土地纠纷。在所有这些法院之上,是"皇家法院",这个法院拥有"随时随地适用法律,并保持一致性"的权威。这些法律被称为"王国的法律"或"国土的法律"——这个国家再次变得更加团结,法律更加统一。在亨利一世漫长时代的末期,法律和秩序统治着这片土地,到处是一片和平繁荣的景象。

45 　　物极必反,巅峰过后随之而来的就是灾难。1135年12月1日,年迈的亨利在吃了太多难以消化的八目鳗鱼后身亡。[40] 他没有留下任何合法的男性继承人,他的女儿玛蒂尔达和侄子斯蒂芬为了继承权争吵不休。斯蒂芬先行一步,夺取了王位,但内战随之而来。根据《盎格鲁-撒克逊编年史》(另一部在征服中留存的遗产)记载,长期的冲突带来了一个冷酷的时代,这个时代被称为"无政府时代"或"十九年寒冬","基督和他的圣徒们都陷入了沉睡"。与沉睡伴随着的还有法律和秩序的崩坏、王室力量的削弱以及诸侯力量的增长。他们在没有烧杀抢掠的地方征以税金,并称之为"保护费"。[41]

尽管境况惨烈,但混乱持续的时间并不算太久,还不足以让王室完全失去对地方司法的控制。亨利一世留下的遗产足以保证未来的法律在"历史悠久且独一无二的英格兰制度"基础上进一步建造和发展。[42] 玛蒂尔达的儿子将成为这名建造者,但他要做的并不仅是重述过去的成就,他将建立一个更加统一、更加集中、更加依赖王座法院及其代表的系统。他将为一个统一的国家打造一套统一的法律。

第 4 章

亨利二世和普通法的创设

正义是整个王国的基石（*Justicia regnorum fundamentum*）

——拉丁谚语

他有足够的智慧作出成就，他的成就配得上他的智慧

——托马斯·富勒：《不列颠教会史》

（Thomas Fuller, *Church History of Britain*）

金雀花王朝正式拉开大幕,所有希望都被寄托在了当时只有二十一岁的亨利身上。他1154年的登基备受期待和关注,直到莎士比亚的笔下仍在回荡:"英格兰这片土地,在漫长寒冬中已经麻木,但你是一轮刚刚升起的太阳,为这里带来热量和温暖。"[1]多年动荡已让王国处于危险境地,司法制度变得任意而武断,所以这场解冻来得非常及时。随着法律在国土内的广泛传播,盎格鲁-撒克逊人和诺曼人不同实践的不断碰撞,现实中法庭的管辖权彼此重叠、司法低效而混乱。长期的动乱让法院不得不屈服于贵族的强大力量,贵族经常变成当地法律的化身,随时将法院玩弄于股掌之上。越来越多的人对这个谜局感到绝望,无论是世俗法院还是教会法院,都把希望寄托在新的国王身上,希望通过王室干预,解救他们于水火之中。幸运的是,这位新的国王不仅愿意这样做,也有能力这样做。

年轻而有朝气的亨利二世拥有一个和平的王国。在他的领导下,内战时期恶化的争端逐步平息,收入增加,王室有效统治着包括欧洲大陆土地在内的王国。同时,他还是一名立法者和执法者,他认真履行自己的加冕誓言,维护王国内的正义与和平。他虽然无需从头开始创设新的法律或程序,但需要巩固已有的成就,并在此之上继续发展。他并没有废除任何法律,但成功地将所有的各地习俗合并成为整个国家共通的法律。这个转变之所以能够实现,是因为他独辟蹊径地设立了一套审判体系:将旧的司法实践合理化,把精挑细选的先例与"智慧的内化"[2]相互融合。他开始积极行动,但首先必须要重新控制地方的贵族。为此他采取了两种方法:用严厉的纪律约束地方治安官,同时派遣亲信巡回于各地来管理事务并执行法律。

他驯服地方治安官的行动自1155年开始,当年就罢免了二十一名治安官。这场行动在1170年的"治安官询问"(Inquest of Sheriffs)中达到了顶峰——它深入拷问了官员们的剥削行为,并以罢免绝大多数治安官告终。取代这些人的是国库官员,他们原来既没有独立的权力,也没有地方的势力,只对国王负责,并可以随时被免职。他们的权力将随着王室司法权的增加而递减,这一点在 1176 年《北安普顿巡回审判法令》(Assize of Northampton)中体现得尤为明显。国王成功地将治安官"从地方贵族担任的惯例扭转为由国王自行任命,就像德国法国的伯爵子爵们在中世纪早期的遭遇一样"。[3]

要为整个王国打上王室烙印,一定要依靠国王的委派和授权,这是诺曼王朝和安茹王朝历任国王最重要的成就之一。[4] 它的出现有现实的需要,并且在亨利二世时代显得尤为迫切。亨利二世有统治帝国的借口,广袤的法国土地让他不得不经常身居国外或忙于其他事务。在他缺席时,出现了由首席法官代表国王审判案件的操作。莱斯特伯爵罗伯特·德·博蒙特(Robert de Beaumont)和理查德·德·露西(Richard de Lucy)可能是最早担任这一职位的人。也有人认为这种实践最早可以上溯到亨利一世时期的索尔兹伯里主教罗杰。他们拥有代表国王的权力,管理着整个王国的财政和司法工作。但这还远远不够,为了实现王权的无孔不入,还需要再做更多的事情——而此时刚好有一个先例可以加以利用:亨利一世时期引进的巡回审判制度虽然在"无政府"时期已经支离破碎,但这套机制却可以继续使用。表面上看,恢复巡回审判制度是亨利二世重建其祖父统治秩序的一部分,实际上却隐藏了诸多创新。打磨这套复兴王室的工具可花费了不少时间。直到执政十二年后,亨利二世才基本实现了在王国范围内有效施行自己意志的统治。

1166 年是另一个关键的年份,在梅特兰眼中这一年甚至比 1066 年更加重要。亨利二世在征求主教和男爵们的建议后,颁布了《克拉伦登巡回法令》(Assize of Clarendon)。这是他统治时期第一个重要的立法成果,也是他引领重大行政改革的最早证据,更是陪审团历史上的里程碑。"为维护和平、实现正义",巡回法官们将在陪审团的面前审理案件。陪审团由十二名符合资格的男性组成。每个村庄有一百零四名候选人。陪审员就在这些候选人中挑选。这些陪审员和如今的陪审员有很大差别,他们没有权衡证据和作出裁决的权力。他们的用途是"讲述实情",指认当地"被指控的或臭名昭著的强盗、杀人凶手或盗窃嫌犯",以及"在国王成为国王以来""被公认"的上述任何犯罪。治安官的作用是配合追捕那些被指认的嫌犯,将它们带到皇家法官面前接受审判。在此过程中不会顾及任何特权。那些过去习惯于享受特权的领主和领地——甚至连"瓦林福德(Wallingford)男爵"这样的头衔——都不再是对抗治安官的保护伞,不能对抗治安官的刑事拘捕。国王命令他们必须配合治安官的工作[5],以此牢牢控制着王国。

　　那些被当场抓了现行、或臭名远扬、或已经认罪的嫌犯,都将不经审理就直接定罪惩罚。其他被指控涉嫌抢劫、谋杀或偷窃的嫌犯,无论他们是因个人控告还是由陪审团集体指控,都不由郡县法院审判,而是以特定方式由皇家法官负责。一起案件可能通过调查、决斗或神明裁判来证明。大约同一时代的英格兰法律专著《格兰维尔》认为,在成年男性控告者和嫌犯之间,除非他们年事已高或受伤严重,否则决斗是常规做法。如果当事人确实不适合决斗,就会用神明裁判。这部书中对此类案件只记载了一种神明裁判方式:水。这种方式以前是为佃农们准备的,但具有立刻能够显示结果的优势,因此在嫌犯众多时,就比烙铁等方式更具优势。根据《格兰维尔》记载,神明裁判的类型仍然取决于社会地位:自由民用烙铁,佃农们用水。根据1194年至1214年的案件卷宗,两种方式都在使用,但用水更多一些。[6] 使用神明裁判的情况逐渐变得更加普遍,远远超出了以前那种在调查无果的情况下才适用的范畴。没有通过考验的人们要么被绞死,要么被砍去双脚。[7] 此外,这些罪犯的财产全部被没收充公。

1176年,《北安普顿巡回审判法令》进行了"修订"。"为了进一步巩固正义",砍掉肢体的刑罚里加上了右手,刑罚的种类中加上了四十天以下的放逐,纵火和伪造被列入《克拉伦登巡回法令》中的重罪清单,还增设了没有明确定义的"其他重罪"。一些重罪(甚至全部重罪)被视为"国王的诉讼",这是另一个没有明确定义的类别,通常表示那些涉及国王并因此由皇家法院专属管辖的严重犯罪案件。那些被逮捕和判有重罪的人会被处死,逃脱的人会被宣布放逐法外。即便是那些"在水中证明自己清白"的人,如果被"当地郡县和国家的合法骑士共同举报犯下了谋杀或其他重罪",也将被强制公开宣布流亡。如果胆敢随意返回国土,将会被宣布放逐法外。那些稍微不那么臭名昭著的人则需要找到担保人来保证自己举止良好。尽管已经依靠神迹来免除了一部分人的罪恶,但当时对被指控和名声不佳的人而言,司法依然有非常强烈的有罪推定倾向。[8] 品格是否良好越来越成为法律评价的重要部分。

　　不良品格并非不可救药——被逮捕、认罪和定罪的名声败坏的罪犯,可以通过指控同伙而给自己留一条活路。这些罪犯被称为"批准者",因为他们肩负着在审判中与同伙决斗以证明后者有罪的职责。如果能够取胜,他们就会被网开一面,处以流放或者肉刑;但如果失败,迎接他们的将是绞刑。当然,如果活着,这些人的名声还会继续败坏下去,人们相信这些人有强烈的动机指控手无缚鸡之力的无辜者,从而让自己得以苟活。

　　作为《克拉伦登巡回法令》的首批成果,理查德·德·露西和埃塞克斯伯爵曼德维尔(Geoffrey de Mandeville)被派去巡视。这是亨利二世统治时期,甚至可能是亨利一世死后的第一次此类巡视。他们的足迹几乎踏遍了国境。当抵达卡莱尔的时候,伯爵不幸去世,但在他去世之前,他们已经巡视了许多郡县,并取得了令人瞩目的成绩。在林肯郡,他们审理了 105 起案件。其中有一些轻微的罪行,例如一位名叫雨果·德·科尔顿的人放弃了参加司法决斗,并被处以 1 马克罚款;也有稍微重一些的罪行,处以 20 先令罚款;还有更严重一些的,罚款 40 先令甚至 5 英镑。他们一共开出了 250 英镑的罚单,这是一笔不小的数目,足以支付 20 名骑士或者 165 名步兵全年的军饷。[9] 县志记录显示,这些巡回法官至少有效地解决了一个古老的难题:如何应对顽固的匪帮和屡教不改的惯犯。1166 年,林肯郡的治安官报告,39 名重刑犯未能通过神明裁判或逃走,诺福克郡和萨福克郡报告了 101 例,约克郡报告了 127 例。与此相对,那些巡回法官未能造访的郡则成果惨淡,汉普郡只报告了 4 名绳之以法的重刑犯,威尔特郡 3 名,伍斯特郡 1 名,什罗普郡甚至一无所获。全国郡县总计报告了约 600 例未通过神明裁判或惧怕考验而逃跑的案例。逃跑逐渐变得很常见,这虽然导致定罪率下降,但确实体现着这套系统的有效性,以及它所带来的恐怖威慑力。

  这些早期的巡回访问非常成功,以至于在 1175 年左右,国王把这套机制变成了全国范围内施行的系统化工程。巡回官员们变成了"常设巡回法官",由一些皇家官员结伴广泛巡回。官员们的身份转变成了"游荡的法官"(*iusticiarii in itinere*),并被赋予了特定的权力和职责,负责英格兰被新划分出来的若干个巡回区域。巡回区域的数量和法官的调度频率会不时调整。1180 年以后,这套系统逐渐成形,巡回区域平均会有大约 20 名巡回法官。至 1189 年,法官数量增长到至少 35 名——相比亨利一世时期的 6 名有了巨幅增长。每个巡回区域都可被指派大约 7 至 9 名法官。

  巡回法官可以到访县城或其他重要的地方中心,聆听国王的诉讼以及他们管辖范围内的其他事项,然后继续下一站访问,履行巡回条例中列举的各种职责。没有人能逃脱亨利的统治,此后的发展都是对十二世纪八十年代已有框架的进一步完善。这些法官们颁布并执行新的法律,评估城镇和王室庄园的税收,审查郡县政府或村庄如何履行职责,并对懈怠者和腐败分子处以罚款。他们还一次又一次地被指派执行特殊的任务。例如,在1176年,他们被命令在战后宣誓效忠。因此,这些巡回法官们的工作涵盖司法、财政、政治、行政、监督和执行。当然,十二世纪时人们还没有区分这些功能,政府仍是一个不可分割的整体。

常设巡回制度是这个政府的强大引擎。它运行了一个多世纪,不断发展和壮大,直到被它承担的繁杂任务压垮而暂停。后来,爱德华一世(Edward I)设立了一套范围有限的巡回法院,它依然将全国区分为不同的巡回区域。[10] 但对于中央集中控制地方而言,没有比亨利二世打造的系统更有效的了。[11] 由亨利二世重新塑造的王室权威在英格兰全境都坚不可摧,所有人都无法挑战王室权威——除了那些听命于一个更高权威的人:神职人员。

第 5 章

贝克特和神职罪犯

你是英格兰人,因此你不会在听取两方的故事前就贸然评判。

——T. S. 艾略特:《大教堂谋杀案》

(T. S. Eliot, *Murder in the Cathedral*)

普通法是由王权耀武扬威地创设的。在诞生伊始,这套法律和它背后的王权就一直受限于一股竞争力量:教会和教会法。这股力量集中体现在坎特伯雷大主教托马斯·贝克特(Thomas Becket)身上。贝克特声称,不受指控和不被刑事审判是神职人员的特权。只有教会法院才能对神职人员的犯罪进行审判,世俗法院对神职人员没有管辖权。教会试图通过这种说法,将数量可观的一部分人群从皇家法院中剥离出来。教会法院因此成为普通法的竞争者,同时也威胁着普通法的全面普及。

"征服者"威廉和他的儿子统治时期,英国主教并没有对神职人员给予过度保护。在某些案例中,神职人员被褫夺身份,并被移送至世俗法院审判。意大利教会法谨慎地支持了这一立场。法学家格拉蒂安(Gratian)于1140年在博洛尼亚发表了他的《教令集》(*Decretum*)。这是一部对教会法进行整理和汇编的著作,其中包括了第二次拉特兰大公会议通过的旨在保护神职人员不受武力袭击的条款。格拉蒂安的追随者们将这种保护进行了扩张,以此来创建一个连贯的神职人员特权理论。[1] 神职人员原则上不能在世俗法院接受审判,但也有个别例外。教会法院对于所有的教会犯罪都拥有专属管辖权,但犯下严重世俗罪行的神职人员也可能在被褫夺身份后接受世俗法院的审判,被施以世俗惩罚。这种方式和英格兰历史中的主流传统并无太大差异。

然而,在史蒂芬统治期间,统一的教会面对支离破碎的世俗国家,显现出了极大的优势和支配力量。到他去世时,神职人员成为社会当中一支独立的群体,显得更加特别。人们将教会的旨意奉为圭臬,神职人员犯下罪行后一律不得在世俗法院中审判。这就是"受审特权"(*privilegium fori*),也被称为英国的"神职人员福利"。

通过重塑王室权威,亨利尝试纠正这一偏差。在亨利看来,教会法院的程序避开了严酷的神明裁判,仅仅根据誓言判决,大多数神职嫌犯都能够轻松通过；即便对少数嫌犯定罪，也仅仅施以温和的惩罚，例如公开忏悔或者监禁；这不仅放纵了犯罪，而且损害了公义。在一些案例中，神职人员和普通人被一起指控，普通人因害怕审判而潜逃，但神职人员有恃无恐。[2] 更严重的问题在于，神职人员的头衔太过泛滥，全体男性中有将近六分之一的人可以声称自己拥有神职头衔。事实上，只要拥有基本的读写能力，能够背诵简单的誓言，就能让人获得这种特权。因此，拥有更好的教育或者更好的社会关系的人，可以轻易通过最轻松的发誓，从而将他们神圣化的灵魂从世俗法院的手中解脱出来，投入教会权威的怀抱，以及净化他们的罪行，完全逃脱世俗法院严酷的惩罚。

毫不意外，真真假假的神职人员犯下的罪行越来越多。罗伯特·德蒙特（Robert de Monte）曾经感慨：

> 当下，英格兰充斥着一种我们前所未闻的强盗。他们披着宗教的伪装，藏在僧侣的衣服背后，加入长途旅行的人群；当进入荒郊野岭，就发出信号，呼唤同伴，谋杀旅人，掠夺财物。[3]

这些罪犯一旦被抓获，就会援引神职人员的特权，要求在教会法院进行审判。一大群"无头神棍"（没有上级的神职人员）在全国游荡。人们对这些神棍怨声载道。对亨利而言，神职人员泛滥仅仅是一个更广泛问题的一部分：如何遏制泛滥的犯罪行为。亨利的计划是，不分身份，对所有的罪犯一视同仁，严厉打击所有的犯罪行为，惩罚所有犯下罪行的恶人。

神职人员即使犯下最严重的罪行，也能逃脱世俗正义的惩罚。在统治初期，亨利在对教会的让步中吸取了教训。他承认了当时坎特伯雷大主教西奥博尔德（Theobald of Bec）对神职人员审判和惩罚的权力。不久之后，在1156年，约克大执政官奥斯博特（Osbert de Bayeux）被指控谋杀大主教威廉。这起审判迅速验证了教会法院在审判效率和效果方面的缺陷。这起骇人案件的审判拖延了一年多还没做出任何判决。西奥博尔德承认这起案件由于"法律和教法的微妙之处"[4]而停滞不前。1158年,斯卡伯勒的一位民众在约克向国王告状,称一位农村的主持牧师和神父夺走了他的22先令,以此来免除对他妻子通奸的指控。腐败的教士被带到国王、大主教、达勒姆和林肯郡的主教、约克郡的司库、司法官理查德·露西和其他贵族面前。神职人员和男爵们为案件做判决。神职人员提议的惩罚是教士退还他敲诈的金钱,并把他送交约克郡主教惩处。由于这位农村牧师是一位神职人员,国王在此过程中毫无干涉的办法。理查德·露西拒绝作出这种隔靴搔痒式的判决,愤慨地离开了房间。亨利愤怒地向西奥博尔德开火,宣布判决因不正当而无效,并命令进行重审。但是在此事尘埃落定之前,亨利便被召唤回欧洲大陆,并在大陆一住就是五年。当他重返英格兰时,坎特伯雷已经有了一位新的大主教。这位大主教能够任职,主要是由于国王的支持和坚持——此人便是托马斯·贝克特。

起初,贝克特试图通过自己的权威,对神职人员施加更严酷的惩罚,以此来缓和长期缺席的国王的不满。他的一位教士盗窃了圣玛丽勒波教堂的银圣杯,被处以烙刑并褫夺神职。但是,这种做法在教会法下很难解释得通,而且进一步侵占了王室法院的权威。困境很难通过此类游离于法律之外的干涉手段解决,主教们傲慢而专断的行为只能进一步挑衅国王。

亨利1163年7月返回英格兰后,在伍德斯托克召集了一次会议。他收到了许多对教会惩戒的抱怨。他得知,自1154年起,教士们犯下了超过一百桩谋杀案,还有不可计数的盗窃和抢劫案。他命令剥夺那些犯下严重罪行的神职人员的特权,交由他的官员们处理。其实亨利并没有要求在世俗法庭审判,只是要求对这些前神职人员处以世俗刑罚，但仍然由教会法院审判、定罪并剥夺神职头衔。换句话说，那些已经道德沦丧的神职人员不该继续受到教会的保护，而应当曝光在世俗世界，接受世俗世界的制裁。贝克特对此断然拒绝，并对这种尝试予以长篇累牍地抨击。他本可稍加拖延，宣布教会法对此没有明确规定，并征求罗马教廷的意见。然而他并没有这样做。他也许知道罗马并不会支持自己。

　　越来越多的案件引起了亨利的关注，他的怒火也越烧越旺，尤其是这些案件一再挑衅着他的权威。在伍德斯托克的会议结束后不久，该教区的一名教士被指控强奸了一名年轻女孩，并谋杀了女孩的父亲。国王突破了以往的限制，在伍德斯托克命令该案由世俗法院进行审判。但贝克特对此进行干涉，要求伍斯特主教罗杰将该教士关在教会监狱，阻止王室官员与其接触。另一起令人发指的案件发生在林肯教区，贝德福德一位名叫菲利普·德·布洛依斯的教士被指控杀害了一名骑士，并在教会法庭上通过宣誓获得了赦免。但贝德福德郡的执法官兼巡回大法官西蒙·菲茨彼得（Simon FitzPeter）重新调查了这起案件，并命令菲利普再次接受审判。菲利普公开羞辱了西蒙，司法人员随即向国王报告了这起藐视法庭的行为。亨利命令菲利普应当就涉嫌谋杀和藐视皇家官员两起罪名接受审判。然而贝克特再次出面干涉保护菲利普，亲自对他进行了重审，而且只审理了藐视皇家官员一项罪名。这是一项轻罪，他仅被处以公开的鞭刑。亨利对这样的放纵行为愤怒地质问：“上帝作证，你现在向我发誓，你作出了一个公正的判决，而没有看在他是一个教士的分上包庇他。"[5]

　　1163年10月，亨利在威斯敏斯特会议上再次处理了这个问题。他宣布，王国的和平正在被一群犯下强奸、抢劫和谋杀的神职人员干扰，他们对教会禁令毫无顾忌，也对教会的惩罚毫不忌惮。他已经就此咨询过世俗法和教会法的专家，他们认为应当回到亨利一世时期的

图 2 亨利二世和托马斯·贝克特:法律发展期间国家与教会的争执

做法。亨利要求托马斯和他的主教们认可历史上王室与教会两个权威之间形成的惯例,即犯下或承认罪行的教士们应当被褫夺神职,剥夺来自教会的保护,并交给皇家法庭接受审判。贝克特拒绝了这一要求。他认为,双重惩罚(褫夺称号后再进行肉体惩罚)违反了教会法。他宣布上述习俗与上帝的律法不符,属于滥用惩罚并因此无效。主教们只接受那些"与他们秩序相符"的习俗。这意味着一切与教会法冲突的规则都被排除在外。

第二年,亨利在克拉伦登会议上再次尝试定义司法管辖的权限。他明确表示征服者的法令长期缺失,无法有效限制教会法庭的程序,无法保护王室特权。[6]他将自己所说的"传统、自由和特权……以及其他应当在国土中被遵守和保留的规则"用文字记载了下来。这些文字后来被称为"宪章",它让国王占据了上风。例如,第三条记载:

> 任何被传讯或指控的教士,无论原因为何,在收到国王的召唤时,必须前往国王的法庭,就该法庭关切且须在该法庭进行回应的问题作出回应;相应地,他在教会法庭上也须回应那些适宜在教会法庭回应的问题。[7]

国王的目标是要掌握司法管辖的最终话语权。即使教会要审判案件,也应当在王室官员的监督下进行;如果某位教士被定罪,就要即刻褫夺他的神职并交由世俗法院惩罚。

亨利对此毫不妥协,原本充满可塑性的传统习俗通过宪章的方式具有了法律的刚性。他命令神职人员们必须遵守这些传统,不得有任何保留。主教们则用指责传统习俗来还击。他们引用格拉提安的格言,"主从不说'我就是传统',而是说'我就是真理'"。起初贝克特和教士们的立场十分坚定,但在第三天,出于不为人所知的原因,贝克特屈服了。他和教士们举手投降,宣誓他们将"真诚、毫无保留且按照法律规定"遵守宪章中铭记的本国传统。亨利看上去胜利了,但这是真的吗?

贝克特很快就食言了。他穿上了忏悔的装束,脾气暴怒,将自己往昔的好友逐出教会。他害怕报复,开始流亡海外。国王和大主教都固执己见,无法调和。他们隔着海峡互相抨击,显得非常不体面。他们曾经试图达成协议,甚至一度尝试重新点燃过往的亲密友谊——但所有的努力最终在贝克特返回英格兰并恢复专横管治后而化为泡影。亨利被这位固执的大主教一再激怒,他的怒火一次次爆发:"难道就没有人能够让我摆脱这个疯子牧师吗?"他不幸言中,有人确实能帮他这么做。

1170年12月29日,返回英国不久的大主教正在坎特伯雷大教堂进行晚间祈祷,四位国王身边的骑士突然出现在了他面前。他们用剑反复削砍,将他砍倒在地。攻击惨不忍睹,贝克特头上的冠冕都被砍为碎片。用一位目击者的话说,"红色的血液和脑浆混在一起,白色的脑浆被染得鲜红,浸染了大教堂的地面。"讽刺的是,这些刺客将不会被世俗法院审判,因为只有教会法院才能惩罚针对神职人员的谋杀。他们面临的惩罚只是被逐出教会,而不会被处死。这种荒谬的情形还要再持续八年。[8]

我们很难对自负的贝克特表示同情。他也许是一名烈士,但绝非一名圣徒。保护教会的独立性并免受世俗的干涉是一回事,但包庇受过教育的杀人犯、强盗和强奸犯,让他们逃避法律制裁则是另一回事。那些虚伪的教士们早就该受到最严厉的惩罚,教会对他们的包庇已让民众满腔怒火,代表民众声音的是亨利而非贝克特。而且,后世教会对不守规矩的教士提供的包庇,也不可能给贝克特的烈士头衔再增添任何光彩。这些年多起教会虐童丑闻,仍然是托马斯·贝克特的持久遗产。[9]

亨利一度十分低落。因为大主教就在自己的大教堂内被刺杀。

这种骇人听闻的惨剧使得王室的不义被欧洲大陆看在眼里。强大的压力被迫让国王暂时搁置了入侵教会领地的单边行动。他放弃了宪章的第 3 条。触犯刑律的教士们又可以享受神职特权,这曾是贝克特顽固坚持的教会独立的试金石。当然,也不是完全没有进步,此后相关指控必须在世俗法院提出,以符合皇家司法的标准。[10] 另外,尽管教会一再试图将全部案件都纳入特权保护,但民事案件依然根据其性质,遵循当初征服者的命令进行了区分。[11] 到头来,神职人员在刑事案件中的特权依旧长期存在,并仍然会包庇许多不称职的"教士们"。

公正地说,贝克特死后获得的赞誉更多的"是他名声的胜利,而非他事业的胜利"。[12] 亨利尽管没有完全挫败他,但在相当程度上已经阻止了他的计划。贝克特被除掉后,建设性的对话才有可能。1178 年,国王和教皇达成了最终的协议。这虽然是一场交易,但亨利在其中并没有吃亏。他在一些不太重要的方面做出了让步,例如给予教士免于参加决斗的特权,但换来的是对这套封闭独立体系的进一步打击:违反森林法或者因非教会土地产生的争议将受世俗法的管辖,杀害教士的凶手将最终由皇家法官审判。这些规定最终在教廷的同意而非武力强迫下得以落实,这也是亨利作出的巨大让步。

最终,亨利二世建立了一整套统一的国家司法体系。它由皇家官员管理,除了神职人员外所有其他人都普遍适用。它在谋杀大主教、国王驾崩甚至在国王刚愎自用的儿子统治之后,仍然得以幸存。亨利将它建在了牢固的地基上,长盛不衰。

关于神职人员特权的说明

几个世纪后,宗教管辖权所拥有的特权,以及为受戒的教士、僧侣和修女们提供的逃脱世俗惩罚的途径逐渐演变成了一种惯例。它为所有初犯者提供获得宽大处理的机会,避免他们被绞索吊死。[13] 起初,这种特权只能在司法程序刚刚启动的时候提出,以便让案件移交至宗教法庭审理;到了后期,主张这种特权的时间变成了定罪之后,这样更方便免于被惩罚。这种操作并没有撤销定罪,但事实上却让初犯者免于死刑,并用其他轻微的处罚替代——甚至完全没有处罚。

随着时间流逝,"神职人员"的标准一再放宽,特权变得更加世俗。十三世纪和十四世纪上半叶,假如嫌犯没有身着神职装束、没有削发或无法阅读的话,法官可以径行否决他们主张的神职特权。但1350年,副执事甚至看门人都能享受这一特权。[14] 到了十五世纪晚期,神职装束和削发都已经无关紧要。读写能力——甚至仅仅是装模作样的读写能力——成为唯一的要求。[15] 被告只要能够用拉丁文阅读一段法官挑选的圣经,就可满足条件。[16] 后来,就连这个要求也被放宽了,嫌犯们只需要接受过教育,智力足够使用英语阅读或记忆同一篇诗歌——圣经诗篇的第51篇。这篇被称为"脖子经文"的诗篇这样咏叹:"神啊,求你按你的慈爱恩待我,按你丰盛的怜恤涂抹我的过犯。"随着越来越多的人被判处死刑,法官们不得不经常按照最为宽大的标准处理。其中,教育这一因素富有弹性,能更好地在仁慈的司法环境下伸张。从实际效果看,接受过教育的人,或者至少看上去识字的人,都不会被处以死刑。此外,上层贵族们无论是否受过教育,也都不会被处死:1547年,议会授予了文盲贵族们与神职特权类似的权利,尽管二者并不完全相同。[17] 自此,那些出身高贵的文盲们不用再担心自己的愚蠢或缺乏教育会把自己送上绞架,但与他们类似的出身低下的普通民众却一再成为牺牲品。

面对司法机构的宽容甚至纵容,都铎王朝的统治者们试图施加一些平衡。1489年,议会在亨利七世(Henry VII)的命令下通过了一项法令,赋予了识字的普通人同样但只限使用一次的特权;对于那些宣称自己是神职人员却无法提供相应书面证明的嫌犯,如果他们犯下杀人罪,就在拇指烙上字母 M;如果犯下盗窃罪,就烙上字母 T。这个耻辱的标记让他们未来再犯时无法再次援引特权。叛国罪一直不受特权的保护,而且叛国罪的概念被延伸到逃兵和仆人杀害主人等行为。1512 年和 1531 年,议会分别通过了临时和永久性的法令,宣告有预谋的谋杀和某些类型的抢劫不在"神职特权"范围内。正如在许多法令中所称,他们是"不受神职特权保护的重罪"。一些法令,例如上面所述的 1489 年的法令,在真正的神职人员身上并不适用,他们仍然享受着教会的保护和纵容。1534 年,神职特权不再对那些没有提出抗辩的嫌犯适用。十六世纪三十年代,议会将海盗、鸡奸排除到神职特权之外,这次真正的神职人员也不能逃避普通人所要面对的"痛苦和危险"。十六世纪四十年代,巫术、盗窃马匹、"在国土中盲流"也被加到上述例外名单。神职人员的特权逐渐演变成一项全体男性都享有的权利,并受到法律的约束。到十六世纪晚期,超过一半被定重罪的犯人成功援引神职特权。但另一方面,还有一半人没有这种特权。[18]

十七和十八世纪的立法试图进一步平衡这种局面。这些立法再度增加了可以主张特权的人群数量,同时降低了特权的实质好处。1624 年,妇女获得了一种类似的特权,可以在 10 先令以内的盗窃罪中援引。可直到 1691 年,她们在这个罪名上才能和男人们平起平坐——男人们可以在 40 先令以内的盗窃罪中主张特权。1706 年,阅读测试终于被废止,所有初次犯下轻度或中度罪行的犯人都可以援引特权。与此同时,刑罚也得到加强,即便援引特权,也可能被处以长达 24 个月的苦役。根据 1718 年的运输法案,那些援引特权的犯人可能被处以长达七年的北美流放。[19]

就这样,一直到十八世纪初,任何被指控犯下"神职重罪"的人都获得了一块免死金牌,在初犯时逃脱死刑。这块金牌此时正处于极盛状态。但在以后的年月中,犯罪率不断上升,议会便将许多看上去很轻微的财产犯罪也排除在特权保护之外。逐渐地，入室行窃、盗窃商铺超过5先令的物品、偷窃牛羊等都成为不可宽恕的重罪，与此相关的罪犯都将自动被判处死刑。此时，想要展示仁慈赦免死刑，只能通过议会或者陪审团，但前提是前者拥有废除死刑法律的能力，或后者具有作出无罪裁决的空间。1827年，在罗伯特·皮尔（Robert Peel）议会改革的影响下，这个来自中世纪的残留物最终被议会废除。

第 6 章

亨利二世的成就

王室需要强大的军队,武装自己,平定内乱,清除威胁王国稳定的敌人;但同时也不能缺少法律这一配饰……以此,无论是战争还是和平,我们伟大的国王都能够如此成功地履行自己的职责:对难以管理的桀骜不驯者,用强力摧毁他们的尊严;对那些被驯服的谦卑者,用公正的权力调和他们的正义。如此,对敌人战无不克,对民众持久公正,他将所向披靡。

——《格兰维尔》(*Glanvill*)序言

62 　　在12世纪早期,负责地方和皇家司法事务的官员权力非常有限。国王长期缺席国内事务,他们不得不作为国王的代表,主持乡村法庭一些特殊的审判,但判决都由地方知名人士或控告者根据地方的习俗作出。亨利二世改变了他们的地位和权力。自1176年起,巡回的皇家司法官员可以在皇家司法系统的地方庭审中独立做出判决。[1] 审判权的独立让他们逐渐成长为完全成熟的法官,而不再是国王的喉舌。司法判决第一次不再受制于地方政治、民意和其他无关影响。法官们是国王指定的,他们没有盘根错节的地方关系,更没有忠于地方的义务。

　　这场司法专业主义变革带来的影响很快就会显现。皇家法官们不久就在威斯敏斯特厅有了自己的总部,以及一部名为《格兰维尔》的法律指南。这本书留存至今的手稿非常多,意味着可能当时的法官人手一册。[2] 很多普通法都由法官们制定。即使这些法律来自于国王的单方面命令,最终也是在法官们的集体智慧和权衡利弊中,结合亨利二世赋予他们的有限的自由裁量权,逐渐发展而成。于是,皇家法官开始形成一个团体:司法机构。

63 　　1178年的一项法令规定,五名法官必须要留在威斯敏斯特厅审理案件。其实在威斯敏斯特厅审理有诸多好处:在此地审理比郡县法院快得多,案件的收入直接进入国库——当然,由于亨利二世希望司法成本能够被大多数人负担,这种收入并不特别多。可是这项法令并不是皇家诉讼法院建立的标志,可能仅仅是国王在司法人事安排方面的一个小试验。圣保罗主教座堂的主持牧师拉尔夫·德·迪切托(Ralph de Diceto)观察发现,国王喜欢这类试验:"他坚持自己的目标,一遍又一遍地调整着人员安排……安排修道院长、伯爵、王室成员、亲信来听审案件。"[3]

　　大约在理查一世(Richard I)统治时期,威斯敏斯特厅设立了一个

Henrici Primi），和大致编于 1187 至 1189 年的《格兰维尔》。有趣的是，前者的作者对自己尝试书写一部当代法律教科书深感绝望，因为"人类事务中有如此之多的邪恶无常和数不尽的罪孽……法律救济或和解声明之下的确切事实几乎无法寻找"，并告诫读者们应当完全避免"扔这枚完全反复无常的诉讼的骰子"[13]；后者的作者却站在了完全不一样的立场，他对这套产生于自己时代的、统一而理性的制度深感自豪，并在书中细致描绘。现实的混乱和冲突将逐渐被系统和一致的制度驯服，但这个过程将持续半个世纪，跨越两位君主的统治。

这部开创性的著作在 1178 年法令发布后的十年中完成。雷纳夫·德·格兰维尔（Ranulph de Glanvill）刚好在 1180 年被任命为最高司法官，直到亨利二世去世的 1189 年。二者并非巧合。我们并不清楚这部著作是真的由格兰维尔这位资深皇家官员亲自书写，还是在他的影响和激励下由他的侄子休伯特·沃尔特或者其他更低级别的法官或职员写成。根据考据，前者的可能性最小，后者的可能性最大。[14] 但不管由谁书写，自 13 世纪开始，这部著作就被人们称为《格兰维尔》。正如梅兰特所言，关于这部书：

> 虽然我们很乐于知道到底是谁为我们写成了第一部经典的法律教科书，但这更多是出于好奇，而非这本身有多重要。显然他是一位非常熟悉亨利二世最后岁月中皇家法庭如何运作的人。更进一步，我们可以大胆地猜想，这部书一定获得了格兰维尔的许可，甚至亨利的许可。[15]

因为普通法的滥觞，这部由皇家法院管理的系统性记录法律的著作得以破天荒地出现。

这部书的作者一定密切地参与或至少机智地观察了发生在他身边的司法革命。这部著作的成功，就是它所描述的司法制度成功的真实写照。它安抚了英格兰因没有成文法而不断增长的焦虑，并积极回应了这种现实需求。它也许认为,地方的习俗可以在一代代人中口口相传,但由国王制定的国家法律却应当被记载和保存在牛皮纸上,就像罗马帝国在查士丁尼法典上记载法律一样。《格兰维尔》在序言中指出:"尽管英格兰的法律没有书写成文,但并不妨碍它们被称为法律"。这是一本尝试对这些法律进行精馏的书,但并不意味着作者有能力将卷帙浩繁的法律和习俗删减成书面文字。作者只是对"皇家法院中一再出现的普遍性法律原则"进行阐述,它"并不冒进,反而对绝大部分人都是有用的,尤其可以帮助人们记忆"。[16] 通过这种方式,确定和统一的皇家司法体系被提升到远远高于地方习俗的地位。而随着时间的推移,前者将完全取代后者。

这部简短、明晰的著作,记载和描述了基于理性、精确而制定并适用于整个国家的法律,这本身就是亨利二世改革成就的见证,也是衡量他丰功伟绩的一把标尺。毫不意外,这部著作对新的普通法制度所带来的高效司法和廉价司法大加赞扬。这是一部"由格兰维尔这位当时王国内法律和习俗知识最为广博的杰出领袖的指引下"[17]写成的著作,并相信获得了他的亲自许可;它同时是一部工具书,用来确保自己所记载的光辉夺目的条款能够在实践中成为现实。正如同时代的另一位皇家法官罗杰(Rvger of Howden)指出,格兰维尔的"智慧造就了我们所称的英格兰法"。这部用它命名的书也同样如此。

亨利改革的本意在于加强国王的权威,但也许是不经意间,他用限制权力的方式把自己塑造成了正义的守护者。法治变得比任何统治者都强大,变成了权力滥用最可靠的解毒剂。很快,正义就不再被视为国王的恩赐,而是被统治者的权利。像亨利二世这样一个自信、强大和有效的国王有能力让他创设的这股力量释放,平静地移交出自己的权力,同时还可以依照自己的意愿收回它。亨利的"暴政"——如一位当时的异见者对亨利统治的总结[18]——是一种让法律系统只受自己控制的暴政。没有任何强大的君主希望自己受到法律和习惯的约束,就连亨利也不例外。他可以让自己不受法律和习俗的约束,可以执行法律,同时也可以在自己创设的法律和司法体系之外行事。

但是,如果这位君主不像亨利一样稳当,不具有亨利的能力,没有亨利的好运气却喜欢斗气呢?如果这位君主还像亨利一样行事,甚至做得更差,结果如何?亨利小儿子约翰(John)就用自己身体力行的统治回答了这些问题,并在1215年的一片水渍草甸上达到了报应的高潮。有人认为,这甚至可算是亨利因谋杀大主教而受到的惩罚。[19] 当然,制定法律的人将会一次次用自己的实践发现和领悟一个深刻的道理:他们自己必须要屈服于另一个更高的意志,必须要承受自己立法所带来的始料不及的后果。

第 7 章

大宪章

然而当乌合之众或暴君，
对英格兰的道路横加干涉时，
低语四起，八方战栗，
就连兰尼米德的芦苇都颤抖不已。
泰晤士河啊，它知道国王的心思，
更知道民众、僧侣和其他所有人的。
深邃的河水阴森恐怖，
它从兰尼米德带来了警告！

——吉卜林：《兰尼米德的芦苇》

（Rudyard Kipling, 'The Reeds of Runnymede'）

1215年是一个非同寻常的年份,在英格兰的历史和文化进程中具有无与伦比的重要意义。这一年不仅签署了《大宪章》(Magna Carta),而且废除了神明裁判这种残酷的审判方式。前者当然更为著名,但后者也同样重要。

我们先说第一个。在兰尼米德发生的这场贵族与国王之间的当面对峙,起源于国王的贪得无厌和多疑猜忌,完全是由国王的性格缺陷引发的。从气质上看,约翰并不是一个能担当王位重任的人。他性格狡猾,但缺乏自信。他躲在偏执的棱镜后扭曲地施展权力,并以为别人和自己一样卑劣。他对整个世界缺乏信任,并导致整个世界也不信任他。W. L·沃伦这样评价他:"他有成为一名伟大君主的智力,以及成为一名小气暴君的性格。"[1] 还有很多人对他的评价更加极端,但无论如何,人们普遍认为他是英格兰历史中最差劲的国王。在他身后,再也没有国王用约翰给自己命名。[2] 尤其是与父亲亨利二世的伟大成就以及兄长狮心王理查的赫赫战功相比,约翰的失败者形象更加展露无遗。

1199年,理查在名声如日中天的时候死于一场围城战,约翰随即继承了王位。他很快就丢掉了对安茹的统治——那是一片由他父亲历经千辛万苦建立,由他兄长英勇无畏守护的土地。他在法兰西贸然发动了灾难性的军事冒险,在短短五年内就连诺曼底都无力守护。他绝望地想收复失地,但却又怀疑贵族们的忠诚。他的贪欲和多疑相互交织,非但不去安慰这些丧失领地的贵族,反而要求他们为惨败的战争继续提供资助。由于丧失了欧洲大陆的领地,约翰不得不被禁锢在英格兰境内。他持续地压迫贵族,利用皇家法庭滥征罚款,很多时候都毫无道理;他让贵族们对自己负债累累,不按时偿还就没收贵族的土地,并强迫部分贵族用离谱的价格"购买国王的支持"。此外,他还有一个不幸的癖好:他不光对贵族的财产贪得无厌,对他们的妻子也垂涎三尺。约翰剥削了不可计数的现金,但他各项事业的失败也达到了顶峰。1214年,他挥霍光了贵族们的黄金,丢掉了对法兰西的统治,也一并让贵族们丧失了那里的土地。在鲁莽特质的加持下,这位昏庸至极的国王亲手打造了一座孤零零的"权杖之岛"。

靠着"不懈努力",约翰成功地让大部分贵族离心离德,最终亲手塑造了一个自己一直担心出现的群体:心怀不满并蔑视自己统治的贵族阶层。他屡战屡败,让贵族们迷信地认为上帝不愿为这位国王提供庇佑,因此必须在他将整个国家毁灭之前阻止他。此外,贵族们还意识到,安茹时期的土地法改革为他们的佃户提供了可观的保护,但没有给他们这些直属封臣同样的权利。出于这些混杂的动机,贵族们终于在第二年发动了叛变,夺取了富庶且戒备森严的伦敦城。很快双方的斗争陷入胶着,国王无法对伦敦城发动攻击,更不要说重新夺回它;但贵族们在战场上也无法彻底击败国王和他的雇佣军。

形势迫使双方都坐下协商,但局面显然对贵族们更加有利。兰顿(Stephen Langton)大主教出于对贵族们遭遇的同情,出面担任双方的调停人。《大宪章》很大程度上要归功于兰顿。由于他坚持国王必须服从于法律的观点,约翰和他的贵族们方才重归于和平。这是一项神圣的工作,其中作出的承诺将持续有效——约翰称"受到上帝的鼓舞,为了他灵魂的美好,用上帝的荣耀、教会的圣洁和王国的未来"起誓。[3] 然而,信用破产的约翰的口头承诺根本无法得到信任,贵族们坚持任何和平承诺都必须以书面形式作出,并且必须昭告天下。

1215年6月15日,在泰晤士河畔的中立地带,双方会面。这场会面被后世称为"兰尼米德议会"。[4] 在这场有意为之的角力中,各方勉强达成了不甚稳定的共识。[5]约翰勉强(或者狡猾)的妥协[6]成就了英格兰历史里最重要的一份文件。它书面记录了对国王权力的限制。这也许不是第一次,但肯定是最早对王权进行限制的文件之一。[7]当然,这份文件更多地是对特权的许可,而不是一份对自由的声明。需要清醒地认识到,叛军们没有提出任何关于"人权"的主张,甚至没有一点这种主张的迹象——除非我们认为对"人权"的定义可以排除全体人口中的绝大部分人。即便第一份草案中的"全体贵族"被修改为"全体自由人",也不能意味什么,因为"自由人"的数量实在是太少了。

叛军们的主要目的就是保护自己的地位和财产,并终结国王的专横统治。他们并不想废除皇家司法制度——这是个好东西,但不能被滥用,也不能让任何人游离在外,哪怕国王也不行。尽管亨利二世当时也并非时时刻刻都能遵守自己制定的法律,但贵族们坚持亨利的继任者们必须要这么做:制定法律的人,同样也应当接受法律的统治。一位编年史学家哀叹:"当法律不复存在时,就只有暴政横行"。另一本当年的小册子记载:"在这座王国中盛开的应该是权利和正义,而不是堕落和腐败的意志。"[8] 但需要澄清的是,这种说法只是部分正确。因为所谓的暴政和专横基本上只针对贵族,而没有针对所有人。国王依然勤勉地在地位低下的民众中不偏不倚地主持公道,并因此受到了一定尊重。[9] 人们需要的是法律之下适用所有人的正义——其中也应包括这些贵族。

亨利二世时期的法律改革令人钦佩且不可逆转。它承载了极高的期望。皇家司法化身为法律和秩序的守卫者和财产的保护者,自此成为最受人们青睐的求助手段。这部宪章并不是革命性的,而更像是对已有原则的重建。它的条文并非试图对皇家司法作出限制,而只是让它恢复到更规范、衡平和易得的状态,这正是约翰统治前的样子:第17条规定"民事诉讼"不必对皇家法庭亦步亦趋,而应当遵循公众需要,在"事先设定的地点"举行[10](实践中这通常意味着在威斯敏斯特厅进行)。第18条规定,两位巡回法官应当每年举行四次地方法院审理，专门处理某些特定民事案件，这也被称为"被占土地找回""先人占有权"或"神职任命权"令状。[11] 当然，一年四次审理很快就被证明过于激进，政府根本无法提供足够的资源实现这一目标。在1217年重新颁布的《大宪章》中，审理次数被缩减为每年一次。第45条规定，担任法官或地方治安官的人必须要"精通并愿意遵守和维护法律"。

宪章中有一些暂时性的条款，例如对渔堰和啤酒度量方面的规定。也有一些条款一直在历史中起着非常重要的作用，例如这两个：

> 39. 任何自由人不得被拘捕、囚禁、剥夺财产、放逐或受任何损害，我们亦不会自己或派军攻击他，除非他受到相当于同等人之合法审判或经本地法律所允许。

> 40. 任何人的法律公道与正义都不得被出卖、拒绝或延迟。[12]

这两个著名的条款保证了正当程序、经同意征税和法治，这都是已经觉醒的英格兰意识中令人惊艳的方面。二十五名男爵被挑选出来，监督宪章的执行，确保国王遵守法律。尽管这种监督未能一直持续，但一段时期内"在贵族们组成的委员会的监督下，国王的角色事实上被限制为法律的执行长官"。[13] 当约翰将他的大印盖到《大宪章》之上时，《大宪章》也将这枚封印升华为普通法赖以生存的基本原则。

即使在当时，《大宪章》也被认为是非常重要的。四十多份原始副本——也被称为"范例"——被发送到英格兰的每一个郡县，其中的四份副本穿越了八百年时光留存至今；[14] 其中记载的条款经国王之手，在整个国家内广泛传播。当然，它的标题根本没有"伟大"的意思，之所以称之为"大"，仅仅是为了与它的小伙伴"森林宪章"（Charter of the Forest）进行区分。[15] 贵族们将它称之为"王国境内普适的宪章"。

图 3　英国新建的最高法院,这些在显著位置展示的文字,体现着《大宪章》的持续影响和英国法的持续性。

尽管《大宪章》的条文已经传遍了王国各处,但约翰还是很快食言了。他争取到了教皇的支持,由教皇宣布宪章无效。[16] 这导致短短八个月内,叛乱再起。约翰一度占据上风,占领了罗彻斯特的据点。如果他能活得再长一点,也许就能从兰尼米德的屈辱中彻底脱身,让叛军此前的胜利果实变成一纸空文。但是,约翰在接下来的一年被痢疾彻底打垮,并且只留下一个未成年的子嗣。就这样,国王死了,宪章活了。约翰的儿子亨利三世(Henry III)年幼无助,在引导和辅佐之下赋予了宪章新的生命。1216年、1217年和1225年,亨利三世先后三次重新颁布了修订后的宪章。

1225年版的《大宪章》最终成为法律。这是第一部成文法,其中的三个条款自此从未被废止。[17] 它是一项根本大法的事实,"并非到十七世纪甚至十四世纪才被发明出来",而是"清晰无误地就是宪章本身的原始目的",因为只有最基本的法律才能永久保障这种对自由的承诺。这株幼苗在历史长河中幸存,并在英格兰以及它未来的殖民地中成长为参天大树。[18] 某种程度上,它的成长甚至有些早熟。1297年颁布的《宪章确认》(The Cnfirmation of the Charters)将它的适用范围扩展到了所有主要的皇家政策。爱德华三世(Edward III)统治时期(1327年—1377年),议会至少六次通过立法,将《大宪章》覆盖的范围进一步扩大,使其扩展到陪审团审判、正当程序以及"无论何人、有何财产、是何身份"。[19]

由《大宪章》派生出的神话甚至比它本身更加有效。可以说,是它神话的一面赋予了这部中世纪笨拙宪章以不朽精神。正如塞缪尔·约翰逊后来谨慎观察到的那样,《大宪章》自诞生时就"长着灰白的胡须"。到了十七世纪,胡须已经完全长成,它从出于政治目的的一份文件,变成了一部英格兰历史上无与伦比的具有不可撼动地位的宪章。这种转变最终在查理一世时期才完成是有深刻原因的。因为查理一世缺乏战功,对金钱无度索取,并试图将自己无穷的欲望强加于囊中羞涩的臣民——它越来越像"坏王约翰"(Bad King John)。莎士比亚的戏剧《约翰王》(*King John*)很好地解释了为何上述演变未能更早发生:这部写于1598年的戏剧赶上了"英明女王贝丝"(Good Queen Bess)统治时期,眼前的太平盛世使得这部戏剧对于大宪章的签署——我们如今认为约翰统治时期最重要的事件——只字未提。

到了十七世纪,1225年版的《大宪章》重回人们视野。回归之后,它被视为古代英格兰自由权利的集大成者和源头——或者更准确地说,是古代自由权利的守护者。在爱德华·柯克(Edward Coke)这位伟大的普通法拥趸的努力下,它被成功地塑造为"一个在其自身范围内不再需要其他至高无上的权力的家伙"。当然,柯克的工作也并非重新修建一座大厦,而是对原有的成就进行扩展。为他的伟大工程提供坚实基础的,是十三、十四世纪人们对宪章的不断重述和发展。这项成果产生于本土议会和斯图亚特异国君主之间艰难斗争的背景,最终由一个权威的法律巨擘塑造成功,使《大宪章》成为"无可争议的基础法律"的具体化身,[20] 从而保证所有英格兰人无论地位如何都能永远享有这些古老的权利和自由。就这样,起初一个只保护特定群体特权的法律,终于庄严地宣告了惠及所有人的大写的"自由"。尤其是第39条和第40条,被人们拥戴为人身保护法、陪审团审判和普适自由的开端。当然,这种说法有一些问题,例如,人身保护令其实是皇家特权的一部分,它最初产生于皇家法院的令状而非《大宪章》,但由于《大宪章》中的"精妙措辞",使其"逐渐成为普通法的元素之一,并在几个世纪中持续施展着它的修辞魔法"。[21]

就算是神话又何妨?《大宪章》的神话非但没有扭曲它的现实意义,反而对其进行了扩充。那两条简洁条款的适应性是如此强大,以至于可以穿越历史中的无数次解释和发展。它们最初想保护"所有自由人"免受约翰的专横统治,而非仅仅贵族。那么为什么在每一次和每一处反抗暴虐统治时,这个条款不能被援引呢?为什么"自由人"这个当时数量相当有限的群体,不能被扩展到所有人呢?《大宪章》的"现实意义远超过其字面含义"。这是国王在臣民的监督下,用皇家宪章方式建立的法典。"它开创了对法律和习俗进行周期性修订的道路,意味着政府不能做出伤害被统治者的举动。更重要的是,它只要矗立在那里,就是对蛮横统治的谴责。"[22]

  自诞生后,在历史上的两个伟大而关键的时刻,《大宪章》都吹响了它嘹亮的号角,呼唤自由,抵抗自负专横的政府。其一是前述的英国内战,国会议员们用它来抵抗查理一世的专横统治。其二是在18世纪,它激励了遥远美洲的美利坚国父们,为美利坚合众国的宪法提供了基础,并在大洋彼岸同样获得了神圣的地位——甚至比在英格兰的地位还高。英格兰法律史权威梅特兰曾宣称:"尽管有缺点,但这份文件成为——而且是恰如其分地成为——一份神圣的文件,在英格兰所有法律中,它最接近一份不可废除的'基本法'……用最简单的话来概况,这份文件的意思是,国王在法律之下,而且应当在法律之下。"[23] 每当危机发生,人们呼声高涨时,就会发现《大宪章》恰如亚瑟王的神剑,立于石头之上,静静地等待被人从中拔出。

第 8 章
从神明裁判到陪审

不可试探主你的神。

——《马太福音》:4.7

我们接着讲发生在 1215 年的另一个伟大成就。如果说这一年法律经过不断成长，终于变得比王权更加强壮，那么它还同时超越了另一名竞争者——教会。教会自成一套完整的体系，不仅拥有独立的法律制度，而且对普通法的影响亦不容小觑，例如只有神职人员能够主持神明裁判，只有神职人员能够宣判结果。神职人员牢牢占据着神明裁判这个领地，享受着神明裁判所赋予他们的高贵地位，同时靠参与这项活动获得丰厚的报酬和利益。尽管许多人质疑它的实际作用和原理，但神明裁判在整个十二世纪仍然具有强大的生命力。但到了 1215 年，一切都发生了变化。

第四次拉特兰会议决定禁止神职人员参与神明裁判，实际上宣告了这种审判方式的终结。[1] 教皇英诺森三世（Innocent III）禁止神明裁判的动机至今不是很清楚，因为这种政策明显对教士们的利益和影响力有负面作用。这项高尚的决定也许是诸多因素影响下的共同结果：神学层面，许多神学家认为把上帝拉入世俗事务，并在凡人的召唤下一再施展神迹，本身就是一种亵渎和玷污；同时，神明裁判在《圣经》和罗马法中都缺乏依据，它不是教会法，仅仅是一种"习俗"，而"习俗"在教会中已经成了肮脏的代名词；此外，有教士参与"血腥审判"而遭受玷污，人们对神明裁判的怀疑也逐渐增加（尤其是对那些已经忏悔和被赦免的罪犯）……无论原因是什么，将教会从这个程序中剥离出来成了基本的原则和共识。神明裁判在自己的鼎盛时期戛然而终。没有了它，人们遇到疑难案件，尤其是那些无法通过其他方式查证的案件时，该如何保证判决的正确呢？[2]

在这个丧失了重要审判手段的关键的十字路口，英格兰的刑事司法程序本来极有可能向另一套名为"纠问式审判"的系统靠拢，甚至完全被这套系统吸收。"纠问式审判"产生于罗马，并在十三世纪的欧洲大陆占据统治地位。它设计的目的是，通过持续的恐吓（必要时甚至通过刑讯），获得口供或其他证据。它并不试图证明嫌疑人有罪或是清白，而是通过建立一卷卷的证据来寻找事实真相。通常，最好的证据来源就是嫌犯自己，他可以忍受不间断地折磨，也可以彻底坦白。嫌犯通常都没有退路，除了凭借自己坚韧的勇气，事实上没有其他机会能获得无罪释放。采取酷刑审问的前提假设是嫌犯有罪，而这种方式通常也确实能证明嫌犯有罪。正如罗伯特·巴特利特指出的那样，"酷刑，是一个由人类双手掌握的司法程序，它比上帝的审判更加无情和坚定"。[3] 更令人生畏的是，这并非一双普通的手，而是由国家控制的专业之手。由此，"正义"由专家掌握控制，成了一项被专业化的技术。奇怪的是，普通法对这样的"专业化"避之不及。它不仅抵制了酷刑，而且坚持嫌犯应当由与其同等地位的人审判定罪。在这条独特的道路上，英格兰继续独自向前，最终采纳了已经在民事案件中长期实践的陪审团方式来审理刑事案件。在英格兰的法律和司法发展历程中，拒绝容忍酷刑的态度一直扮演着至关重要的角色，甚至直到今天都是如此，例如政府不能成为——至少不能承认——"非常规引渡"*（Extraordinary Rendition）的帮凶。

终止神明裁判似乎不仅没有对刚刚成型的普通法构成威胁，反而为其提供了更多机会。教会作为王权的竞争对手，在世俗法中的一席之地被清除，而普通法却在这场截肢手术中存活了下来。过了四十多年，司法系统不断积累以听证这种理性手段获得事实真相的经验，英格兰的统治者们终于有了足够自信，将查证事实这一难题交给了巡回法官自由裁量。这些巡回法官们已经习惯于就起诉状或指控向陪审团——有时他们也被称为大陪审团——提出要求，让他们回答为何对控告书中指认的嫌犯有所怀疑，同时也习惯了从当地居民的登记簿中

---

* 非常规引渡（extraordinary rendition），是由政府支援将人绑架并从一国通过非常规法律途径转移至另一国的行为。

挑选一名陪审员,让他在法庭上发表对案件事实的看法。后一种陪审员要进行宣誓,保证对法庭提出的问题"如实回答"或"如实裁定"。在通向由陪审团决定嫌犯是否有罪的道路上,上述实践只是一小步。但随着这种实践不断增多累积,逐渐变为另一种陪审团——由十二名自由人来负责决定案件的审判结果,从而将法官从"痛苦的抉择"中解脱出来。[4]

1219年,亨利三世向法官们发出指令,称"由于教会禁止用水和火进行审判",法官们应寻找新的刑事审判方式。没过几年,大家就形成了陪审团审判的共识。[5] 从神明裁判到陪审团的转变不仅衔接顺畅,而且速度极快。档案记录的英格兰范围内最后一起神明裁判发生在1219年,第一起采用陪审团的刑事审判发生在1220年,而且就位于威斯敏斯特厅。这起案件中,一位名叫爱丽丝的女士被指控犯谋杀罪,她随即又指控了其他五人。这五人将自己交由他们的邻里审判,"由他们裁决决定自己是好人还是坏人"。最终裁决给出的回答是:其中一人无罪,重获自由;其他四人有罪,被送上绞架。

陪审团审判很快变成了常态。它便宜、有效,并革命性地将普通民众置于司法体系的核心位置。它是血亲复仇的反面,让民众将法律而非棍棒掌握在了自己手中。陪审团某种程度上是一群受到约束的乌合之众,但通过他们可以将私下的复仇转化为公开的正义。这些早期的陪审员并不承担权衡证据的职责,而是基于他们自己的知识或地方共识来决定事实。在接下来的几个世纪里,陪审团承担的这项职责会逐渐减少,但仍将一直存在。与当今的陪审员不同,他们参与案件时就已经获得了关于案件的信息,宣誓后做出错误裁决等同于作伪证,他们自己也会因此受审。陪审团的裁决神秘却又至关重要。它不是由一个人做出,不需要给出理由,并且不可置疑。为了缓和刑事审判中陪审团成员因悲天悯人而产生的道德压力,他们可以做出一种特殊的裁决,只认定某些关键事实,然后将法律后果交由法官判定;或者也可以援引神职人员特权来中和他们裁决所带来的严重后果。

这是一场法律革命。一个人是否有罪不再由上帝决定,与国王无关,甚至与国家机构也没有关系。这项权力属于一个更加世俗的法庭:民众。嫌疑人经一群普通人的审判被公开定罪,这项在很大程度上定义了英格兰刑事司法体系的制度从这里真正开始。[6]

英格兰从此走上了一条与欧洲其他国家截然不同的道路,它们之间的区别深刻而广泛。这里没有强力的审讯,不依赖酷刑,没有强迫自证其罪,国家不控制案件的结果;相反,它依靠从证人处获得的证据,由同侪对问题作出判决。这套体系适应性强,身段柔软,并具有匿名等诸多好处。到了十四世纪,陪审团的裁决必须获得全体成员的一致意见才能成立;十五世纪,法律问题和事实问题、法官和陪审团的角色获得了进一步的区分。

但是,还有一类案件给陪审团制度投下了阴影——在重罪案件中,如果被告拒绝辩护,将会导致类似酷刑拷问的后果,但这种酷刑并非要逼问口供,也不是为了获得同案犯的信息,它仅仅是为了劝诱嫌疑人为自己辩护。[7] 自 1275 年至 1772 年间,根据当时的规定,被定罪的罪犯才能被没收财产,但那些坚持不辩护的嫌犯们如果坚持到死去,将无法接受审判,从而也无法被定罪。因此拒绝为自己辩护的嫌犯将被投入监狱,接受一种被重物重压的惩罚——直到他们同意进行申辩或被折磨致死。他们至少在临死之时仍可以确定地相信自己的财产都会受到保护而不会被没收。他们即使被杀死,也不能被定罪。[8]

就这样,在 1160 年至 1220 年间,英格兰的法律和司法制度发生了巨大的转变。陪审员在所有的刑事案件中取代了神明裁判;土地争议的诉讼主要都在皇家法院进行;一个专业的法官群体正呼之欲出,他们将在威斯敏斯特厅和各个地方法院负责管理和维护法律程序的技

81　术细节和统一适用。权利和自由,这两个在后世被英格兰和其他地方的民众珍视的无价之宝,正孕育在胚胎之中。盎格鲁-撒克逊遗留下来的强势地方政府、司法程序、大众参与等遗产,与在亨利二世时期到达巅峰的盎格鲁-诺曼强势君主结合,确保了英格兰这片大地能够提供肥沃的土壤,让普通法诞生于其中。

第 9 章

法律神鹰

先生,多亏您所受的教育,和您的过人天赋,
使您永远不会限于贫困,但很多人却不是如此,
并因此滋生恶意和预谋。

——本·琼森:《福尔蓬奈》

(Ben Jonson, *Volpone*)

我本可做一名法官,但从来没有学过拉丁文。
我从来没有掌握它,所以我愿意掌握它,如果要做一个法官的话。

——彼得·库克:《坐在法庭上》

(Peter Cook, 'Sitting on the Bench')

普通法被孵化以后,健康而快速地生长,不久之后就将展开双翅,腾空翱翔。最早,御前会议全面负责立法、行政和司法的所有工作。但随着时间推移,皇家法院逐渐从御前会议中分离,成为威斯敏斯特厅的一个独立机构。这座宏伟的厅堂由威廉二世修建,亨利二世为其重修屋顶并进行扩建。它长达三百英尺,拥有高大的横梁屋顶,宏伟的结构足以容纳大量的法院和法官。十二世纪六十年代中期,普通的诉讼开始交由威斯敏斯特厅的皇家法官们处理。但这个过程断断续续。例如,1339年前,皇家法院曾有六年时间位于约克,自此之后才被永久地固定在威斯敏斯特厅。

国库(Exchequer)名字来源于办公人员使用的划着方格的长桌(Chequered table),它是在威斯敏斯特厅设立的第一所国家机构。十二世纪晚期,国库自温彻斯特搬到威斯敏斯特,就在大厅旁边的房间办公。它具有一定的司法职能,最初只处理有关王室税收方面的争议,但随着时间推移,逐渐扩展到许多个人之间的争议。他们工作谨慎,所有工作留有书面记录。自1130年起,这些书面记录都用国库卷档的方式保存。这给其他的皇家法院树立了榜样,他们也会照着这套做法制作并保留案件卷宗。

在靠近大厅入口的地方,是"庭座"或"普通庭座"(Bench or Common Bench),后来被称为"高等民事法庭"(Court of the Common Pleas)。这是处理一般民事纠纷的主要场所,也是现今最繁忙的法庭。它从国库法庭发展而来,在十二世纪九十年代变成独立机构。[1] 十三世纪,它获得了紧邻大厅西侧的一个位置,并开始在那里办公。王室诉讼——那些影响到国王及其秩序的民事诉讼、非法侵入及刑事犯罪等——都在王座法院(Court of the King's Bench)审理。这座法庭大概在1230年后的某个时间开始在大厅楼梯南侧的地方办公。普通庭座和王座法院各自拥有一名首席大法官和若干位普通法官,各自拥有一片被一根长木条棍隔开的区域,律师们站在这根木条棍边,面对着法官,而法官们则坐在靠墙设立的高台或长凳之上。

十四世纪晚期,御前会议中出现了一座新的法庭,在某种程度上体现了大法官独立的管辖权。它得名于办公人员背后的木质屏风,被称为"大法官法庭"或"衡平法庭"(Court of Chancery)。这座法庭也加入了威斯敏斯特厅,最终坐落在了王座法院的对面。大法官法庭拥有通过禁止令叫停普通法法庭程序的权力。[2] 1348年,为了履行御前会议的司法职能和其他被授予的权力,一个新的机构在大厅前设立了。它上方蔚蓝的天花板上点缀着镀金的群星,自1366年起,这里就被人们称为"星室"(Star Chamber)。

这些不同的法庭虽然被划分在不同的区域,但其实很难隔离彼此产生的噪音。一间法庭的辩论者的喧哗可以轻易地传到另一间法庭。在这纷扰之外,绕墙四周还挤满了临时的货摊和商铺,它们出售纸笔、蜡、墨水、眼镜和其他工作用品。但在1640年前的史料中并没有任何有关法律书籍出版商的记载。这里还聚集着一群"稻草人",他们在自己的鞋子上插着稻草,表示愿意出卖自己,为了金钱到法庭上作虚假证言。如果遇到国事活动,或为了让亨利八世(Henry VIII)打网球,这些法庭和商铺都会被暂时拆除和清理。

威斯敏斯特厅为即将上演的一幕幕大戏提供了一个粗腔横调但宏伟壮丽的剧场。即将在这里登场的受审者包括威廉·华莱士(William Wallace)、盖伊·福克斯(Guy Fawkes)、查理一世;这里还会上演对沃伦·黑斯廷斯(Warren Hastings)长达七年的审判。当然,这座宏伟大厅在春潮涌动时,也会面临不小的尴尬。泰晤士上涨的河水不时会淹进大厅,法官们不得不划着小船穿梭于法庭之间。[3] 洪水不仅威胁着活人,同时也威胁着保存于此的海量记录和档案。

图4 公元1730年的威斯敏斯特厅,自十二世纪至十九世纪一直是英格兰司法和王权的心脏

"案件卷宗"是这些中央法庭记录诉讼的书面登记簿册,它对法庭能否有效工作有着重要影响。它的出现可以追溯至亨利二世时期,但目前现存的最早的卷宗诞生于1194年。为了在长达七个世纪的漫长岁月中给这套连续、权威的档案提供足够的羊皮纸,有数百万只绵羊献出了自己的生命。⁴ 它们的牺牲换来了一套被长久保存的司法判决档案(其中并不包括判决理由),基于这套档案,法官们能够从中发展并建立一套先例原则,这套原则至今仍然是英格兰法律体系最典型的特征。

随着法律不断融合、精炼、成型,法律请求逐渐有了严格的格式;法律原则逐渐发展,法院对一个案件的判决会影响到其他案件,法官们逐渐要求更精确的规则和更复杂的程序。在这个越来越正式、越来越晦涩难懂、充满了"法言法语"的场合,大多数人已经没有能力自己进行辩护。此外,十三世纪下半叶,随着威斯敏斯特厅法庭案件数量的不断增长,那些居住在伦敦城外的居民提起诉讼的难度和成本也大大增加:相比之下,雇佣一位懂得法律的人代表自己提起诉讼,成了更便捷和廉价的选择。于是,律师出现了。

亨利二世登基时,英格兰法律世界尚没有培养出自己的专业人士。其实当时也并不需要这种专门的职业。在必要的时候,朝臣或者其他人士都可以被指派担任法官。至于如何理解和解释法律,通常可以咨询神职人员。虽然辩护人的角色在1200年以前就已经出现,但直到十三世纪它才发展成为了一个专门职业。⁵ 大约在十三世纪二十年代,一个可以在普通庭座拥有发言权的群体出现了,他们被称为"解说人"。他们的身影出现在威斯敏斯特厅、巡回法院、伦敦地方法庭等。到了十四世纪,他们组织了自己的行会,被称为高级律师(serjeants-at-law),同时还为司法机构培育人才。法律专业知识变得越来越重要。

到了十三世纪晚期,长期专门法官的数量达到历史顶峰,举国上下对他们专业的期望也非常高——爱德华一世处罚和开除了数量可观的存在不当行为的法官。当时还出现了许多律师,像是现今事务律师的前身。他们也是诉讼律师,但承担的工作与辩护律师不同。这些事务律师是当事人的代表,处理诉讼事务,管理案件程序,代表他们不在场的客户行动,这些行为在法律上对客户产生约束力。而辩护律师陪同他们的客户出席庭审,在当事人在场的情况下,针对法律和事实问题发表辩护意见。法律职业并不是因为适应这两种功能才分裂开的;这两条分支在这种分工的催化下同时生长。[6] 到1300年,普通法和法律条文中都出现了有关系统性法律教育的记载,[7] 这些法律学生被叫做"庭座学徒"。

爱德华一世统治的时代被视为普通法的重要转型期。法律作为一种专业职业开始兴起,出现了可以被制裁的职业法官、不同功能的律师甚至一定程度的监管。"学徒"们不再在花里胡哨的法律实践中任意漂流,而是接受系统的法律训练并成批次地"取得律师资格"。[8]

在接下来的一个世纪,随着皇家法庭在威斯敏斯特厅有了固定的长期场所,以及诉讼和相关专业的快速发展,普通法律师和法学学生迫切需要在伦敦有一个供他们交流学习、吃喝聚会的场所。在这座中世纪城市的边上,他们建立了一个据点。它位于城乡接合处,就在过了坦普尔门和霍尔本门后不远处,便捷地通向威斯敏斯特厅。在这里,律师学院诞生了。它为蓬勃发展且越来越专业化的法律行业培养专业人才。十五世纪,约翰·福蒂斯丘(John Fortescue)爵士把这些律师学院称为"研究院",事实上相当于"英格兰的第三座大学"。[9] 它们传授和散播普通法,与此同时,牛津大学和剑桥大学却都在讲授教会法和罗马民法。它们把自己的毕业生称为"获得资格者"。它们"是一所法律大学,同时也是基督教世界独一无二的专业自治组织。"它们保证了英格兰法律独立于大陆和教会法理的影响,并使这种民族特色得以保留。[10]

律师学院的成员并不包括高级律师。高级律师是最资深的律师,他们垄断了在高等民事法庭执业的权力。福蒂斯丘给予了他们与大陆法或教会法博士相同的地位。他们数量极少,通常少于十人,拥有自己的小团体"白帽协会"(名字来源于他们戴着的紧贴脑袋的白帽子)。律师一旦被任命为高级律师,他们就必须要切断与自己律师学院的联系,转而加入两所高级律师学院中的一所。1500年左右,这两所高级律师学院分别位于佛理特街和大法庭巷的南端。在这里,他们可以与王座法院和高等民事法庭的法官一起用餐,讨论法律问题,而这些法官自十四世纪起一直到十九世纪,都来自于高级律师这个群体。这种形式与牛津大学的教师高桌聚会类似。这些杰出人物的饭后讨论,成为在某些棘手的普通法和成文法问题上促进和凝聚共识的工具。通过这种方式,普通法得以梳理、合理化和精炼,法官们可以向政府提供经过深思熟虑的权威性意见,法律的连续性获得了保障。[11]

四所律师学院都差不多古老,但它们诞生的具体日期已经无法考证。如今,人们找不到任何关于它们形成、设立甚至"创办"的证据。现在知道的是,它们都在十四世纪下半叶到十五世纪前二十五年之间逐渐成形。[12] 它们的设立可能受到了1339年法院及其专业人员迁回威斯敏斯特厅的影响——在此之前法庭有很长一段时间都被安置在约克。此外,九到十家被称为"大法官法庭学院"的机构开始出现,它们为更年轻一些的有志于从事法律工作的学生以及那些无法进入更高级别律师学院的律师和法院职员们提供服务。在十五世纪晚期,它们开始和律师学院结盟、交流。到了1540年,它们已经完全不再是独立的机构,而变成了一个具有教育功能的附属组织。法律学习从大法官法庭学院开始,那些幸运而具有热情的学生们将进一步进入律师学院深造。[13] 这些大法官法庭学院目前都已经消失,其中的克利福德学院勉强坚持到了二十世纪,但最终在1903年停止了运作。

图5 1671年的律师学院,他们在规模、杰出程度和重要性上都可与牛津、剑桥这两大名校并列,被称为第三座大学。

内殿律师学院（Inner Temple）和中殿律师学院（Middle Temple）位于圣殿骑士团（Knights Templar）的土地上。1185年，圣殿骑士团在这片土地上修建了圣殿教堂，这所教堂至今仍然支配着两所学院。随着1312年教皇解散圣殿骑士团，这片土地又回到了王室手中。不久之后，"律师学徒"们把这座河畔的大殿当成了栖息之所，并在其周围大兴土木。他们在此居住了很长时间，积累了大量的法律文书和书籍，但不幸在1381年的农民起义中毁于一旦。至于这两所法律学院是否由一家分立而成，还是自始就是两家，至今不甚清楚。律师们开始租赁这块地方时，就对圣殿的神圣区域和其余部分使用了两份租约分别租赁。这种从属关系很快就被称为内殿学院和中殿学院。1388年的一份年鉴显示，当时它们已经明确区分为两个不同的社团。[14] 至今，这两个社团仍然拥挤地共享这座圣殿教堂。

林肯律师学院（Lincoln's Inn）坐落于大法官路边上，这块地方是奇切斯特大主教的故居。林肯学院以林肯三世伯爵命名，也有人认为是以十四世纪的一位名叫托马斯·德·林肯的律师命名。最早在1417年的史料中就出现了这所学院的名字。林肯学院的官方档案被称为"黑皮书"，它最早的记录是一场1422年的管理委员会会议。但在此之前就没有任何它在此地的记录。也许它的历史比其他学院都更短一些。

格雷律师学院（Gray's Inn）最晚成立于十四世纪八十年代，它以德·格雷家族的姓氏命名。这个家族的元老雷金纳德·德·格雷男爵在爱德华一世时期曾担任切斯特的首席法官，他们的家宅就曾坐落于学院现址，如今是年轻律师的宿舍。这些年轻律师血气方刚，容易激动，学院之间的竞争关系有时会引发不同学院的年轻律师相互攻击。例如，1457年，林肯学院开除了七名学生，理由是他们"携带佩剑和棍棒，在深夜与格雷学院的成员寻衅滋事"。[15] 由于格雷学院的早期档案毁于 1684 年的一场大火，我们无法看到另一方对此事的记录。但有据可查的是，1655 年的一天，午餐时间路过格雷学院的路人们看到其中的年轻学生"乱扔面包，敲打盆罐，拒绝集体用餐，即使肉食已经放在了餐桌上，也不按规矩取肉"。他们的行为"被路人看到，不光损害学院的利益，给新加入的成员树立了恶劣的榜样，而且也给政府丢脸。"[16] 再早一些的记录也许更令人发指，光是验尸官档案就暗示着可能存在一个由雇佣杀手经营的暴力学生窝点。[17] 就此而言，以及其他很多方面，这些律师学院和他们所模仿的牛津剑桥相比，真没有什么不同之处。

尽管如此，在某种程度上，这些学院的高墙之后，一群拥有专业知识的人系统性地"口口相传""共同学习"和分享思想，产生了英格兰的法律专业群体，培育了普通法。这种方式一直持续到了十六世纪法律实证主义兴起后。到了那时，法律不再被认为是"共同学问"，而是形式更为严格的判例法。到了十八世纪，法律学院也无法再和大学相提并论。但此前长达三个世纪的实践中，他们"称得上是世界范围内最优秀的法学院之一，并某种程度上帮助创造了普通法。"[18] 这些机构颇具特色，根植于英格兰社会生活当中，让律师和法官都能接受普通法的教育和训练而不是大学提供的罗马法，以此捍卫了英格兰法律传统，让其免受罗马化的影响。[19]

如果十三世纪是普通法扎根生长的阶段，那么它当时还没有显露在地表之上。这段时间几乎没有颁布什么法律。国王只是通过法令立法，就连"成文法"这个单词都还没有被收录到词典之中。最早收入法律汇编的文本是《大宪章》，但它被称为"宪章"而非法律，而例如莫顿（1236 年）、牛津（1258 年）、威斯敏斯特（1259 年）和马尔堡（1267）颁布的条文和措施都被称为"规定"。[20] 此外，当时也没有法令案卷和议会案卷。直到 1275 年"英格兰的国王才把制定法规作为一项重要而长期的工作。爱德华一世面对向其申诉的民众,产生了极高的立法热情,希望能创造'耐用的法律'为民众带来正义。因此他获得了'英格兰的查士丁尼'的称号"。[21]

随着十三世纪进入尾声,越来越多的成文法规开始被保留下来。十四世纪初期,平民们越来越热衷于提起集体诉讼和请愿,到十四世纪快结束的时候,许多起诉和请愿将直接向"王国内的全体人民"而非国王提出。[22] 即使如此,这种对法律的成文化改革也是非常温和的,它的目标是"完善普通法中的程序法体系和那些被视为理所当然的关键思想。"[23] 直到十五世纪中期,福蒂斯丘在他称赞英格兰普通法的著作中,也仅仅吝啬地为成文法留出了一章的笔墨,总共不到三百个字。[24] 事实上,一直到了十六世纪,议会开始进行广泛、深远和复杂的立法,这些立法才得以被印刷保存。

类似地,在十三世纪时,"普通法"专门用来指代国内法律,是一个和习惯、教会法、海事法等词语相区别的特定词汇,也没有被每个律师挂在嘴边。这种景象直到十四世纪晚期才会出现。习惯实际上是法律的重要组成部分,其中最重要者在王座法院中得到了发展。这些法庭是皇家法官的舞台,他们虽然代表国王行事,但本身的重要性也在不断增强。

随着他们经验的增加和共同记忆的积累,类似《格兰维尔》这种书籍显得越来越捉襟见肘,法官们急需一部新式、大型的法律全书作为参考,尤其是用来指导那些不那么智慧或经验不丰富的法官。到十三世纪中期前,一部名为《英格兰法律和习惯》(*De Legibus et Consuetudinibus Angliae*)的著作出现了,它主要由诺维奇及温切斯特主教威廉(William of Raleigh)写成,并由亨利·德·布雷克顿(Henry de Bracton)进行了修订和补充。布雷克顿曾经是威廉的助理,人们大多以为这是布雷克顿的著作,并把它称为《布雷克顿》。《布雷克顿》被誉为是"英格兰法理学的花朵和王冠……拥有罗马法的形式,和英格兰法的实质。"[25] 它的教育目的非常明显,其中详细描述了十三世纪二三十年代王座法院中的司法实践和实际操作,有时甚至提供了作者认为的规范做法;它收录了司法案卷中的近500个案例,介绍普通法实际如何运行。由于作者接受的是大陆法的训练,这种学术背景为他提供了许多罗马法法理学的概念,这些概念使英格兰法律实质得以被"第一次用更加精密的语言和精确的技术性词汇,塑造成一个组织缜密的原则体系,并在此基础上进行描述和分析。"[26]

这部巨著所包含的案例内容以及它背后的说理都是革命性的。布雷克顿去世之前似乎没有人接触过这套著作,所以当时它的影响力也非常有限。但它开创了出版年度法律案例汇编的先河,这种汇编被称为"年鉴"(Year Books)。它使人们可以轻易地比较不同法院对类似案件所作出的判决,并最终引导整个体系走向完整而有约束力的判例原则。

罗马法原则并没有让作者倒向绝对拥护君主的立场。他在著作中表达了英格兰的共识,即"尽管国王在领域内高高在上,大家都在他的统治之下",但他仍然"位于上帝和法律之下,因为是法律决定着国王而非相反……在凭借意志而非法律(*lex*)统治的地方,就不会有国王(*rex*)。"简而言之,一个统治者只有合法地施行他的权力时,才能被称为"国王"。[27] 这个世纪快结束时,在爱德华一世治下,《布雷克顿》出现了用法语而非拉丁语书写的简本,被称为《布里顿》(*Britton*),其中再次重申了这项基本的宪法性原则:成文法出自国王之口,它的地位高于普通法,可以改变法官创造的法律,但不仅国王的嘴巴带着笼套,他本人的地位也不能凌驾于法律之上。他既不能仅凭借自己的想法就改变法律,也不能作出违反法律的行为。他可以颁布令状超越法律,但不能直接与法律冲突。他的司法制度可以渐进发展,但不能从根本上改变法律。制定或修改法律只能通过立法进行,而他只有在议会的参与下才能进行立法。这项宪法原则在赋予君主权力的同时又在限制它,使得自己也变得更加牢固。在同一时期,"普通法"这个词汇也变得流行起来,专门指代英格兰的法律。立宪主义和普通法就像是兄弟姐妹一样,共同成长。

普通法的学生们很快就成为这套制度的拥护者,并在海外大肆宣扬这套制度的好处。他们之中的许多人成为政府高官,并将自己对法律的理解和观念带入了政府核心位置。约翰·福蒂斯丘爵士曾经在1442年至1461年间担任王座法院的首席大法官,后来由于亨利六世(Henry IV)在"玫瑰战争"(Wars of the Roses)中落败而去职,并随着流亡政府先后辗转于苏格兰和法国。在法国,他作为流亡政府的一分子,撰写了名为《英格兰法律颂》(De Laudibus Legum Angliae)的著作,旨在证明"英格兰的法律和习俗不仅是好的,而且是最好的"。他宣称英格兰的法律和宪制遗产的优越性和古老程度要远远超出其他所有国家,且早在罗马人入侵之前就根植在英格兰肥沃的土壤之中——它是本土产生的,不是舶来品。

福蒂斯丘还讨论了法国和英国君主制度的不同,他把法国的制度称为"君主统治"(dominium regale),这种政府的君主不需要获得臣民的认可就能施行统治;把英国的制度称为"政治和君主统治"(dominium politicum et regale),这种制度需要人们对法律的普遍认可。英格兰民众"为了保护自己的财产和生命,把自己的意志交给君主的政府",同时限制了自己所选择的统治者的权力。统治者无法垄断权力,必须与民众分享,并服从于民众的意志。他不能任意专横地处置民众的生命和财产,反而需要保护它们。英格兰的法律不认可那句流传在境外的格言:"讨国王欢心的就是法律。"[28]

法官,而非国王,才是法律的保护者和解释者。他们按照"整体利益最大化"的原则行使着自己的自由裁量权。在英格兰,征税和立法必须在议会中获得"整个王国的同意",国土之中民众自由且繁荣兴旺。由于普通民众在政府和司法制度的演进中扮演了重要角色,因此他们对抵抗外来侵略、参与社会事务、担任陪审员等公民责任都有着极高的热情。陪审团是英格兰的独有发明。那些像牛一样倔强的农民陪审员们非常难以被贿赂或收买。福蒂斯丘还陈述了一条原则,这条原则在后世被人们称为"黑石原则",即"宁可让二十名罪犯逃脱死刑的制裁,也不能让一名清白的人被定罪处死"。和法国不同,在英格兰,任何人都不能因在严刑拷打之下招供而被处死,[29] 英格兰最高的终极权力并不系于国王一人,而在"议会中的国王"身上。福蒂斯丘理想中的英格兰在自我充盈中获得了极大的安全感。用莎士比亚的话说,这是一颗"缀在银色大海上的珍贵宝石",与外界影响和"痛苦之地的嫉妒"相互隔离。

然而,这个完美的英格兰很快就变成了一块"痛苦之地",它马上会被宗教改革和另一场灾难性的内战撕裂。然而,尽管境内境外骚动不堪,尽管罗马法在欧洲大陆独领风骚,尽管大法官和教会法院们不时会产生冲突,英格兰的普通法还是顽强地生存了下来,并茁壮成长。

第二部分　冲突

公元1500—1766年

第 10 章

国王的良心,法官的脚

用理性裁判,用仁慈宽恕;
法律第一,它最没有特权。

——德莱顿,《雌鹿和豹》
(Dryden, *The Hind and the Panther*)

如果两方要都来寻求正义,都有正当理由,即使一方是我的父亲,另一方是魔鬼,它也应该拥有权利。

——托马斯·莫尔爵士(罗佩尔,《托马斯·莫尔爵士传》)
[Sir Thomas More (Roper, *The Life of Sir Thomas More*)]

"玫瑰战争"引发的社会动荡,以及随后都铎王朝的强力专制,都搅动了法治的秩序。虽然人们可能就程度存在不同看法,但动荡的事实确实没有争议。自十五世纪六十年代起,在理查三世(Richard III)的议会下,整个王国变得"由个人的意志、喜好和恐惧"统治,并且"一切形式的法律和衡平法都被弃于一旁不再使用"。[1] 为了平息混乱、发布政令,甚至为了执行法律、维护正义,人们需要一个强大的中央政府。都铎王朝迎合了这种需求,但历届君主为了维护法律和秩序而采取的过犹不及的手段,也反过来影响了普通法的完整。国王获得的法外特权让统治变得高效而果断。在都铎王朝时期,统治者们熟练于渐进地扩大王权,同时不至于威胁到法治以及宪制平衡。但后世的王朝缺乏这种智慧,到了斯图亚特王朝,王室任意专制的权力引发了极大不安。

国王的法外特权游离于议会和普通法之外。让国王保留一定程度模糊的行政权力是必要的,这可以让国王有足够的回旋余地去应对无法预料的意外事件,或者处理不可预测的政治危机。但是,一个不受限制的法外特权更像是罗马帝国专制暴虐的神权君主制度,而不是英格兰自《大宪章》或更早时期便已形成的"日耳曼式"契约型君主制度。法外特权的多少,很大程度上取决于在位君主的立场。爱德华一世时期,这种特权力量十分强大。但到了他儿子治下,法外特权就大为萎缩。从理查二世(Richard II)垮台到理查三世驾崩的一个世纪中,法外特权逐渐丧失了王权治下某种程度的"宪制性"基础,变得更像是政府的一个必需附属,就像如今一样。通过法外特权,中世纪的国王们颁布"条例",它们具有和法律一样的强制执行力。都铎王朝时期,"条例"的形式变成了"公告"。也许是被当时国王的力量所折服,1539年,议会甚至通过法律,明文许可国王用公告立法。议会通过的这部《公告法》(Statute of Proclamations)赋予了亨利八世在紧急情况下颁布公告的权力,而且规定这种公告的"效力与议会通过的法律相当"。² 不论这部法律出于什么目的，人们一直担心赋予国王如此强大的权力会削弱宪制安排。但在亨利不那么吓人的小儿子爱德华六世（Edward VI）统治时期——他"本可以做像法国国王一样专横的君主"——这部法律被废除，"公告的法律效力降低到了只和普通法相当的地位。"³ 此后，公告的法律地位还会不断调整，我们很难衡量它们在漫长历史中的精确地位到底是什么。

当然，如亨利八世一样强大有力的国王，可以肆无忌惮地影响自己的法官、恐吓自己的议会，甚至操纵法律程序，但他仍需要在合法的形式下按照法定程序行事，并且不得不接受都铎王朝的一个普遍认知：国王受到法律的限制。⁴ 他既无法利用法外特权去对抗甚至剥夺那些合法的权利和长久存在的自由，他的官员们也不能把法外特权当成为虎作伥、胡作非为的保护伞。国王自己就应当是最终正义的化身。由于很多合乎法律的判决并不一定是公正合理的判决，衡平法（来自国王良心的意见）和星室法庭（御前会议的另一个附属机构）将会对普通法所带来的不恰当和不公正之处作出修正和补救。

十五世纪时，这块土地变得越来越无法无天，法律也变得越来越僵化。沾沾自喜混杂着骄傲自大，普通法从业者们越是为这套制度骄傲自满，就越排斥新生的或者外来的思想。普通法虽然迅速发展，但一直限于固有的形式和框架之中。在这个僵化的形式和框架之外，它不能为任何行动提供指导，也不能提供任何法律救济。这条铁律被称为"无令状，无救济"。颁布新令状受到越来越多的限制。随着不公正的增多和环境的变化，法律变得越来越死板。实践中有现实需求并普遍出现的一些民事行为（例如信托）都得不到普通法法庭的承认，也无法获得保护。商业活动（尤其是那些牵扯到外国商人的案件）也无法在普通法下受到保护。法律程序变得臃肿、缓慢，充斥着繁文缛节并且无比昂贵，起诉书中一个琐碎的技术细节，就可能导致一个颇有胜算的案件一败涂地。随着律师的加入，法律变得越来越形式主义，法官们往往在审查文书形式是否有效上大费周章，却对诉请的实质一笔带过。他们经常自愿放弃所拥有的自由裁量权，宣称法律的确定性高于正义，即使个案中裁判出一个不公正的结果，也不愿忍受在普通法中承认某些例外情形而导致的不便。这种偏好在 1566 年甚至成为法律：当时的一部法律规定，王座法院凭借良知和衡平判案是非法的，可能受到控告。法官们放弃了在个案中维护正义的职责，并把它交给了陪审团。根据誓言，司法人员的职责是依法行事，但陪审员们却发誓依照他们的良心作出真实的裁决。[5] 在只有一项请求的民事案件中，法官还进一步限制了陪审团的角色。他们不允许作出替代性的判决，无论案件多么复杂，陪审团只能处理一个争议法律问题。这让陪审团的任务变得非常简单高效，但却以正义作为代价。普通法法庭通过这些方式，成功地降低了自己的威信，迫使诉讼当事人去其他地方寻找救济。

诉讼当事人在历史上一直都在求助于王权，因为国王才是"所有正义的源泉"，有几乎神圣的职责去纠正子民们犯下的错误，而且国王的法外特权和普通法一样，都是这片土地上的律法之一。衡平法和自由裁量权是国王的固有权利。臣民们可以求助于国王的仁慈和良心，并且越来越频繁地这么做，某种程度上是因为王室逐渐将回应和解决请愿的权力移交到大臣们手中，而大臣们往往依靠自己的道德原则行事，而非墨守法律条文。继往开来的大臣们逐渐发展出了另外一套原则和规范，它被称为衡平法，在大法官法院（也被称为衡平法院）适用。大法官法院程序受到罗马法和教会法的极大影响，早期的法官们像神职人员一样，精通并长期从事在个案中根据具体情况适用公平公正的基本原则。衡平法作为一条与普通法不同的追求真相的道路，钻研于案件的具体事实和诉讼当事人的动机。为了达到这个目的,程序上它不再依赖于陪审团,而必须依靠诉讼双方起誓后作出的证词、盘问证人获得的证词以及对文件的开示和审查。在获得起誓保证的前提下,它对争议进行提炼,并把正义注入裁决。在必要的情况下,它甚至可以新创设重要的救济方式,例如禁制令:禁制令可能潜在地与普通法抵触,可以被用于限制或阻止(用恐吓或者监禁的方式)普通法法院命令的执行。

总体而言,当时的大多数人认为衡平法是仁慈的,是"中和僵化"的尝试。它允许法院在某些特定案件中用自由裁量权寻找自然正义,来缓和普通法死板、拖延和不公的缺陷。詹姆斯一世这位深信自己是正义化身的国王曾经说过:"法律是道德规范和社会生活规则的体现,而不是对好人设置的陷阱和圈套;因此,法律必须根据它的含义来解释,而不能仅基于字面意思。"[6] 衡平法并不是法律的替代品,更不是法律的竞争者。根据"衡平遵从法律"的格言,除非成功说服大法官法院的法官,让他们认为普通法法庭作出的裁决是不公正的,否则大法官法院必须要尊重普通法法庭的意见。像他们神圣的主人一样,法官的职责是履行法律,而非摧毁法律。衡平法缝补了正义的一个漏洞。和陪审团制度一样,这个衡平法和普通法并进的二元模式也许是英格兰法学阶梯中最有特色也最重要的元素。

许多普通法的律师也在大法官法院执业,认可其作为普通法的必要补充。事实上,无论是大法官法院,还是其他教会法院,一般来说都"没有威胁到普通法制度自身,因为它们或多或少都成为普通法制度的有机组成部分,由同样一群专业人士提供服务。"衡平法虽然流传了下来,但它的法理基础"并不独立于普通法,而是普通法的一个注释"。[7] 它强化而非削弱了普通法。当然,这是未来才会逐渐形成的。

大法官法院的法官作出判决时几乎不受限制,所作的判决也五花八门,判决结果只取决于案件的具体情况,甚至取决于某位具体法官的内心良知。因此部分人对这种特权法院所带来的无法无天和不确定性深表忧虑,也对大法官法院十分抗拒。在斯图亚特王朝头两位国王统治时期,有一位杰出的律师名叫约翰·塞尔登(John Selden),他急切地呼吁:

> 大法官法院像是一场闹剧。我们至少知道法律的衡量标准,知道应当信任什么;但"衡平"的标准却是法官自己的良知,它可大可小,这就是"衡平"。它简直像"英尺"这个度量衡随着国王的脚的尺寸变化一样,法官们也可以制定一个标准,随着法官的"脚"而变化——这个标准简直太不确定了!一位法官的脚长,另一位法官的脚短,第三位不长不短:"这和法官们的良心一模一样!"[8]

一个衡平的判决可能同时是一个武断的判决。公正裁判是衡平法的标志,但与之相伴的专横与武断也是它的阿喀琉斯之踵,而这二者经常混沌而分辨不清。

1515年至1529年,红衣主教沃尔西(Thomas Wolsey)权倾一时,这种混沌也变得史无前例。在沃尔西的领导下,大法官法院的工作成倍增加,但这是以普通法院和教会法院的名声受损为代价的。沃尔西统治了这个舞台。由于个人之间案件的仲裁和协商大多在教会法院进行,像沃尔西这样的非法律专业人员也可以不受限制地施展自己天生和理想中的正义观。基于自己的过人智慧,以及过人自信,沃尔西会在大法官法院和星室法庭亲自听审、调解和作出裁判。虽然他有时不得不咨询其他资深顾问的意见,但总是将这种咨询维持到最低限度。[9]他自己的意志就是法律。"他不宽恕任何人,无论地位高低,是否尊贵,都依据他们的实质利弊进行审判"——这是对沃尔西作为法官的一种评价。[10]另一种评价是:他是一个自大狂,滥用自己的权力欺负弱小,"不断加强人们对于这个一人最高法院的公正性的质疑。"不论沃尔西是什么样的法官,在他治下,大法官法院和法律职业群体的关系第一次开始变味。"人身保护令"在王座法院的发展,也许就是对沃尔西独断专行的回应。[11]

沃尔西的接任者托马斯·莫尔爵士受过普通法的训练,他试图缓和这种矛盾。他发布公告谴责专断,但却仍然以裁决者的身份作出判决,或者以裁判员的身份决定案件结果。此外,他不顾普通法法官们的反对,仍然不断在他认为"公正且便利的时候"发布禁制令。他甚至试图劝说那些普通法法官,让他们把衡平法纳入到自己的法院,以"缓和并改革法律自身的苛刻",并彻底消除禁制令存在的必要。尽管法官们拒绝了这一提议,但他们认可莫尔至少能够在他的衡平法职责范围内公正行事。[12]

法官们拒绝了莫尔将衡平法纳入普通法发展的提议,但同时也确保了大法官法院仍然是一个独立的法院,并将持续存在好多个世纪。这两股力量的同时存在和彼此合作——这是十四至十五世纪的标准模式——将贯穿整个都铎王朝。也正是在这种历史背景下,到了十七世纪,当一位来自异域的大陆法背景的国王试图通过不断操纵法院程序以达到私人目的时,冲突就变得不可避免。

第 11 章

星室法庭:让英格兰沉默

> 我希望整个世界都知道:我今天来到这里,是为了维护法律,并遵照我的誓言公正行事。
>
> ——詹姆斯一世在星室法庭的发言(EHD, Vb)

103 　　冲突集中爆发在星室法庭。这所法庭如今已经成了暴政的代名词,但这可能是历史的误会。它设立伊始以及它绝大多数的存续时间内,都与暴政没有关系,甚至是它的反义词。很遗憾,它的最终消亡是一场不折不扣的悲剧,生动演绎了美好事物是如何堕落和衰败的。星室法庭——拉丁文称之为"闪耀群星的房间"——由威斯敏斯特厅相互连通的两个房间组成。自十四世纪起,御前会议在这里召开。人们环绕于一张铺了绿色桌布的大桌前,履行国王赋予他们的职责——其中就包括司法职责。法庭权威直接来源于国王,名字来源于镶嵌着群星的天花板。[1] 生动的传说进一步给它镀上了一层让人着迷的威力。理查德·罗宾逊(Richard Robinson)在伊丽莎白女王(Elizabeth I)统治时期禁不住这样赞美:"就像繁星点缀着夜空,在漆黑的夜晚释放光芒,照亮大地;贵族的领主们,遵循着召唤,在这间法庭,用他们虔诚、智慧和公正的美德,熠熠生辉。"[2] 詹姆斯一世时期,第一位记录它的历史学家威廉·哈德逊(William Hudson)更是谄媚地描述,房间里群星闪耀的装饰,象征着坐在这里进行判决的智者,但他们无非是在反射光芒——光芒来自于如太阳般伟大的集万千权力于一身的国王。远早于路易十四(Louis XIV),詹姆斯一世就成了"太阳王":

> 它是那座法庭的印鉴……它的名字如此恰当,因为星星本身没有发光,它们的光芒都是反射太阳而来,它们只是太阳的代表和化身……在他伟大的威严面前,在太阳的尊贵和荣誉面前,所有星辰的光芒都会熄灭,他们没有任何权力在这座法庭宣布任何判决,判决只能来自于国王;他们可以提出自己的意见,但采纳还是拒绝,激进还是谦抑,只能由他的圣意决定。[3]

104 　　星室法庭的影响力在都铎王朝及斯图亚特王朝初期到达了顶峰。亨利七世历经漫长的玫瑰战争,终于牢牢掌握了王位。在这段时间里,强势的贵族们征战、掠夺,用国王和人民为代价,扩张自己的力量。

随着王室权威的衰落,司法制度也随之被破坏,名声一落千丈。拉蒂默(Hugh Latimer)主教曾经痛心地谴责法官和被法官群体称为"文雅奖励"的恶习——法官们收受富人的贿赂,"要么对穷人施以惩罚,要么无故拖延穷人们的案件"。[4] 1487年,《星室法庭法案》(Pro Camera Stellata Act)颁布,它没有改变也没有创设星室法庭的管辖权,而是建立了一个特殊的裁决法庭,将御前会议的执法权集中于此。这个下设的委员会拥有固定的成员,并保证有律师参与。它设立的目的是加强对司法的管理,削弱地方势力的影响,以及处理对统治构成迫切威胁的罪行。[5]

在亨利七世统治时期,星室法庭的存在显得"过分强势"。司法方面,它成为皇家司法个人化的缩影,高效而果断。它由国王身边的亲信组成,通常由两位首席大法官组成法庭;它的权力直接来源于国王,异端们站在它的面前就视同为站在国王面前——有时甚至不必"视同",因为国王会不时地亲自主持法庭程序,坐在"一把高于臣子们座位的椅子之上"。[6] 但后来这种权力还是逐渐被下放了。虽然亨利七世经常亲自出席,但当他在国土内巡游时,会带上一部分御前顾问,只留一部分大臣主持星室法庭的庭审。

他的儿子亨利八世在统治早期经常出席星室法庭的审判,但不久就基本将其全权委托给了红衣主教沃尔西。沃尔西是一位强势的大臣,他能对其他大臣们施加强大的影响力,甚至包括两位一直参与审判的首席大法官。在沃尔西的影响下,星室法庭的权力和声誉获得了极大提升,以至于当时有人认为星室法庭正是在沃尔西的努力下才成为一个高等法庭。此后,在沃尔西的学生托马斯·克伦威尔(Thomas Cromwell)的带领下,星室法庭于十六世纪三十年代获得独立地位。当时,新成立的枢密院从御前会议中剥离出来,御前会议遗留的功能和职责则由星室法庭继承,但这一变革也从此限制星室法庭的"专业性和连续性只能来源于已经形成共识的宪法"。[7]

星室法庭在本质上并不是衡平法院,但与后者有诸多可类比之处。它们都采用了罗马法的程序和模式,都试图用其衡平的原则来修正普通法法院的局限,以此在个案中体现全面的正义。星室法庭可以管辖刑事和民事案件。它的管辖权和大法官法院存在诸多重合,很多出现在它面前的民事案件同时也包含刑事因素。星室法庭还处理有关暴乱、诈骗、伪造、伪证、刑事诽谤、共谋和公务人员渎职的案件。甚至很多此类罪行都是在星室法庭首次审理或由星室法庭创设。它可以判处罪犯们带上枷锁游街示众、鞭刑、烙刑甚至毁容,也可以判处高额罚款或者监禁。但是叛国罪并不在它的管辖范围,这是因为它和普通法法院有个重要的区别,它没有判处被告死刑的权力。基于同样的理由,它也不能审判很多重罪。但出于维护正义的目的,在某些特殊情况下,星室法庭也审理了一些重罪,但在判决结果上只能把它们当成轻罪来处罚。[8]

作为御前会议的附属机构,这个拥有特权的法院比普通法法院有更多的回旋余地。它不用依靠那些可能被贿赂、威胁或存在偏见的陪审团。尤其是当审判法官认为陪审员的裁决"与事实完全相反"时(这通常意味着陪审员存在腐败行为),甚至可以审判和惩罚这些顽固的陪审员。当然,随着时间推移,当陪审团的主要压力不是来自专横的治安官,也不来自金钱或恶棍威胁,而是来自中央政府的威逼时,这种做法就变得十分可怕。此外,犯罪的贵族们也可以被这个法庭审问并惩处。星室法庭不会被拥有武装从而肆意妄为的贵族们胁迫。它可以召集证人,调查事实,或者让地方法官进行审讯。原告和被告必须起誓后才能作证。这座法庭代表着国王,在比普通法院更高的层面代表着君主的意志。议会的成员们是国王的直接侍奉者,只有国王的权威能够影响和修正他们。总体而言,不论位阶高低,他们都理应也确实保持了无畏和中立。他们能够施加普通法院权力之外的刑罚,例如监禁、没收财产,从而实现对贵族们的有力监督和惩罚。

　　星室法庭设立的一部分目的,是为了保护弱者免受肆无忌惮的权力的伤害,因此到了都铎时期,它逐渐成了不可或缺的一个政府机构。作为一个可以监督其他所有法院的机构,它在乱世中维护着法律和命令的执行,驯服着准军事化的野蛮人。到十六世纪晚期,它已经演变成了一个主要用来执行普通法和成文法的中央刑事法院,是英格兰的司法系统的有机组成部分,同时又在这套系统中占据着最高的地位。它在法律专业人士和普通民众中都享有极高的声望,并在詹姆斯一世时期到达了顶峰:那时它指导和修正的权威意见已经渗透到司法实践的每一个方面。[9] 弗朗西斯·培根认为,这些法官的正直和诚实是至高无上的品德,因为"一个肮脏的判决带来的伤害要比许多肮脏的罪行更甚,因为罪行只是污染了溪流,而判决却污染了源头"。他称它为"这个王国中最贤明和高贵的制度"。[10] 当然,有人也许会认为这只是由于培根曾经接受过普通法和大陆法的教育,并曾经担任过星室法庭的文职。但他的死对头爱德华·柯克也认同这一观点。柯克宣称星室法庭"无论从法庭的法官,还是从它公正的管辖、古老而正义的程序,这座法庭都是整个基督教世界最值得尊敬的法庭(我们的议会除外)","这座法庭,依靠遵守正确的制度和古老的训令,让整个英格兰保持着平静"。[11]

　　到了查理一世时期,整个社会都发生了变化,但星室法庭却没有随之改变。它虽然继续发挥着作用,但已不再不可取代。普通法法院如今已经有足够的力量维护正义。陪审员们也不再像过去一样容易被领主们恐吓或收买,法官们更不再为暴乱和骚动而担惊受怕。尽管它日常仍然处理不少非政治性的案件,并且持续发挥着正面作用,但这些案件通常也都可以在其他法院进行审理。

更令人担忧的是,一个被用来监督滥权的法院,自己却逐渐走向了滥权。随着它对王座法院和高等民事法院的挤压,星室法庭的案件数量逐渐增加,但拖延程度也愈发严重。正当程序变成了龟速程序,大部分私人之间的民事案件都要拖延一年才能结案。[12] 但真正的问题不止于此,而在于它对公共事务的管辖权。这座法院事实上扮演着两个角色:一个至高无上的衡平法院,一把政治力量的利剑。这在都铎王朝时期并不是太大的问题,但到了斯图亚特王朝,情况急转直下,星室法庭的名声一落千丈。在国王的直接控制之下,星室法庭可能变成——而且人们认为它已经变成了——国王暴政的工具,用来打压不同的政治和宗教观点。逐渐地,星室法庭变成了专制独裁的工具,而普通法法院则被视为民众自由和权利的守护者。这种观念蓬勃发展,最终要了查理一世的脑袋。而也正是由于查理一世的暴虐行为,星室法庭变得臭名昭著。从这个角度看,也许错不在星室法庭自己,而在查尔斯·斯图亚特。

在星室法庭已经大获成功地完成自己使命时,国王并没有及时解散它,而继续把它当做了压制其他法庭、教会、异议者、甚至那些对自己亲信和统治不满意见的工具。他甚至不时授权附庸的法官们,让他们对胆敢公开批评和反对自己专横统治的异见者们处以异常高额的罚款和羞辱性的刑罚。一些人被削掉了鼻子,一些人被割掉了耳朵,还有一些人戴着枷锁示众——它们都是国王怒气的见证。这些恶行让人们无法继续再把星室法庭视为自己的保护者——它变成了压迫者。在众多案件中,最引起大众反感的是大律师威廉·普莱纳(William Pryune)的案件。1633 年,普莱纳在论战中发表了一篇文章,对王后参演一场假面戏剧进行谴责,讽刺女演员们都像妓女一样,因此被判处削掉了耳朵。在监狱中,他继续发表攻击主教的文字。1637 年,他再次被星室法庭判处枷锁示众、把耳朵残余部分再次削去和终身监禁,而做出判决的法官正是当时的大主教威廉·劳德(William Laud)。[13] 与他一起被判刑的还有两位清教徒——亨利·伯顿(Henry Burton)和约翰·巴斯特维克(John Bastwick)——他们也因讽刺主教制度而受罚。

劳德对普通法没有好感。他像前辈贝克特一样,热衷于把教会从普通法的束缚中解救出来,[14] 因此丝毫不会在乎法庭的名声。俗话说,任何人都不能当自己的法官。但坎特伯雷大主教却能够审判攻击主教的人。作为被抨击的制度的最初设计者,他不可能公正无私地裁判。对于蔑视他和他的改革的人,劳德会利用手中一切可以利用的武器,采用高压压制而非和解协商。当时,他已经统治了同样恶名在外的最高刑事法庭(Court of High Commission),这是一座在宗教改革时期设立的宗教法院,现在又将手伸到了星室法庭。有时这两座法院看上去就像暴烈司法的左膀右臂,分别掌管着宗教和世俗事务。例如,当亚历山大·莱顿(Alexander Leighton)博士发表了对主教制度的激烈抨击后,最高刑事法庭褫夺了他的宗教身份,星室法庭进一步判处他鞭刑和终身监禁。星室法庭已经变成了主教手中的工具,被用来对付不同的宗教观点。

尽管普通法法院所能判处的刑罚更加严酷,但星室法庭因其偏袒和压迫的作风,以及它总是被用来打压不同观点而非平息骚乱和压迫的事实,让正直和受过教育的公民们对其敌意丛生。这座都铎时期的正义灯塔,被斯图亚特的子孙们糟蹋到一文不值。它散发着罗马教廷的气息,让受过普通法教育的人们通通捏住了自己的鼻子。

第 12 章

酷刑逼供

酷刑逼供这种审判方式在英格兰的法律系统中是完全没有立足之地的;尽管历史上埃克塞特和萨福克的公爵以及亨利六世的一些大臣们曾经试图设计一套方案,将大陆法引进英格兰作为统治工具,并把建造一架拷问台作为这个计划的第一步;人们嘲笑这个拷问台是埃克塞特公爵的女儿,它至今仍然矗立在伦敦塔中;伊丽莎白时期,这座拷问台会偶尔被当成国家的暴力机器使用,但它从来都不是法治的机器。

——布莱克斯通,《英格兰法律评论》

109 　　人们往往以为星室法庭经常使用酷刑逼供,但这其实是错误的。酷刑逼供只适用于死刑案件中,派生于国家主权的诉讼豁免权,是皇家特权的一部分。国王和他的私人顾问们可以批准酷刑,获得授权的人可以施行酷刑,并不需要担心因此会受到法律的惩罚。¹ 如何施行这项特权一直是国王和议会制下的普通法律师斗争的重要议题之一。在这些律师看来,酷刑与英格兰法律的基本原则完全冲突,更与理性、公正和人文精神背道而驰。普通法法院一直拒绝施行酷刑逼供,它们骄傲地认为酷刑不仅残忍,而且会导致产生不可靠的证据,并使任何与其有染的人颜面扫地——包括法院在内。这种坚决拒绝酷刑的态度成为了普通法的突出特征之一,并在历史长河中受到无数伟大英格兰法学家的赞扬——从十五世纪的福蒂斯丘,到十九世纪的詹姆斯·菲茨詹姆斯·斯蒂芬(James Fitzjames Stephen)。²

　　尽管如此,一些著名的普通法从业者还是参与了酷刑逼供。伊丽莎白治下,爱德华·柯克至少亲自主持了九起酷刑逼供案件。都铎王朝酷刑逼供使用得更多,也更普遍一些。斯图亚特王朝似乎对酷刑更加节制。当然,也正是在斯图亚特时期,大量的普通法律师被逼到了
110 国王的对立面,这促使他们更加积极地去拥抱普通法没有酷刑的高尚历史实践。他们认为,酷刑不是英格兰的东西,是从痛苦之地舶来的异端,似乎和国王查理有一点类似之处。在查理时期,塞尔登曾经这样评论:

> 　　拷问台在英格兰从来没有立足之地。它在其他国家被广泛用在(证据不足时的)司法程序中。如果嫌犯不招供,就会受到严刑拷打。但是在英格兰,我从来没有见过在司法程序中将一个人带上拷问台拷打;这在司法程序中从未发生过,只有当某些人命令的时候,才会这么做。³

这里的"某些人"就是指国王的顾问,他们可以利用王室特权施行

酷刑。

1540年至1640年这一百年间,酷刑一共被批准了81次,当然档案中的记录可能有所遗漏,但总体可能平均每年不会超过1次。不论具体的数字为何,和犯罪案件数量相比,这个数字是非常低的。都铎王朝——尤其是伊丽莎白——最热衷于批准酷刑。这一时期的酷刑不仅针对叛国这样的严重罪行,也针对了诸如谋杀、抢劫、盗窃等较为常见的重罪。

施行酷刑的地点主要在布莱德维尔宫和钟楼,最主要的方式是镣铐和拷问台。后者尤其恐怖。拷问台是一个各端带着齿轮的架子,嫌犯的手脚腕被绳子捆住,绳子在齿轮上系紧。随着齿轮转动,绳子越收越紧,嫌犯的四肢将被逐渐拉至脱臼。一位拷问台的主管官员曾经对一位嫌犯夸口,要将嫌犯"拉到比上帝造他还要长一尺"。[4] 而镣铐则是把嫌犯痛苦地固定住,这种方式不仅可以避免脱臼、错位这些肉体伤害,而且也能减轻拷问台带来的负面社会效益——当时人们对于伊丽莎白的拷问台主管托马斯·诺顿已经恶评如潮。我们并不清楚有多少人最终真正地被施以酷刑逼供,但可以确定负责主持酷刑的官员并不享受这个任务,他们往往希望嫌犯看到拷问台就心生恐惧而主动招供。

靠着过人的运气,约翰·杰拉德(John Gerard)从钟楼死里逃生,有幸为后人留下了他所受到的酷刑的详细记录。杰拉德是一位耶稣会信徒。他偷偷潜入英格兰,照顾和援助天主教信徒——换个角度说就是在破坏国家统治。1594年,他遭到背叛,随之被逮捕和监禁。他先被判处在一座名为克林克的关押不服国教者的监狱中服刑三年,随后在一次越狱未遂后被关押到了钟楼。[5] 1597年4月,主持酷刑的官员——其中一位是培根——找到杰拉德,试图说服他,让他供出当时英格兰最危险的天主教份子亨利·加内特(Henry Garnet)的藏身之地。他们就这名"国家公敌"对杰拉德进行了长时间的审讯,但依然一无所获。当杰拉德一再拒绝背叛他的同伴后,官员们申请到了一份酷刑批准书,授权他们使用"包括镣铐在内的塔楼中所有酷刑手段"。[6] 这些官员甚至请求杰拉德快点招供,以避免他们最终不得不采取这些手段,否则他们将不得不每天用酷刑折磨杰拉德,直到他死掉——或者招供。杰拉德依然拒绝招供,随即被带到了白塔。他后来详细记录了这次令人毛骨悚然的经历:

> 我们排成队列,近乎庄严地走进了酷刑室。侍从们走在队列的最前方,举着蜡烛。房间在地下,十分昏暗,尤其是在入口处的地方。这个房间空间巨大,所有用来施加酷刑的工具都放置于此。他们指了指其中的某些刑具,告诉我,我将会挨个尝试。然后他们再次问我是否招供。[7]

杰拉德的审问官将他带到其中一根巨大的木头柱子面前,这根柱子直插房顶,顶上钉着铁钉,用以支持它巨大的重量:

> 他们把我的手腕用铁环锁住,命令我爬上了两三个柳条编织的踏板。我的手臂被吊了起来,一根铁棍穿过了锁住我手腕的铁环,然后再穿过第二个铁环。然后,他们将铁棍系紧,防止它滑动。接着,他们一个接一个地抽走了我脚下的踏板,让我用双手紧锁的方式吊着。因为我的脚尖依然够得着地面,他们不得不把我脚下的泥土铲掉一部分。他们已经把我吊在了最高的铁钉上,除非再钉铁钉,否则不可能再高了。

杰拉德接着描述了袭来的"绞痛":

> 我的胸部、腹部、双手和双臂是最痛苦的。仿佛体内的所有血液都涌向了我的双臂,我甚至一度以为鲜血就要从手指尖和皮肤的孔隙渗出。但实际上这只是我肉体被铁环锁死后的错觉。

这种痛苦太强烈了,我一度以为我不可能再继续忍受。[8]

最终他还是坚持了下来。主持酷刑的官员把他交给了监狱官员和施刑者。典狱官"出于好意",给杰拉德擦去了额头渗出的汗水;但当他从痛苦中稍微缓解后,典狱官又继续恳请杰拉德供出他们所需的信息。在四个多小时中,杰拉德反复昏迷又苏醒,当天就被从架子上放下来"八九次之多"。当最终从架子上下来时,尽管他的双脚双腿都没有受到伤害,但"要用尽力气才能站直"。第二天,他又两次接受了酷刑。镣铐紧紧地铐在已经肿胀的肉体缝隙中。这次"痛苦更集中在双手","胸口和腹部稍少"。为了防止他自杀,杰拉德的剪刀、匕首甚至剃刀都被没收了。[9]

在镣铐折磨结束后,主持官员放弃了继续拷打杰拉德,他的酷刑终于结束了。他没有接受拷问台的折磨,他的记录中也没有详细描述拷问台。他宣称有一次被带到了拷问台面前,但由于他坚定地宣称自己不会透露任何信息,最终得以幸免。[10]1597年10月,杰拉德从钟楼越狱,潜逃到了欧洲大陆。

在获得共谋者信息的情景下,酷刑被当成一种必要工具,但在收集证据的情境下却不是。弗朗西斯·培根简明扼要地评论:"在英格兰法律中,没有人可以被强迫指控自己。在最严重的叛国罪中,酷刑是用来发现的手段,而不是用来收集证据。"[11] 它们在此类目的下有选择性地适用,与普通法并行,但看上去并没有威胁到普通法制度和英格兰的正义标准。实际上,随着它在普通刑事案件中断断续续地适用,到了伊丽莎白统治末期,酷刑可能已经被合并为英格兰法学阶梯的一部分。

来自异域的斯图亚特国王们和他们的前任截然不同。他们将酷刑的范围限制在叛国和暴动案件中,这两种罪名通常紧密相连。詹姆斯总共只许可了六次酷刑,其中一次在最臭名昭著的叛国者盖伊·福克斯身上——他密谋试图炸掉整个议会和国王,这次密谋的危险程度在英格兰历史中史无前例。为了尝试从福克斯口中套出这次密谋波及的范围与牵涉的成员等信息,他被绑到了拷问台上。拷问的后果,从福克斯随后飘忽潦草的手书字迹中可窥一斑。

尽管查理一世一直有残暴的恶名,但却对利用特权施行酷刑特别敏感。约翰·费尔顿(John Felton)刺杀了查理器重的白金汉(Buckingham)公爵,但查理却依然没有对费尔顿施刑。他希望通过审问费尔顿获得有关同谋者的信息,但同时坚持通过法律,而不是"像前任者们经常做的那样"用特权实现。他咨询了下面的法官,后者一致坚持认为"以他们自己的荣誉,和整个英格兰法律的荣誉担保,英格兰法律中不允许这种程序"。[12] 查理一世没有在这一点上过分坚持,福克斯也没有被酷刑折磨。他最终被审判定罪并被绞死。

查理在位时一共只批准了两次酷刑:一次是他刚即位时针对一名叛国罪嫌犯,最终这名嫌犯被证明是清白的;另一次是在他统治晚期,针对一名小规模骚乱的煽动罪嫌犯兼手套商约翰·阿切尔(John Archer)。当时阿切尔阅读了一本小册子,它由一名已经被星室法庭审判且正在服刑的囚犯约翰·李尔本(John Lilburne)所写。他阅读之后激愤难耐,煽动伦敦的学徒们在兰贝斯宫(Lambeth Palace)示威,要求释放李尔本,并呼吁将大主教劳德("老狐狸威廉")捉拿归案——大主教这段时间正被人们当成不久前解散短期议会并怂恿国王采纳不受欢迎的爱尔兰政策的罪魁祸首——当然这种指责可能有失公允。在 1640 年 5 月的一个晚上,阿切尔"像进入战争状态那样敲锣打鼓",带领着五六百名学徒聚集在兰贝斯宫,从深夜一直待到凌晨两点。他们包围了兰贝斯宫,要求里面的人交出"老狐狸",好让他们把他撕成碎片。这些示威者们的行动混乱不堪,像一场灾难。兰贝斯宫已经提前加强了防御,况且大主教也并不在兰贝斯宫,而是在河对岸的白厅。阿切尔和部分骚乱者被逮捕并投入监狱。令当局惊愕的是，仅仅三天后，一名暴徒冲进了监狱，把这些人都解救了出来。包括阿切尔在内的两名逃犯被再次抓捕。他们将阿切尔送到了钟楼，指控他犯下暴动罪。在查理亲自书面命令下，两名国王身边的法律顾问用拷问台审问了阿切尔，要求他招供与自己一起密谋暴动的同案犯。[13] 针对他的酷刑既残酷又无用，阿切尔最终什么都没有说，事实上可能他根本没什么可交代。国王在爱尔兰的代表兼首席顾问、斯特拉福德公爵托马斯·温特沃斯（Thomas Wentworth）告诉查理，"除非你把他们中的一部分人绞死，否则拿他们毫无办法"。[14] 阿切尔最终被一个特别委员会审判。与他一起受审的还有一名十六岁的年轻水手托马斯·本斯特德（Thomas Bensted），此人在暴乱时被射中，随后以叛国罪接受了审判。他们两人都被处以英式车裂*。[15] 阿切尔是英格兰最后一名被统治者命令处以酷刑的人——尽管没有被酷刑肢解。此后，在英格兰，再也没有任何统治者颁布过任何一份酷刑许可。

尽管只使用过一两次，拷问台还是和查理滥权、肆意扩张星室法庭一道，对他的统治产生了长期的负面影响。作为对查理暴政的反抗的一部分，星室法庭在1641年7月5日被废除，就连星室本身也在1806年被拆除。留存至今的只剩这个名字、它狼藉的名声以及在威斯敏斯特公学的一扇大门，而那声名狼藉的天花板则被挪到了威勒尔一座酒店的会议室[16]——它们共同见证着旧时王谢的明日黄花。

---

* 英式车裂（hung, drawn and quartered），是英格兰公元1352年立法加入的酷刑，意在惩处男性叛国者，早在亨利三世的执政期间（1216年—1272年）就已有行刑的记录。被定罪后，罪犯会被绑在栅栏或木板上，由马车拉到行刑地点，吊至濒死，随后阉割、剜刑、斩首，最后分尸（切成四块）。最后尸身还会放到全国知名的场所（尤其是伦敦桥）公开展示。

第12章　酷刑逼供

# 第13章

令状和自由宪章

> 您陛下的意志就是法律。
>
> ——W. S. 吉尔伯特:《天皇陛下》
>
> (W. S. Gilbert, *The Mikado*)

115 　　星室法庭不断给普通法律师们的敌意和戒备火上浇油，就连爱德华·柯克这位曾经的支持者，也开始质疑星室法庭管辖权的基本合法性。大法官法院和其他衡平法院的存在，也逐渐被视为另起炉灶与普通法争夺地盘。柯克和其他人一道，共同援引和发展了一套救济手段，以此来挫败他们眼中滥用特权的行为。

　　这些救济手段中的第一名是"人身保护令"（habeas corpus）。这是一种司法令状，它来源于国王的特权，拥有与皇家敕令完全相同的权威性。它最初的目的是保证那些被拘禁的个人能够出现在法庭上，随后逐渐发展成了一种对抗独裁的有力工具。在十五世纪时，一种名为"身体保护"（Corpus cum Causa）的令状开始在大法官法院出现，它是人身保护令的一种，最初用来确保下级法院的管辖，后来被用来阻止和对抗"由国王特别指令"或者庄园领主作出的拘禁。[1] 都铎王朝时期，王座法院发展了一套被称为"人身交释令"（habeas corpus ad subjiciendum）的令状，它适用于任何自由人。如果某人因定罪判刑或民事债务纠纷以外的原因而被拘禁，他可以向法院申请一份人身交释令，该令状将被直接送给监狱、医院或者私人监禁场所的看守，命令看守将这人的身体（corpus）和他被监禁的原因带到法庭面前，由法官决定监禁是否合法。如果法官认为监禁合法，那么他将被送回监禁处继续监禁，但如果法官认为监禁不合法，他将被准予保释或者被直接释放。

　　这种令状随后被广泛使用，用来挑战拘禁的合法性——甚至就连红衣主教沃尔西、御前会议等直接命令的拘禁也可以挑战。1588年，在王座法院审理的"豪厄尔案"（Howell's Case）中，豪厄尔被逮捕，拘捕令由国务大臣弗朗西斯·沃尔辛汉姆（Francis Walsingham）签发。法院当时勉强承认枢密院拥有在不给出理由的情况下任意拘捕

116 的权力。三年后，一直良心不安的法庭以决议的方式认定，在此类案

件中,当被拘禁者申请人身保护令时,监狱长必须将嫌犯带到法庭面前。[2] 这项决议确认了王座法院的权威,使得他们可以干涉所有拘禁,无论他们被拘禁在国土内的何处,也无论他们因谁的命令而被拘禁。[3]

到了十七世纪早期,经过心灵手巧的法学家们的加工,人身保护令已经不再是保护和释放被非法拘禁者的工具,而逐渐变成了对新设立的特权法庭进行制衡的手段,尤其是针对最高刑事法庭。在1607年至1612年间,已经是高等民事法院首席大法官的柯克与他的同僚们一道,通过对一系列案件的判决,确认了最高法院只能对宗教案件进行管辖,没有权力对普通人进行拘捕。[4] 这些判决削弱了国王的特权,本身已经够让国王恼火。而更可怕的是,如果这种实践进一步扩展,人身保护令的范围进一步扩大,将会赋予普通法法院间接控制衡平法院的权力。在人身保护令下,如果有人因不遵守衡平法院大法官的命令而被拘捕,拘捕令将在普通法法院进行审查,如果普通法法院认为没必要拘捕,被衡平法院拘捕的嫌犯将在普通法法院被释放。这将极大束缚衡平法院大法官的手脚。更可怕的是,人身保护令仅仅是柯克将会使用的无数粗暴无理的法律武器之一。

1627年的"五骑士案"(*Five Knights' Case*)是查理一世时期的第一个著名案件,也是人身保护令受到挫败的案件。国王绕开了议会,直接用他的特权决定筹钱。1626年,他命令御前会议征收一项"强制公债",实际上相当于未经议会同意的加税。一些国会议员拒绝缴纳,国王随后直接命令将他们不经审判而拘禁。五名议员,其中包括托马斯·达内尔(Thomas Darnell)——该案后来也因他得名——申请了一份人身保护令。案件被送到了王座法院首席大法官爱德华·海德(Edward Hyde)面前[随后在查理二世(Charles II)时期,由克拉伦登勋爵审理]。被米尔顿评价为"这片土地上最有声望和学识"的约翰·

塞尔登议员为五人中的埃德蒙·汉普登（Edmund Hampden）担任辩护律师。塞尔登主张，基于大宪章，任何人未经法律的正当程序，都不能被剥夺自由，而国王的"特别命令"并不是法律。但最高检察官针锋相对地认为，国王的命令是一种特权，这种特权不受法院的质询和审查。顺从的海德法官听从了检察官的意见，王座法院将五人又送回了弗利特监狱（Fleet Prison）。[5]

受这起案件的刺激，议会于1628年3月召开会议，气氛剑拔弩张，各方都做好了当面对质的准备。他们各执一词，都认为祖宗之法站在自己的一边——由柯克领衔的普通法法院援引《大宪章》和判决先例，国王搬出了自己对法律的忠诚以及王国内的习俗。国会议员们用1441年首席男爵弗雷（John Fray）阐明且已经被王室圈外普遍接受的定义，回应了有关国王和法律之间的关系："法律是国王最崇高的遗产，因为国王自己和他所有的臣民都被法律统治。如果法律不是这样，那么国王和他的遗产就都无从谈起。"法律是国王的遗产，不是国王的工具，更不是国王的玩物。即使国王开始发声，法律也不能沉默。柯克专门批评了"五骑士案"的判决，认为它破坏了《大宪章》中铭记的自由，"大宪章之内，没有什么至高无上的权力。"他的雄辩凝聚和团结了整个议会，"就像一条猎狗嗅到了气味，其他猎狗都吼叫着跟随"。本杰明·拉迪亚德（Benjamin Rudyard）爵士宣布，他将"十分乐意看到那部衰老、破旧、长期卧床不起的《大宪章》，重新焕发光彩，恢复往日的气势，加入和伴随着爱德华三世的其他六部法律；它将鼓舞所有人，不容置疑"。[6] 更重要的是，柯克随后设计和制定了《权利请愿书》（Petition of Right），它不仅是议会对国王的回击，而且本身也进一步加速了议会元气的恢复。《权利请愿书》在一片对忠诚和顺从的抗议声中，明确宣告：依靠皇家命令任意拘捕、未经议会同意任意征税、未经主人同意在其寓所驻扎军队都是非法的。对《大宪章》的意义和发展而言,这份请愿书在过去不断进步的历史基础上,对《大宪章》"进行了最后的润色",[7] 成为这份神圣文件的最后注释。

查理一世的软弱与其愚蠢齐名。他没有足够的财力与议会对抗,不得不勉强屈服,宣布"国王的特权是为了保护民众的自由",并承诺他"将不会让自己的特权与新解释的《大宪章》产生任何张力和冲突"。查理一世屈服了。平民们站起身来,欢呼雀跃,教堂的钟声开始回荡,庆祝的篝火遍布整个国土。[8] 但这些庆祝并不会熄灭查理的怒火。这是都铎王朝建立以来第一份限制王权的成文法律,但它的意义绝不仅止于此。它还是《大宪章》几百年来发展的顶点,是对《大宪章》的再次重申。一位近些年的首席大法官认为,《权利请愿书》和《大宪章》、人身保护令一样,在法治中占有至关重要的位置。它在普通法"成年时"获得了国王的接纳。[9] 1640年,当议会再次面对试图绕过自己独断专行的国王时,通过了《人身保护令法案》(Habeas Corpus Act),将普通法中任何被特权命令所拘押的人士都有权申请人身保护令这一基本原则,上升为成文法令。

这场与国王的艰苦斗争,最终在《权利请愿书》中达到高潮。而这场斗争的核心人物,是已逾古稀之年、曾经担任过王座法院首席大法官的议员爱德华·柯克爵士。这一切是怎么发生的?一位国王任命的法官为何会变成法律的拥趸,并将法律置于国王之上?爱德华·柯克是谁?他在英格兰普通法的历史中占据着什么样的重要地位?

第 14 章

"王是法律"对"法律是王"[1]：爱德华·柯克爵士

这片国土有一套适合自己的法律。不要和我讲其他法律,我只讲英格兰的法律。

——爱德华·柯克 1628 年在议会的讲话

"法庭要遵循先例"不过是一种虚构,通过这种虚构,法院悄悄地将司法判决转化为立法;但这也不仅仅是一种虚构,因为它已经摆脱了法庭,进入到政治和历史的领域。

——A. V. 戴雪:《宪法学导论》
(*Lectures Introductory to the Study of the Law of the Constitution*)

爱德华·柯克爵士生于爱德华六世统治时期。他父亲名叫罗伯特·柯克,曾经是林肯学院的一名律师。柯克经过在剑桥大学三一学院的学习后,成为了内殿学院的一名学徒,并在1578年获得了律师资格。生活在乱世,柯克把自己的法律知识和理念打磨成了一把利剑。这不仅需要博学、技巧和天赋,更需要辛勤努力和持久耕耘。"这块旧的田野中必须要长出新的粮食",他曾经如此自勉。[2] 柯克学习异常出色,在行业内也享有孜孜不倦的好名声。作为一名执业大律师,他写了大量办案笔记,记录自己和他人办理的案件。这些笔记甚至包括已故律师的案件,丰富的内容成为柯克汲取营养的巨大宝库。他说的每句话都能找到先例和古法出处。作为一名法律巨擘,人们普遍认为,在塑造现代法治概念方面,他作出的贡献无人能及。[3] 一个现代传记作家这样写道:"莎士比亚为讲英语的人作出的贡献,就是爱德华·柯克爵士对英语世界的律师们作出的贡献。"[4] 另一位美国法官这样评价:他是"普通法的圣人和必备元素"。[5] 但是,这并不意味着柯克是一个好相处的人。他脾气暴躁,自高自大,喜欢欺侮威吓他人,令人生厌。最臭名昭著的事例是,因为女儿拒绝按照他的安排与白金汉公爵的哥哥结婚,他竟然鞭笞自己的女儿让她屈服。这桩婚姻只是为了进一步满足柯克自己的野心,本身就不是天作之合。"我们再也不用看到他的样子了!"他伤心的遗孀在他死后感慨,"赞美上帝!"[6]

他拥有变成一头破坏法治的巨兽的能力。试想这样一位拥有杰出技巧的伟大律师,他毫无保留地为自己的客户服务,如果他的客户变成国王,那他将会变成独裁统治的有力工具。在伊丽莎白时代,柯克先后担任过副总检察长和总检察长,和培根竞争过同一职位从而交恶。培根曾经讥讽他:"如果你能少一分自吹自擂,我也许能多听进去些许。"[7] 柯克自己也很难不滥用手中的权力,变成他自己讨厌的人。他曾经担任过酷刑拷问的主持人,为拷问台折磨国家囚犯的合法性背书,甚至高度赞扬星室法庭。到了詹姆斯一世(James I)统治的1603年,还是这位柯克,他担任总检察长,参加了针对瓦尔特·雷利(Walter Raleigh)爵士的审判。这场审判几乎展现了他最恶劣的一面——他表现得根本不像一位检察官,而像是在进行一场残酷的逗熊游戏。他毫无保留地欺侮、威吓和嘲笑着这位落难的巨人,指责他"蛇蝎心肠","是英格兰这片土地上最充满恶臭的叛徒"。在鲜明的对比下,雷利展现了高贵的尊严,形象更加高大,而柯克的形象却受到了打击。[8]

但是,当柯克为他的终极客户——普通法制度——辩护时,他展现出了同样无与伦比的技能,足以使他自己变成普通法的化身。他尽其所能,维护议会和法院这两座被他称为"法律的源泉和容器"[9]之双胞胎的最高地位。在斯图亚特统治下,他开始觉得这对双胞胎受到了威胁。自伊丽莎白即位起,他就高举着法律至上的大旗,鼓吹《大宪章》的重要意义。在柯克眼中,伊丽莎白还算是一位值得仰慕的君主,因为至少她是"通过法律,用上帝的善意和仁慈治理人民,实现高尚的统治"。[10]他对伊丽莎白的继任者詹姆斯同样抱有很高的期待,夸赞这位新国王为"正义的源泉"——尽管这显然和"法律的源泉"不一样。

相比柯克对自己的看法,国王对自己的定位显然更加尊贵一些。他当然有这么认为的基础:这种想法根植于他王权神授的观念,来源于他在苏格兰的统治经验。他视所罗门为榜样——这位经常亲自裁断的国王是智慧和公正的缩影。上帝创造国王,国王制定法律。国王可以解释自己制定的法律,也可以改变它们。法律的权威不应当渗透到君主这里——君主可是法律的源泉,对正义有着敏锐的神圣触觉。詹姆斯声称:"国王,是法律的创造者,也是法律的解释者。"[11]在这种特权下,王权占据和保留了广阔而模糊的空间。他坚持这种特权的地位不仅高于一般的法律,而且高于议会。国王可以宣布废止法令的执

第14章 "王是法律"对"法律是王":爱德华·柯克爵士　　139

图 6 爱德华·柯克爵士,将普通法自王权手中解放独立的热烈拥护者

行,决定豁免遵循法律。他可以给"内部法官们"授权,让这些被视为"影子和助理"的傀儡扮演本属于他的释法角色——但其中可一点都不包括创造法律的权力。弗朗西斯·培根是王权特权的忠实拥护者,他宣称所有的法官都应当铭记"自己的职责是解释法律(*jus dicere*),而非创造法律(*jus dare*)"。[12] 法官们应当坚决维护王权,而非侵蚀它;应当坚决服从国王,而非挑衅他。这些观点,无论它们在苏格兰是否经过了实践检验,在英格兰这片土地上,实在是显得古怪而且具有颠覆性,但詹姆斯却非常欣赏。因此,在不断挑衅和激怒下——尤其是对律师和法官们的挑衅和激怒下——反抗就变得不可避免。詹姆斯曾经将律师比为吹奏乐器,无论他是否真诚地尊重普通法的价值,至少表明他对这个专业群体毫无敬意。

宪法变得不再稳固,空气中弥漫着飘忽不定的味道。法院需要越来越频繁地面对国家和民众之间,以及国家不同部门之间的争议。法律变幻莫测,在宪制的海洋中随着因竞争者们斗争而搅起的惊涛骇浪随波逐流。用培根的话来说,此时的法律"几乎像是一艘没有压舱物的大船"。[13] 本应当成为压舱石的法律权威和先例不是彼此冲突,就是以讹传讹。只有一个人,他能够核对、收集和解读过去的裁判,虽然不至于平息即将到来的风暴,但却可以稳定这艘法律大船,让它与暴风雨展开搏斗。这个人就是爱德华·柯克。

詹姆斯来自于苏格兰,那里属于大陆法系。英格兰的大陆法系法学家也大多拥护他的王权绝对论。约翰·考埃尔(John Cowell)在1607年出版的法律词典《解释书》(*The Interpreter*)就是这种观点的例证。[14] 国王认为,普通法制度和自己的君权神授观点并没有什么冲突。当然,他也根本没有必要认为有冲突。当时,法官们在大多数情况下都认可国王的特权。但当柯克在1606年开始担任高等民事法庭的首席大法官后,情况发生了变化。通过签发人身保护令和对教会法院的

123 禁止令，柯克阻止了宗教法庭对某些案由的管辖，从此与詹姆斯在普通法法院管辖权的扩张问题上产生了冲突。

在国王看来，柯克的行为无异于厚颜无耻地抢劫自己的特权。在接下来的一年里，他们就禁止令再次发生激烈的冲突。在一次对峙中，詹姆斯宣称自己才是终极法官，可以推翻所有其他法官的判决，并可以按照自己的意愿任命和罢免所有的法官。法官们也许是国王饲养的狮子，但必须温顺地俯卧在王座之下。他们应当"小心谨慎，不做出任何冒犯或挑衅至高无上王权的举动"。他还宣称，在维护普通法制度的前提下，王权不仅是普通法法院管辖权的来源，同时也是教会法院管辖权的神圣源头，因此应当由国王来决定管辖权冲突时如何分配。但柯克针锋相对地宣称，是法律维护了国王。他引用了布雷克顿的名言"国王在上帝和法律之下"。听到首席大法官如此出格的言论，詹姆斯试图用铁拳命令他向国王俯首屈服。[15]

与此同时，柯克还坚持法律的地位应该高于议会。他坚信"理性是法律的生命，不仅如此，普通法自身除了理性——完美的理性——之外就不应有其他成分"。非理性会导致习俗"没有法律效力"，还会使得立法变得失去效力。[16] 1610 年，他宣称"在很多案例中，普通法控制着议会的立法，在特定情况下，应当宣布议会的立法无效，这些情况包括：议会的法案与普通权利和一般理性冲突、矛盾或者不可能履行。上述情况下普通法应当控制它，并判决这些法案无效。"[17] 没有任何力量比法律更强大，没有任何权威比法律更绝对，没有任何制度比法律更神圣。这颗观念的种子由柯克种下，它也许没有在英格兰立刻生根发芽，但命中注定会漂洋过海，在大洋彼岸的美利坚繁荣茂盛。[18]

尽管差点与柯克当面互殴，詹姆斯在 1613 年竟然还是把柯克提
124 拔为王座法院的首席大法官。这个职位荣誉更高，报酬却更少。这么做的目的其实是为了阉割一部分柯克的权力，因为柯克在高等民事法

院处理大量有关国王和民众之间的民事争议,非常容易对王权造成影响。而在王座法院,案件大多是侵犯王室的犯罪案件,审案过程中与王权直接冲突的可能性大大降低。柯克对于自己的"升迁"非常愤怒,并将此归咎于培根,因为在这场法律排排坐的游戏中,培根最终获得了检察总长的职位。培根不仅赢得了竞争,而且嘲讽柯克:"你的权力现在可真是增长了不少,现在要赶紧长一长个子,要不然会变成一个怪物的。"[19] 为了缓和紧张气氛,国王又任命柯克做自己的御前会议成员。詹姆斯曾恼怒而打趣地评价,柯克就像一只猫咪一样,"无论你怎么扔他,他都最终会四脚着地。"[20] 当然,如果国王期待通过这样宽宏大量的政治技巧就能驯服这只凶猛的猫咪,那未免也太天真了。这只司法体系内的猫科动物挣脱了束缚,通过公告的方式,不断挑战国王创造和更改法律的权力、拖延或阻止普通法法院的审判程序。他利用签发"王权侵害令状"(praemunire,一种用来保护皇家管辖权的令状)的机会,与大法官法院分庭抗礼。恰好詹姆斯对大法官法院钟爱有加,将其视为国王道德和良心,是平衡法律和公正、调和仁慈和法律的终极化身。而这一切又被柯克和培根二人之间的私人恩怨火上浇油,这位现任检察总长多年觊觎着大法官法院的首席职位,一直想接替现任首席埃尔斯米尔(Ellesmere)勋爵。[21]

第一起案例出现在 1615 年。一位来自萨默塞特郡,名叫埃德蒙·皮查姆(Edmund Peacham)的清教徒,因为在布道笔记中诽谤并预言国王早逝而被逮捕。詹姆斯并不觉得这是一个玩笑。在他一生中,一直被头脑狭隘和狂热的宗教信徒们攻击。于是他将此作为一个严厉还击的机会。皮查姆被关进钟楼。在检察总长的监督下,他们用枷锁徒劳地折磨他,试图让他招供那些莫须有的同案犯。[22] 一无所获后,充满挫败感的培根告诉国王,皮查姆"愤怒狂暴的魔鬼似乎变成了不声不响的魔鬼"[23],唯一的方法就是将皮查姆一个人以严重叛国罪

图7　弗朗西斯·培根爵士,柯克的法律对手和眼中钉

审判。但皮查姆的一言不发也算是叛国吗？柯克明确公开表示，这种沉默行为不构成叛国。为了扫清障碍，培根建议国王绕开柯克有百害无一利的影响力，直接向法官单独征求意见。柯克知道此事，随即宣布，他认为这种"制度创新"违反宪法因而无效。当然，最终由于其他所有法官都向国王投降，柯克自己也不得不屈服。但无论如何他还是表达了对抗王权的意见。后来，皮查姆被判有罪，但在行刑前就死在了陶盾监狱（Taunton Prison）。

王座法院和大法官法院都在争夺话语权。它们之间的冲突已经变得无法调和。在同一年稍晚的时候，冲突终于借着王座法院作出的两起对诈骗犯有利的判决而爆发了。案件本身的争议焦点并不是公平原则本身，而是普通法法庭裁决的终局性，以及大法官法院试图侵蚀普通法法院的利益来扩张管辖权。

第一起案件中，埃尔斯米尔勋爵监禁了一位名叫格兰维尔的人。这位格兰维尔被指控在诉讼中撒谎。他在王座法院已经获得了案件的胜诉，但又被大法官法院抓了起来。柯克释放了他，并尝试用王权侵害罪指控大法官法院的当事人，最后没有成功。后一起案件是牛津伯爵和剑桥大学莫德林学院之间的土地纠纷。有人指控胜诉方用欺诈手段获得判决，因此埃尔斯米尔颁布了一项禁制令，禁止执行判决。柯克再次用他在格兰维尔案中的论点进行还击，宣布这种行为违反了1353年的《王权侵害法案》（Statute of Praemunire）。《王权侵害法案》最初的目的是防止人们向罗马教廷上诉，它将"向任何其他法庭求助以损害或怀疑国王法庭作出的判决"的行为都视为藐视国王。柯克还援引了一项颁布于1403年的与诉讼既判力（也被称为"一事不再理"）有关的法律。他主张这两项法律都应当在大法官法院适用。用培根的话来说，詹姆斯眼中的埃尔斯米尔应当是："君主的一个工具，紧紧依靠在国王身边，像一个安全和温和的守卫，保护王座的权力"。[24]

但埃尔斯米尔当然反对柯克的说法,他认为衡平法院并不参与普通法院的游戏,大法官法院在普通法判决是以腐败方式作出时才会进行干预,这种道德正当性确保了干预的合法性:

> 首席法官的任务是纠正那些因欺诈、背信、邪恶和压迫而导致的良心偏差,且不论它们的性质,并软化和缓和极端的法律……普通法和衡平法是有区别的,尽管他们都在法庭作出,都由法官作出,都依靠公正的规则作出,都瞄准着一个相同的目标:做正确的事情……但当一项判决基于压迫、错误或铁石心肠作出后,首席法官将不得不驳回它,这不是因为判决本身的错误或者瑕疵,而是当事方坚硬的良心。[25]

詹姆斯心意已决,他一定要保留衡平法对普通法严苛和绝对的修正功能,同时也一定要保护大法官法院的地位。在他看来,大法官法院是他能绝对控制的重要力量。他宣布既判力法案不适用于大法官法院对普通法法院判决的干预,同时《王权侵害法案》也不能在大法官法院适用。当普通法和衡平法冲突时,应当优先遵循衡平法。他还声称,所有的法官都应当听命于国王,国王有权对他治下所有法院的管辖权问题作出裁决——这宏伟的宣言最终没有活过英格兰内战,在若干年后与星室法庭一道,被同一部法律废除。

更多的摩擦接踵而至。1616年4月20日,国库法庭审理了"临时委任圣职案"(*Case of Commendams*)。此前,国王颁布了一项特殊的许可,允许里奇菲尔德主教在担任现职的同时,挂名担任另一项报酬丰厚的地方教区牧师职位,这种许可被称为"临时委任圣职令状"(*in commendams*)。它最初是只为了解决教区牧师不足的问题,但这一次,一位自称有权担任该职位的地方人士在法院提起诉讼,质疑国王这种特权,特别是质疑国王是否有权任意颁布这种临时委任令状。这个案件休庭到4月27日,在此期间国库的贵族、王座法院的法官和民事法院的法官们一直聚在一起讨论。

国王可不能忍受自己的特权受到任何损害,也不能忍受正义被曝光于大庭广众。他命令法官们,在作出最终裁决之前,必须征求自己的意见。他指示培根,让后者通知法官们安排一次会议,并将下次开庭时间延后。柯克收到通知后,公开谴责这封通知无效,并说服了法官们展开回击。他们回复称,如果按照国王的要求,将会对正义造成拖延,并将违背法律和法官们的誓言。国王被回信中弥漫着的高傲态度激怒了,他坚决否认自己的命令会对正义造成拖延,并命令法官们"在我亲自到来之前不允许对案件进行任何进一步审理,我将会亲自到你们面前,亲口宣布我们对此事有多么喜闻乐见!"[26] 于是,该案被进一步延期到了6月8日。在恢复审理日前两天,靠着培根的参谋建议,詹姆斯与法官们在御前会议面前对质。詹姆斯对法官们进行了训诫,教他们什么是"特权":特权就是国王"至高和威严的权力和主权,它不应当因为粗俗的理由而陷入争议"。普通法法院"成长得如此卓越而广阔,竟然开始既对国王的特权多管闲事,又想在别的法院偷偷侵占地盘"。作为臣民,法官们不听从国王的命令是完全"不体面和不合适"的。最终,除了柯克之外,其他所有的法官都屈服了。他们跪倒在地,祈求饶命,保证以后在其他类似案件中一定先征求国王的意见。柯克独自一人,为他们的立场辩护,并发誓如果再出现同样的案件,他仍然会按照一位合格法官的标准去行事。当然,在詹姆斯看来,柯克的所有理由都是诡辩。[27]

就这样,国王和他的首席法官完全对立了起来。这场较量国王显然处于优势。柯克被完完全全地孤立,毫无还手之力,只能投降认输。就在这场遭遇战之后几周,詹姆斯前所未有地第一次在星室法庭发表讲话。他全面回顾了这场与司法干预较量的案件,强调大法官法院的规矩应当是最终听命于国王,而不是由法官们肆意对王权作出限制。

法官们应当老老实实坐在自己的位子上,不要入侵其他地盘。总而言之,一旦"坐在这个裁决的座位",国王就已经禁止了所有试图用侵犯王权或与大法官法院对抗的行为。[28] 国王获得了胜利,得意洋洋。

柯克勉为其难地默许让步并没有给自己带来什么好处。在 6 月结束时,他已经被禁止出席御前会议,也不能去地方巡回,事实上已经处于休假状态,只能在家修订他的著作《判例汇编》,而且也只是小修小补。尽管培根对这位竞争对手的法律功底十分佩服,但依然认为柯克的著作中有"错误和一些专横且游离于法庭职责之外的观点"。埃尔斯米尔则更不客气,指责柯克在著作中"夹带和散布他自负的私货"。这次,柯克没有能够给自己再趟出一条光明道路。到了 11 月,柯克被解除了首席大法官的职务。"四股以'P'开头的力量联合起来推翻了柯克,将他打倒在地,这四股力量是:高傲(Pride)、禁令(Prohibitions)、侵犯王权(*Praemunire*)和国王特权(Prerogative)"。[29]

人们常说,在詹姆斯的所有政绩中,没有其他任何一项能够像他将柯克免职一样,如此成功地加强了自己的权威——甚至连一半都比不上。[30] 显然,活下来的法官终于知道了自己的定位:他们是王座下温顺的羊羔,绝不是什么狮子。到了 1638 年,在"船税案"(Ship Money Case)中,大法官罗伯特·伯克利(Robert Berkeley)说:"法律本身就是国王古老和值得信赖的仆人,是国王的工具……放之四海皆准,不容置疑,国王就是法律,他就是活着的、在讲话的、会行动的法律……国王不可能犯错。"[31] 然而,仅存的那头法律猛兽并没有躺在王座脚下——他在虎视眈眈对着王座咆哮。实际上他做的已经不止于咆哮,甚至开始了反击。柯克这头上了年纪的猛兽尽管已经六十五岁,但依然拥有锋利的牙齿。又经过了一些失败的逢迎和在法庭的挫折之后,柯克开始寻找新的同伴和战场。伴随着他的"殉难",他过往的失败被人们淡忘,缺点也被原谅,他逐渐变成了敢于挑战王权、维护传统自由的化身和象征。1620年,他成为一名国会议员,很快就在对抗王权的问题上将普通法和议会牢牢焊接在了一起。1621年12月,他起草了《抗议书》,宣布"议会所拥有的自由、民权、特权和管辖权等权力与生俱来,是英格兰人民共同的遗产",而且议会拥有自由讨论的权力,尤其是讨论国王和教会的权力。[32] 历史不仅神圣化了普通法制度,还神圣化了议会的权力。这两者都将登上战场,越来越激烈地与国王和他的特权对抗。

詹姆斯在统治期间狡猾地避开任何严重的宪制撕裂。尽管他在苏格兰习以为常的经验让他不可能真正欣赏英格兰普通法传统的细枝末节,而且他在骄傲的律师面前也总是忍不住展现嘲笑和易怒的脾气,但总体上,他还是一直小心地在普通法的框架内行事。在加冕典礼上,他发誓要守卫英格兰的法律和传统。在位期间,他也从来没有不经审判就把人投入监狱,从来没有未经议会授权就向臣民搜刮钱财,从来没有按照自己的意愿任意立法——尽管他认为自己有权这么做。事实上,他的统治"要比伊丽莎白的统治更加符合宪法"。[33] 在大多数保卫特权和衡平法院的战争中,他都获得了胜利。但他的儿子查理一世在1625年登基后就没有这么幸运了。查理一世从小就没有被当成王储培养和教育。1612年,他的哥哥亨利因为意外事件死亡后,他才成为王位继承人。查理不仅年轻、缺乏经验和政治根基,也不如他的父亲那样谨慎小心。

我们已经知道了1628年的《权利请愿书》以及查理被迫接受它的故事,也知道了柯克在其中扮演的重要角色。但在1628年至内战爆发前夕这段时间,柯克并没有闲着。当时,查理作出了另一个违反普通法基本原则的举动,试图强行改变法官们担任公职的形式:将终身制——只要能合格履职就可以一直担任职位,变为任免制——改为国王可以根据自己的意愿任免法官。凭借着自己过人的学识,柯克写成了权威的《英格兰法学阶梯》(Institutes of the Laws of England),为议会和普通法的至高地位进行辩护。这部著作尽管在柯克死后才全部发表(其中第一部分在 1628 年发表),但诞生伊始就被认为是有关英格兰法律的权威著作,并成为了现代英国宪法的基础。柯克动员和招募了普通法的拥护者,唤起了他们的专业自豪感,号召他们与国王钟爱的星室法庭、海军法庭、教会法庭等竞争者们斗争。律师学院的年轻人受到了感召和激励,他们不再仅仅满足于在法庭对个案进行辩护,而是可以开始想象在宪法这个更加宏大的舞台上施展自己的专业力量。

在意识到纸笔的力量堪比刀剑后,查理开始阻止任何可能导致律师甚至其他群体产生不法思想雷研究。有一位古董研究者名叫罗伯特·科顿(Robert Cotton),他埋首于亨利三世时期男爵战争的故纸堆,从中发现了盎格鲁-撒克逊传统制度的若干原则与国王专制统治水火不容。国王知道后,很快就没收了他的藏书。到后来,柯克《英格兰法学阶梯》的其余部分[又被称为《大宪章评论》(Commentaries on Magna Carta)]也被禁止出版,手稿也被没收。

在事业的顶峰时期,柯克就像是一道屏障,扎扎实实地阻挡着自负的王权。他一次次地引用前辈布雷克顿的名言:"国王在所有人之上,但只在上帝和法律之下,因为是法律造就了国王。"[34] 这句名言并没有什么历史依据,但它生动有效、充满勇气且恒久耐用。此外,柯克进一步主张法官"应当像法官该做的那样",不受国王命令的限制或批准,无拘束地在案件中施展所拥有的自由裁量权。他认为,国土之内只应当施行一套单一的法律,依靠这套法律足以可靠地保护自由和私有财产,不会因地方领主、国王、教会的干预而使得人们周而复始地丧失自由。按照柯克的说法,法律是用来保护人们免受暴政的。柯克认真阅读古老的案例,仿佛它们就在昨天写就。这种抱残守缺的习惯仿佛一把芭蕉扇，为他对古老案例充满想象力地解读鼓劲加油，从而能够让他将《大宪章》这样一部最初用来保护贵族们的合约，解释为一座能够保护所有臣民的护盾。

柯克一度成为法律的化身，只要他说某条规则是法律，人们几乎就会完全赞同。而他的伟大批评者培根则责难他是一名"律界暴君"，用自己的偏见"过度歪曲法律"。[35] 这种现象是否公正暂不讨论，但柯克和他对法律的解释最终获得了胜利。1824 年，首席大法官贝斯特（William Best）说："柯克勋爵说的很多话都不是权威，但如果我们以柯克勋爵不是权威而将他说的话都不当成法律，我们可能要废掉一大批威斯敏斯特厅认为是法律的东西。他是所有法院的所有法官中最杰出的人物。"[36] 托马斯·卡莱尔（Thomas Carlyle）也恰如其分地总结了柯克取得传奇地位的经验：

> 我听说，自由事业的成就要深深归功柯克。对于议会这项事业，也大约如此。他收藏和挖掘的先例种类齐全、贯穿历史，最远比冥王星都远，最深比骸骨屋都深。他对先例信手拈来，运用自如，将它们任意缩放，以符合每一双穿上它的脚，无人可以与他匹敌。[37]

戴雪也同意这种说法，他认为"法院的信念掌握在像柯克这样的人手中，他献身于正义和自由的事业，而且是在手无寸铁的时候献身于它。"[38] 感谢柯克的努力，君主的权利应当受到限制、民众拥有不可剥夺的自由权利——这些观念现在都被普遍视为在《大宪章》及其之前就已经存在。因此，"我们的历史中最让人讨厌的一个形象，却是我们自由权利最重要的拥护者。"[39] 在一个宪法危急存亡的时代，是他最先复兴了"法律不是工具，而是王权边界"的观念，是他最先呼吁法官不应是培根所说的"王座下的狮子"，而是国王与民众之间的裁判。柯克坚信，"英格兰古老的宪制传统"尽管源头已经在历史的迷雾中无处找寻,但经历过盎格鲁-撒克逊王国的洗礼,已经深深地融入英格兰的骨髓,牢牢镶嵌于普通法这套高于和超越任何个体特权的制度。它在传统中一直得以保留,静静地躺在诸如《大宪章》之类载体的角落,在历史的洪流中耐心地等待着高声呼喊的机会。简而言之,柯克用自己的判决和著作,重新复活了《大宪章》并将其拥戴为王。他削弱了君主的特权,拥护了议会至上的地位,并确保法治能够得以存留。这是一个脾气恶劣的暴躁老头,但他留下的遗产绝对弥足珍贵。

第15章

俄狄浦斯时刻:查理一世大审判

国王永远正确,因此,没有任何正当程序能被用于反对他。

——约翰·塞尔登:《闲谈录》

(John Selden, *Table Talk*)

如果一项违法行为可以用自我防卫辩护,那么对查理一世的谋杀正是这样的行为。

——塞缪尔·泰勒·柯勒律治:《英格兰神圣笔记》

(Samuel Taylor Coleridge, *Notes on English Divines*)

133　　当查理觉得国库稍有充盈后,就把《权利请愿书》抛在了脑后,并解散了议会。他想要的是独揽大权,通过星室法庭贯彻国王意志。虽然没有议会,但他想出了另外的方法变相征税:收取造船费维持海军军费,并对违抗自己命令的人处以罚款。在将近二十年的时间中,议会大门一直紧锁,国王用他微不足道的智慧和捉襟见肘的资源勉力维持着统治。他试图在苏格兰恢复主教制度,引发了地方同盟者的叛乱。在这场耗费巨大且以失败告终的军事冲突后,国王于1640年不得不重新召集议会,为进一步征税扫清障碍。至此,议会和国王再次站到了对立的两面,剑拔弩张。

　　看样子必须要有人头落地了:斯特拉福德公爵托马斯·温特沃斯就是最先落地的那个。他在威斯敏斯特厅以叛国罪受审。由于他在普通法法院的辩护过于优秀,议会担心他在威斯敏斯特厅也靠着诡辩脱罪,竟然为他专门部署了一套议会审理机制,以绕过平常的审理程序。[1] 议会通过了《剥夺公权法案》(Bill of Attainder),直接针对温特沃斯。这项法案能够确保议会希望的结果,只要宣布处死温特沃斯是维护王国安全所必须即可。此后,这套机制还在处死劳德的过程中起了决定作用。查理在强硬的国会面前懦弱地屈服了,他不得不宣布对温特沃斯的剥夺令,并批准了死刑。这是一场奇耻大辱,它让国王违背了自己"以一位国王的身份"对忠心耿耿的臣子许下的承诺,他永远不会原谅自己的背叛。它就像一块永远溃烂的伤口,记载着国王遭受的羞辱。查理违背了皇家誓言,牺牲了自己的大臣。他的子民有了更多不信任国王的正当理由。

　　1642年,国王和议会之间的斗争最终爆发为漫长而血腥的内战。
134　大量的士兵死在战场,更多的平民死在街头,因战乱死去的人总数占到当时总人口的十分之一。无数家庭四分五裂,大量房屋支离破碎,许多城镇被洗劫一空。战争的爆发有许多复杂的原因,其中一个很重要的因素是国王未能认识到也不可能接受这样一个事实：他其实并没有超越和忽视这片土地的法律的神圣特权。王权并不是法律。反叛者们宣称，英格兰的法律和传统是所有人民的共同财富，也是这个国家的中流砥柱。这种共识成功地将国王的反对者凝聚了起来。[2]

最终国王战败了，并在1646年投降，第一次英国内战宣告结束。国王失去了自由，失去了很多权力，但并没有失去自己的王座和生命。但紧接着，他又试图颠覆苏格兰，并挑起针对不满民众的第二次内战。这场内战从1648年5月持续到了8月，最终仍以皇家军队的失败而告终。国王的希望彻底破灭，声誉也受到了进一步损害。尽管协商仍然持续，但王室军队中不愿妥协的力量越来越强大。查理已经陷入死棋的局面，但他仍然不愿有任何承认失败或妥协退让的念头，这也最终决定了他的命运。他的对手将他形容为政治生态中的一条毒蛇——邪恶、奸诈且充满剧毒。显然，他不再适合做一位国王了，甚至都不再适合做一个人了。他不可控地暴躁，轻易将国家引向灾难，专横却又不坚定，自负且毫无根据。查理是一个伟大时代的小人，更像一个流氓而非国王。他政治上的敏锐一再衰退，最终只剩下诡辩和愚蠢的狡诈。如托马斯·麦考利（Thomas Babington Macaulay）所写："他做出的每一项承诺，都暗暗留有余地，以便在需要时推翻，而是否实行则只能由他一人来决定。"[3] 很多人认为，查理在走投无路时，甚至准备好通过与爱尔兰、法国和苏格兰结盟的方式背叛自己的支持者。他需要为两场内战和无数民众的死伤负责。他将在"杀人成性者"的评价声中迎来自己的死亡。他无数的实际行动已经证明，这个评价所言不虚。

奥利弗·克伦威尔（Oliver Cromwell）等人认为查理必须要被清算。失败的国王不是没有被处死过，但他们或者战死沙场，或者在囚禁中被谋杀。在战时，国王甚至能像发动侵略的敌方将领一样被放到军事法庭审判。但在查理的案件中，这项正义程序的先决条件尚未满足。不过，抓获他的敌人们坚信，国王应当受到法律审判，而且法律也能够审判他，如果审判后认为国王有罪，他也应当像其他人一样接受制裁，没有任何借口或托辞把他秘密处死。他应当在公众的注视下，在法庭接受依法审判。于是，军队决定果断行事，他们在1648年11月正式要求清洗议会，并对这位彻底失信的国王进行审判。

所以，接下来的问题是，如何才能把法律锻造成可以削掉国王脑袋的利斧？这个问题没有先例，因为此前没有任何一位国王被法院审判，更不要说被处死。尽管都铎时期有三位王后都在牢房中结束了自己生命，分别是1536年去世的安娜·波琳（Anne Boleyn）、1542年去世的凯瑟琳·霍华德（Katherine Howard）和1587年去世的苏格兰玛丽王后（Mary Queen of Scots，查理的祖母）。但她们都不能作为参照的依据。安娜和凯瑟琳只是国王的妻子，不是在位统治的女王。玛丽是一名外国君主，而且是一名主张继承权的天主教徒，她被允许在英格兰避难，却密谋推翻英格兰女王。即便如此，伊丽莎白也十分不愿意创造一个将她对手用司法程序处死的先例。

无论国王看上去有多么神圣不可侵犯，当他变成一个暴君时，则应另当别论了。诛杀暴君在政治论述中一直被广泛接受，而且詹姆斯一世这位干得还不赖的国王，也曾经就这种危险向他的儿子发出过警告，但查理显然没有足够重视父亲的教导。更糟糕的是，盎格鲁-撒克逊人被野蛮国王套上"诺曼枷锁"的观念在十七世纪开始萌发。根据这种观念对历史理想化的解读，上古时代人们享有的自由被一个接一个的统治者不断掠夺和压迫，自由的精神只在非常少的一部分群体中保留了下来。因此，用法律的名义推翻一位暴君根本不能算是叛国，而是复兴光辉传统。[4]

在1649年之前二十年的时间里，有一些微小的迹象，尽管不能直接推导出诛君的最终结论，但确实为这条道路指明了一些方向。1629

年，议会通过了三项法案，针对的是国王身边"邪恶的"顾问。它将那些拥护议会批准之外征税和在宗教中创新的大臣称为"国家的主要敌人"。这项法案最后导致查理的两位左膀右臂被处死：1641 年的斯特拉福德公爵，以及 1644 年的劳德大主教。这两场审判都很顺利，没有人对审判国王宠臣有任何程序上的异议。但就是在这些案例中，议会扩张了对于叛国罪的定义，将颠覆法律和滥用被授予的权利也视为叛国。这种扩张为审判国王留下了些许可能性——当国王攻击议会这个国家制度的组成部分时，他就有可能犯下叛国罪。

还有另外两项措施，将斧头离国王脖子的距离又挪近了一些。1642 年，议会在没有征求国王意见的情况下通过了《民兵法案》（Militia Ordinance），规定地方军事组织由议会任命。⁵ 这项法案实际上将国王在议会中行使权力的行为和在议会外使用特权或任意行事的行为作出了区分。一个人如果对抗前者将构成叛国罪，而对后者则甚至可以使用武力抵抗。这项法令基于都铎时期已被充分发展的"国王双体"理论。这个理论认为国王拥有"自然身体"和"政治身体"两种身份，因此，在查理的审判中，作为个人的查理·斯图亚特和作为君主的查理一世应当被区分开来：

> 施展正义和庇荫万民的并不是国王这个个人，他并不能以个人的身份行使这些权力，也不能凭借个人的喜好行使它们，而应当通过他的法院和大臣们。这些法官和大臣们必须严格履行自己的职责。因此，即使他们做出一项与国王的意志或个人命令相违背的判决，这些判决仍然是国王的判决。⁶

国王这个具体的个人只有在依照议会确定的方式行动时，才能被称为国王。也许查理自认为已是一个被阉割的国王，但在他的敌人看来，他仍然是一个不折不扣的暴君。

讽刺地是，国王双体的概念是有皇家先例支持的。国王的特权和良心都可以被一分为二。詹姆斯一世曾经告诉过他的法官们：

> 有两种特权，一种是日常的特权，它和国王自己的个人利益相关。这种特权可能会放在威斯敏斯特厅进行辩论，实际上这也是每天都在发生的。而另一种是更高的自然特权，它是国王至高无上的权力和主权，这种特权不应当因粗俗的理由而陷入争议。[7]

怎么区分这两种特权？答案并不清晰。在是否同意处死斯特拉福德公爵的挣扎中，主教约翰·威廉（John William）说服了查理。他认为国王"有两种良心：公共的良心和私人的良心"。从私人良心出发，肯定会排斥和抗拒对忠臣的惩罚，而公共良心则需要考虑避免进一步的流血和杀戮。[8] 斯特拉福德被牺牲了，但流血还是没有避免。内战紧接着爆发，用当时清教徒的口号说，议会是在"为了维护国王而与国王战斗"。[9]

1648年，在《民兵法案》通过六年后，被称为"长期国会"的议会听闻查理正准备"与苏格兰人结盟"，作为回应，他们通过"禁止协商投票"，明确宣告"这场反常的战争"是"他反对自己的议会和王国而主动挑起的"。通过投票，议会禁止任何成员在未经授权的情况下与国王进行接触和协商，违者将以严重叛国罪论处。议会还宣称，不论国王如何行事，议会将勇敢地"为这个王国带来最大的安全保护，让人们安享法律和自由"。[10] 投票中，议会再没有提到国王是受奸佞诱惑才犯下错误，战争的罪行被直接归咎于查理·斯图亚特个人。国王的政治身体至此已经由议会保存，并成为议会的一部分，而查理本人只剩下自己的血肉之躯。

查理罪孽深重，要求惩罚这位"杀人成性者"的呼声越来越高，人数也越来越多。最关键的是，克伦威尔如今已经坚定了必须要惩罚查理的信念。但是，此时距离真正将国王放在审判席上还有许多障碍。首先，审判国王在宪法上就是一个难题。该指控国王什么罪行呢？叛国罪是对抗国王的罪行,那么它如何才能在国王身上适用呢?在普通法中,"王权即法律"是一个被许多法官信仰的基本原则,那普通法怎么才能在审理"王权对王权"这样的案件中使用呢?审理要在哪里进行?谁来审理?需要按照普通法用陪审团来审判国王吗?可国王是没有同侪的,陪审团如何组成?如今已经没有御前的私人顾问了,哪怕他们是合适的审判自己国王的人,也无处寻找。剥夺公权这种方式在处死斯特拉福德和劳德中虽然成功,但当时担任法官的是上院的贵族们,可如今贵族们就剩下了十几个,并且坚决反对对国王进行任何形式的审判。要是这时查理能够因"疾病"或"意外"突然驾崩,真会让事情简单不少。

克伦威尔决定迈出这前无古人的一步,对查理举行某种形式的审判。这次审判不能是一场由编造的认罪或收买的证人表演的闹剧,它必须公开,即使实质上无法做到公正,表面上也要做到。国王犯下的罪行必须要有扎实的证据,而且应当被展示在世界面前。他的背信弃义应当被彻底曝光,证明它与议会事业的光荣正确背道而驰。更重要的是,对于克伦威尔和他的清教徒同僚们而言,这项工作是上帝指派的使命,而上帝指派的使命必须光明正大,不能"躲在角落"。[11]在连续两次打败国王的战争中,上帝已经显现,并且重申了他的旨意。克伦威尔才是上帝指派到英格兰的使者,查理·斯图亚特已经被上帝抛弃。背叛上帝和人民的国王,理应在上帝和人民面前公开审判——如果有必要的话,还应当被公开处死。威斯敏斯特厅看来就是实现这一切最好的地点,它不仅能让上帝的审判矫正人间的不义,还能为整个审判程序披上合法的外衣。

然而,这件外衣是有破洞的。正如查理质问的那样,审判他的"是什么权力,是何种合法的权威"?与其说审判正确光荣,不如说是实力地位使然。审判国王史无前例,鼓吹此事的人不得不使用很多权宜之计来即兴发挥。即将进行的并不是英格兰所熟悉的依靠法官、陪审团进行的审判，而是由一个由临时专设的法庭来处理这个无法克服的难题：当国王的存在已经给整个国家蒙上危险时，他的命运应当怎样？

议会并没有通过法案授权这次审判，它也不可能这么做。因为当时议会已经名存实亡。1648年12月6日，陆军上校托马斯·普莱德（Thomas Pride）对议会采取了军事行动，"净化"了议会下院中所有支持继续与国王协商和反对审判国王的议员。许多议员被除名，而剩下的人（例如律师约翰·塞尔登等）则拒绝继续出席这个被阉割的议会。最终，八十多名议员组成了史称"残缺议会"的国会，通过了"以英格兰人民为名之命令"，宣布设立一个名为"最高正义法庭"（High Court of Justice）的机构来审理国王的叛国罪。这项指控的法律基础并不是普通法，而是罗马法。罗马法认为，叛国是指非法将主权内的权力挪用，而审判者们将原本定义中属于国王的主权权力移植到了人民身上。国王的公共权威和个人被区分开来。按照这个逻辑，国王现在的地位变成了一个地方长官，他"不忠诚地逾越了职位的权力界限，损毁了人民的主权。"[12] 按照最初的命令，陪审团将由一百五十人的特别委员会组成，超过二十人出席即符合最低人数要求，两位首席大法官和国库首席男爵担任审理法官。然而，三位法官虽然一直是国王的反对者，但刚刚被任命的他们却公开声明，谴责审判程序明显违法。他们没有人愿意屈尊参加这样一场法律闹剧。上议院也全体一致反对审判。他们坚持认为，国王不可能是叛徒。

无法获得贵族的同意，没有司法机构的支持，下院中剩余的成员决定亲自动手。1649年1月6日，他们通过了一项新的决议，并把这次的决议称为"法案"，设立了最高正义法庭，审理"查理·斯图亚特""严重的和叛国的罪行"。即使在一个已经被净化过的议会下院，这项法案仍然仅仅以二十六票赞成比二十票反对的微弱优势通过。这样一个残缺议会作出的残缺结果,仍号称在某种程度上反映了英格兰人民的心声。保皇主义律师奥兰多·布里奇曼评论:"国王通过这样一个机构来统治国家,这才是他的罪。"[13]

为了继续扫清障碍,议会下院的残余人员傲慢地宣称自己才代表"国家至高无上的权力","即使没有国王和贵族院的同意和附议",他们也拥有制定和宣布法律的所有权威。[14] 这种举动本身就是暴政,是议会的暴政,或者是克伦威尔和他的军队的暴政。不光是激烈的保皇党,很多人都这么认为。例如,平等派的约翰·利尔伯恩是一名议员,也是一名激进的煽动者。虽然他认为国王恶贯满盈,但还是公开抨击这次审判,认为它是一场贵族和克伦威尔之间的阴谋,试图用这套程序转移人们对社会和政治改革的注意力,而后者显然才是国家更为急迫的事业。他最担心的是,如果没有按照既有的普通法原则,将国王置于军政府和"虚拟议会"的审判之下,后果绝不仅仅是国王退位这么简单,恐怕还会导致更加恶劣的暴政。[15] 他反对的声音最为洪亮,但绝不孤独。

在这套"法案"的安排下,所有反对审判的贵族和平民都被从名单上剔除,陪审团的人数缩减为一百三十五人,而且他们将身兼法官和陪审团两项功能。格雷学院的一名大律师和名不见经传的约翰·布拉德肖(John Bradshaw)将担任审判的主持人。约翰不是什么司法界的知名人士或杰出的法学家,在威斯敏斯特厅也并不知名。[16] 但他凭借着三项资历担任了这个重要的角色:他在柴郡担任一个低级别的司法职位、曾公开将查理与暴君尼禄进行比较,以及长期住在伦敦。担任检察官的人叫约翰·库克(John Cook),和法庭的主席一样,也来自格雷学院。他不是第一人选,之所以担当这一角色,也是因为时间紧迫,许多律师均在首都之外,总检察长又恰好生病。

这也许是"驿站原则"最极端的体现,这条原则迫使大律师们严格按照顺序轮流受理任何出现在自己面前的案件,因此库克不得不接手案件并"准备针对国王提出指控"。库克是一个暴躁且坚守原则的人。他愿意接下这个任务,可能与早年他受聘于斯特拉福德爵士为其作证有关。他清楚地知道斯特拉福德爵士是因为国王的背叛而成了牺牲品,并为此心怀怨恨。他的任务无论如何都要比审判斯特拉福德爵士高尚。但不管怎么样,这是一项勇敢而大胆的任务。这个指控不仅将被指控者送上了断头台,也将葬送作出指控的人。

库克被任命为副检察长,他有十天的时间进行准备。他的首要任务和其他检察官一样:设计指控的罪名。库克在这份被称为"诛弑暴君简报"(Tgrannicide Brief)的意见中,指控国王犯下了战争罪,认为查理应当为那两场给国家带来重大灾难的战争以及战争期间他手下军队所犯的暴行负责。

1649 年 1 月 20 日,查理被秘密地从圣詹姆士宫带走,经由泰晤士河水路押送到罗伯特·科顿爵士的寓所,并从那里步行至威斯敏斯特厅。[17] 奥利弗·克伦威尔看到查理涉入这片荒蛮的水域,脸色"像墙一样雪白"。他周围的人记录如下:

> 我们的主人来了,他来了。现在我们要做这项伟大的工作,让我们的国家变得圆满。因此我希望你们在此共同决定我们的答案,当他来到这里,一定会向我们提问,他的第一个问题就是我们凭借什么权威和授权来审判他。

所有人都保持沉默,直到一个声音出现:"我们以议会下院的名义,以全体正直的英格兰人民的名义。"[18]

查理一世被送上了设立在威斯敏斯特厅南端的审判席。人们将王座法院和大法官法庭之间的隔断移除,给审判腾出了足够的空间。主持人布拉德肖的桌椅对面,放着一把用红丝绒覆盖的扶手椅,国王就坐在这里。为了方便公众,大厅里所有的小摊、商铺和障碍物都被清除。他们甚至新搭建了旁听席,以供有钱人坐在上面俯瞰整个庭审。

对于如此举世瞩目的庭审,安保工作必然是重中之重。他们既要防止有人试图解救国王,又要防止有人暗杀国王或者法庭人士。主持人布拉德肖勋爵是最显眼的目标,他不得不在自己的海狸皮帽子里加上铁质的内衬,用来防止脑袋被角落发射的子弹射穿。[19]为了更好地维护秩序,建筑物内的公共部分和审判区域用两列平行的障碍物隔开——这是两列木头隔断,从墙的一头搭建到另一头,下方几英尺的地方还设有牢固的栏杆。在大厅的中央部分,是另一条贯穿整个长厅的栏杆,两边占满了士兵。纳斯比战役中清教徒们缴获的旗帜围绕大厅悬挂,提醒着人们不要忘记这场审判因何而起。之所以安排到大厅的南端而非像其他叛国罪审判那样在大厅中央,是因为这样就可以方便将查理从大厅外一直延伸到河边的建筑内部直接带上审判席,而不用穿过大厅正门和熙熙攘攘的人群。这条走廊的两边站满了士兵。大厅南端的回声太弱,听众们很难听清楚法庭上发生了什么,于是法官们允许十二名速记员组成新闻记者席进行记录。查理这位英格兰的国王,习惯了别人的辩护和低垂的头颅,现在渺小而孤立无援地在审判席中央,接受着四面八方观众的审视。这些观众三教九流,充满敌意。

出于恐惧或是反感,一百三十五名陪审员中只有六十八人准备出席第一天的庭审。克伦威尔是其中之一,陪同他的还有一些军队将领,例如哈里森(Thomas Harrison)、普莱德等。然而,最受尊敬的议会指挥官托马斯·费尔法克斯(Thomas Fairfax)没有出席,当他的名字被叫到时,他的妻子大喊他因"有足够智慧"而拒绝出席。[20]随后,当布拉德肖宣布法庭代表"法律的双亲和作者"——英格兰人民——行使权力时,这位不屈不挠的女士再次高声呼喊:英格兰全体人民只有不到四分之一的人同意这场审判,奥利弗·克伦威尔才是叛徒。[21]

图 8 审判查理"不是在角落偷偷摸摸完成的事情"。在人头涌动的威斯敏斯特厅,国王独自面对布拉德肖和其他委员而坐。委员们的位置原本是王座法院和大法官法院的区域。国王左边是约翰·库克。

荷枪实弹的卫兵护送国王进入大厅。在"用坚定的目光环顾法庭和围观的人群后",查理坐在了自己的位子上,"他没有脱帽,也没有用任何其他方式向法庭致以最低限度的敬意。"[22] 布拉德肖反过来也以"查理·斯图亚特"直呼国王其名,并告诉查理自己将"根据法庭的公正程序"审理这起案件。在检察官库克按照要求宣读指控书的时候,查理挥舞着自己的手杖,压着库克的肩膀,要求库克滚到一边。看到没有效果,查理再次将库克拨开,起身发言。但库克没有理会他,继续向法庭陈述。恼怒的查理第三次将手杖打向库克,这一次用力过猛,竟然直接将手杖的银质杖头敲了下来。查理点头示意让库克给自己捡回杖头,但库克依然没有理会。随着库克继续进行发言,国王别无他法,只能自己起身将杖头拾了回来。这个不吉利的征兆震惊了在场的所有旁观者。自视神圣的国王,此时此刻竟不得不在他从前的法律面前弯腰,他从法律的创造者变成了法律的制裁对象。在见证现场的人看来,这不啻为法律最为辉煌的一刻。[23]

库克指控查理犯有"严重叛国和其他严重罪行",是"一名暴君、叛徒和杀人犯,是英国及其公众不共戴天的敌人。"这项指控的基础原则是:英格兰的国王并不是指某一个人,而是指一个职位。个人受托在这个职位上,其职责只能是维护自由。查理·斯图亚特"被委托了有限的统治权力,这项权力只能通过并按照这片土地上的法律行使。根据他的职责和誓言,他必须将托付给他的权力用于维护民众的利益、权利和自由。"但他却"通过卑劣的手段将自己放置于拥有无限权力的残暴统治地位,任意专断行事,破坏了属于民众的权利与自由"。为了实现自己的目的,他"背叛且恶意地挑起针对议会和在座民众的战争,并试图引入外国侵略"。他煽动了第二次战争,并在酝酿第三次。因此,查理应当为内战中所有的谋杀、掠夺和抢劫负责。在非常短的时间和极大的压力下,库克将残暴统治这种行为论证成为一国之首的罪行。[24]其中指控的许多行为都是真实的,但即便如此,当这些行为由一个君主作出时,是犯罪吗?即便那些相信这是一件"公正之事"的人,也不清楚"如何公正地处理好这件事"。查理的指控者面临危机,因为"他们放弃了有坚实理由的政治基础,而去追求理由并不充分的法律基础。"[25] 国王将会就此大做文章。

查理开始回应指控,用布拉德肖的话说,是"以选择他作为国王的英格兰人民的名义"。他没有辩护律师,但传言他接受了当时另一位法学大家马修·黑尔(Mathew Hale)爵士的指导。如果传言真实,对国王来说是一件好事。黑尔是一名清教徒,但以正直和公正著称。他曾在斯特拉福德爵士被褫夺公权时为其提供帮助,也为劳德在弹劾案里提供辩护意见。依靠黑尔组织的辩护意见,劳德的所有行为都没有构成叛国罪,即使这些行为加在一起也没有——用黑尔的话,"两百对黑色的兔子"也不能"构成一匹黑马"。[26] 黑尔显然是这场史无前例审判的最好辩护人,而查理也证明自己是一个好的学徒。正如克伦威尔预料的,查理对法庭的资格提出了质疑。针对布拉德肖的宪制说法,他指出英格兰"从来不是一个选举的王国;它在自己一千年的历史中一直是一个世袭制的王国"。就这一点,查理当然是正确的。他继续指出,国王是法律的源头,因而不能被控告。这在某种程度上也是正确的。当布拉德肖提醒查理他正坐在正义的法庭面前接受审判时,查理反驳:"我只是坐在权力的面前",这个权力来源于刀剑,而不是正义。查理一再质问他们,是依靠何种合法的权威审判自己,如果他们能提供一个满意的答案,他就会回应这些指控。而问题就在这里,审判者无法正面回应这个被布拉德肖称为"对法庭权威之顾虑"的质疑。[27]

毫不意外,查理全面否认法庭有审判他的权威,而且在接下来的三天审判中多次拒绝答辩。他机智地回应称,自己是以普通法拥护者的身份作出了在位时期的举动,而且受到了诽谤中伤。他不是为了自己,而是为了"英格兰人民的自由和解放"行事。他比这些指控者和审判者们更坚定地维护着民众的自由,"因为如果权力可以在法律之外创设法律,可以扭曲这个王国最基本的法律原则",那么所有人的生命和财产都将被置于危险之中。[28] 与这个显然非法的审判相比,他在自己统治的时代对法律肆意傲慢的扭曲仿佛也黯然失色。

他坚定的雄辩,或者说"顽固的抵抗",给法院造成了两难。对国王的指控是叛国罪。如库克所言,在普通法中,叛国罪与其他指控不同,当被告拒绝对叛国罪的指控进行答辩时,他将会被视为"承认罪行"(pro confesso)。[29] 对此法庭应当直接进行裁决。如果接受这个假设,法庭就可以避免将国王置于酷刑审问的可怕境地。但如果将国王视为已经认罪,就没有机会出示证据证明国王的好战、口是心非和不顾臣民死活,也没有可用来攻击国王的指控演说,势必不会获得态度暧昧的公众的支持。这将会是一场公共关系的灾难。

法院驳回了库克关于"快速判决"的要求。这里没有普通的叛国者,也不是一场普通的审判。这次审判的结果尽管早就可以预料,但仍将继续,而且将持续四天。后四天的审判不在威斯敏斯特大厅,而被安排到了另一个较为僻静的房间——绘厅。审判者坚定地认为,查理犯罪的证据一定要展示在世人面前,对他定罪不能只考虑其顽固的狡辩。在私下听取了三十多名证人的证词后,审判者进一步相信了他们"指控中的事实真相",但审判者中没有任何军官出席。[30] 除此之外,另一个迫切的问题是量刑。国王应当被处死吗?死刑是叛国罪的唯一刑罚,但处死一名国王不仅没有先例,而且充满风险。在这种情况下,本该找出一条能够减轻处罚的道路,但实际上却根本没有。

查理封印了自己的命运。这也许是他主动的选择。在内战的第一个冬天,他就写下一段文字,认为自己命中注定要么"是一名伟大的国王,要么是一个殉道的烈士"。³¹ 无论如何,在这个性命攸关的时刻,甚至在整个审判中,人们只听到他对当初背叛并允许处死斯特拉福德公爵表示忏悔的喃喃自语。而对于他在自己国土上挑起战争和在战争中失去性命的千千万万普通人,他既没有表示悔悟,也没有表示哀悼。他的绝不妥协和麻木不仁也许成为法官最终判决的诱因。但更有可能的是,他的命运早就已经注定。克伦威尔已决意要将他的脑袋和头上的王冠一同砍下。库克曾经直白地说,"国王和他的君主政体必须死"。³² 而审判者们,在军官身份的成员归队后,也都认同了这个意见。

当审判再次召开时,国王一点都没有表现得更加顺从。在给这位"全民公敌"宣判死刑之前,布拉德肖宣读了冗长的判决书,为判决结果提供理由。五十九名审判者——他们被称为"诛君者"——签署了死刑判决,但他们内心对此的态度显然不一。第一个签名的是布拉德肖,他的签名又小又模糊,也许正反映了他的担忧和恐惧。而第三个签名的是奥利弗·克伦威尔,他的签名又大又粗,一点都不犹豫。也许克伦威尔已经深思熟虑,认为死刑不仅是"残忍的必要",而且这种必要能够掩盖残忍的罪恶。³³

最终,这位英格兰历史上唯一被司法裁决判处死刑的国王,于1649年1月30日在白厅国宴厅门前站上了断头台。挑选这里作为行刑地点的首要考虑因素仍然是安保:当时的白厅非常狭小,能够阻挡任何尝试营救国王的皇家骑兵队。而另一方面,公开处刑非常有必要:这并不是什么需要暗中偷偷摸摸完成的卑鄙之举,而是在那些受尽他所带来的苦难折磨的人民面前公开进行处决。查理穿过白厅,站上断头台。白厅的房间里悬挂着荷兰画家鲁本斯的画作,画里描绘的是查理登基接掌神圣权力的情景。在斧头落下前,他想起了自己对斯特拉福德公爵的背叛。人们听到他说:"我痛苦地作出了一个不公正的判决,现在自己也要遭受另一个不公正的判决。"³⁴ 几秒钟后,查理一世的脑袋就从身体上掉落。刽子手呆立在原地。围观的人们用手帕去沾国王的鲜血,相信它对疾病有神奇的治愈效果。³⁵ "他的举止毫不卑下/在这载入史册的场面面前",这是安德鲁·马维尔(Andrew Marvell)不朽的名句。和这一刻相比,没有其他任何时候更能成就查理的生命。

英格兰法律的一千年历史中,法律从一些简单的止息争议、约束暴力复仇和维持和平的条文,变成了一套可以将国王都置于其下的制度。至少有很多人都这么断言。布拉德肖立场坚定,毫不动摇,即使正当性不在自己一边,也坚决果断地行动,仿佛是他的行动才确立了国王需要对法律负责的基本原则。库克也没有悔意,在他后来写成的《查理国王案件》(*King Charls, His Case*)中,他记录了在查理拒绝辩护时准备发表的演说,认为法院"在英格兰的巨大威胁身上,树立了其最广泛、最公正、最光荣的正义标杆","将这名先王处死是对正义女神最肥美的献祭之一"。³⁶ 还有很多人则认为这场哑谜般的审判是对正义的歪曲。

不管人们把审判的程序看得多么正义,或是看得不太正义,将国王放在审判席本身就是一个非凡和大胆的成就。它给所有独裁者展示了未来可能面临的命运,让他们背脊发凉。现代人权律师和库克的传记作者杰佛里·罗伯逊(Geoffrey Robertson)甚至认为,这场审判首次以对人民犯下罪行为由,对一国之君进行政治审判,是一个具有国际意义的标志性事件,是国际刑事法律的鼻祖。³⁷ 作为一个不完美的策略,一个满足一时之需的举动,它带来的影响远远不止用一把斧头砍掉一位国王的脑袋这么简单。

毫无疑问,当政治环境再次变化时,库克将会成为一名关键人物。这一天很快就到来了。1660 年,君主制度复辟,复辟者显然对诛君者们不会有任何仁慈。当时，克伦威尔、布拉德肖和签署死刑命令的其他十三名成员均已作古，剩下的库克虽然没有在死刑令上签字，但仍然成为复仇的主要对象。他和其他诛君者一道被送上审判席，毫无意外地被判处有罪，并最终接受了一名叛徒应得的惩罚——由马车拉到行刑地点，吊至濒死，随后阉割、剜刑、斩首，最后分尸。[38] 他牺牲了自己所有的一切，为了他的罪行和事业——当然在他自己看来，还为了宪法。

在一部分人看来，英格兰把一位暴君换成了另一位甚至更恶劣的暴君。克伦威尔的统治以军事高压而著称。它毁坏了整个议会，让一名国王接受了一场合法性徒有其表的审判；它继续打压异见者，例如那些被称为"咆哮者"的宗教团体，以及被称为"平等派"的政治团体。那么，那些被扭曲用来约束暴君的法律，能够成为异见者们在共和国中最后的防御堡垒吗？有一个人将用生命和自由给出这个问题的答案。尽管这个人曾经反对过国王，也曾经谴责对查理一世的审判是一场非法的闹剧，并在1649年也同样会接受叛国罪的审判。但与国王不同，他这一次将会有陪审团的参与，而且最终被无罪释放。

第 16 章
生而自由的约翰

英格兰的法律,还有它其中的权利,是我继承而得的遗产,生来就有。

——约翰·李尔本上校,1649 年

149 　　从古至今,约翰·李尔本是名气最大的、也是最坚忍不拔的人身保护令当事人。在君主制和共和制政府时期,他都是著名的刺头,也因此充分全面地享受过两个政府的监狱。他是激进派别"平等派"的主要成员。这个派别以靠激昂的理想主义煽动大众而著称。他同时还是一名长期坚持发声的时事评论者,一位自学成才的律师。他永不停歇,无法阻挡。他的一位朋友这样评价他:"如果我们把整个世界清洗到只剩李尔本,李尔本仍然会和约翰吵架,约翰也会继续和李尔本吵架。"[1]

　　1637年,在目睹查理一世的政权是如何残暴对待威廉·普兰及其他人后,他不仅没有退却,反而坚定了反抗查理一世统治的决心。紧接着,在第二年,李尔本就因为向英格兰境内走私他们写的禁书而被捕。在星室法庭,他拒绝回答审问者的问题,坚持申请人身保护令,并声称作为一名英格兰自由民,他有不自证其罪的权利。法院最终认定他藐视法庭,判处公开鞭刑后监禁。[2] 这次判刑将李尔本送上了他喜欢的舞台中央。他成了名人。人们为这个年轻人欢呼,给他起了永不磨灭的绰号——"生而自由的约翰"。对于想吓唬住他的统治者而言,这显然适得其反。两年后,议会一位名叫奥利弗·克伦威尔的议员命令将他释放。然而,刚出虎穴又入狼窝,内战紧接着爆发。李尔本应征入伍,成为议会军的一名军官,并在埃奇希尔战役中被俘,再次成为旧敌的阶下囚。他被送到保皇派在牛津的总部受审,被指控犯有叛国罪,并被判处死刑。幸运的是,这一次议会再次直接干预,威胁称如果李尔本被处死,他们也将同样对待被俘虏的保皇派囚犯。李尔本的死刑得以延后,最后作为交换战俘回到了议会。

150 　　他此时仍然是议会事业的标志性人物。那场战争结束后,1646年,两位名不见经传的大律师约翰·库克和约翰·布拉德肖受贵族院指派,论证李尔本当年在星室法庭受到的审判是非法的。议会同意,所有人都不能被强迫成为自己的指控者。李尔本受到的处罚被宣布为"非法的、极端不公正的、违背民众自由、英格兰法律和《大宪章》"而撤销。随后他还得到了两千英镑的赔偿。³

在没有人或事可以反对的环境里,李尔本很快就会迷失自我。但幸好这种情况并不会持续太久。在内战后数年的纷纷扰扰中,总有那么多的事情能够让一个激进主义掺和一脚。无论是谁掌权,都会成为李尔本攻击的目标。他对朋友的态度有可能会像对待敌人一样恶劣。借助印刷媒体的帮助,他找到了宣传观点的有力武器。他用振奋人心和诙谐幽默的宣传小册子批评权威。在很多人看来,他的论调具有很强的煽动性。无论是在君主制还是共和制下,他总能成功激怒每一个政权,与贵族院、下院、护国公克伦威尔一个接一个地作对。虽然每一个政权都曾经将李尔本投入监狱,但仍然没办法让他闭嘴。他透过牢房的铁窗呐喊,想尽办法把文章带出监狱。他从不知何为沉默,也无人能让他保持沉默。他认为现在已经到了全体英格兰人民高声呐喊去主张他们权利的时候,并始终坚持礼拜自由、男性投票权等权利并非来自政府、君主或共和者们的恩赐,而是《大宪章》中确立的天生权利。共和政府可能和君主制度一样专横暴虐,两者都可能滥用法律,而《大宪章》则是对抗他们的堡垒。

李尔本一而再再而三地援引普通法中的人身保护令。此时,人身保护令已经由议会立法成为成文法。但过去令状是基于国王特权而产生效力的,如今国王都没有了,该怎么办?1648年5月8日,李尔本又站在了王座法院,面对他的是大法官培根和首席大法官罗尔(Henry Rolle)。此前,根据贵族院的命令,他因为"重罪和轻罪"被判处罚款和监禁。这枚"粪堆里的珍珠"再次援引人身保护令,为自己争取到了自我辩护的权利。他戴起眼镜,"像一个律师处理案件一样",在王座法院提出自己的主张,为自己辩护。然而,他的辩护意见没有被采纳,因为贵族院是一个比王座法院等级更高的法院。于是法官们又把他发送回钟楼囚禁。⁴ 后来,在平等派成员共同强力请愿和约翰·梅纳德(John Maynard)爵士的议会演讲呼吁后,他最终获释,刑罚也被免除。梅纳德爵士曾经与李尔本一同坐牢,他在演讲中向议员们提醒:"请记得,这个不可征服的勇敢灵魂为你们做了多少事情,遭受了多少苦难!"⁵

1649年3月,李尔本再次因为散布攻击政府的宣传册而被捕。在他坐牢期间,议会通过了一项新的法律,将颠覆政府和在军队内煽动叛乱的行为定性为叛国罪。由于发生在牛津郡的一场兵变被认为是受李尔本言论的煽动而起,所以他被指控犯下了叛国罪。1649年10月24日,李尔本在市政厅接受审判。⁶ 这场审判也许是历史上最重要的审判之一。李尔本再次做起了自己的律师,为自己辩护。虽然律师们常说"自己给自己辩护的都是傻子",但李尔本并不傻。他是曾经踏足英格兰法院的所有人中最杰出的业余辩护人。长达三天的辩论中,这位充满激情的自学者为审判的正当程序和公正审判原则所做出的贡献,要远远超过几个世纪里所有学富五车的律师们。此前,叛国罪审判通常在一天内就可以完成,而且审判本质上是纠问式的审判,且往往掺杂着公众对嫌疑人的无端指责和污蔑。这样的审判并非要确定有罪或清白,所有的嫌疑人都已经被假定有罪。它只是一种宣传的武器,是为了给公众深深地烙下烙印,让他们牢记这些行为是多么卑劣,以及国家是多么伟大、光荣、正确,同时一并消灭这些作为邪恶化身的叛国者。但李尔本不会沉默,更不会默许用以往的审判方式审判自己。对他而言,法庭不是牢笼,而是舞台,他自己就是舞台中央最耀眼和最杰出的大师。

法官一直以为李尔本会在庭审中质疑法庭的权威。但也许是已经预料到了这种期待,李尔本并没有按正常的思路出牌。相反,他穷尽了每一处可以利用的合法程序。"我出其不意,在他们的另一只耳朵下面扇了一巴掌,我相信他们永远都不能从这巴掌的敏捷和痛苦中彻底恢复。"他拒绝在没有看到起诉书和没有法律建议的情况下辩护,但他的这两项要求都没有获得允许。他还拒绝回答那些承认自己有罪的问题。他不断呼喊要求公开审判,直到法官温和地告诉他,法庭的大门一直敞开。他批评布拉德肖伪善,因为布拉德肖试图在星室法庭的审判后继续在国务委员会(Council of State)对他进行质询,但布拉德肖在1646年担任李尔本的律师时曾明确亲自谴责过这种行为。当庭审过程中检察官和一位法官低声交谈时,他立即与法庭就此争论。尽管他并不需要其他律师,但仍然谴责法庭不允许被告在事实问题上获得律师协助的规定。李尔本为自己的辩护巩固了许多刑事辩护原则,这些原则一部分发端于不久前对国王的审判(当然法庭对国王的审判程序在某些方面还是留有善意和纵容),而另一部分则来自议会一直以来为之斗争和追求的共和价值——法律面前的公平和公正。李尔本多次引用柯克的《英格兰法学阶梯》和库克的《查理国王案件》,以此证明政府对法官的干预本身就是犯罪和暴政。经过五个小时的激烈审判,筋疲力尽的李尔本要求暂停法庭程序。他吼叫道:"我将向公正的上帝申诉,向他指控你们!"上帝听到了他的怒吼,法庭准备的断头台轰然倒塌。但即便如此,他的休庭请求仍然被拒绝。当然,法庭仁慈地给了他一个尿壶,让他可以稍微缓解长时间庭审的痛苦——这个尿壶后来还被他递给其他陪审员使用。

最终,他号召陪审团突破身份的限制,夺取立法者和法官的角色,不光判断案件事实,而且决定法律应当是什么样子。[7] 在陪审团面前,他抓住这个富贵的机会,告诉法官"根据法律,陪审团不光是事实的判定者,而且是法律的裁决者;你虽然把自己称之为法官,但其实仅仅是来自诺曼的侵略者;事实上,只要陪审团愿意,凭借简单的思考,他

图9 他不是傻瓜：1649年约翰·李尔本在审判席上为自己的死刑辩护，个性展露无遗

们就能够得出自己的裁决"。⁸ 陪审团只用了一个小时,就在大量证据面前宣布李尔本的无罪。判决作出后,旋即引起了欢呼,"据信在市政厅从未听到过这样的欢呼,它不间断地持续了半个小时,让法官们因恐惧而脸色苍白、头颅低垂"。自由的篝火再次燃遍了英格兰。

李尔本的艰辛历程还没有结束。1651年,他因为诽谤议员亚瑟·哈兹尔里格(Arthur Haselrig)爵士而被判藐视议会。议会通过了一项法令,对他处以罚款和流放,希望他在痛苦和漂泊中死去。但当议会休会期间,他又返回了英格兰。因此他很快就因非法回国被逮捕,并于1653年7月13日在老贝利法庭受审。⁹ 审判过程,民众激动的情绪一再爆发,所以法庭不得不休庭,将下次审判延期到了8月13日。检控方希望能够确保处死李尔本。这项任务看上去也非常简单,检控方只需要证明李尔本在流放期间私自回国即可。

但他们显然低估了李尔本诡辩和说服陪审团的能力。他成功地让陪审团们不光对自己是否在流放期间回国这一事实问题作出判定,而且还要对这条法律的正当性和道德性作出评判。他让陪审团相信自己有权根据英国的基本法律原则来评判一项法律,如果陪审团认为这项法律无效或者处罚非法时,就应当宣布嫌疑人无罪。李尔本说,这场审判是"一个虚假的谎言,一个毫无理性和法律基础的行为"。¹⁰ 陪审团同意了他的意见,他们的裁决是对不知节制的立法者们的严厉谴责:"约翰·李尔本的行为不构成任何可被判死刑的犯罪。"

国务委员会在盛怒之下把自己变成了一个星室法庭。它将陪审员们一个个叫到面前质问,要求他们给出解释。也许是李尔本已经指导过他们如何应对,他们的回复出奇地一致:"我在透明无瑕的良心指引下,作出了以上裁决,我拒绝再回答任何与此有关的问题。"这些陪审员们在李尔本超凡魅力和坚定斗争的鼓舞下,英勇地化身成一支敢于和国家当面对抗的力量,保护民众的自由和权利。

然而,李尔本依然被囚禁着。8月27日,李尔本被转移押送到了钟楼。押送他的中尉收到明确通知,让他不要理会李尔本提出的任何有关人身保护令的请求。果然,很快李尔本就提起了诉讼,要求获得保护令,但此时克伦威尔直接介入审判,强迫法院中止了案件审理。权力再一次凌驾于法律之上。对李尔本而言,新的制度比旧的更加恶劣,更加残忍无情,而且能够更加有效地让他闭嘴。

1654年1月,一位名叫斯特里特的狱友为李尔本再次点燃了希望。斯特里特因发表煽动性的文章而被国务委员会投入监狱。但他提出,当议会解散后,其所通过的命令也应当随即停止执行,并在此基础上成功获得了一份人身保护令。2月11日,斯特里特重获自由,李尔本决定如法炮制。可是克伦威尔再次干预,准备将李尔本转移到一个即便理论上可以获得人身保护令,但实际上也几乎无法操作的地方。

1654年3月16日,国务委员会命令将李尔本从钟楼这座法律孤岛搬去一座真正的孤岛——泽西岛。理论上人身保护令当然可以飞跃海峡,但实际上却不是这么简单。对于锡利群岛这种地方,人身保护令当然没有问题,因为它本身就是康沃尔郡的一部分,也在英格兰统治范围之内。但泽西岛可不一样,它只是国王从诺曼先祖那里继承的统治领地。遥远的地理距离加上严格的军事管制,让这里变成了一片法外之地,法律对这里所发生的一切都看不到、想不到也听不到。

岛屿上的官员收到命令,即使万一某份人身保护令真的漂洋过海被送到他们手中,他们也必须直接无视,而且要把李尔本牢牢看住,严密关押在奥格尔山(Mont Orgueil)。这里也被称为戈里城堡(Gorey Castle),它位于岛屿东端,俯瞰着戈里港。它在1204年诺曼入侵后不久建造,到十七世纪被改造为监狱。对于李尔本这种把公众曝光当成氧气的人而言,这里无疑是囚禁他的最好地方。

李尔本被囚禁在一个通风良好但寒冷的房间,这里设施齐全,但他完全无法和当地讲诺曼法语的土著们交流,也无法将自己的文章传到城堡之外,更别说送出这座岛屿。即便是在放风时,跟着他的看守也被禁止同他讲话。而李尔本也拒绝在"脚后跟拖着一条狗"的状态下放风。[11] 他经常违反规定,每次都会被关进禁闭室中,但他从未屈服。一年后,这种非人的生活终于摧毁了他的健康。他于1655年被释放,并在两年后病死于埃尔特姆,时年仅四十二岁。他的墓志铭这样诙谐地写道:

> 约翰离开了吗?李尔本走了吗?
> 让我们和他俩告别,和约翰和李尔本告别。
> 尽管他们已经死了,但请听我一句忠告:
> 不要把他俩埋在同一个墓穴。
> 把约翰埋在这里,把李尔本葬在别处。
> 因为他俩一旦见面,一定就会开始争执。[12]

不管最终他是否真的沉默,李尔本用其暴风骤雨般的一生,成功地将人身保护令这个平凡的法律工具打造成为保护人民自由的武器。知道自己为何被监禁,质疑和挑战被监禁的理由,此后成为所有人"与生俱来的权利"。虽然他提出的由陪审团既判定事实又进行立法的激进主张未能在英格兰落地生根,但这样的理念却在当代留下了回声:美国的"陪审团否弃权"和英国的"相反裁定"原则都是例证。根据这些原则,陪审团可以拒绝将他们认为的良心犯和那些因不道德法律而遭受审判的嫌疑人定罪。

1658年,护国公克伦威尔去世。两年后,他一手打造的共和国土崩瓦解。复辟的王朝尽管对奥利弗·克伦威尔厌恶有加,却十分欣赏他让异见人士闭嘴的能力。查理二世的首席大臣、克拉伦登公爵爱德华·海德非常乐于向旧敌致敬,用这套共和国的铁拳把囚犯们送到泽西岛或者苏格兰,远离人身保护令所及的范围。克拉伦登最终遭到了弹劾,其中一条指控就是,他将人送至"偏远的岛屿、要塞和其他角落,阻止他们享受法律给予的权利"。[13]

第 17 章

从王朝复辟到光荣革命

如果无罪不算一个裁决，那你就是让陪审团制度和《大宪章》都变成了软骨头的东西。

——威廉·潘恩《国家审判》(第二卷)

《人身保护令法案》既没有宣告什么准则，也没有定义什么权利，但它实际却顶得上一百条保护个人权利的宪法条款……这些法案的重要性不仅超过了其他国家经常挂在嘴边的泛泛而谈的人权宣言，甚至超过了诸如《权利请愿书》或《权利法案》等重要的法律性文件。

——A. V. 戴雪，《宪法学导论》

157　　在王朝复辟期间,李尔本留下的一项宝贵遗产获得了巩固和发展。1670 年的"布谢尔案"(*Bushell's Case*)中,陪审团独立原则再一次成为摆在台面上的重要问题。[1] 实际上,陪审团独立审判从来不是一项神圣不可侵犯的原则。在过去的一个半世纪里,星室法庭曾经多次处罚不服从命令的陪审员;即使星室法庭在 1641 年解散后,普通法法官们依然会惩罚陪审团,这在十七世纪六十年代尤为常见。但问题在于,法官有权这样做吗?曾经在 1665 年至 1671 年担任王座法院首席大法官的约翰·凯林格(John Kelyng)认为,答案毫无疑问是肯定的。他是"一名坚定的公权力的拥护者,对所谓的英格兰自由传统与刑事司法程序的冲突毫无耐心。"[2] 有一次他在引用克伦威尔的话时,甚至将《大宪章》说成了《大馅章》(Magna Farta),从而遭到了议会的谴责。对此他起先还想抵赖,但后来不得不勉强承认"也许说过"。他特别热衷于强迫陪审团作出有罪裁定,不光是在宗教异见的案件中,甚至在谋杀案中也是如此——当然,他也曾经仁慈地在一些杀人案件中保护学徒,让他们免受师傅的虐待而死。通常,他会对不服从命令的陪审员处以罚款或者监禁。

　　这个问题在当时的"骑士议会"(Cavalier Parliament)决定对宗教异见人士进行精确打击后变得异常紧急。在众多歧视措施中,一项被称为《克拉伦登法案》(Clarendon Code)的法律最引人关注。这项法案于 1664 年通过,是两部《秘密集会法》(Conventicle Acts)之一。这两部

158　　法律被马维尔评价为"专横与恶意的典范"[3]:它们禁止任何五人或以上的宗教集会,除非该集会和国教祈祷书中规定的圣公会礼拜一致。[4] 天主教、长老会、贵格会等都是它针对的目标。1670 年 8 月 14 日是礼拜天,两名贵格会的领袖威廉·潘恩和威廉·米德(William Mead)因在伦敦市区的天恩寺街主持了一场三四百人的集体布道而遭到逮捕,随后被安排在老贝利法院接受陪审团和法官的审判。审判时,他

们首先要求查阅指控书,法庭满足了这一要求。根据指控书,这些贵格会成员涉嫌犯有轻罪,罪名是"非法且喧闹地集会,聚集起来扰乱和平秩序,造成恐慌并干扰"国王的众多臣民。这些指控显然站不住脚。首先,凭借常识就很难想象,一贯以和平著称的贵格教徒会给国王陛下脆弱的子民们造成哪怕一丁点影响;其次,逮捕他们的警官也拿不出任何相关的证据。在阅读指控后,他们两人都辩称自己"在形式和实质上都不构成犯罪"。

轮到他们发言时,做过律师且同时是林肯学院学徒的潘恩首先质疑,要求法院说明审判他们的具体法律依据是什么。当时,第一部非法集会法案已经在1668年失效且尚未更新,因此1670年8月在天恩寺街的行为不可能触犯这部法律。在给潘恩的回复中,法官笼统地说:"指控依据的是普通法。"潘恩接着问:"具体是什么普通法呢?"手足无措的法官只能搪塞:"别指望我在这么短的时间里翻遍这么多年如此多本被我们称为普通法的案例,就仅仅为了满足你的好奇心。"在满心困惑中,潘恩继续问,自己的答辩是不是"针对了一个没有法律基础的指控"?无法正面回应的法官反驳:"你真是轻佻无礼的家伙!回应你的指控!"潘恩深知对自己的指控站不住脚,因此坚称审判程序任意专断,"首要问题并非我是否犯下了指控的罪名,而在于这个指控本身是否合法"。市长和法官无言以对,只能命令将这位顽固的嫌犯暂时带到几码之外的临时关押席,转而审理另一位嫌犯米德。米德也学习过法律,他也提出了一样的问题,并且援引了柯克的《英格兰法学阶梯》,主张在普通法下,非法集会是指三名或以上的人聚集进行非法活动。[5]而在本案中,没有任何有关"非法活动"的证据。随后他也被带出了法庭。

在两名嫌犯都不在场的情况下,法官总结如下:本案系"向公众布道,随后引起骚乱"。证人证明了布道行为,这就够了。潘恩在临时关押席大喊:"我要向陪审团申诉!他们才是我的法官!请他们判断,这场审判是不是任意武断的,是不是完全没有法律基础的!"

陪审团们退回到二楼交换意见。一个半小时后,八名陪审员回来了,但包括爱德华·布谢尔在内的其余四名陪审员却依然留在房间内。因为裁决必须要获得陪审团的一致同意才能成立,于是法官命令把抗命的陪审员们带到楼下。法官生气地责骂他们,尤其对布谢尔不客气,认为他是"这场骚动的原因"和"内讧的教唆者",并威胁在他的名字上做记号。然后,法官命令十二名陪审员回去重新讨论。又过了很长一段时间,他们回到法庭,告诉法庭他们达成了一致裁决。于是法官问他们,潘恩是否有罪?布谢尔回答,"他在天恩寺街发表讲话是有罪的",但坚持拒绝认定那是一场非法集会。法官可无法接受这样的裁决。他再次命令陪审员继续讨论,"给这个讨厌的工作做个了结"。这次,陪审团们半个小时后就回来了,他们认为潘恩因在集会上布道而有罪,同时米德没有犯下任何罪行。

法官对这群不听话的陪审员怒不可遏,打断他们说:"在我们获得一个法院满意的裁决之前,你们绝不能解散。"第四次,法官把这群陪审员关了一整晚,"没有吃的喝的,没有火炉,没有烟草",让他们重新考虑,并告诉他们"在上帝的帮助下,我们一定要有一个裁决,否则你们就挨饿吧。"挨饿可能算好的了,因为他们可能整晚连一把夜壶都没有。潘恩再次向他们喊话:"看看这些陪审员!你们是英格兰人,记住你们的权利,不要丢掉你们的权利!"布谢尔答复:"我们永远不会这么做!"

第二天,他们还是把裁决原封不动地递给法院,然后又一次被送回去"重新考虑"。但这毫无作用。陪审员们认定潘恩因在天恩寺街演讲而有罪,除此之外没有别的罪行。布谢尔遵从自己良心的指引作出了裁决,但法院却谴责他是一名教唆其他陪审员的"捣乱分子"。毫不意外，法院一并驳回了米德的无罪裁定，第五次送陪审团回去"考虑"。这次他们又给出了同样的裁决。法官忍无可忍，甚至开始直接威胁布谢尔，但陪审团依然不为所动。潘恩援引《大宪章》，为他们大声呼喊："陪审团不应当被如此威胁！""这难道是根据基本法律在行事吗？根据宪章他们难道不是我的合法的法官吗？当陪审员受到威胁，他们的裁决一再被肆意否定时，我们还能对正义有什么期望呢？"无动于衷的法官像他的前任学习，用了同样的词藻——"大馅章"——再度驳回了陪审团的意见，第六次把陪审团们送回去，命令他们交出一份令人满意的裁决。当然，陪审团又一次拒绝修改他们做出的裁决。

160

陪审团又度过了一个没吃没喝的晚上，他们要么改变裁决，要么饿着肚子。这次他们终于下定决心，给法院献上一个真正的裁决——他们一致决定，两名被告全部无罪。在盛怒的法官看来，这份裁决无疑"完全不顾充分的证据，明目张胆地违背法院就法律问题提供的指导意见……他们蔑视国王和他的法律，严重阻碍了正义的实现，是其他所有陪审员的反面典型。"陪审员们的坚持换来了每人四十马克的罚款，以及支付罚款前在臭名昭著的纽盖特监狱（Newgate Prison）的禁闭——这个监狱就在老贝利法庭隔壁。在这座监狱，布谢尔和其他三位拒绝支付罚款的陪审员申请了人身保护令，声称罚款本身缺乏法律依据，因此他们遭受的监禁也是非法的。当时看来，他们可都是凶多吉少。就在五年前的"瓦格斯塔夫案"（*Wagstaffe's Case*）[6]中，王座法院在一起针对贵格会的诉讼中，刚刚判决了对陪审团处以罚款，而此时这个案件依然有效，没有被推翻。此外，虽然1668年议会已经开始初步尝试，打算制定禁止对陪审团处以罚款或监禁的法律，但这项提案当时甚至还没有通过初步的委员会审议。

令人意外的是，老贝利法院这群陪审员们的申诉被带到了高等民事法院的首席大法官约翰·沃恩(John Vaughan)爵士面前。[7]沃恩爵士在这个载入史册的案件中,推翻了"瓦格斯塔夫案"的判决,认定陪审员拥有自己作出裁决的权利。这项权利是绝对的,它不受法官个人观点的干涉。他首先假定,陪审团保留有依照自己个人知识经验作出裁决的权利,而个人知识经验从字面看就已经超越了法官的知识范围。一名背叛自己个人知识经验的陪审员,同样也将自己的灵魂置于危险境地。由于每名陪审员都有自己独特的知识经验,他们不应当因为自己所做的裁决而受到任何惩罚。

"布谢尔案"决定性地确立了英格兰法学阶梯的一个核心原则:任何陪审员都不能因为他们可能做出的裁决而受到任何罚款或监禁。人们制作了一块小牌匾,上面刻着这起著名的案件,将它挂在了中央刑事法庭——这是老贝利法庭如今的名字——一面墙上。它的影响持续至今,陪审团们再也不会被处罚,无论他们作出的裁决多么违反常情。

*

161　　时间到了1679年5月,议会对行政机关干涉法律的担忧与日俱增,于是他们提出了《人身保护令法案》,用其"阻止海外非法监禁"。这项法案赋予所有公民一项绝对的权利:当他们面对监禁时,可以要求一个更高级别的法院审查对自己的监禁是否合法有效。同时,法案还改进了配套制度:人身保护令可以在大法官法院、国库、王座法院、高等民事法院任何一处申请;任何拒绝人身保护令申请的法官都将面临巨额罚款;一旦保护令被签发,被监禁者必须在二十天内被带到法庭;而嫌犯如果通过人身保护令获得释放,不得因同样的理由而再次受到拘捕;此外,禁止出于躲避法律规定的目的把嫌犯关押在海外的孤岛之上——关到苏格兰就更别想了。人们称赞这项法案为"对当前世界中随处可见的行政力量无法无天的现象最有效救济"。[8]这部法案在议会勉强通过，终于成为法律。

关于这部法案一直流传着一个可爱但却不可信的传说。传言这部法案在议会下院通过后，一直无法在上院获得通过，最终不得不依靠着一些花招和手段才得以过关。据说当时赞成者和反对者各自指派了一名计票员计票，诺里斯（Norris）勋爵计反对票，格雷（Grey）勋爵计赞成票。但因为诺里斯勋爵的身体饱受"郁气困扰"，无法一直集中注意力。就在他走神的时候，一名大腹便便的议员正好投票。格雷勋爵看到这名体型远超一般人的投票者，毫不留情地给他计了远超一般人的票数——十票。感谢这位超重的议员，最终法案仅仅以两票的微弱优势获得通过。[9] 这项工作完成的时机恰到好处，因为詹姆斯二世（James II）马上就要登上王座了。

1685年，詹姆斯二世登基，国王拥有的制定和废除法律的绝对权力马上又成了人们必须面对的鲜活问题。但此时，司法体系内的专业人士态度却很消极。詹姆斯二世援引1673年及1678年通过的两部《宗教考察法》（Test Acts），宣布禁止天主教徒担任任何公职。为了维护统治，他侵蚀司法的独立性，破坏法治，罢免了与自己意见相左的法官，换上了忠实的追随者。他精心挑选了年轻且顺从的爱德华·赫伯特（Edward Herbert）作为首席大法官，替换已经声名狼藉的乔治·杰弗里斯（George Jeffreys），同时将杰弗里斯提拔为御前大臣。国王的选择非常不错。在获得高级律师称号的当天，赫伯特分发赠送的纪念戒指上铭刻着著名的格言："詹姆斯征服之地，即是法律凯旋之处"。随后，国王试图策划一个案件，通过这起案件的判决来确立他的特赦权，这就是"戈登诉黑尔斯案"（*Godden v. Hales*）。在这个案件中，爱德华·黑尔斯爵士是一名天主教徒，他在没有满足《宗教考察法》规定的情况下就接受了军事任务。戈登是他的车夫，在王座法院提起了针对自己主人的诉讼。黑尔斯随即申请皇家特赦。在1686年6月,赫伯特这位新任的首席大法官,连同其他十一名法官中的十位,援引了神圣类比方式,判决"没有人可以豁免法律,除了那位至高的法律制定者;就像上帝的律法可以被上帝自己豁免一样;就像上帝命令亚伯拉罕奉献出自己的儿子以撒一样"。他们宣布,英格兰的国王是拥有绝对主权的天选之子,英格兰的律法就是国王的律法,"英格兰的国王在具体案件中根据其所需要的理由对刑事法律进行豁免,是他不可分割的特权",而对这些理由只有"国王自己才是唯一的法官和裁判"。一个被操控的法院,加上一个事先布置好的案件,足以确保这个国王期待的结果。批评者们怒不可遏,把这个案件比为犹大对耶稣的背叛。[10]

詹姆斯二世的专制倾向让人们的担忧不断加深,尤其是他常年维持着一支差不多两万人的军队,驻扎在对他不满的市民和社区之间,并接受着像黑尔斯这种天主教徒和豁免权受益者的指挥。在和平时期,这种做法相当令人厌恶。人们普遍认为,这支军队的最终目标就是征服《大宪章》。[11] 天主教徒甚至进入枢密院,或被强行任命为牛津剑桥的学院首脑。詹姆斯无视法律的规定,把以前的最高法院改头换面,建立了一个教会委员会(Ecclesiastical Commission),用来监视和控制英国国教。最后也是最令人惊诧的是,他不仅希望把天主教徒从《宗教考察法》中豁免,而且想要把和英国国教相配套、要求公职人员履职前必须宣誓的一整套法律全部废除。1687年,他第一次发布了《信教自由令》(Declaration of Indulgence),此前所承诺的保护"法律规定的教会和国家的政体"变成了一纸空文。[12] 他会将英格兰引向何处?此外,来自欧洲大陆的例子更让人不安。詹姆斯二世的所作所为让人们将他和法国皇帝"太阳王"路易十四相提并论。二者共同的反新教主义和专制主义倾向,让人们把詹姆斯视为"太阳王"在英格兰大地上投下的一道巨大阴影。更可怕的是,詹姆斯在1688年6月生下了一名男嗣继承人,这也许意味着天主教专制可能永远没有消失的一天。

同一个月发生的"七主教案"(Trial of Seven Bishops)则让人们对国王的不满又多了一层。这起案件的被告包括以学识和圣洁闻名的坎特伯雷大主教威廉·桑克罗夫特(William Sancroft)和其他六名主教,他们被指控犯下煽动性诽谤的罪行。[13] 其实根本没有什么煽动,也没有什么革命分子,有的只是已经被驯化的遵从世俗政权管理的国教托利党成员,以及他们在面对一位具有天主教和漠视法律倾向的国王时所产生的焦虑。四月,国王再次重申了《信教自由令》,并命令所有的教堂都要公开宣读它。然而,这七名主教联署了一份抗议书,公开反对并拒绝他们的下级教会传播这份命令,并且公开质疑国王的豁免权力。因此,他们遭到检控,并成了国家英雄。幸好,陪审团作出了无罪裁定,他们才没有更进一步成为牺牲的烈士。

曾经温和顺从、沉默不语的新教徒们深感被冒犯。一个托利党占据绝大多数的议会自此和国王越走越远。此后不论国王如何讨好议会,不满的议员都一定会质疑他的动机。新教徒们所期待的安全感也许只有让这个国王远走高飞才能实现。于是,反对力量在恐惧和担忧中团结了起来,他们起草了一封邀请信,在七位主教获释的那天寄给了詹姆斯的女婿奥兰治的威廉(William III),邀请威廉入侵英格兰。伯内特(Gilbert Burnet)为这种叛国行为书面辩护:对国王的顺从和不抵抗应仅限于"行政权力范围",不能扩展到"立法权受到侵蚀,或者政体遭到颠覆时"的情况,因为法律"没有把上述权利交给国王"。[14] 威廉热情地接受了邀请,而詹姆斯二世被迫假惺惺地宣布"退位"。威廉得意洋洋的样子和令人印象深刻的力量,与詹姆斯的仓皇出逃和长久流放形成鲜明对比。威廉亲手废掉了这个国王。

光荣革命后紧接着就是和解和协商。经过对话和妥协,议会的权力最终战胜了王权。1689年12月16日,议会通过了《权利法案》(Bill of Rights),正式赋予《权利宣言》(Declaration of Rights)以法律地位,同时为威廉和玛丽戴上了王冠。议会此时仍然不敢掉以轻心。在法案序言中,他们谴责上一位国王"企图颠覆和灭绝新教和这个国家的自由和法律",并称为了"主张和维护国民真正的、古老的和不容置疑的权利",应当对"虚头巴脑的特权"进行根本性地限制;法案宣布,废除或豁免法律的"虚假的特权"是非法的,教会委员会"非法且有害";法案保护了陪审团审判制度,禁止以高额保释金、强加高额罚款、施加残忍和反常酷刑侵犯民众的自由和安全;未经议会许可,在和平时期保留常驻军队是"违法行为";议会会议要通过免费选举的方式频繁召开,任何人都不能因为在议会的言论和行为而受到弹劾或质问。在原有宣言之外,还有一项重要内容:天主教徒以及与天主教徒通婚者都不能继承王位。[15]

当时的紧急状态和宣言本身的模棱两可,使得政治光谱两端的人都相对容易妥协。对于辉格党而言,就像它的代表人物约翰·洛克(John Locke)在1689年的《政府论》中所持的观点,詹姆斯二世是因为违反宪法并破坏了自己的信托义务而被流放的。人民有权判定他是否破坏了这种信托义务,并有权将权力收回。人民通过他们的代表所举行的会议——议会——来行使权力,并随后将权力授予了威廉和玛丽。而对于托利党而言,为了减轻负罪感,他们认为国王并不是被废黜的,而是"退位"或"遗弃"了王位。他的一支血脉仍然或多或少可以通过继承延续。君主制的架构被撕扯开又弥补好。正如埃德蒙·伯克在一百年后谈及他所认为的"我们宪法的基石"时所言,威廉的即位具有独特的必要性,是"世袭即位制度一个微小而暂时的偏差"。[16] 在1689年,两派达成了默契和妥协,形成了威廉和玛丽双君主共治的局面。

尽管法案自称是在指明自古以来就存在的权利,本质上是复古和保守的。但如今人们已经广泛认识到,连同《王位继承法》一道,它们其实非常激进地完成了内战结束后就一直没有完成的事业。它们不光改换了国王——这在当时已经足够激进——还要改造王权制度,把"新的法律披上旧的外衣"。现实情况是,这些法案根本性地改变权力平衡的天平,使其更倾向于经选举产生的议会,而非可以任意专断的国王个人。一个虽然世袭但遵守宪法的新教君主制度得以确立。[17] 议会的主权也得以确立。

与限制君权形成鲜明对比的是,法案对于这个新的最高统治者——议会——却没有任何限制。与美国宪法不同,《权利法案》没有规定保护民众免受"多数人的暴政",[18] 没有规定国会不能侵犯已经成文的宪法。议会仅仅受到惯例约束,可以根据意愿更改任何不成文的宪法。到了1701年,这个新时代豁免权的最后一根支柱也打造完成:由于玛丽和他的妹妹安妮都没有生育符合继承王位条件的后代,议会又通过了"一部进一步限制王权、更好地保护民众权利与自由的法案"。这部法案心照不宣地向约翰·李尔本致敬,宣布"英格兰的法律是所有人民与生俱来的权利"。它给未来的君主施加了更多的限制,明确规定他们必须信奉英国国教,彻底抛弃了詹姆斯党人,拥护汉诺威王朝。

法案还确立了另一项公正审判的基本前提:司法独立。法官们将永远不再是"王座下的狮子",不是王室动物园豢养的野兽。从此以后,法官只要行为端正,就能一直担任职位,再也不用看国王的脸色行事。当然,司法独立仅仅有一个例外:那些举止偏离正轨的法官仍然会被解职,但必须要通过议会两院共同作出决议批准。"法官的独立和正直"被视为"公正司法的基本要素"。[19] 当然,尽管法官不能被国王任意免职,但他们依然是由国王任命的。司法人员的政治任命仍然力量强大,这还将持续几代人。"每一个政府在选择其国土内的法官时,最主要的任务"应当是"招揽那些在专业领域内学识最高、技艺最佳的人才,同时这些人才的人格必须能够确保他们在的司法中的纯洁和公正。"司法制度内的人员晋升制度在"这两个细节上"[20] 都曾罪孽深重。他们对于新权力的感激和忠诚,总是与在旧权力下的奴性和摇摆并无二致。

对法官们进行考验的时刻很快就要到来了。他们真的独立吗？真的做好准备,即使天塌下来也要维护正义吗？克伦威尔和克拉伦登都曾经以国家紧急状况为由,让人身保护令成为一纸空文。此后的政府在国家危急时刻(例如 1745 年詹姆斯党人叛乱),完全禁止了这项令状。这样做的危险在于,一旦政府习惯了中止或禁止人身保护令制度,他们就会在不那么严重危及国家安全的时候,甚至仅仅是政府自己感受到不安全的时候,用强权去剥夺公民的自由。十八世纪的下半叶将会是一个战场,政府和法律在此争夺民众的自由。在这场战斗中,司法的法定独立性变得十分关键。最典型的就是那一系列由约翰·威尔克斯主演的案件。

"该死的威尔克斯"算不上是个自由的拥护者。在一些人看来,他和一个"没有原则的投机者"差不多。[21] 他几乎就是个浪荡公子,是臭名昭著的"地狱之火"俱乐部的狂热分子,是将蒲伯(Alexander Pope)《人间随笔》改写为淫秽诗歌的下流作家。他是位能力出众的辩论家、杰出的煽动者、新闻自由的拥护者,以及一名激进的议员。同时,他还是老威廉·皮特(William Pitt the Elder)所见过的"最邪恶但令人愉悦的家伙"。

1763 年 4 月 23 日,威尔克斯匿名出版了《北不列颠人》(The North Briton)第 45 期。这是一份他自己的主办的讽刺性杂志。这期杂志中,他嘲弄了乔治三世(George III)在议会开会前的致辞,揭露这篇文章实际上是国王自己所作,而并非由大臣们代笔。这篇演讲中,国王对结束"七年战争"的《巴黎和约》称赞有加。威尔克斯犀利地判断,根据《巴黎和约》,政府其实丢掉了许多胜利的果实,并将"英格兰从必然成功的结局中解救了出来"。他嬉皮笑脸地讽刺说,这"显然是上帝恩赐的和平,超出了所有人的理解范围"。他将国王的特权和民众的特权——自由——进行鲜明对照。对专横统治的抵抗已经在英格兰宪法中被奉若至宝,但国王——威尔克斯把他称作"首席行政长官"——显然对这种轻佻的讽刺和不忠的言辞大为光火,并准备采取行动报复。22

政府在法律官员的积极建议下误入歧途。他们指控威尔克斯犯下了煽动性诽谤罪。为实现指控目的,他们利用了一份叫做"一般搜查逮捕令"(general warrant)的行政命令。这套机制的合法性本身就很可疑,它在普通法和成文法中都找不到依据,只是从传统的国王特权中产生的一个变种。此项命令只列明了罪名,但不具体写明犯罪嫌疑人,政府官员们利用它可以任意闯入民宅进行搜查,也可以逮捕任何哪怕是只有一丁点轻微嫌疑的人。正是利用这样一种模糊宽泛的搜查拘捕令,官员们获得了所谓的授权,拘捕了"具有煽动性和叛乱性"的第45期杂志的"作者、印刷者和出版者"威尔克斯。尽管威尔克斯宣称自己拥有议会豁免权,但仍然被拘捕,相关杂志也被没收。

威尔克斯的律师格林(John Glynn)很聪明。当时王室法院的首席法官是曼斯菲尔德勋爵,他对威尔克斯敌意浓浓。因此,律师没有采用通常的策略向王室法院申请人身保护令,而是转向高等民事法院申请。高等民事法院的首席大法官普拉特(Charles Pratt)宣布,这"是一份最离奇的拘捕令",并随即签发了"一份人身保护令,立即执行"。为了规避人身保护令,威尔克斯被转移到了伦敦塔,但这么做根本没有什么用。在这个被人们称为"珠宝房"的地方,威尔克斯开始等待自己的命运。在聪明勇敢的高级律师约翰·格林的努力下,普拉特法官签署了一份针对伦敦塔治安官的令状，于是这起案件又被送到了法官面前。尽管此前普拉特法官曾经质疑过搜查拘捕令的合法性，但这一次却并没有直接触碰这个问题，而是以拘捕违反了议会豁免权为由，在5月6日将威尔克斯释放。对于威尔克斯这样的人，当有一条基本原则可加以发挥利用的时候，他是不会满足于靠着细枝末节的奇技淫巧获得自由的。他把个人重获自由这件事上升为对一般搜查逮捕令的批判，把自己的胜利渲染成所有人而不只是国会议员的自由[23]。他宣称，一般搜查逮捕令赋予了行政机关广泛压制个人权利的巨大力量，但这种力量本身却是非法的。早已等候的围观者们纷纷赞同，威斯敏斯特厅的大厅内回荡着人们"威尔克斯和自由"的呼喊。这句新颖的口号几年后还将再次在伦敦响起，成为召唤人们聚集的号角声。

在接下来的几年里，针对一般搜查逮捕令的法律判决如潮水一般汹涌。其中最关键的一场胜利发生在1763年12月。这次，威尔克斯以副国务大臣伍德（Robert Wood）非法侵入和搜查报纸为由提起诉讼，案件在威斯敏斯特厅进行审理。[24] 在审理过程中，政府一方提供证据，证明一般搜查逮捕令早在1662年就开始广泛使用且合法性从未遭到质疑。普拉特法官指示陪审团，要求他们不要考虑这份证据，因为它与案件不相关并且违反宪法。他尖刻地指出："先例……并不是一个非法实践正当化的理由"。在听到政府一方主张皇家官员拥有自由裁量权"去搜查任何他们怀疑有可能的地方"时，连法官也吓了一跳：

> 如果这种权力真的被赋予给国务大臣，并且他可以进一步授权给其他人的话，它将毫无疑问地影响到这个王国每一个人的人身和财产安全，并将彻底颠覆民众所拥有的自由。

陪审团裁决威尔克斯胜诉并判决给他一千英镑的赔偿金。这起判决距离把一般搜查逮捕令最终完全埋葬尚有一段距离，因为它针对的只是国王的代理人进入私人房屋"违反宪法砸开书桌、搜查纸张"的行为,但并不涉及拘捕的问题。通过此案,个人隐私权在法律中得以确立,这也就是著名的"一个人的房子就是他的城堡"原则。[25]

普拉特法官并未审理第一起有关一般搜查逮捕令作为拘捕工具的案件。这起案件由当时最杰出的法律权威曼斯菲尔德勋爵主审。尽管曼斯菲尔德完全不喜欢威尔克斯,同时他对普拉特法官在这些问题上的观点颇有保留,但在1764年和1765年的两个案件中,他还是宣布依据一般搜查逮捕令拘捕嫌犯的行为非法。他还摒弃了"惯例"的论点,认为惯例虽然确实占有重要地位,但"不能与法律明确和坚实的原则相冲突……搜查拘捕令的形式可能来自于一项出版许可法(查理二世在位第十三年和第十四年通过的法典第三十三章),但这项法律如今已经失效——它来源于一项已经失效的法律。"曼斯菲尔德的法官同事们也同意他的观点,认为这种拘捕令"非法且无效"。[26]

1765年11月,搜查拘捕令棺材板上的最后一颗钉子终于被钉上。这起案件还是由普拉特法官审理,他当时已经是卡姆登(Camden)勋爵,并将很快成为大法官。在这起名为"恩蒂克诉卡林顿"(*Entick v. Carrington*)[27]的案件中,卡林顿是国王的一名信差,被派遣带着一般搜查拘捕令搜查约翰·恩蒂克牧师的文稿。恩蒂克牧师是一名作家,也是坚持批评政府的《监视周刊》(*Monitor*)的主要撰稿人。卡姆登勋爵在此案中确认,此类拘捕搜查令都是无效的,并发表了他的著名论述:"至于以国家紧急状况作为论证理由,或是试图将国家犯罪和其他行为进行区分,这在普通法中都是无法理解的,我们的书本中也没有任何这种区分"。在他的判决中,他再次引用并谴责了闯入威尔克斯房屋的行为,批评它违背了《大宪章》。

懦弱的政治家们最终姗姗来迟地赶上了法官们的步伐。1766年4月,议会下院终于通过了一项决议,宣布签发一般搜查逮捕令的行为完全是非法和可憎的。但在此之前,是普通法法院的判决"扫清了君主绝对权力的最后一个残余,补上了宪法中最后一个让君主"(或者他的臣子)"的意志等同于法律的漏洞"。[28]

十七世纪是一个改天换地的时代,改变的不光是这片土地上的法律,而且是整个国家的宪法。国王只能顺从地依据法律统治。法官从他们的皇家牢笼中挣脱。陪审团可以自由地根据良心和不安发表意见。人身保护令变成了"自由的伟大令状",并打败了每一个想要扼杀它的势力。在接下来的一个世纪,它还将进一步增强自己的威望。它将不再只为英格兰自由民们提供保护,同时还将向他们的奴隶张开怀抱。

第三部分 转变

公元1766—1907年

第 18 章

英格兰的纯洁空气

最终我们都是法律的奴隶,但正是因此我们才能获得自由。

——西塞罗:《为克卢安提乌斯辩护》

(Tullius Cicero, *Pro Cluentio*)

宪法充盈在法治的每一个角落,因为我们身边的宪法一般原则(例如人身自由的权利、举行公众集会的权利等)都是法院在具体案件中围绕私人权利作出司法裁决的结果。

——A. V. 戴雪:《宪法学导论》

173 　　1771年11月28日星期四,一艘名为"安和玛丽号"的大船停泊在泰晤士河的港口,准备带上"货物"启程前往西印度群岛。这些"货物"有一个名字,这个名字将因其引发的一个案件和判决——后人将其称为"曼斯菲尔德判决"——而在英格兰的历史中久久回荡。

　　船上的"货物"其实是一名奴隶。白皮肤主人给他取了詹姆斯·萨默塞特(James Somerset)的名字。他的主人是一名弗吉尼亚的贸易商,名叫查尔斯·斯图亚特。斯图亚特的船载着大量货物造访英格兰,当然也一并带着他的奴隶。萨默塞特在当时是一件挺值钱的货物,价码大概50英镑。他偷偷策划逃跑,准备加入已经在伦敦生活的数千名黑人同伴。不幸的是,奴隶猎人盯上了他,把他逮了个正着。于是他被关到"安和玛丽号",戴上枷锁,准备被送往牙买加的种植园做劳力。所有对他采取的措施都是公开进行的,这在当时没有违反任何法律。一名主人丢失了自己的财物,通过悬赏把它找回,现在希望按照自己的意愿处置,就像是主人丢了一枚戒指或者一头猪跑出了饲养者的猪圈一样。

　　此时,一位名叫格兰维尔·夏普(Granville Sharp)的退伍军人登场了。他是一名自学成才的激进反蓄奴主义者。他可能曾经在伦敦塔当过低级别的军械员,如今低调地住在老犹太街。但他可不是一般人。他努力自学,甚至会说希伯来语,并成为一名卓有成绩的辩论家,一直坚持与自己认为残暴的、反基督教的奴隶贸易做斗争。许多年前,他在兄弟威廉的鼓励下,第一次参与了反蓄奴活动。当时,有一位叫乔纳森·斯特朗的潜逃奴隶被人用手枪肆意殴打,连枪托都被
174 打了下来。他"几乎失明且双脚跛足",是夏普把他送到了圣巴塞罗缪医院救治。夏普对他所目睹的景象义愤填膺。他不能理解为何有人可以这么肆意妄为却不受任何法律惩罚。在随后的几年,他连续参与了好几起和奴隶有关的案件,但没有一起案件获胜。奴隶在英格兰的

法律地位始终得不到确认,他们的人身自由和安全也因此无法得到保护。萨默塞特的案件则正好要再次回应这个问题:尽管也许英格兰人永远都不会是奴隶,但奴隶制度能在这片土地上存在吗?

夏普深知留给自己的时间和机会不多。他马上从王座法院申请了一份人身保护令,立刻将它送到了"安和玛丽号"上。船长必须遵守和服从人身保护令,萨默塞特至少暂时能被交到法院手中。这起案件由曼斯菲尔德伯爵威廉·默里(William Murray)亲自审理。曼斯菲尔德可不光是著名法官。他和柯克一样,是英格兰历史上最重要的引领变革的法学家之一,而且是苏格兰人。夏普起先对这位建制派的法官有所保留,认为他有"可悲的内心"。这是因为,曼斯菲尔德曾经做过议会下院的检察总长和上院的议长,反对过威尔克斯及其所主张的自由权利。而且,尽管他生于一个詹姆斯党家庭,但对联合事业颇为热心。[1]此外,他还是英国现代商法的奠基人和自由贸易的热烈拥护者。让他担任主审法官,会危及到英格兰这条自由贸易的生命线吗?

曼斯菲尔德可是拥有独立人格和超凡头脑的人。他满怀勇气,公正行事,在具备正义天性的同时,仍然坚守着启蒙运动的信仰。他坚信制定法应该来源于自然法,并且要依据常识、道德和理性。他非常重视衡平原则,将这个自哈德威克(Hardwicke)伯爵处学习到的原则融入了自己的判决,使之成为普通法的一部分。他认为,先例应当是指路牌而非镣铐。无论对个人还是国家,便利原则都不能成为司法判决的唯一决定性因素。此前,他在威尔克斯的案件中就宣称,宪法不允许国家以政治理由影响法院的判决:

> 上帝禁止这种行为!我们绝不能考虑政治后果,无论它多么可怕——即使后果是招致叛乱,我们也必须勇敢地说:"即便天堂陷落,正义也一定要实现!"[2]

他的家庭生活也充满传奇。他的侄子约翰·林赛(John Lindsay)是一名海军船长,与被俘获的西班牙军舰上的一名女性有染。这名女性很可能就是奴隶。他们生下了一个私生女,名叫黛朵·贝利(Dido Elizabeth Belle)。曼斯菲尔德收养了这个私生女,像女儿一样抚养她,与她一起生活,并把她列为了自己的继承人。黛朵·贝利甚至出现在了一幅曼斯菲尔德的画像中,就站在他另一位合法的曾侄女身边。这种举动在十八世纪的英格兰堪称惊世骇俗,更让人惊诧的是,黛朵是一名黑人。我们不知道这样独特的家庭经历在多大程度上塑造了曼斯菲尔德的观念,但它一定产生了一些潜在的影响。

萨默塞特案的双方都做了充分的准备。格林高级律师——那位曾经为威尔克斯奔走的博学的自由主义者——又一次披挂上阵,为夏普工作。这位大律师主张,在英格兰没有任何法律将蓄奴合法化,因此它一定是非法的。而奴隶主的律师则向法庭提交证据,证明买卖奴隶的合同在英国法律中是有效的,因此蓄奴也应当是有效的。

萨默塞特案并不是英格兰历史上第一起有关奴隶是否属于一种财产、是否可以像牲畜一样根据所有者的意愿进行买卖交易的案件,也不是第一起有关英格兰黑人是否可以像出生在此地的人一样享有同等法律权利的案件。关于它的合法性,还有除了买卖合同之外的另一种论证。这种论证基于信仰宣告和1609年爱德华·柯克所说的一段话。他说,异教徒作为基督教永远的敌人,可以被永久囚禁。可是,如果异教徒改变信仰了呢?如果不再是一个来自他乡的异教徒,而成为基督教家庭中的一员了呢?

第一起有记录的蓄奴案件是"巴茨诉佩妮案"(*Butts v. Penny*),于1677年在王座法院进行审理。[3]法官允许一名奴隶主以"追索侵占物"的理由提起诉讼。"追索侵占物"是普通法中的一个专门词汇和程序,原告利用它可以宣称由于受到非法的干扰或侵犯而损失了有价值的货物或者动产,需要法庭判决恢复自己对货物和动产的所有权。这起案件中，法官认为黑人奴隶是其主人的个人财产，理由在于，商业惯例允许将黑人作为"商品"购买和出售。然而，由于总检察长要求法院将案件的最终裁决延至下一个开庭期，这起案件最终一直没有作出裁决。它遗留的问题直到 1694 年"吉利诉克里夫案"（*Gelly v. Cleve*）才再次出现，这起案件中，法院支持了因丢失奴隶而产生的损失赔偿，"判决追索侵占物的诉由可以对黑人孩子使用，因为他们是异教徒，因此主人对他们拥有财产权利。"

三年后，首席大法官霍尔特（John Holt）审理了"钱伯林诉哈维案"（*Chamberline v. Harvey*）[4]。此案中，一位黑人当事人主张，蓄奴在英格兰是非法的，因为它违反了自然法。普通法的基本前提之一是保护自由，而一位奴隶如果"按照教堂规定接受洗礼，那么他也应当成为一名基督徒，而蓄奴与基督教义是冲突的"。他的主人则引用"巴茨诉佩妮案"中的意见，主张"追索侵占物诉由对黑人适用"是不容推翻的原则，无论这位黑人是不是基督徒。"如果把圣水撒向所有的奴隶，谁将因此尝尽甜头？"然而，不管巴茨案中的意见是什么，霍尔特拒绝了追索侵占物和非法侵入原则在"取得一个奴隶"的情形中无限扩张适用。他认为，这两项原则都只能由财产所有者主张，而黑人本身是不能被"拥有"的。黑人不是奴隶，而是"被奴役的仆人"，和学徒类似。主人可以因失去仆人导致损失了相应服务而获得赔偿，但不能因为失去仆人本身获得赔偿。

1701 年，类似的案件再一次出现在霍尔特面前。在"史密斯诉布朗和库珀案"（*Smith v. Brown and Cooper*）[5] 中，史密斯在齐普赛街售卖了一名奴隶，但买方拖欠付款，因此他提起诉讼。首席大法官认为："当一个黑人进入英格兰后他就获得了自由。在英格兰，一个人可以是一名佃农，但不能是奴隶。"按照弗吉尼亚的法律，一个黑人也许可以被出售，但在英格兰的法律下则不行。霍尔特的另一位同事鲍威尔法官则进一步将奴隶和佃农区别开来:"法律并没有给奴隶这种身份留有空间","一名在英格兰的黑人就应当被视为英格兰人"。

1705年,霍尔特又审理了"史密斯诉古尔德案"(Smith v. Gould)⁶。这起案件中的原告还叫史密斯,他很可能就是1701年案件中的当事人。史密斯向古尔德购买了一位"会唱歌的埃塞俄比亚奴隶"和"其他货物"后,将古尔德告上法庭。古尔德争辩说,史密斯不能用"追索侵占物"的诉由控告他,因为一个人不能对另一个人拥有所有权。史密斯依据英格兰法律和摩西律法,主张"黑人属于商品",就像猴子一样。霍尔特最终推翻了"巴茨诉佩妮案"中的意见,宣布"普通法从没有把黑人和其他人区别对待。在普通法下,没有人可以对另一个人拥有所有权……在英格兰的法律制度下没有奴隶这回事。"

英格兰级别最高的法官宣布的意见看上去给这些争议画上了句号,但种植庄园的奴隶主们却因此十分焦虑。1729年,他们在林肯学院大开宴席,用美酒美食招待王室司法高官——总检察长菲利普·约克爵士和副总检察长查尔斯·塔尔博特(Charles Talbot)。这两位法律界的知名人士都是上议院大法官,他们用一份"联合意见"回馈了招待他们的主人。庄园主们希望他们能否决阻碍蓄奴的两个基本论据:一个是洗礼——尽管尚没有任何奴隶通过受洗而获得自由;另一个是呼吸英格兰清新的空气。约克和塔尔博特发表观点,认为蓄奴是合法的。他们给自己辩护称,之所以这么说,是"为了改正一个错误,即奴隶因为身处英格兰或接受洗礼即获得自由"。一个奴隶即使在进入英格兰后也仍然是他主人的财产。然而,尽管它是由位高权重的官员说出来,但此时仍然只是个人意见。二十年后,在"皮尔尼诉莱尔案"(Pearne v. Lisle)⁷中,已经成为哈德威克大法官的约克试图将上面这份意见变成法律。他的尝试并不是很成功,但他令人敬畏的意见仍然具有相当的影响。黑人奴隶成为"和其他东西一样的财产"。

争议一直在持续。1762年,亨利(Robert Henley)大法官又恢复了霍尔特判决的有效性。在"尚利诉哈维案"(*Shanley v. Harvey*)中,他判决"只要当一个人踏上英国的土地,他就是自由的:一名黑人也有起诉他主人虐待的权利,而且被限制自由时也有权申请人身保护令"。[8]

1765年,当威廉·布莱克斯通出版他影响极为深远的《英格兰法律评论》第一卷,以及在接下来一年出版修订本时,基本赞成了霍尔特的意见,但仍然体现和反映了在当时此类案件尚不明朗的混沌状态。在布莱克斯通的时代,他就像柯克和黑尔一样,被视为法律的圣人英雄骑士之一。[9] 自1758年起,他就是牛津大学首位瓦伊纳英国法讲座教授,这个荣誉教席在曼斯菲尔德亲自关照下设立。而在此之前他已经是一位名满天下的普通法专家和拥护者。人们尊称他为"人类最高贵的遗产,最好的继承人"。[10] 他基于讲座而著就的四卷本巨著仿佛是世间所有法律的集中展览。但对他而言,这部巨著只不过是为自己的法律权威地位锦上添花而已。

在"个人的绝对权利"一章中,布莱克斯通引用了霍尔特的意见:"自由的精神是如此深刻地植入于我们的宪法,并根植于我们的土壤,以至于一个奴隶或者黑人,当他踏上英格兰土地的那一刻,就被置于法律的保护之中,【并因此成为一名自由人,尽管他主人要求其服侍的权利可能依然存续】,从任何自然权利的角度,他都已成为一个暂时的自由人"。[11] 后来人们经常批评,认为这段话第二版中增添的内容(即黑色括号中的内容)是原始内容的严重倒退,其实并非如此。这么做只是通过稍微调换顺序,以便和布莱克斯通在第一版第14章中的内容保持一致。这一章的题目是"主人和仆人",布莱克斯通在这里重申:

图 10 威廉·布莱克斯通爵士，来自世界第二古老的大学，一位博学且有影响力的学者，努力为一团乱麻般的普通法梳理了形状和体系。

> 完全和纯粹的奴隶制没有也不可能在英格兰存续……【它的法律】憎恶且无法容忍奴隶制度存在于这个国家……不仅如此,现在它主张一位黑人或奴隶在踏上英格兰土地的那一刻,就是一个自由人;他的人身、自由、财产都将由法律来保护。当然,就他的名叫约翰或托马斯的主人所享有的永远被服侍的权利而言,无论这种权利来自于合同或是别的什么,都将依然保持与先前一模一样的状态:因为这并不比终身隶属服从关系更苛刻,每个学徒都要这样把自己交出去长达七年时间,有时甚至会更久。

"无论这种权利来自于合同或是什么",这句话也许是我们理解布莱克斯通的关键。他似乎是说,就像是一个自由人可以通过自愿签署合同的方式,同意服侍另一个人很多年甚至终身,法律依然会保护他的"人身、自由、财产";因此,对于一个曾经是奴隶的自由人,这套逻辑也应当成立。根据合同,他虽然仍将是一名仆人或学徒,但不再是私产,并享有法律项下的权利。这套理论其实很有可能就反映了霍尔特在"巴茨诉佩妮案"判决中"黑人不是奴隶,而是一名'被奴役的仆人',和学徒类似"的观点。在霍尔特的意见中,二者的区别是本质和明确的,但布莱克斯通语焉不详——如果他想表达同样意思的话。

更使人困惑的是,布莱克斯通在此问题上陷入了语义的困境。在论述有关洗礼的后果时,他表示,洗礼行为并不能免除一项民事合同项下的义务,英格兰的法律"赋予自由——更准确的理解是提供保护——给犹太人、土耳其人甚至异教徒,以及那些宣称自己皈依正统基督教的人……那么奴隶在受洗之前和之后,在英格兰也都享有同样的自由;不论这名异教徒黑人在受洗之前对他的主人有什么样的服侍义务,受洗之后也同样受到这种义务的约束"[12],因此,是否受洗对这种关系没有影响。可是,"法律下的自由"是什么意思?他一方面说法律保护一名自由奴隶"享有他的自由",然后又把自由定义为"保护"。法律如何才能给"保护"提供保护呢?

有一种说法认为,布莱克斯通是因为受到来自曼斯菲尔德的压力,才不得不向蓄奴制度妥协。这种说法第一次出现在十九世纪早期出版的一本夏普的传记中,并由此流传开来,但其实根本没有任何历史依据。[13]布莱克斯通在一封给夏普的信件中,曾经表达过自己的废奴主义立场:

> 我只希望你不要将我第一版书中的一段话(第一卷的第1章)作为支持你观点的决定性参考;我以为我在第14章已经做出了足够清晰的解释,但发现你和很多人都误解了其中的意思。我认为有必要在后续的版本中对此进行更加完整的说明。

他进而总结:"不论我自己的意见是什么倾向,这并不意味着我对一个尚处在法院决定过程中[14]的问题发表了决定性的意见。"[15]他自己的解释最有说服力。布莱克斯通既没有屈服,也没有妥协,反而对于自己观点不甚清晰而颇感内疚。而他的观点恰恰反映了当时法律的模糊态度。在一段时间内,这个问题将仍然会是一个处在法院决定过程中的问题,直到曼斯菲尔德最终作出他的著名判决。

曼斯菲尔德要考虑很多方面的因素:普通法先例、美洲殖民地的地方法律、顺应时势、来自最高权威之间的不同法律意见……就最后一条而言,最重要的就是来自哈德威克的意见。曼斯菲尔德非常敬重他,曾表示"当勋爵发表他的判决意见时,就仿佛智慧本人在开口说话。"[16]这起案件一直延期待判,但它的判决将会有决定性的意义,所以并不会轻易作出。在过去曾出现在他面前的类似案件中,曼斯菲尔德一直小心翼翼地不去触碰蓄奴制度和奴隶贸易是否合法的问题。他为该案的判决大伤脑筋,成天坐在自己位于汉普斯特德的肯伍德别墅的书房里。房间里放着一座荷马的半身像,这是蒲伯遗赠给他的;

书房后面矗立着所罗门式样的柱子。他回忆起洛克在《政府论》开篇所讲的:"蓄奴是如此邪恶和悲惨地污染一个人的身份,它和我们国家慷慨的秉性和脾气如此格格不入,以至于实在不能理解为何一个英格兰人——更不用说一名绅士——会为它辩护。"他仔细研磨普通法的判例,认真检视英格兰和其他地方的成文法,反复思考弗吉尼亚殖民地的法律是否对英国法有任何影响,再三斟酌如果英格兰的奴隶突然被宣布自由后是否会忍饥挨饿。

终于,1772年6月22日星期一,他作出了一份判决。这份判决不仅让一个贫困潦倒的奴隶获得了自由,而且将普通法再次打造为自由的保卫者。由于当时的法院记录非常粗糙,不会留下判决副本,因此这份判决原本说了什么已经无法考证。虽然曼斯菲尔德曾在书房中留下了一份副本,但也在八年后的戈登暴乱中毁于大火。从我们现有的记录,可以大致合理地推断出他说了和没说什么。事实上,他无视了那份联合意见,回到了最初的原则。他最中意的文字如下:

> 蓄奴制度的本质让它不能被任何道德理由或政治理由合理化,只有制定法有这种力量。而制定法制定时的理由、环境和时代已经消散在记忆之中。它如此可憎,除了制定法之外没有任何东西能支持它。不管这个判决带来多少不便,我都不能说英格兰法律允许这种事情发生,因此,这位黑人必须要被释放。[17]

他这段话的意思非常明确:普通法和成文法中都没有提供任何法律依据,因此蓄奴制度无法根据法律处罚或宽恕。后人的大多数解释都一致集中到一点:这位伟大的法官将黑人奴隶制度描述为"可憎的"。那句常常归功于他的名言——"即便天堂陷落,正义也一定要实现"——可能正是在这个案件中,由其中一名大律师在其辩护意见中说出的。类似地,另一句名言"英格兰的空气过于纯洁,它无法忍受奴隶在此呼吸:让这些人获得自由",也有可能是那句乏味的"这位黑人

图 11　曼斯菲尔德勋爵,法律建制派的顶梁柱,他的意见就是法律,影响持续至今,庄严宏伟。他来自苏格兰,却是英格兰最伟大的法官。

必须要被释放"的进一步美化和阐述。[18]当然,不管这些名言是否反映了曼斯菲尔德的想法,它们的的确确体现了他这份判决所带来的巨大冲击。[19]

和《大宪章》一样,曼斯菲尔德判决的历史意义和重要性远远超出了创造者的预期。几年后的 1778 年,苏格兰最高民事法院(Court of Session in Scotland)在"奈特诉韦德伯恩案"(*Knight v. Wedderburn*)中,用另一起博学而独立的裁判,确认了同样的原则和结论。曼斯菲尔德判决虽然不是苏格兰的法律,但在此案中起到了重要的参考和支撑作用。曼斯菲尔德判决所针对的问题其实非常狭窄,它回答的只是"是否允许强迫将一名奴隶带离英格兰"。但曼斯菲尔德已经知道或隐隐感觉到了判决背后十分广阔的意义。他知道,这个判决将开垦出一片新的土地,它将会成为攻击奴隶制度的武器。他也知道许多人担心它将摧毁整个不列颠的贸易和商业体系——这些都是他已经反复考虑过的"不便后果"。但无论是他本人还是其他任何人,都不曾预料到判决带来的如此巨大的短期和长期影响:它锻造了一把锋利的斧头,劈开了奴隶身上的枷锁。最初是英格兰,一万五千名奴隶因此被宣布获得自由,然后是日不落帝国。最早庆祝这个奴役史中重要时刻的群体就是伦敦的黑人居民们。在曼斯菲尔德判决作出几天后,两百名经济状况较好的黑人在威斯敏斯特厅附近举办了一个聚会,他们每人支付 5 先令,向曼斯菲尔德勋爵祝酒。他的名字不仅在伦敦聚会的欢笑中传颂,而且在整个英语世界中回荡。与他的名字一样,这份判决获得了自己的生命,很快就被响亮的词句修饰,跨过大西洋,传播到西印度群岛和美洲殖民地。

这起判决也被认为是美国独立战争的原因之一。热爱自由的美洲人民要保护自己的蓄奴权利,但这项权利如今遭受了来自曼斯菲尔德判决和普通法的威胁——这至少是部分原因。美国宪法在经过几年的辩论后,于 1789 年开始生效。其中许多开国元勋都是杰出的普通法从业者。他们以《大宪章》为基础,将其视为连国王都不能挑战的最高法律。这部宪法被设计得至高无上,不光高于行政和司法机构,也高于立法机构。托马斯·潘恩(Thomas Paine)正确地指出,在美国"法律就是国王"。然而,国王会变成暴君,这部法律继续允许了蓄奴的存在。如果美国在独立战争中失败,或者他们根本没有发动这场战争,美洲殖民地将会继续作为大英帝国的殖民地而存在,而蓄奴制度也将像其余殖民地一样,在 1834 年被宣布正式废除。可是,蓄奴制度在美国不仅多存在了 30 年,而且最终不得不通过一场灾难性的内战为它划上最后的句号。美利坚在 1789 年的胜利,某种程度也可以说是自由事业的失败。

184　　就像是那个佩斯里镇姜汁啤酒中的蜗牛一样,[20] 一个看上去无关紧要的案件,一个有关一位身无分文的奴隶的案件,却永久地改变了——或者说澄清了英格兰甚至它范围之外的法律。* 人身保护令——这把李尔本的利剑和萨默塞特的护盾——直到今天都是这片土地的有效法律,但实际很少使用了。这不是因为它变得无用或软弱,而正是因为它压倒性的胜利,使得未经指控的监禁再也没有容身之地;所有被拘留候审的嫌犯,都预先假设可以获得保释。直到近些年,伴随着"反恐战争"的立法,人身保护令这种古老手段才又显示出其必要性。

　　至于曼斯菲尔德,尽管他这份意义深远的判决维护了自由,但他本人仍然是建制派的支柱。1780 年,他在伦敦的别墅被纵火烧毁,一同付之一炬的还有价值无法估量的法律书房。放这把火的不是反

---

* 该案即"多诺霍诉史蒂文森"(*Donoghue v. Stevenson*)。多诺霍夫人在伦弗鲁郡佩斯利的一家咖啡馆喝一瓶姜汁啤酒,发现瓶中有一只死蜗牛。她因此生病,并随后起诉了生产商史蒂文森先生。这起案件是英国侵权法的里程碑案件之一,奠定了现代侵权法的基础,明确了注意义务(duty of care)的一般原则。

废奴者,而是在戈登暴乱中的反天主教极端人士。他和他的书房都不应遭受如此悲惨的命运。他并不是唯一遭难的人。英格兰将忍受数个世纪的暴乱。十八世纪将见证人们对犯罪蔓延、社会失序甚至流血革命的担忧和恐惧。这些恐惧将对法律及其实施造成非常有害的影响。

第 19 章
暴民的威胁

英格兰过去一直有暴民,未来也会一直有暴民,但我们仍然是自由人。

——"HS",《报人》(*Gazetteer*),1768 年

2011年，骚乱横扫英格兰，暴民们似乎统治了大街小巷。1986年的《公共秩序法》（Public Order Act）赋予了警察实施法律制裁的权力。尽管警察有明确的法律授权去干预公众骚乱，他们在起初仍然保持了退让和克制。在十八世纪之前，局面完全不同。当时的政府只能以普通法为依据来镇压骚乱——在普通法下，除非是出于政治动机发动骚乱而被视为叛国罪，否则这种行为就只是一项轻罪。1714年，议会通过了《暴动法》（Riot Act），政府应对暴乱终于有了成文法依据。《暴动法》在法律全书中一直存续了两百六十年，而且直到今天还被储备在政府的弹药库里。[1]根据这部法律，所有的暴动都是"令人发指的罪行"，而不再仅仅是轻罪。它的序言里这样写道："近来一系列造反的暴乱和骚动在国内多处发生"——这是指1710年的托利党暴乱和因詹姆斯党人持续煽动而在1715年发生的暴乱——人们"因为法律现有的惩罚措施与罪行并不相适应，而擅自参与暴乱"。根据这份法律，市长、治安官和其他官员都可以命令十二位参与者以上的暴乱集会在一小时内解散；如果参与者不服从命令，将构成触犯重罪，不得引用神职人员特权，而且最高可以被判死刑；政府在驱散暴乱时可以使用武力手段，任何驱散暴徒的人都不必为在此过程中造成的死伤承担法律责任。使用武力手段压制骚乱将不得不由军队完成，但当时人们对于军队是否会对英格兰的自由传统造成威胁深表忧虑。当然，最后事实证明，除了军队，其实也没有别的什么力量可以依靠了。

意料之外又情理之中，由于缺乏严格的程序规定和具体的操作指引，这些军事手段一旦实施，具体操作者就很难完全免除自身的刑事责任。热心的治安官和士兵发现，如果不注意法案的授权或者实施细节，他们很有可能会被指控谋杀罪。而且，当时普通法对于暴乱的惩罚规定还没有被废除，法案仅仅是在弹药库里增加了一项武器，而不是唯一的法律依据。因此，大臣、治安官和民兵等名义上获得授权的人们,其实仍然对镇压可能给自己带来的严重后果心怀忌惮。

制定法案最初的动力和理由,是为了应对已经流亡的斯图亚特家族的支持者们。其实暴乱在十八世纪已经遍地开花,起因也各种各样。除了操纵群众把他们当成施压工具的政治煽动外,更常见和世俗的暴乱原因包括物价、公司、收费公路、圈地、苹果酒税甚至外科医生等。这些暴乱不是进步革命,而是保守反动的。学徒和其他年轻人们大量参与暴乱,他们砸窗户、抢东西,行为暴力,还经常伴随着酗酒和歧视性的人身攻击。有两场典型的暴乱案例足以说明问题的严重性,一起发生在十八世纪初的伦敦,那时法案还没有颁布;另一起也发生在伦敦,这也许是最臂名昭著的一起暴乱,是暴乱的集大成者。

1705 年,詹姆斯党人策划的一起入侵事件被挫败。辉格党人压倒了托利党人,获得了选举胜利。当时整个国家都处在重税和厌战的负面情绪之中,对外国人和异见者的敌视空前高涨。就在这口高压锅内,又出现了一位来自牛津的高教会派牧师亨利·萨谢弗雷尔(Henry Sacheverell)博士,他同时还是一个坚定的托利党人。和同党们一样,他对过去的美好日子充满怀念之情——在查理二世统治的最后几年,教会地位尊贵,辉格党人和异见者都老老实实地待着。但威廉三世时期通过的《宽容法》(Toleration Act)却以国教为代价,提升了这些捣乱组织的地位。安妮女王时期,这些"失心疯"的辉格党人竟然又撞了大运,在马尔堡的战争中取得了对路易十四的精彩胜利。这些异见者身上的锁链逐渐被解开,英国国教受到了严重威胁。

1709 年 11 月 5 日,萨谢弗雷尔在圣保罗大教堂的年度布道中宣讲,纪念历史上两次新教徒的伟大胜利:一次是 1605 年发现并挫败了火药阴谋;另一次是 1689 年奥兰治的威廉踏上英格兰土地。他的布道具有恰到好处的煽动力,对政府、宽容理念和异见者们都进行了激烈的正面攻击,俨然一份坚定维护国教正统地位和驱逐异教徒的战斗檄文。萨谢弗雷尔公然否认对世俗政权积极抵抗的权利,挑战了光荣革命自身的合法性。这可不是什么小事。安妮女王是最后一位斯图亚特家族的新教徒,托利党人能接受汉诺威家族成为她的继承人吗?还是说,他们会看上"海峡那边的国王"——虚伪的天主教徒和被流放在法国的詹姆斯?这对辉格党人来说太可怕了,他们很快采取行动,将这位牧师弹劾,罪名是煽动和主张詹姆斯党主义。

议会下院指控萨谢弗雷尔犯下了"轻罪和重罪",他将在上院接受审判,并由上院的议员们投票决定他是否有罪。政府通过此案,想要向社会宣告"每一个想煽动大众的、对政府不满的、头脑发热的、毫无才能也无益于教化的牧师,如果胆敢草率而鲁莽地让自己挑头扛旗,政府都绝不会允许他们提出和发展任何可能破坏女王陛下和平与安宁统治的教义,对违反者必须要严加惩罚"。[2] 萨谢弗雷尔宣讲的教义并不是对抗性质的,通常政府不会觉得这种教义有什么危害,甚至有时还很欢迎这类教义。但在这个特殊的时期,就完全不一样了。

萨谢弗雷尔的审判[3] 直到次年二月份才正式开始。那时普通民众已经被托利党和国教派的神职人员们煽动得极度暴躁,狂热地支持保守反动的托利党人。当审判在威斯敏斯特厅进行时,暴徒们高呼"高教会派和萨谢弗雷尔!"他们带着撬棍,完全无视了自己所宣扬和坚持的不抵抗主义原则,捣毁了异见者们的礼拜堂,并将陈设付之一炬。在长达几个小时的时间里,政府仿佛陷入瘫痪,直到女王亲自下令,派遣自己的卫队前往现场维护秩序。当时《暴动法》还未颁布,在英格兰银行这个被视为异见者的财神庙和辉格党人掠夺战争财富的藏宝洞之地,无助又不受约束的卫兵们奋起战斗,暴乱很快平息了。这些示威者人数众多,来自各行各业,经过了精心组织,士兵们就在他们无数双眼睛的注视之下,平息了骚乱的人群。他们没有发射一颗子弹,也没有造成任何致命的伤亡。这根本就是一场叛乱,而不是一场革命。

萨谢弗雷尔最终以微弱多数的投票结果被定罪,被判处了最轻微的禁止布道三年的刑罚。但伦敦和各地教堂依然像庆祝无罪释放那样响起了嘹亮的钟声。庆祝者们点起篝火,饮酒狂欢两天。在接下来的议会选举中,托利党人获得大胜。暴力和暴徒获得了胜利,辉格党人惨遭失败。

十八世纪六十年代至七十年代发生了几次"威尔克斯暴乱"。它们有着统一的"威尔克斯和自由"口号,明显是一系列政治性质的暴乱。其中最有名的一起发生在 1768 年 3 月。约翰·威尔克斯(John Wilkes)自封为自由的殉道者,他虽然在对抗一般搜查逮捕令的战斗中获得了胜利,但仍然在 1764 年被议会除名,并在缺席审判的情况下被以煽动性诽谤(重印了他写的第 45 期杂志)和淫秽诽谤(将蒲伯的诗歌《人间随笔》改写为《女人随笔》并发表)定罪放逐。[4]1768 年,他重新回到英格兰,支持议会派,并在 3 月当选代表米德尔赛克斯的议员。尽管威尔克斯一再呼吁人们保持秩序,但他的"低端支持者们庆祝得过于暴烈",[5] 依然狂欢两日。

不久之后,支持者们将他们的吹捧举动再往前推进一步。威尔克斯因为私自返回英格兰,最终向当局投降。4 月 27 日,根据曼斯菲尔德的命令,他被关押到了萨瑟克区的王座法院监狱(King's Bench Prison)。接下来的两周,一直都有骚乱持续发生。到了 5 月 10 日议会开始召集会议时,数千人前往在圣乔治区,聚集在关押着他们心目中英雄的监牢外,满怀期待这位英雄能够像以前那样从议会凯旋。他们在监狱外墙钉了一首打油诗,开头是这样写的:"腐败的法官和官员联合/压迫威尔克斯和自由。"监狱长官叫来了两名萨瑟克的治安官,和他们一起来的还有政府派遣的一支骑兵和一百人的苏格兰军团。治安官命令人们将打油诗撕下,但这个草率的命令立刻激怒了尚在和平集会的人们。示威者们开始高呼"威尔克斯和自由!自由,不要国王!

189 国王该死！政府该死！"维护自由的集会很快就变成了一场暴动。在场宣读《暴动法》的法官塞缪尔·吉勒姆（Samuel Gillam）成为了群嘲的对象，甚至有人开始向他投掷石块。气急败坏的法官命令军队向监狱周围聚集的人群开枪。按照后来在老贝利法庭作证的一位治安官的证词，军队"于是胡乱开火……看上去非常享受他们的所作所为"。[6] 在这场"大屠杀"中，军队在此地就杀死了大概七名示威者，另外有十多名示威者受伤，而那天总共有十一条生命因示威逝去，其中包括一名叫威廉·艾伦的年轻人。他被军队误认为是投掷石块的暴徒，随后"在他父亲的牛栏里中枪身亡"。[7] 暴动随即在伦敦遍地开花，直接威胁国王的统治。

默里上尉和两名苏格兰士兵被指控对艾伦的死亡负责。尽管军官和其中一名士兵在审判之前就被解除了指控，而且最终另一位被指控的士兵也因为检方证据不足而被无罪释放。但它传递出来的信息非常明确：即便拥有授权，军队也不能过度使用武力，否则就可能受到惩罚。吉勒姆本人随后也在老贝利法院因谋杀指控受审，但最终无罪获释。[8]

到了6月，一次具有重要历史意义的转折发生了。曼斯菲尔德推翻了对威尔克斯的流放判决，但威尔克斯依然因为诽谤罪而被处以罚款和监禁。在狱中日渐衰弱并没有阻止他成为人们心中更加伟大的自由殉道者，但议会却不仅将他的议员职位除名，还剥夺了他参加选举的资格。这进一步地塑造了威尔克斯的光辉地位。米德尔赛克斯区的人们三次将他选为代表自己的议员，但选民们的意愿三次在议会遭受挫折。实际上，由于议会把威尔克斯踢开后，转而承认他的竞争对手为议员，选民们的负面感受异常强烈。这种做法最可怕和令人反感的地方在于，如果下院——不是议会——以多数投票就能宣布一名候选人丧失参选资格，并把竞选中失败的对手扶进议会，那么他们就可以对所有人都采取类似的做法。如此一来,议会下院就变成了一个自己完全做主的小圈子,而非通过自由选举来代表人民意志的集会。这无疑是对议会自己制定的宪法原则的根本性颠覆。就这样,街头沸腾,国家震动。美洲殖民地一直以来最担心的事情似乎变成了现实。[9] 随后,伦敦市将威尔克斯选举为市议员。如此一来他就可以像法官一样,在老贝利法院和市政厅与曼斯菲尔德平起平坐[10],也可以挫败议会下院的图谋,当面羞辱议会代表们,并有权在议会的黑杖侍卫威胁媒体时,直接逮捕这些黑杖侍卫,从而保护媒体和印刷商自由地报道议会程序。尽管威尔克斯变成了市长大人,他依然无法获得自己在议会的席位。

这种情况一直要持续到1774年的另一次议会选举。这次选举之后,胜利者终于得到了议会承认。还没把议会的椅子坐热,威尔克斯就开始呼吁大刀阔斧的改革。他首先提出了一项赋予所有男性选举权的议案,震惊了议会。同时,他在上一届议会中被取消资格的决议依然没有被撤销,持续威胁着民主制度的完整性。直到1782年英国在美国独立战争中惨败,政府的信誉彻底扫地之后,威尔克斯才终于找到机会,将1769年撤销他议员资格的决议彻底撤销。

威尔克斯仿佛有神灵护体,总能在斗争中获得胜利:他把一般搜查拘捕令扫进了历史的垃圾堆,将隐私权确立为普通法的基本内容,扩展了新闻出版的空间,让选民可以自由地给他们心仪的人投票,让下院不能独自进行立法,曝光了选举制度中的不公。同时,他还对新制定的美国宪法影响深远。埃德蒙·伯克在他充满轻蔑的意见中声称:"暴民中没有英雄,除了威尔克斯。"[11] 如果此话属实,那我们可以说,这些"暴民"明智地给自己选择了一位正确的英雄。

十八世纪,能搅动人们激情的不光只有政治议题。食物价格的高低或工资水平的涨跌同样可以。食物价格上升或者薪水下降都很容易引起暴动。暴动在全国各地全面开花,但城市受到的影响最大。以诺丁汉为例,1766 年 10 月 2 日星期四,当地正在老市场广场举行一年一度被称为"鹅市"的大型市集活动。市集上有商人们摆出了大量的高价奶酪,但这价格明显超出了大部分当地人的购买能力。一些"年轻小痞子"告诉商人们,在整个镇子被喂饱之前,他们不能把货物带走。货摊前聚集了越来越多的人。面对无力承担的高价物品,人们觉得自己应该被"解放"一下。一开始小块的奶酪被人们拿走,后来是整块的奶酪被滚在街上带走。市长想要阻止混乱,却在混乱中被一块干酪打倒在地。骚动很快变得无法控制,地方当局在让混乱人群平静下来这件事情上几乎无能为力。当天晚上,驻扎在德比的军队不得不被调来维持秩序,局面终于短暂地恢复了平静。然而,第二天,暴力事件再起,军队开枪造成了一人死亡。死者是一位农民,他其实并不是哄抢者,而是在保护奶酪。诺丁汉在 1788 年和 1795 年还分别因小麦和面包价格过高而发生骚乱,但食物价格过高不是所有骚乱的原因,工资问题同样在这里引起过骚乱。1779 年,一项旨在维护纺织工人最低工资的法案未能在议会获得通过,工人们随即用四处纵火和捣毁机器作为回应。所有反对法案的针织品商人都是暴乱针对的目标,他们的房屋和财产均遭到攻击。其中一位名叫塞缪尔·尼德的反对法案的意见领袖,他的屋子直接被烧为平地。阿克莱特工厂的每一扇窗户都被砸烂,里面成了暴动者们纵火的乐园。总共有超过 300 台棉纺机被扔到街上,秩序直到三天后才基本恢复。

上面这些暴动都是不时就会发生的例行日常,它们都无法与 1780 年的戈登暴动相提并论。在这场长达六天的暴动中,伦敦被摧毁的程度比大革命时期的巴黎更甚。文学作品甚至将其描述为《圣经》启示录所言的末日景象。经历过大火并幸存的威廉·考珀"把燃烧的伦敦比成了第二个特洛伊"。而后来查尔斯·狄更斯(Charles Dickens)在他的小说《巴纳比·拉奇》(Barnaby Rudge)中,细致而生动地描绘了当时暴动所带来的完全不受任何限制的暴力和破坏。

暴动的起因是议会试图通过一项减轻对天主教徒歧视的法案。人们的狂热情绪被迅速点燃,又刚好赶上了一位狂热到精神错乱的苏格兰贵族乔治·戈登(George Gordon)勋爵来推波助澜。他作为新教协会的主席,号召了一场大规模游行向议会请愿。由于他对人群发表的讲话煽动性过强,混乱很快爆发了。许多闹事者都不是新教协会的成员,而是趁机打杀抢烧的协会外人士。很多参与暴乱的人甚至都不知道罗马天主教"是一个人还是一匹马,但这不重要"。[12] 暴乱像传染病一样,但充满乐趣。学徒和娼妓统统参与其中,连孩子们都不想错过这场盛事。就连一些经济状况较好的人都在兴奋和刺激中丧失理智。戈登被眼前的景象彻底吓坏了,他穿梭于伦敦,呼吁所谓的支持者们赶紧散去。当局同样也惊呆了。尽管他们已经提前知道戈登要带领大量人群前往威斯敏斯特,但事实上几乎没有采取任何预防暴动的措施。在粗略估计多达一万四千人的熙熙攘攘的人群前,人们只能看到六名巡警和两名治安官的身影,以及他们虚弱而无力的面孔。

在伦敦驻扎的军队非常有限,但在市长和市议会的命令下,还是勉强可用于维护秩序。当局和士兵在第一天依然保持着他们一贯的举止。军队行为得体,在极端的挑衅面前保持了极度克制,但由于缺少来自行政当局的命令,并不能发挥太大作用。"威尔克斯派"的市长布拉克利·肯尼特(Brackley Kennet)放弃了一切权力,拒绝一切介入暴动事件的尝试。他后来狡辩,暴乱给自己带来的震撼过于强大,以至于他当时"被巨大的冒失和鲁莽"牢牢控制,"根本不知道自己在做什么"。[13] 后来有人怀疑,市长大人也许是这场暴动的共谋者,因为伦敦的混乱有助于市长加强自己与国王和政府讨价还价的能力。

在没有民事制裁和处罚指引的情况下，军队也不确定自己所作所为的法律后果是什么，担心将来会像1768年镇压暴动那样遭到秋后算账。尽管军队经常出现在暴动现场，但通常都只会静观其变，或者软弱无力地喊喊话，要求遵守秩序，然后列队走开。军队总司令阿默斯特勋爵对地方官员的装聋作哑义愤填膺，在他看来，"军队的职责是依照行政当局的命令和指示行事"。他这种军队没有合法行动权力的观点并不是凭空想象。它依据的是总检察长菲利普·约克爵士，和另一位法律权威雷蒙德（Robert Raymond）大法官的著名观点。1714年，曼斯菲尔德更进一步，判决行政当局即使在已经无力控制局面的情况下，也无权调动军队镇压暴动。在自己吃到暴动的苦头后，他终于和这种观点划清界限，用自己的权威地位宣布使用军队的合法性。他的理由是，《暴动法》本身并没有取代原有的使用武力制止暴动的权力，它仅仅是额外增加了一项在宣读法案后仍然不遵守命令的罪名。按照约克大主教对自己儿子的说法，听从约克爵士的意见又是一个"致命的错误"。[14]

193　　监狱是法律和秩序的堡垒，但同时也被视为压迫的象征，于是便成为被攻击的对象。纽盖特监狱遭到严重损毁，囚犯们被放了出来。人们在监狱的墙上涂鸦，宣布囚犯们依据"暴徒国王陛下"的命令而获得自由。随后，"暴徒国王陛下"很快就把目光投向别处。伦敦的其他监狱也大多被摧毁，贫穷的囚犯开始了"暴力征收"，就连弓街侦探事务所（Bow Street Runners）的办公室也被破坏。许多人被大火烧死，或者被倒塌的建筑压死。示威者们把一位天主教商人的财物堆成一堆篝火，并把几只笼子里的金丝雀扔在篝火上面。他们拒绝放出这些金丝雀，声称"天主教的鸟和天主教的其他东西一样，都应该被烧掉"。[15]暴动者们还阻止消防车灭火，在弗利特监狱的人们甚至将一台属于皇家火灾保险办公室的消防车推入大火之中。大量的金酒和朗姆酒"获得了解放",继续助长着暴动的烈火。

首席大法官位于布鲁姆斯伯里的别墅也未能幸免于难。曼斯菲尔德本人因为其长期的宗教容忍甚至纵容立场,成为暴动特别针对的目标。他年轻时期就有一位天主教的好友、讽刺作家亚历山大·蒲伯。担任法官期间,他持续不断地尝试减轻天主教徒身上的法律负担,认为这些负担不仅陈旧而且毫无必要。他还对歧视性法律进行狭窄地解释,以减小这些法律的适用范围。[16] 曼斯菲尔德成了精英主义思想解放的缩影和代表,由此也必然成为暴动的攻击目标。尽管他的宅邸已经派遣了四十名守卫,但骚动的人群根本不会把这点力量放在眼里。军队最终被迫开火,造成六名暴动者死亡。暴动者终于散去,觉得已经完成了使命,但随后又返回纵火,将这座别墅付之一炬——一同被毁灭的还有曼斯菲尔德价值连城的书房。纵火者们随后手持从栏杆上拆下或从五金商店偷来的铁棍,威胁所有人为他们的"暴动基金"贡献"暴民款"。[17]

到了6月7日,星期三,政府终于决定采取果断措施。他们从伦敦周围各郡调动了七千名士兵。根据王室公告,国王有权在未经行政官员许可的情况下赋予军队使用武力的权力。阿默斯特随即向自己在伦敦的军官发布命令,许可他们使用武力"驱散非法和骚乱的人群集会"。[18] 当在市政厅开会的市议会知悉此事后,一位关键成员终于表明立场。约翰·威尔克斯意识到,自己必须要和罪孽深重且无所作为的市长和议员们保持距离。他说服肯尼特,要求他召集一支保安队——这是由身体健壮的公民根据行政官员命令,集合协助维持社会秩序的组织。威尔克斯带着这份命令回到自己的监房,集合了一支援助常规军队的力量。他后来夸口说,他召集的保安队击毙了两名袭击英格兰银行的暴动者。

当天还有另外一万五千名县民兵被征召。他们来自从坎特伯雷到考文垂的各个地方,进城后如潮水一般倾泻在"城里的每一条大街"。此外,甚至连野战炮兵都被调遣来协助维护秩序。伦敦塔拉起了吊桥,护城河里注满了水。尽管官方没有正式宣布戒严,但实际上和戒严已经没有多少区别。军队的营帐像蘑菇一样,连夜在市内遍地生长。海德公园附近搭建了军营,"仿佛马尔普拉凯战役即将打响前的景象"。[19] 一些伦敦市民,例如约书亚·雷诺兹(Joshua Reywolds)的父亲,睡醒后一度怀疑他们是不是在土耳其,或是马上要被武力剥夺所有自由。[20] 当然,大多数市民都因为士兵的到来和秩序的恢复而兴高采烈。

截至当天晚上,皇宫、英格兰银行、市政厅和律师学院都有了军队守卫。许多社区都自发组织了警戒巡逻队,亲手掌握了执法权。四百名有头有脸的绅士以及他们的仆人组成了一支队伍,把守林肯学院广场,而学院内部则由在其中工作的律师守卫。在巴纳德学院,军队来解救被围困的律师之前,已经有二十二个律师工作间被烧毁。抵达内殿学院的军官拒绝了由律师组成的杂牌军的协助,当他命令自己的士兵穿过大门后,立即把尾随的杂牌律师军关在了身后的建筑内。面对着身后咆哮的律师,他说:"绅士们,我必须要感谢你们提供帮助的美意,但正如我选择不允许我的士兵中枪一样,我命令把你们关在里面。"[21] 有一位意志坚定但喝醉了的年轻律师翻墙而出,跟在士兵后面,直到一位军士用步枪枪托把他连同满腔雄心壮志都打翻在地。

到周四早晨,军队已经战略性地占领了泰晤士河上的所有桥梁。在伦敦桥和黑衣修士桥上,更是有重兵把守。越来越多的伦敦市民决定行动起来,保卫自己的生命和财产安全。一开始被吓傻了的行政当局也终于反应了过来。虽然当天还有零星的暴动出现,但显然政府已经夺回了局面的控制权。自周五开始,政府采取措施进一步加强控制。军队仍然源源不断地从外地赶来增援,大街上满是巡逻的骑兵。

劫后伦敦的景象异常悲惨。正如一名观察者在屋顶观察后记录的那样,它"从每一个角度都展示着城市被凶残敌人洗劫和遗弃后的画面"。另一位记录者看到大火"盛怒的景象……超过了维苏威火山"。[22] 据估算,超过五百人在这一系列的暴乱中丧生。根据非常保守的政府统计数据,有二百八十五名暴动者在军队的镇压下丧生,一百七十三名暴动者受伤。被拘捕的暴动者不计其数,有一些更是在分赃时被人赃俱获。当这些暴动者的虚张声势在光天化日之下消退后,都露出了可怜可悲的本来面目。许多人贫困潦倒,许多人是轻微的罪犯,许多人醉眼惺忪。如吉本所言,"渣滓在这口巨大的压力锅中被沸腾的水带到了表面"。[23] 这种景象令人惊恐。但谁又能保证它不会再次发生呢?

对暴乱者的惩罚来得很快。除了个别私刑外,大部分并没有超越司法制度的界限。政府明确拒绝按照戒严法审判暴动者。但尽管如此,即便是以十八世纪的标准,审判的节奏依然显得异常匆忙。十二天的时间里,四十四名暴动者在老贝利法院收到死刑判决。随后在萨瑟克的审判中,法院又判处了二十四人死刑。最终,二十一人站上了绞刑架,其中有男有女,还有几名未满十八岁的小孩。其中最臭名昭著的人叫托马斯·普林,他像《雾都孤儿》中的费金一样,控制着五十名衣着褴褛的贫苦儿童,让他们以自己的名义收取"暴动费"。

但这些人都不重要。人们认为,一定有外部的势力引导和煽动了这群废物。当时一度传言,整起灾难都是由在野党或者法国和北美方面的奸细煽动的,但最后当局却没有逮捕任何嫌犯。乔治·戈登自己也未能跑掉。他于周五被捕并被送往钟楼关押。霍勒斯·沃波尔(Horace Walpole)相信,戈登和宗教不过像教母一样注视着这起"令人震惊的事件",但在没有其他人可以分担罪行的情况下,只能由他承担主要责任。不像那些迅速被审判的平民百姓,戈登一直在等待决定他命运的审判。

1781年2月,戈登以叛国罪被审判。尽管他自己的行为本身并不构成叛国,但综合所有状况,叛国行为可以被归责于他。曼斯菲尔德勋爵亲自在威斯敏斯特厅审理了这起案件。戈登的辩护人是自己的侄子托马斯·厄斯金(Thomas Erskine)。[24] 厄斯金是另一位著名律师劳埃德·凯尼恩(Lloyd Kenyon)的初级顾问,但凯尼恩本身缺乏刑事辩护经验,不擅长在陪审团面前发言。厄斯金是一名年轻的大律师,后面我们还将多次听到他的名字。这是他执业三年来第一次在陪审员面前露脸。他此时正处在刚刚声名鹊起的阶段,在审判中担纲发言。审判从2月5日早晨九点开始,一直持续到第二天早晨五点。检察官精力旺盛并充满自信。陪审团们都是上一个六月发生的惨案的直接目击者和亲历者,看上去一个有罪判决在所难免。这种案件对所有律师来说都仿佛是一个不可能的辩护,但厄斯金除外。他用惊人的演说说服了陪审团,让他们相信尽管戈登做了很多愚蠢荒唐之事,但绝没有唆使或者煽动暴乱,更没有支持烧毁曼斯菲尔德的别墅和书房。厄斯金不仅长于雄辩,他遵守规则、富有理性并熟读法律。陪审团讨论了不到半个小时,戈登爵士就获得了无罪裁决。约翰逊博士(Samuel Johnson)对戈登脱罪深表欣慰,坦言"不能树立这种先例,把一个人因为'推定叛国'而送上绞刑架",否则它将会成为"专制权力的危险引擎"。[25]

也许这场暴乱最令人震惊的后果,是来自于首相谢尔本(William Petty Shelburne)的建议。他提议英国效仿法国模式,建立一支常备警察力量维护社会秩序。可是人们认为,即便社会发生了如此肆意妄为的大破坏,也不能这样激进地背叛自由的传统,用建立警察力量的方式给人们的自由带来重大威胁。激进的辉格党人查尔斯·詹姆斯·福克斯(Charles James Fox)甚至如此争辩:"哪怕由暴民统治也比由一支常备军队统治要好"。也许与一个警察国家相比,法律的严厉威慑要更好一些。

第 20 章

重罪犯恐惧症

饥肠辘辘的法官,很快就会在判决上签名;
可怜的人被吊死,陪审员终于可以开饭。
　　　　　　　　——亚历山大·蒲伯:《夺发记》
　　　　　　　　(Alexander Pope, *The Rape of the Lock*)

他看见一名律师,正在杀死一条毒蛇
就在牛棚边,坚硬的粪堆上;
魔鬼露出了笑容,这让他想起
该隐和他的弟弟亚伯。
　　　　　　　　——塞缪尔·泰勒·柯勒律治:《魔鬼的思量》
　　　　　　　　('The Devil's Thoughts')

197   当一片土地上的财富越来越多,人们将自由视为至高无上的原则,但却没有警察维护秩序时,连绵不断的针对财产的犯罪显然会成为棘手的问题。早在 1690 年,约翰·洛克就说:"政府除了保护财产之外,没有其他目标"。布莱克斯通在 1766 年也曾指出,"没有其他东西能像财产权一样,可以如此普遍地冲击人们的想象或占用人们的感情。"用另一句意思差不多的话说,"最严重的财产犯罪就是没有财产"。[1]

在没有警察和刑事侦查技术的时代,遏制犯罪的唯一手段就是惩戒性的刑罚:鞭刑、流放甚至绞刑。在十八世纪,本来就已经很残酷的刑事司法制度变得更加血腥。领班神父佩利(William Paley)之类的名人都在不断鼓吹,对那些屡禁不止的针对动产的犯罪,应该无限制地使用死刑,不论是小到一块手帕还是大到一匹种马,哪怕是在商铺顺手牵羊或者扒窃也不能放过。十八世纪晚期,弗朗西斯·布勒(Francis Buller)爵士在梅德斯通巡回审判时,对一名被判刑的小偷说道:"你被处以绞刑并不是由于你偷了那些马匹,而是为了让那些马匹以后不再被偷走。"[2] 他们将这套理论完美地封装了起来,形成逻辑上的自洽。

198   1723 年的《沃尔瑟姆黑匪法》(Waltham Black Act)让这种威慑登峰造极。它是不列颠议会有史以来制定得最严苛的一部法律。由此开始,英国逐渐成为欧洲死刑法条最多的国家,没有之一。这部法案创设的目的,是为了震慑那些把自己脸涂得黢黑,偷偷摸摸地在森林中盗猎和抢劫的罪犯。它一共设置了五十条可以被判处死刑的犯罪,甚至包括破坏鱼池或损毁树木。议会深陷在狂热之中,忘记了一切合乎比例的原则和道理,开始对死刑立法有求必应。神职人员特权此前一直被用来减少死刑的执行,但这种缓和手段也放慢了节奏。尽管在 1706 年阅读测试被废止,这项特权基本可以被所有第一次因小事触犯刑律的人援引,但议会很快意识到了这个漏洞,开始将许多轻微的财产性犯罪排除在此特权的适用范围之外。逐渐地,侵入私宅、在商铺偷5先令以上的商品、偷牛偷羊等都成了不能援引神职人员特权的重罪,犯下这些罪行的人将直接被判处死刑。

到十八世纪尾声时,议会法律已经把二百二十项罪名列入了可被判处死刑的清单。法律对众生平等,但实际只有穷困潦倒者才可能触犯它。"法律折磨着穷人,富人统治着法律。"[3] 这句话道出了事实真相。富人们占据着议会,而议会制定了法律。就这样,法律压迫着穷人,而穷人到处都是——从贫瘠山区的农场劳工到城市街头的赤贫者。由于许多死罪针对的仅仅是轻微的财产犯罪,所以许多因触犯这些罪行被送上审判席的被告都是未成年的小孩。1825 年,一位名叫约翰·史密斯的男孩因侵入他人住宅而在老贝利法院接受审判。没有律师为他辩护,没有证人被传唤,他唯一能做的就是坚称自己的清白——但这显然徒劳无用。他被认定有罪,被判处死刑,时年只有十五岁。审判并非不公正,所有的程序都符合当时的标准。陪审团基于证据为他定罪,议会制定的法律将他处死。这套法律体系被后世称为《血腥法典》(Bloody Code),可谓恰如其分。

老贝利法院是位于伦敦的一座审判大厅。今天它看上去仿佛一座正义的宫殿,但在十八世纪,这里就是一个无所不用其极的死亡陷阱。乔治王朝时期,审判在一间被特别布置过的房间内进行,人们认为这种装饰可以阻止监狱伤寒的传播。监狱伤寒也被称为斑疹伤寒,是一种通过跳蚤和虱子传播的细菌性疾病。1750 年,尽管这座建筑已经被隔离封锁了很长时间,但还是爆发了一次斑疹伤寒。这次爆发在混乱中夺走了六十人的生命,其中甚至包括两名法官和市长本人。在这样恶臭的环境里,在《血腥法典》的压迫下,一场审判程序的革命于英格兰悄然发生——对抗式审判正在逐渐兴起。

当时，根据"无律师规则"的规定，律师不能为那些被指控犯下严重罪行的嫌疑人辩护。这项规则可能来源于爱德华一世时期的一起强奸案。这起案件中的法官认为，如果嫌疑人被指控犯叛国罪或重罪，而律师又为这些人辩护，相当于律师直接以言语对抗国王，属于冒犯君主的行为。当然，这种说辞并没有影响律师出庭为君主辩护。光荣革命后，获胜的辉格党人于 1696 年颁布了《叛国审判法》(Treason Trials Act)。[4] 辉格党人是叛国罪被滥用的亲身受害者，他们下定决心不再重蹈过去悲惨的覆辙。这项法案允许律师为受到叛国罪指控的嫌疑人辩护，稍微放松了"无律师规则"，但放松的范围仅限于叛国罪这一个罪名。

但无论如何，它是一棵参天大树的种子。它此后的成长不用再依靠议会的滋养，而是靠着司法实践。法官们试图在具体的案件中寻找方法，调和严苛的法律。他们在程序上吹毛求疵，以技术细节驳回了大量案件。从十八世纪三十年代起，老贝利法院和萨里巡回法庭的法官们逐渐开始允许律师在重罪案件的交叉询问环节露面。这种让步也许和当时逐渐增多的"小偷猎人"以及为了赏金而出庭的证人有关。这些人有强烈的利益动机去扭曲证据，甚至主动编造犯罪事实。[5] 此外，共犯们为了成为"王冠证人"以保住项上人头，也会不遗余力地做出伪证。种种对正义的扭曲现象必须被纠正，但让法官继续担任囚犯的保护者已经显得不合时宜。这种情况下，让律师出庭的让步举措不仅新鲜，也受到了热烈欢迎。可想而知，那些被指控犯下死罪的嫌疑人，被带上陌生而威严的法庭，面对古怪和拗口的程序和名词，准备迎接踏上绞刑架命运——这个时候再要求他们为自己进行清晰和连贯的辩护是多么强人所难。毫不意外，法院里对学养深厚且经验丰富的辩护人的需求快速增加。当然，这仅仅是对那些能付得起昂贵律师费的人而言。大多数人绝对无力承受这种负担。

陪审团审判是所有嫌疑人都平等享有的一项权利。陪审员就是用来被说服的，无论这种说服是理性地论证或是感性地恳求。陪审员们可能在诱导之下，以自己的道德情感或基督教的博爱精神而非以证据为依据作出判断。他们很快就习惯于展示仁慈和怜悯——要么通过无罪释放，要么通过"一种虔诚的伪证"[6]降低涉案金额以避免作出死刑判决。在具体案件中，当法律和良知发生冲突时，他们通常都不愿"负上血罪"。[7]陪审员和法官手中都有不可忽视的建议赦免的权力。很高比例的定罪案件均暂缓执行。杰里米·泰勒（Jeremy Taylor）在1660年出版的《良知的法则》（*Ductor Dubitantium*，又称《疑惑者释疑》）中，将依据良心行事视为比依据法律行事更高的行为准则，这体现了宗教传统的强大力量。著名法学家马修·黑尔曾经总结："最好的规则是疑罪从无，而非从有。"事关生命，他"将会永远选择更安全的一面"。[8]这也是许多法学家的观点。领班神父佩利在1785年的文字里抱怨说陪审团对定罪犹豫不决是因为他们希望保有"安全的"良心。此外，大律师们通过在交叉询问中的技巧和高超的说服能力，也可以对陪审团施加影响。尽管此时律师仍然不能直接对证据发表意见，[9]但他们通过巧妙地组织问题、不时插入离题的内容、在陪审团面前向法官直接陈述等方式，努力地用含沙射影的方式或多或少地规避着限制。

那个年代，律师在社会中的风评依然不是很好。他们主要处理土地、债务或财产等有利可图的民事案件。他们可以控告，但不能辩护，不为穷人和受压迫者发声，被视为贪财枉法和嫌贫爱富的一群人。内战时期，一位作家这样写道："在普通人当中，仍然广泛存在对法律和律师普遍及本能的敌意。"[10]1728年的《乞丐歌剧》第一幕中，主角皮契尔先生说："先生，这已经注定了／先生，如果律师伸手要钱／他会把你所有的财产都偷光。"最不客气的要数威廉·曼宁（William

Manning),他在十八世纪曾经言辞犀利地指出:"从他们的职业和利益看,律师是自由最危险的威胁,也是所有职业中最没有诚信的一个"。[11]不过,辩护制度的兴起,以及黑暗时刻的消退,都将改变这一切。律师将作为英雄,在历史的舞台冉冉升起。

第 21 章

加罗律师?

一名律师要为他的客户竭尽所能,去做那些客户本人在有可能的情况下都会为自己做的事情。

——约翰逊博士(詹姆斯·包斯威尔:《日记》)

(James Boswell, *Journal*)

交叉盘问的艺术不是叉着腿盘问的艺术。它是通过引导证人,让其在认可一系列命题的前提下,最终被迫认同一个关键答案的艺术。

——约翰·莫蒂默:《抓紧残骸》

(John Mortimer, *Clinging to the Wreckage*)

201　　　这些变化的煽动者和受益者之一,是一名在历史长河中已销声匿迹多年,直到晚近才被历史学家们打捞出来,并在今日获得 BBC 关注的大律师——威廉·加罗(William Garrow)。[1] 之所以会在历史上一度被遗忘,是因为与跟他同时代的杰出人物相比,威廉·加罗既没有为自由辩护,也不擅长雄辩和演讲。在生涯晚年,他做过托利党的国会议员和总检察长,反对政治和刑罚改革,并为刑事诽谤案件中特别陪审团由国王挑选的做法辩护。但自相矛盾地是,他早期短暂的大律师生涯却主要集中于辩护工作,并以此成为辩护艺术和对抗式审判制度的先锋人物。他帮助和影响了审判程序的一场革命,深刻改变了被控告者的命运。

　　加罗出生于米德尔赛克斯,他的父亲是一名苏格兰牧师和校长。他在齐普赛街一位名叫托马斯·索绍斯(Thomas Southouse)的律师手下接受学徒训练。索绍斯鼓励这位年轻的门徒获得律师资格。在完成自己的毕业文章后,加罗于 1778 年加入了林肯学院,并在五年后获得律师资格。他在伦敦居住了八年,深深沉迷于刑法,并经常出现在老贝利法院。至此,他已头戴假发,身披长袍,万事俱备;在接下来的二十年中,他将在这块自己熟悉的舞台上尽情精彩演出。[2]

202　　　在加罗时代之前,法官才是审判的主角。他们释明法律,保证公平审判;如果检察官询问证人后有任何形式的交叉盘问,也都是由法官来进行。法官承担了如此多的职责,但他们能在多大程度上给被告提供帮助则很值得怀疑。法官们无法永远都保持绝对公正,有些法官甚至会觉得审理案件这种事情枯燥乏味,让人萎靡不振。许多重罪案件都无法获得延长审理,它们当中的大部分都会在数分钟内审理完毕,当然有时也会持续到深夜。1699 年,著名诗人威廉·柯珀(William Cowper)的祖父斯宾塞·柯珀(Spencer Cowper)这位大律师被检察官亨利·哈特塞尔(Henry Hatsell)指控谋杀。斯宾塞·柯柏巧妙而滔滔不绝地为自己辩护,但法官显然没有什么耐心。他的表情"呆滞且冷漠",催促柯柏抓紧时间。经过一整天漫长的审讯,一名法官承认,自己已经迫不及待地想要给案件画上句号,于是对同样疲倦的陪审团宣布:"我意识到我遗漏了很多东西,但我已经头晕目眩,不能再重述任何证据了。"[3] 柯珀成为这场疲劳战的受益者,他被无罪释放。1727年,他自己也成为一名法官。

这里描述的司法机构所扮演角色在今天看来也许非常令人惊诧。这是因为在过去三个世纪中,普通法制度经历了一系列非同寻常的改革。其中之一就是它在正当程序的基础上,将平等手段原则和基本公平原则置于法庭审判的神圣地位。这种变革是更广阔层面的社会变革的体现,来源于启蒙运动的思想,呼应了工业革命的现实需求,在大众压力下最终通过政治改革而实现。

这场大变革浪潮里,加罗是审判程序改革这朵浪花的潮头兵。他在老贝利法院无畏地参与了超过一千起辩护,协助保障被告的权利,让他们在任何重罪审判中都有获得专业律师为自己辩护的权利。他积极参与并塑造了法官与被告、陪审团与被告之间全新的关系。他将审理的焦点放在了检察官指控的案件事实上。任何他参与的案件都不再是对被告忍耐力的考验,而是对检察官所呈交的证据的检视。由于不能直接对陪审团陈述,加罗无法依靠华丽的辞藻打动他们。但他另辟蹊径,将自己锻炼成了一名杰出的以交叉盘问取胜的辩护艺术大师。在加罗手中,交叉盘问在必要时会变得非常复杂。在他看来,交叉盘问和当面对质是同义词。[4] 但他的艺术造诣可不止于此。有时他的举止根本不像用棍棒敲打证人的质问者,而像是一名进行精密解剖的外科医生。一个齐整的切口,加上一把外科手术刀,不仅更加有效,而且更加致命——尤其是当这一切又与加罗在心智上过人的智慧相结合。有一次,交叉盘问持续了三个小时,在此期间整个法庭都像死一般寂静。"加罗的眼睛一刻都没有离开过证人,他的目光仿佛渗透到证人的灵魂,读穿了证人大脑最深处的想法……他在最后一刻,基于故事真相介入其中,最终让证人清晰地驳倒了自己。加罗最终获得了全面的胜利。"[5] 这是一场象棋大师精密计算后的胜利,而不是一个橄榄球运动员横冲直撞后的得分。

作为一名杰出的从业者,他非常明白将自己曝光于公众目光之下的危险。他经常叮嘱自己的客户保持沉默,即使规则允许也不要发表任何未宣誓的陈述,更不要主动暴露在质问和批评之下,而应该把机会留给自己这位辩护人,让自己去挑战那些证人。有一次,他叮嘱三名囚犯"就让案件那样放着,不要去动它,它现在由一双完美的手负责。"[6] 他的建议是正确的,最终他的客户被无罪释放。

让加罗这样的辩护律师带着他们的辩护技巧参与到法庭审理,必然会对证据不断加以质疑,也必然会对证据的质量有更高要求。加罗在很多方面都是先锋,例如区分证据的强弱、要求排除某些种类的证据,以及坚定且系统阐释举证责任、举证标准等刑事司法中的基本原则。加罗通过在陪审团面前成百上千次地重复,巩固了这些规则和标准。虽然他并非这些规则的创造者,但他的努力和坚持实实在在地扩展了这些规则。

这些规则经过了长期的酝酿,最终由法官们引入法庭。这样做最初的主要目的是安慰陪审员们的良心。"超越合理怀疑"这一证明标准最早出现在十八世纪晚期的威斯敏斯特厅和老贝利法院,它起初就是为了安慰那些本不情愿作出死刑裁决的陪审员,因为他们担心这样会让自己纯洁的灵魂受到污染。《血腥法典》没有正义可言的严刑峻法,使得陪审员的两难处境雪上加霜。而且这些规则结晶成型的当年,英国又开始受美国独立战争影响,不能继续按照惯例将罪犯流放美洲,从而少了一项替代绞刑的选择。因此,大量积压的犯人给英格兰的司法体系带来了一次真正的危机。在这样的时刻,辩护律师和证明标准等制度同时兴起,绝不可能是巧合。[7] 关于证明标准,能找到的最早的资料产生于1781年,但它并非由曼斯菲尔德记录,权威性也较低。在乔治·戈登勋爵的案件中,首席大法官给予了陪审团这样的指示:"如果天平令人生疑,且你们并不完全放心地认为他有罪,就应当倾向有利于他的一边,宣布他无罪。"类似地,在1784年的一起审判中,法官告诉陪审团:"如果你们脑中有任何悬而未决的疑点,感觉有任何一丝怀疑或权衡,你们要知道,最安全的一条路,也是最能令你们接受的一条路,就是倾向于宽容和仁慈,宣布他无罪"。[8] 在老贝利法院十八世纪八十年代的档案中,也有许多类似的案件,其中一些明确使用了"合理怀疑"一词。[9]

无罪推定的关键一步同样可归功于加罗。1791年,在面对法官的发言中,他间接地告诉陪审团,"所有看热闹的人都应当回忆起来,每一个人在被证明有罪之前都是清白的"。他这么做当然是为了让陪审团以为无罪推定是一项已经确定的法律原则,但这的确是我们第一次在法庭记录中正式见到这种说法。不论实际上是不是加罗提出了这个命题,人们愿意归功于他,显示了他对审判程序和保护被告权利方面所产生的巨大影响。

在批评者眼中,以辩护律师和敌意地盘问证人为重心的审判制度导致了恶劣的后果,其中之一就是审判放弃了追求事实(好像实际上它曾经是这么做的一样)。在辩护律师主导程序的情况下,这更像是一场律师之间的决斗。不像纠问式的审判程序,辩护者们关心的不是查明事实真相(尽管事实可能顺便被揭露),而更关心对某一个具体被告的指控是否站得住脚。

辩护制度的兴起,不可避免地引起了另一个法庭审判程序的重大变化——审理时间。在十八世纪,审判是以精确到分钟来计算的。但今天陪审团审判很少能在一天之内结束,有不少案件的审理甚至要持续几周、几个月或者更长时间。这在相当程度上也是加罗和同伴们留下的遗产。他们通过创造性地使用证据规则和攻击性地提问,成为法庭中的明星人物和主角,并以此迫使检察官也采用类似的技巧和策略。对抗式的审判体系就这样诞生了。

当然,只靠一个人的心灵手巧不可能改变刑事审判的基本制度。所以令人好奇的是还有什么因素促成了这种改变?詹姆斯·菲茨詹姆斯·斯蒂芬爵士在1883年认为,刑事审判制度中最为卓越非凡的变化,是在重罪案件中逐渐放松了禁止律师辩护的规定,而这同样也是最为令人好奇的变化。[10] 对抗式审判制度的火车头是如何启动的,虽然已经有很多解释,但至今仍不甚清晰。议会并没有干预这一进程,审判中也没有明显的里程碑式的案件。法官打开了一扇大门,大律师(尤其是在老贝利法院出庭的大律师)"……一直讲着和威斯敏斯特厅不同的语言",[11] 就从这扇大门汹涌而入。这一切发生在十八世纪中期并非巧合,当时启蒙运动正值高潮,而工业革命带来的转变也绝不局限于经济领域。

十八世纪英国思想界充斥着严谨甚至怀疑论的气氛。当时的思想领袖、苏格兰哲学家大卫·休谟(David Hume)强调通过直接经验获得知识的重要性。诸如皇家学会一类的学术机构也热烈拥护和普及科学方法论。以加罗为代表的一代人将怀疑一切视为本能,他们质疑所有知识,并希望用证据和实践去验证它们。

此时,权利已经不再是君王和贵族私享之物。工业革命期间,参与商业诉讼的律师已经习惯于谈论知识产权和矿权等形成于普通公民身上的权利。这些概念也进一步渗透到了刑法领域。他们的刑事律师同伴在刑事审判法庭中将这些权利发展成了更加醒目和惊人的概念:被告也拥有权利——保持沉默的权利、无罪推定的权利,诸如此类。刑事案件的被告终于不再是被动地等待司法程序决定自己命运的羔羊，而是带着权利主动参与其中的一分子。[12] 这样的一分子需要大律师来支持自己的权利。时势造就英雄，加罗在这个时代能够大获全胜，是因为时机已经成熟。

尽管加罗在法庭上天赋异禀，而且是对抗式审判发展的重要人物，但他的光芒在当时依然被另一个更伟大的人物所遮蔽。这就是他的密友、同事和竞争者托马斯·厄斯金。和加罗不同，厄斯金能够直接向陪审团发表详细的意见，他和加罗一道，堪称交叉盘问和辩护艺术领域的两座高峰。[13]

第 22 章

西塞罗之舌:托马斯·厄斯金

这是留给天才厄斯金的事情,只有他才能将新的光芒倾泻在法庭之上……让他们激动不已。他充满激情地恳求,"将你们的心交给我!"铿锵有力的表达使陪审员不得不展现同情。他们在这伟大的魔法面前,任其摆布,举手投降。

——威廉·汤森:《现代国家审判》

加罗和托马斯·厄斯金都来自苏格兰,都在林肯学院接受训练并获得律师资格,都在美国独立战争和法国大革命这段时间崭露头角。厄斯金才思敏捷,魅力超群,与十八世纪崭新的政治思想琴瑟和谐。驱动加罗向前的动力,也许大多只是个人的雄心,他在特质和行为上都比较倾向保守主义。但厄斯金不一样,在漫长的职业生涯里,他从始至终都无私地将自己的才华奉献给了为启蒙思想和自由辩护的伟大事业。与他基本同时代的政治家亨利·布鲁厄姆(Henry Brougham)专门写过赞颂他的文章,[1] 首相约翰·罗素(John Russell)也毫不掩饰对厄斯金的赞赏,称他为"西塞罗之舌,汉普登之魂"。[2] 一位现代法学家认为,他是"获得英格兰律师资格的人中最伟大的一名辩护律师,没有之一",[3] 即便置身在古代先贤中也有立足之地。就连坎贝尔(John Campbell)勋爵这种在褒奖别人方面出名吝啬、被大法官传记称为"为死亡增加了一分威胁"的冷酷之人,也对厄斯金的美德赞誉有加:"人类也许要再经过很多代,才有能与他匹敌的人……作为一名法庭上的辩护人,我坚持认为他是前无古人的。"[4] 如今人类已经走过了很多世代,期间有许多优秀的辩护人崭露头角,但还没有任何人超越他。如果说英格兰法律中只有一位英雄的话,那非托马斯·厄斯金莫属。

厄斯金出生于1750年。他曾在圣安德鲁斯大学就读,之后陆续加入过海军和陆军。厄斯金能够决定踏上律师执业之路,与1774年时一位法官对他的引导密不可分。一天,他身着军服闲逛时,看到了自己驻地的巡回法庭正在开庭。担任法官的正是首席大法官曼斯菲尔德。曼斯菲尔德注意到了这名衣冠楚楚的年轻军人,邀请他与自己一同坐在审理席,以便他更好地观察和理解审理案件的程序。厄斯金越看越觉得自己能做得比面前这些律师更好。在这天结束之前,他的人生方向就被决定了。第二年,他作为学生加入了林肯学院,并随后获得当时执业领域内的杰出人物、中殿学院弗朗西斯·布勒爵士的垂青。布勒爵士年少成名，此后不久就成为王室法律顾问，并在1778年三十二岁时就成为王座法院的一名法官。[5] 厄斯金穿插着在剑桥大学三一学院学习了一段时间。1778年，他在林肯学院获得了律师资格。

厄斯金决意踏上法庭辩护的舞台，则又是另一次机缘巧合。某日天降大雨，他临时到一位名叫埃利斯的人家中避雨，并在主人的邀请下一起用餐。当天他并非唯一的客人。那天饭桌上讨论的主题之一是格林威治医院的行政腐败问题。这些腐败行为最近刚被曝光，桑威奇伯爵作为海军第一大臣，在此事上受到了副总督巴利（Thomas Baillie）船长的激烈批评。由于这起事件，巴利被停职，随后以刑事诽谤之名遭到控告。桑威奇在此事中一直身居幕后，但不断唆使其他同样受到诽谤的人采取法律行动。厄斯金当场毫不掩饰地表达了反感和反对桑威奇腐败专断的意见。但他不知道的是，巴利本人也是当天的客人之一。一方面是欣赏厄斯金的态度，另一方面了解到厄斯金曾在海军服役，巴利决定让厄斯金成为自己在威斯敏斯特厅的辩护人之一。[6]

1778年11月，这起案件首先被交到曼斯菲尔德和其他两位法官手中。他们首先进行初步的审查，以判定指控的事实是否在法律上构成应当进行实质审理的正式案件。[7] 厄斯金是最后一名发言的辩护人。他的前辈已经对着法庭发表了一整天冗长而乏味的意见。现在终于轮到这位年轻的新手站出来吸引法官们的注意。他情绪激动地表示，如果这个案件不涉及那些最基本的原则，他本可以置之不顾，全部留给其他律师处理，但"目前仅仅以批评滥权为由，就将一名英国人送上审判席，这是严肃而危险的情形，它将让滥权持续对正常的批评产生威胁。我无法在这种情况下放弃自己伸张正义的高贵特权，也不会放弃做出任何一丝微小贡献的机会去表达我对这起令人深恶痛绝的指控的反感。"⁸ 厄斯金直陈医院的管治腐败，并指名道姓地称桑威奇为罪魁祸首。曼斯菲尔德此时打断了他，制止了这名年轻的辩护人在桑威奇缺席的情况下对他进行攻击的做法。但即便曼斯菲尔德发话，厄斯金仍然没有因让步而闭口不语：

> "我知道他没有正式出现在法庭……但我会把他带到这里。我将把策划这场不公和在暗地里推动的幕后主使拉到光天化日之下。如果(桑威奇伯爵)继续让这名受伤的人停职，或者胆敢把停职升级成解职，我届时将不再有任何顾虑。我会宣告他是这些罪行的共谋者，是一名无耻的压迫者，他背叛了自己的责任，让自己的职位蒙羞。"

厄斯金知道曼斯菲尔德会"根据法律作出判决"。他毫无疑问会尊重判决结果，甚至他也认为巴利船长的"功勋言论"是"与这个国家的法律格格不入"。

> "但我毫不犹豫地认为，现在正是最关键的时刻，每一个诚实正直的人都应当离开一个已经不能让自己安全地为公众履职的国家。这里放纵残忍和不义，并以此攻击美德；这里的恶行纵横于正义的法庭，却不会受到任何谴责与惩罚。"⁹

正如厄斯金所言，"所有目光都集中在自己身上……他所迸发的每一个字都被急切地记录下来……呼吸仿佛全部停止了，每当他停止讲话，四周就寂静到连一片雪花掉落下来都能真切听到"。厄斯金对于不列颠司法的信心没有被粉碎——巴利最终被释放，厄斯金则广受崇拜。人们问他为何敢在曼斯菲尔德面前蛮勇地站出来时，他简单地表示："我想我听到了我的孩子们在长袍下拽着我，对我大声疾呼，'就是现在，爸爸，是给我们面包的时候了'。"¹⁰ 他的孩子们再也不需要为面包短缺发愁了。

厄斯金没有沽名钓誉,也没有把自己的晋升前途看得比廉洁正直更加重要,否则他也不会在 1780 年的暴动后为戈登勋爵辩护。这不是一时冲动,只是他的习惯。二十年后,他服务于自己执业生涯中遇到的最为声名狼藉的一位客户,此人便是激进分子和共和主义精英:托马斯·潘恩。

潘恩是一名贵格会信徒。他在遣词造句方面极具天赋,常能以简明扼要的表达吸引听众,是当时最具影响力同时也最令人生畏的写手。他是美国独立战争的宣传者,又是法国大革命的拥护者。他分别于 1791 年和 1792 年分批出版了自己的著作《人的权利》。这部书被认为是对埃德蒙·伯克《法国大革命反思录》一书的回击。一年多前发生的法国大革命像一颗手榴弹,炸得英国政坛鸡犬不宁。出于对海峡对岸所发生一切的恐惧,以及担心惨剧在英国重演,伯克似乎很快就背叛了他对大西洋彼岸革命的支持立场。于是,潘恩向这位自己曾敬称为"全人类朋友"[11] 的老伙伴发起了进攻。更过分的是,他同时把自己的祖国也当成了炮轰的目标,大加鞭挞。在潘恩看来,世袭君主就是暴政,不能成文的宪法皆为虚幻,就连法律也都残暴而专横。神圣的《权利法案》不过是"一堆记录着邪恶和错误的废纸"。他试图为英国呼唤一份新的宪法,这部宪法不基于财产权和先例,而是依靠基本原则。这些都是伯克深恶痛绝的。伯克凭借敏锐的直觉,回应说这本书只能"通过刑事审判"来反驳。[12] 他一语成谶。

法国发生的一切改变了不列颠对革命的态度,他们逐渐从同情者变成了怀疑者。政府觉得是时候采取行动打击托马斯·潘恩这种奸细和叛徒了。他用自己的书煽动了底层群众——伯克所称的"乌合之众"——让"雅各宾派"的思想在这些人中间广为流传,没有人比他更应该为此负责。法国大革命的胜利在谢菲尔德激起了街头庆祝游行,不列颠的流行画报安排伯克骑在了一头猪上。[13] 1792 年,潘恩以煽动性诽谤的罪名受到指控,他前往巴黎,等待十二月这场对自己的审判。在法国,潘恩成为国民公会的一员。他决定明哲保身,拒绝出席审判,因此审判将会缺席进行。理论上,他仍然可以获得辩护,但前提是有哪位大律师敢冒天下之大不韪,顶着被人们视为撒旦喉舌和必败的危险为他发声说话。

厄斯金收到了让他承担这项工作的请求。人们警告他,这样做后果严重,但他仍然同意了,"按照上帝的命令"[14] 接受了委托。审判在市政厅的王座法院进行。[15] 当时,在福克斯爵士敦促下,1792年《诽谤法》刚刚获得通过,但仍然处在争议之中。根据这部法律,陪审团现在有权决定什么样的行为才算是诽谤。这项改革有相当部分也要归功于厄斯金——他在六年前"圣亚萨大教堂主持牧师案"中为此做过努力。但与上次不同的是,潘恩案有一个特殊的陪审团,这些陪审员被限制为只能来自于富裕和受过良好教育的阶层,他们都已经有了定罪的念头和倾向。厄斯金没有气馁,他使用了一个以后在他执业生涯中屡试不爽的策略:将那些指控者们拉进他们自己当前指控的犯罪泥潭。为了给潘恩辩护,厄斯金必须首先处理伯克的问题。他仔细挖掘了伯克早期的著作,用此反对其晚期的观点。厄斯金从这些早期著作中引用了大段文字,证明伯克在美国独立战争一事上的观点和被告潘恩非常类似。那么是什么发生了变化?发生变化的显然不是潘恩。当他下笔写就《常识》而激励美洲人民奋起反抗宗主国的时候,他就是一名共和主义者。[16] 那本书中的原则和批评意见,与《人的权利》一书并没有差异,况且此书可以在伦敦的每一间书店自由出售。伯克并没有谴责《常识》一书的内容,也不害怕它的出版。简而言之,潘恩一直诚实地坚持自己的信念,但伯克没有。

这不失为一个好的辩护策略,但对伯克来讲可能不太公平。伯克一直固执地坚持着自己的原则。他坚定地相信公民自由根植于英格兰大地(例如陪审团审判、不受任意监禁和非法逮捕等),这些自由经过了数个世纪的打磨,成为美好和公正社会的标志。他欣赏这些有形的自由,而非无形的人权。他憎恶滥权,无论它来自于庙堂还是暴民。他反抗不受限制的多数人暴政。他偏爱"强健的、符合道德的、受到约束的自由",这种自由受到"平等的约束",即某一个个体的自由不能侵犯其他人的自由。自由"不过是正义的另一个名字,它由智慧的法律确认,并受到结构完好的制度的保护。"实际上,英格兰人所珍视的"最神圣的权利"并不是由抽象的原则推导出来的,而是"通过继承"得来的。从柯克到布莱克斯通,伟大的法律先知们"勤勉地证明着我们的自由血脉"。因此,当宗主国自负的政府压迫殖民者,迫使他们反抗的时候,他坚定地拥护殖民者们的自由。

伯克并不赞赏那些写在《独立宣言》前言上的所谓"事实",但他坚决反对那些美洲自由的威胁。这种立场和他对法国大革命的批评并无实质区别。伯克认为,法国大革命是根据"形而上学的抽象原则","把所有关系……全部剥得一干二净",追求摧毁所有事物和所有人。其中"人的权利"的概念只有抽象意义,并且和一个社会必要的秩序与法律背离,将会导向——也必然导向——暴政和恐怖。[17] 厄斯金一定认同其中的大部分观点,他也同意英格兰宪法中最基本的权利,是有权在一个公平公正的法律制度下生活和有权获得正义。法律保护人们不受暴君的压迫,同时也不受革命的压迫。没有正义就不可能有自由。

尽管他的表现是一流的,最终仍然徒劳无功。在厄斯金开始工作之前,陪审团就早已决定了判决的结果。他们不需要任何辩解。潘恩被定罪并随即被流放。厄斯金不光输掉了这起案件,而且声誉扫地——因为接手这起案件,他丢掉了自己威尔士亲王总法律顾问的头衔。任何一位稍存顾虑的人,都会希望拒绝这颗烫手山芋而保住自己的头衔,但厄斯金不是。辩护是他的职责,即便是——尤其是——为了那些已经被大家放弃的人。正是在潘恩案中,他向陪审团们发表了一份对英格兰辩护制度和法律制度的嘹亮颂歌:

> "哪怕冒着一切危险,我都将永远坚持英格兰律师的尊严、独立和正直。离开这些品质,英格兰宪法中最宝贵的司法公正将不复存在。当一名律师被允许按照自己的意愿,决定是否坚守工作职责,是否站在皇冠和被告之间的时候,英格兰的自由也就走到了尽头。如果一名辩护人因为自己对于指控或辩护的态度而拒绝辩护,他就将自己视为了法官;在判决宣告前的任何一刻,律师都不能这么做;他会将与自身等级和声望相称的却也许是错误的意见,强加于针对被指控者的天平之上。英国法律制度中仁慈的原则,是作出有利于被指控者的假设,这种原则甚至要求法官都应该站在被指控者的一边。"[18]

幸运的是,凭借着自由和法治,在十八世纪最后二十年,当英格兰的统治者们最偏执的时刻,厄斯金也到达了自己影响的顶峰。统治者们有充足的理由担忧。伯克的预言正一步步成为现实:大革命最终带来了遍地恐怖。1793 年 1 月 21 日,法国人将自己的国王斩首,并在十天后向大不列颠宣战,引起了暴动和叛乱。之前播下的种子似乎终于找到了肥沃的土壤。在英格兰,仍然有一大批对革命理想直言不讳的支持者,他们是一支潜在的第五纵队。而另一些人则担心,如果法国人和他们的友军获胜,自己也将会被土生土长的雅各宾派咆哮着拉上断头台或绞刑架。当时的首相威廉·皮特(William Pitt)用尽一切办法镇压叛乱、缓和恐惧,但为了实现这个目的,他又不得不冒险采取人们本来就害怕的手段,将英国人引以为傲的自由开膛破肚。在这一系列被称为"血腥阴谋"或"英格兰恐怖"的局势中,政府身上的缰绳被松开了,它们对言论自由和结社自由进行了空前绝后的攻击。

图 12　托马斯·厄斯金一位来自苏格兰的英格兰史上最伟大的辩护律师,拥有阿波罗的外表和西塞罗的口舌。

1793年,一场猎巫行动开始了。国家从上到下的激进分子、煽动者、出版商和书商都被逮捕和投入监狱。个人面临的危险已经足够吓人,但暗中潜伏的阴谋家们所带来的恐怖更甚。大众组织如雨后春笋一般建立,宪制变革的主张受到热烈拥护。其中的成员们将法国大革命视为标杆,鼓掌欢迎革命跨过英吉利海峡。这些都是藏在不列颠内部的鼓吹革命的敌对势力。大量的线人被安插在这些巢穴之中,他们为了多获得奖励,向政府反馈夸张的报告,使得政府过高估计了这些组织的影响,以及人们对于共和制度的同情程度。[19]

1794年5月22日,《人身保护令法案》在一个半世纪以来首次被暂停执行。六天前,人们在爱丁堡发现了私藏的武器,它们被计划用于一场叛乱。这场叛乱由一位名叫罗伯特·瓦特(Robert Watt)的商人策划,但整个计划都杂乱无章。暂停执行的理由就写在《暂停人身保护令法案》的序言中。"一场叛逆和可憎的阴谋"已经成型,意图"颠覆现存的法律和宪法,将最近在法国盛行的无政府状态以及混乱带入"。议会看到法国国民公会的恐怖状况,决定通过这部暂停法案。"雅各宾分子"福克斯试图阻止这项法案通过,但他能召集起来的议员一共只有二十八位。在这个微弱的反对派当中,就有厄斯金的身影。伯克尽管也承认这项法案"当然也暂停了我们的自由",[20]但最终在这场自己的议会谢幕演出中投下了支持的一票。

其实政府在法案通过前就开始行动了。5月12日,政府逮捕了一位名叫托马斯·哈代(Thomas Hardy)的鞋匠。他是伦敦通信协会的秘书。这个协会主要由工匠中的激进分子组成,拥护议会改革,呼吁更广泛的公民权利,相对而言是一个几乎无害的组织。在此之后,又有大量其他人被捕,包括哈代的同事约翰·塞尔韦尔(John Thelwell)以及另一个类似组织(宪法信息学会)的成员约翰·霍恩·图克(John Horne Tooke)。他们被关押在钟楼,既没有正式指控,也无法获得人身保护令的救济。同时,在爱丁堡,瓦特以叛国罪被定罪,即将被处以死刑。九月,伦敦的激进分子也被指控犯下严重叛国罪。此时,严重叛国罪的定义已经被大幅扩张,但这种扩张并非来自议会,而是来自政府的律师。所有胆敢建议加强民主权利或者议会改革的人都被视为叛徒。尽管他们表面上的目的仅仅是呼吁改革,尽管他们没有任何一项单独的行为够得上叛国,但组合在一起就在整体上构成了要颠覆法律和宪法的"不忠的阴谋"。在戈登案件中用来指控他的"推定叛国"再一次出现在法庭上,接受法庭的审查。许多人认为,这种指控过于严重,但政府有许多方法解决人们的此类焦虑。特别陪审团再次启动,以确保获得正确的裁判结果。政府期待陪审员们乖乖听话,就像潘恩案中的特别陪审团一样,认定这些直言不讳的激进分子们"图谋杀死国王"。

为潘恩辩护的律师再一次为这群 1794 年的被告辩护。这群人一旦被定罪,不仅他们自己性命难保,政府还会用同样的方式进一步处理手中其他八百多名嫌犯。厄斯金和他的雄辩之术再一次挡在了英格兰和注定的命运之间。他要挫败首相皮特压制异见和反对改革的企图。

接受第一场审判的是托马斯·哈代。审判于 1794 年 10 月 28 日在老贝利法院举行。审理法官包括高等民事法院首席大法官詹姆斯·艾尔(James Eyre)爵士、弗朗西斯·布勒爵士等。[21] 加罗是检察官之一。希斯罗过去所有的刑事案件都在一天内审结,但这场马拉松审判却史无前例地持续了九天,只在周日进行了短暂休息。厄斯金将检控方的证人一个个驳得体无完肤。其中有一位名叫亨利·亚历山大的证人明显是政府安排的间谍和告密者。他陈述证词时只会按照已经准备好的笔记本宣科,而且还不时凝视着法庭的天花板,仿佛在寻找着什么灵感。厄斯金充满讽刺地怒吼:"全能的上帝!在一个重罪叛国的案件里,靠着笔记来回忆,这个证据简直太好了!"这场审判显示了辩护律师的重要性。如果不是厄斯金参与了交叉盘问和辩护,又有谁能注意到这些明显被污染和虚构的证据呢?盘问持续了五天。尽管法官艾尔在此前的大陪审团程序中指示陪审员们要对哈代及其同伙们定罪,但审判时他却显得非常公正,很有可能是在审判过程中基于指控事实而改变了自己的想法,尤其是在聆听了厄斯金的公开发言之后。

215   厄斯金有说服法官和陪审团的力量。他把雄辩和逻辑、激情与说服融合在一起,直指案件的核心。为了消除戒心,他站在检察官的立场上,先将不列颠的宪法夸赞一番,并为法国因大革命而陷入无政府混乱而深表惋惜。法国的例子清楚地证明,检察官的所作所为至少在表面上将大不列颠从"民变的灾害事件中"挽救了回来。但是,将哈代定罪不仅不能进一步挽救不列颠,反而会让整个国家陷入"野蛮状态",届时"所有法律提供的保护都将被废止和摧毁",再也没有人能够说"在这样一个惊慌和恐怖的体系下,自己的生命、自由、尊严或者任何作为人类的幸福,可以受到哪怕一时一刻的保障"。[22] 检方的指控一旦成立,对不列颠造成的伤害恰恰正是如今王室试图阻止的伤害。他在辩护中提出,这些激进组织所鼓吹的革命只是理念,而不是暴力的行动。他引用了伯克早期大量批评议会压制民众的著作,警告陪审团"小心把尖锐批评议会的言论当成是背叛国王的决定性证据"。厄斯金辩称,"人们可以发表'每个人都有选择他们政府的权利'的观点,但同时不追求推翻自己的政府"。他在总结陈词时,用近乎沙哑的低语,警告和督促他的听众们,不要召唤出自我毁灭的魔鬼,也不要"在这里树立一个如果发生在其他国家我们会深感遗憾的榜样",而应该珍惜"我们祖先留下的古老而珍贵的法律"。[23] 这番总结获得了雷鸣般的掌声,但人们到底是由于被内容感动,还是因为终于结束而解脱就不得而知了。

这番话确实起到了作用。又经过了三天的辩护证据展示,以及发表了数不清的意见和总结,11月5日星期三,陪审团们交上了一份无罪裁决。陪审团主席在递交裁决后一度昏厥过去。哈代和厄斯金被带到街头,人们欢庆胜利。自威尔克斯胜利后,人们就再未如此庆祝过。

第二起审判于11月17日周一开始。艾尔再次担任法官。[24] 被告是约翰·霍恩·图克。他曾经做过牧师,在威尔克斯的感召下变得激进。他的激进方式非常有英格兰特色。他曾将乔治三世和罗马暴君尼禄相提并论,但同时保持着对君主立宪的支持。他虽然欣赏法国人的勇敢革命,但同时谴责罗伯斯庇尔(Maximilien Robespierre)和他所带来的恐怖气氛。他认为,不列颠的情况要好上许多,类似的变革能够以和平的方式实现。图克曾经和当权者们发生过激烈的冲突,1765年他写了一本名为《一位英格兰人的请愿》的小册子,攻击曼斯菲尔德勋爵本人。厄斯金厚着脸皮,再次引用了伯克的旧文。他甚至传唤伯克本人到法庭作证,但最终作罢,因为引用年轻伯克的话显然比质问年老的伯克更加明智和安全。伯克抱怨:"图克和他的律师竟然冒失地传唤我上庭作证,这种恶意的做法让我苦等了好几天,但最终他们还是出于谨慎而没有让我出庭。"[25] 但是,厄斯金仍然传唤了首相威廉·皮特出庭作证。许多人问他,"还有哪个国家,能让一名恭谦的囚犯强迫国家首脑将自己与国外作战的事情丢在一边,而像其他人一样踏进狭小的证人出庭席呢?"[26] 咬牙切齿的首相皮特最终不得不承认自己也是"有罪"的,因为他早年也拥护过改革,而这些改革措施如今已被他视为叛国行为。皮特承认,在十八世纪八十年代,他也和图克持有类似的观点,并且参加过相关的会议。这是一场毁灭性的坦白。艾尔指示陪审团作出无罪裁决,陪审团听从他的建议,仅用了八分钟就递上裁决。

当年第三起案件审判的是煽动分子约翰·塞尔韦尔。在厄斯金的雄辩和自信的保护下，他同样被无罪释放。这名勇敢而莽撞的被告试图亲自向陪审团们发表长篇大论，觉得不这么做自己肯定会被定罪。但厄斯金坦率地告诉他："如果你这么做了，一定会被绞死。"[27] 塞尔韦尔慎重考虑之后，最终决定放弃。第三起胜利终于确保拯救了其他数百起等待审判的嫌犯的性命。政府作出了让步，避免了被进一步羞辱。

感谢英雄厄斯金付出的努力，艾尔法官的公平公正和陪审团的独立。普通法和法律保障的自由再次得以确认，改革者们的性命也得以保全。厄斯金"用力敲响了自由的鸣钟，它的回声一直不间断地回荡"。[28] 他在一系列案件中获得了胜利，但这种胜利和这些案件的宪法意义相比，几乎微不足道。霍兰德法官这样评价他：

> "他在 1794 年一系列案件中优异的表现，是在当时急剧升温的政治暴力环境下发生的……如果霍恩·图克和他的同伴们因为推定叛国而被定罪，离这个国家另一批人遭受同样命运的时刻也就不远了。尽管我们的政体在方向上和罗伯斯庇尔完全背道而驰，但届时一个同样充满复仇和迫害的、毫无仁慈的政治制度将会被打造出来。从这个角度，我相信我们主要是受到了厄斯金卓越天才的保护。"[29]

厄斯金继续着他的传奇，又获得了数不清的胜利，并最终担任了大不列颠上院大法官一职。他不光是一名伟大的雄辩家，还是一名优秀且充满创造力的律师。在晋升为贵族时，他选择将"陪审团审判"这一简单而有力的词组作为自己的贵族徽章格言。尽管他的雕像一直矗立在林肯学院的图书馆，但如今这位先生的名字已经几乎被历史埋藏了大半，即便在法律圈内也是如此。他不仅是英国历史中最伟大的一名大律师("法庭雄辩的大师"[30]),而且是法庭见过的最为坚韧顽强的自由拥护者。律师总是同行相轻,但他们绝不会用这种态度对待厄斯金。这群毫不谦逊的同伴都认可厄斯金的出类拔萃,并为其在伦敦的法律心脏竖立了纪念石碑。英格兰应当像感激《大宪章》那样感激厄斯金。

以加罗和厄斯金为先锋,他们开创的这套崭新且更加公平的对抗式审判制度将会移植海外,被半个世界采用。不是所有的执业者在交叉盘问时都能够达到先贤们外科手术般的精度,有一些未经严格训练的律师只会花言巧语,让高级的修辞显得矫揉造作。但不管当时和现今受了多少批评,这套制度被许多英国殖民地接受,也被新生的美利坚合众国采纳,并远远跨出了帝国的疆域。就在过去的二十年里,拉丁美洲的一些国家亦开始采纳对抗式的审判制度。这是英格兰最好且最仁慈的出口产品之一。

第 23 章

自由乐队的指挥:亨利·布鲁厄姆

我站在这里,将完整的普通法带给你们……指出那些自建立以来就一直存在的,或因时间产生的瑕疵,同时也带来恰当地修补这些瑕疵的方法。

——亨利·布鲁厄姆 1828 年 2 月 7 日在下议院的发言

(*EHD*, XI)

218 　　在加罗加入林肯学院,同时也是厄斯金离开林肯学院的那一年,伟大的普通法三人组中的最后一位出生了,他就是亨利·布鲁厄姆。亨利的父亲是英格兰人,母亲是苏格兰人。他出生并成长于爱丁堡。这里是启蒙运动的知识中心。他在这里的皇家高中和大学就读,学习了数学、自然科学和法律,并在 1800 年加入律师公会。短暂地执业后,他于 1803 年加入了林肯学院,并在五年后获得了英格兰的律师执业资格。

　　他是激进刊物《爱丁堡评论》(*Edinburgh Review*)的创刊者和主要撰稿人。他激烈地反对蓄奴,受到了伦敦辉格党领袖们(尤其是格雷爵士和福克斯)的热烈欢迎。他全身心地参与了威尔伯福斯(William Wilberforce)的反奴隶贸易运动,并写了不少宣传册支持这项事业。

　　他成功地为约翰和利·亨特(Leigh Hunt)进行了辩护。这两人曝光了英国军队中广泛存在的严重鞭刑,并因此受到指控,指控的罪名是煽动性诽谤。1811 年 2 月,审判在王座法院进行,由首席大法官埃伦伯勒(Ellenborough)男爵主持。案件的检察官是在未来将要担任首席大法官的维卡里·吉布斯(Vicarg Gibbs)。[1] 在对陪审团的陈述中,布鲁厄姆告诉陪审员,他们要决定的并不仅仅是那篇具体的文章是否邪恶,而是一个更普遍的难题:"你们现在要决定的,是英格兰人是否仍然享有自由地讨论公共措施的权利。"埃伦伯勒勋爵深深地被布鲁厄姆的"能力、刚毅和雄辩"打动,但并没有被他说服。法官告诉陪审员,他自己"确信,这些诽谤言论是带着嫁祸他人的主观恶意而发

219 表的"。但令布鲁厄姆都深感意外的是,陪审员们没有听从法官的指引,他们宣布两名被告无罪。布鲁厄姆在苏格兰的好友约翰·默里兴奋地对他说:"对诽谤的指控已经做得太过火了,这是一个非常好的狙击目标。你是自厄斯金以来第一位成功辩护的律师,这可比任何政府部门的奖赏都要珍贵多了!"[2]

这个故事还有一个尾声。1812年12月,布鲁厄姆再次为亨特辩护,这次指控他的罪名是诽谤摄政王乔治,指控他的检察官是副检察长威廉·加罗。布鲁厄姆在庭审后抱怨说:"加罗这次的样子完全不同,看上去胆小怯懦,说十个字就停下来,然后等着我继续。所以他一直只是回复我的意见。"但加罗的这个策略却产生了很好的效果。尽管布鲁厄姆倾尽火力"朝着王子开火",但最终仍然输掉了案件。[3]亨特最后被处以两年有期徒刑。

闪闪发光的政治生涯同时也在吸引着布鲁厄姆。1810年,他被选为卡姆尔福德的议员。卡姆尔福德是当时的"腐败选区"(rotten borough)*之一,受贝德福德公爵的控制。他进入议会后,很快崭露头角,利用自己的雄辩之术在这里大放异彩。1811年,他成功地提出了一份《奴隶贸易重罪法案》(Slave Trade Felony Act)。这份议案一旦获得通过,将为此前废除奴隶贸易的法律提供有力支持,任何监禁或者贩运奴隶的参与者都将以重罪受罚。他代表和献身于奴隶贸易议题的激情与意志从未消退。在议会,他用自己的雄辩术吸引观众,支持自己的主张,这种能力也许只有厄斯金才能超越。布鲁厄姆至今仍然保持着不间断发言的记录:他连续说了六个小时。他一度被认为是辉格党的未来领袖。但这人粗糙、傲慢,而且时常以轻蔑态度对待能力较差的议员,并不是一块上佳的领袖之才。他恶言谩骂的超强能力更是为自己树敌众多。当别人屈服或者退让时,他仍然保持一贯的直言

---

* 所谓"腐败选区",是指1688年至1830年间,因选举制度落后于社会变化所导致的选区腐败问题。当时的选举制以1429年英国议会规定的财产权限制选民资格。由于当时大部分选区的范围未重新调整,致使一些原选民人数众多后来大幅减少的选区,仍可按照当时的选举制选出两名下院议员,此类选区当时被戏称为"腐败选区"。权贵们在这些选区通过赞助的方式,在下议院中获取席位。例如在1761年,英国700万居民中仅有25万选民,选民人数不足居民总数的4%。一些人口众多的新兴工业城市未设选区,致使其居民均无选举权。部分如曼彻斯特这样的工业城镇,在下议院内没有一名代表全城的议员,仅有11名选民的老沙伦选区却保有两名议会代表。到了十九世纪,上议院通过《1832年改革法令》,成功消除了57个腐败选区,重新分配国会的选举配额,并将这些配额给予新兴都市。

不讳,不知节制。有一次,首相斯宾塞·珀西瓦尔(Spencer Percival)在下议院大堂内遇刺。刺杀他的是一位名叫贝林厄姆的精神错乱的商人。在这种情况下,布鲁厄姆依然拒绝下议院延期一场重要的辩论,并且谴责法院对刺杀案的速审速判是"英格兰司法中最耻辱的事件"。[4]

和厄斯金不同,布鲁厄姆太过于理智,总是居高临下,让他做一名传统的辩护律师实在有些屈才。只有案件涉及个人和政治自由的宏大原则时,他才会全力以赴,发出惊人的能量。他在上议院这个更加威严的舞台明显表现得更优秀。1820年,他在那里为卡洛琳王后辩护。卡洛琳王后与乔治四世(George IV)的结合是愚蠢、荒谬和轻率的,"它纯粹毫无道理",但同时也是受尽屈辱的。卡洛琳王后被指控通奸,以此乔治四世就可以名正言顺地与她离婚,并剥夺她的王后头衔。为了扫清程序障碍,身为托利党政府的首相,利物浦伯爵詹金森(Robert Banks Jenkinson)专门起草了《严刑惩治法案》,并将其提交到上议院审议讨论。根据程序,案件首先应当由同侪们进行"审判",但实际上审判已经变成了议会辩论的一部分。

辩护最大的障碍,来自于程序内在的根本性的不公。布鲁厄姆要求披露所指控事实的具体时间、地点以及证人的姓名,但均遭到了拒绝。他试图把国王自己通奸和行为不检的证据提交给同侪,但也受到了阻挠。但是,无论如何上议院的贵族们都无法阻止布鲁厄姆对指控卡洛琳王后的证人们进行交叉盘问。这显然具有非常重要的意义。检控方有关通奸事实的最重要的目击证人叫西奥多·马约基,他曾经做过卡洛琳王后的仆人。他的证词非常关键,而且破坏力巨大。如果不能驳倒他的证词,卡洛琳王后必输无疑。交叉盘问开始时,布鲁厄姆"似乎更加高大,看上去就像威灵顿元帅观察到敌方前线的缺口"。刚开始盘问时,马约基对一个问题的答复是"我不记得了(*non mi ricor-*

do)"，而这个答案在后续很多回答中重复出现，甚至在一些如果不是撒谎就根本不会忘记的问题上也是如此。布鲁厄姆嗅到了血腥味，他让自己的表情、姿态和语气都变得恐怖骇人。马约基彻底陷入了混乱和自相矛盾，只能一遍又一遍地重复"我不记得了"——他一共说了八十七次。Non mi ricordo 这句意大利短语也从此流行开来，被用来代称那些收钱撒谎的小人。随着检控程序的推进，王后在民众中的地位和好感随之飙升。[5]

终于轮到布鲁厄姆为王后进行辩护了。他的这场辩护被誉为"有史以来人类口中讲出的最有力量的演说"。[6]作为一份带着专业意见的演说辞，这份演讲记录如今读起来并不易懂，但在当时的影响确实巨大。明托（Minto）伯爵在演讲第二天写信给他的妻子，为之前一份胡言乱语而完全不知所云的便笺道歉，说他还没有完全"从议会有史以来任何人都从未展现过的最为非凡的雄辩"中恢复神智，"他的确掌握着所有最佳演说者的力量和品质"。当时，就连厄斯金自己都受不了了。他曾苦苦哀求上院的贵族为卡洛琳提供一次公正审判的机会。在布鲁厄姆的致辞结束后，他冲出议会，眼泪顺着面颊滚落。他双手捂脸，大声呼喊，说自己连再多一秒钟都无法忍受。[7]在布鲁厄姆的努力下，法案仅仅以九票多数勉强获得通过。为了避免被下院否决的尴尬，这份法案在下院表决前就被撤回。王后和他的辩护律师获得了这场战役的胜利。

审判结果让布鲁厄姆成为整个国家最炙手可热的明星之一。他参与的案件迅速增多。作为一位广受关注的人物，他直到1827年才成为王室法律顾问。没过多久，他就获得了代表国王的机会，并因为参与法律改革而获得更加显赫的威望。1828年，布鲁厄姆在议会下院发表了一场长达六个小时的演讲，内容包罗整个法律体系。他指出了普通法体系存在的缺陷，抨击了司法制度的衰败，呼吁进行大刀阔斧

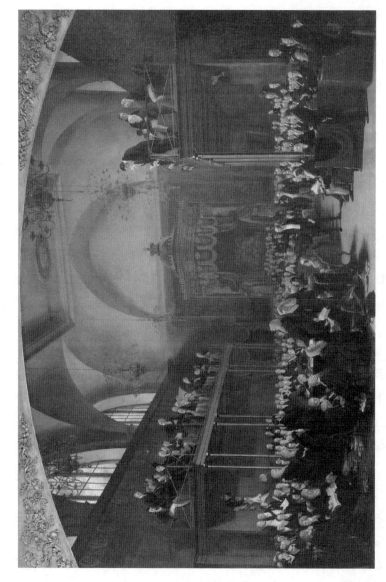

图13 审判卡洛琳王后,布鲁厄姆在法庭获得胜利,展示了华丽的光彩。

的改革。他在结束语中强调,一个伟大法律体系的核心精髓应当是公平、简单和容易运用,他希望锻造出这样一个制度。他宣称,奥古斯都大帝继承了石块垒成的罗马,但留下的是大理石建造的帝都;当今的国王将会比奥古斯都更加骄傲和自豪——如果"他有足够的资格,说自己将昂贵的法律变得便宜,将封存在古书中的教条变得生动,将富人的继承变成穷人的遗产,将一把用来展示技艺和压迫的双刃剑变成诚实者的支柱和无辜者的靠山"。[8]

布鲁厄姆或是告诫或是恳求,软硬兼施,但仍然没有达到目的。但不用着急,他的时代就快要来临,他将在历史长河里留下一个长存的印记。1830年,辉格党人控制了政府,新上任的首相格雷(Charles Grey)伯爵任命布鲁厄姆出任上议院大法官。他成为布鲁厄姆和沃克斯男爵。拥有这个头衔后,他终于可以开始着手进行大规模的法律改革。他"暗度陈仓"地在议会通过法案,在枢密院创设了司法委员会,用来裁定那些在帝国范围内具有重要法律意义的案件。他建立了中央刑事法院,并开始逐渐清理大法官法院遗留下来的污秽腐败。

此外,布鲁厄姆为自由事业也贡献良多。为了支持1832年的《改革法》(Reform Act),他发表了在当时被描述为"人类所不能及"的著名演讲;同时,他坚定地拥护自己长久以来一直珍视的1833年《废奴法》(Slavery Abolition Act)。1834年,辉格党辞职,布鲁厄姆也一同离开了政府。虽然失去了大法官的职位,但作为布鲁厄姆勋爵,他仍然保持了为自由和公平鼓呼的习惯。1836年,他亲眼见证了自己提出的《囚犯辩护法案》(Prisoners' Counsel Act)变成了法律。这部法案赋予了被告授权律师代表自己和允许律师对陪审员发言的权利。[9]1838年,当他听到不列颠的殖民者们阻挠奴隶解放和虐待从前的奴隶时,激动地在议会发表意见:

"奴隶们……所拥有的自由和任何一位英格兰的农民都是

一样的,是的,和在我面前的任何一位贵族也是相同的。我要他获得权利;我要他不受限制地享有自由……我要你们的兄弟们不得再继续践踏和蹂躏这些奴隶。"[10]

把奴隶和贵族的价值相提并论是需要勇气的。正因如此,三十年后他去世时,人们在悼词中将他尊称为"自由大军行进乐队的老指挥"。[11]

第 24 章

平静的篝火:皮尔、公共保护和警察

我希望教育人们,当你的屋子被窃贼团伙抢劫、当伦敦的主要街道在夜晚都被醉醺醺的妇女和无家可归的流浪者霸占的时候,自由是不存在的。

——罗伯特·皮尔 1829 年 11 月 5 日致信韦林顿公爵

(*EHD*, XI)

十九世纪初,一场限制绞刑的运动开始了。塞缪尔·罗米利(Samuel Romilly)、詹姆斯·麦金托什(James Mackintosh)等议员是这场运动的领袖。1819年,麦金托什担任主席的下议院刑法特别委员会倡议降低刑罚的严酷程度,以此提升整个刑事司法制度的效率。他们提议废除或者修正陈腐的法律,修改伪造法,废除死刑在偷盗商铺、民宅和船只以及偷窃马匹、牛羊等行为中的适用。他们认为,与如此严厉的酷刑相比,流放或者监禁也许更加有效。

由于没有专门机构可以有效地侦查和阻止犯罪,严刑峻法所承担的阻吓犯罪的功能就出现了缺失。辉格党的司法改革家大多对警察制度深恶痛绝。他们担心警察将会像一支军队那样成为政府的帮凶,从而导致行政权的扩张并带来暴政。上一次英格兰处于这种暴政之中,还是詹姆斯二世的时候。他因为侵犯自由而付出了王位的代价。在当时的伦敦,维持治安的人员虽然存在,但混乱不堪且效率低下。这些队伍由治安官员、教区执事、教会委员、义务治安员和守夜人组成,配备的装备只有提灯和摇铃。弓街侦探们在主要的大路上巡逻,另外还有一组泰晤士警察和五十名城市警察,但他们各自为政,彼此之间都存在竞争。

1822年,罗伯特·皮尔以内政大臣身份加入内阁。刑事司法体系正处在混沌之中。数量庞杂的法案要么年代久远,要么彼此重叠,令人费解和困惑。人们尝试为眼前的混乱局面重塑秩序。布莱克斯通在牛津举办讲座时,就曾经尝试为完全没有法律基础的本科学生上课,向他们展示在完全不合理的制度和程序下,如何获得合理的结果。但并不是所有的案例都有足够的说服力。杰里米·边沁(Jeremy Bentham)对眼前的局面深感担忧和恐惧,这激励他在若干年之后发表了著名的《政府片论》,其中对布莱克斯通和他的《英格兰法律评论》进行了尖刻地抨击。边沁还以此为源头,构建出了自己有关立法、刑事改革和法典编纂的激进思想,并终其一生都不知疲倦地为这些思想奔走呼号。终于,内政部迎来了皮尔这位显赫的重量级政治家,他与边沁一样持有类似的渐进改革的思想。尽管哲学家边沁时常批评皮尔——边沁一直批评所有人——作为政治家却不能依照基本原则行事,并且在法律改革的事务中畏首畏尾,但"虚弱无力"的皮尔最终靠着实干而非人格魅力取得了惊人成就,并赢得了边沁的敬意。1832年,边沁用一个意味复杂的隐喻,祝贺皮尔终于跨越了卢比孔河,"和我站到了同一个战壕"。[1]

将法律改革得清晰简单并不容易,改革家们首先就要面对如何改善刑罚的问题。皮尔注意到,随着刑事司法制度的现代化,刑罚的严酷程度正渐进式地趋于缓和,但这种变革并非主动形成的。他还注意到,改革者们期待的结果可能要相当一段时间后才会全面实现,所以需要有可靠的制度和措施保护这一进程,而不能仅依靠空洞的口号。皮尔的目标有三个:简化、合并和缓和。虽然三个目标是一起出现的,但排名先后可能也反映了它们在皮尔眼中的重要程度。他在1822年写道,他不认为"合理呼吁降低严刑酷法的观点,与合理为它们辩护的观点有不可调和的差异和矛盾"。[2] 皮尔承认,有些人可能会认为自己过于小心谨慎且行动缓慢,但他坚持认为,在未经过深思熟虑以及未获得司法权威的认同之前,贸然强迫法律框架进行大量持续和激进的变革很不明智。皮尔倾向于稳定且谨慎地放松法律限制,并不是因为他希望保留严厉的死刑,而是在他看来这样可以将自由裁量的权力暂时保留在司法系统内部,让他们留出余地,可以在必要的情况下自行衡量或者干预,直至一系列的法律制度改革都充分显示出效果。在1827年的一次议会演讲中,他为法律改良主义辩护:"如果议会行动得过于迅速,将现有的法律全部推翻,这个国家可能会兴起一股盲目反对的偏见,这种偏见同时也会针对那些保护公众利益的措施;如此一来,改革所追求的正义和人性的伟大目标就会受到挫折。"³ 犯罪案件陡峭的增长趋势也加强了他的这一观点。1809 至 1816 年七年间,刑事案件总数大约为五万起,但到了 1818 至 1825 年,犯罪数量已经上升到了接近十万起;定罪案件的数量从不到三万件猛增到超过六万件;死刑判决从四千起增加到八千起(但实际执行的案件只从五百三十六件增加到五百七十九件)。其中数量上升最显著的都是针对财产的犯罪。

皮尔向议会和公众再次保证,他所追求的绝不是对法律的根本性修改,而是逐渐改善。在皮尔看来,谨慎和靠谱最为关键。在大多数人认同的范围内进行广泛的司法改革,要比冒着遭受反对和失败的风险朝着终极目标强行推进更具有重要意义。因此,为了改良法律的实际效果,他对法律进行了修订而非直接废除。在皮尔的小心推动下,这些变化几乎没有激起任何反对之声。他将入室偷窃的死刑标准从 40 先令提高到 5 英镑,但没有直接废除盗窃罪的死刑,使得这种修改即使在保守的上议院也能够顺利获得通过。他咨询了法官,争取潜在反对者的支持。最重要的是,他激起了人们对自己的信任。

这样做的结果就是,他可以提出一套能统领法律全书中刑事犯罪总数四分之三罪名的综合性法案。在 1825 年至 1828 年间,总计有超过二百七十八部法律被废止或合并。其中九十二部涉及盗窃这一迄今为止亦最为盛行之犯罪的法律被整合到只剩三十页。神职人员特权这一用来中和《血腥法案》的工具终于也失去了存在的必要,于 1827 年被彻底废除。他提出一项议案,建议未来除非某一项重罪被法律明确规定应当判处死刑,否则就只处以七年流放或者两年监禁,该提案也获得了通过。他废止了《沃尔瑟姆黑匪法》,废除了大量犯罪的死刑处罚,其中甚至包括纵火罪和恶意枪击。

图 14 罗比特·皮尔,警察制度的激进创建者,保守的法律整合者。

根据1830年通过的法案,伪造罪仍然应判处死刑。伪造长期被视为一项极为凶恶的犯罪行为,尤其是它会侵害纸质货币这一商业血液。不列颠和革命法国之间的战争牵扯到了英格兰银行,它很快就要将黄金储备消耗殆尽。为了避免黄金枯竭,银行增加了纸币的使用,但由于制作复杂程度不高,为伪造者留下了有利可图的空间。但对于很多小商人来说,由于欠债而在监狱里待一段时间,显然要好过因为伪造纸币而丢掉性命,因此死刑对他们仍然具有相当大的威慑力。

227　　1797年至1821年间,英格兰银行将超过两千名罪犯送上了审判席,其中有十分之一的人被送上绞架。[4] 随着时间推移,陪审团们对判处死刑越来越谨慎,越来越不倾向于判决嫌犯有罪。即便是英格兰银行自己也认为处罚措施应适当减轻,从而提高定罪的比例。废除伪造罪死刑的议案在下院获得通过,但随后被上院驳回。尽管如此,皮尔已经努力规范和缓和了许多与此相关的严刑峻法:当时一共有一百二十部法律管理伪造罪,其中六十部法律都要求判处死刑——这些法律最终被整合为一部,只有六页纸那么长。伪造货币依然会被判处死

228 刑,但伪造同等金额的收据则不再会被处以死刑。简而言之,他让法律变得更加具有可操作性,而不是更加公正。但这是至关重要的第一步,也是其他激烈的改革者都无法做到的一步。截至1830年,法律整合基本上已经完成,但是皮尔却乐观地认为,法律改革和缓和刑罚将会再次出现。此时,在乔治三世与威廉四世(William IV)的法律条文之间有一道明显的分水岭。皮尔追求更加高效的法律和秩序,改革者们在呼吁公正和仁慈。二者最终都逐渐找到了他们各自的出路。

　　皮尔并未就此止步。他回头修订了那些较轻处罚的适用范围。在每一处明显减小死刑力度的地方,都有必要设立一套有效替代的较轻的处罚机制。1823年4月,他反对废除鞭刑,称"所有拥护和主张减轻及缓和严刑峻法的改革者都应当义不容辞地意识到,将较轻处罚的

范围限缩得过于狭窄将会使其成为一个不切实际的实验。"鞭刑的严酷程度要比单独囚禁轻一些。西德尼·史密斯（Sydney Smith）的"开明严峻"对皮尔很有吸引力。他在1826年致史密斯的一封信中表示，监狱给囚犯们提供了正常的饮食，冬天他们的牢房"在外面的人看来甚至值得羡慕"。[5] 这时监狱里囚犯们的居住环境已经大为改善，其舒适程度已经不再是追求让他们在痛苦中忏悔了。

然而，大多数监狱由地方管理，管理标准不统一，甚至根本没有标准。在皮尔看来，这样的杂乱无章显然令人讨厌且不应当继续存在。一名犯了错的囚犯所面对的囚禁环境，不应因他的居住地不同而有所区别。于是，皮尔颁布了监狱的标准化条件。1823年，《监狱法》（Gaol Act）获得通过，它为伦敦内外每一个郡县制定了同一套监狱和感化院的标准。这套标准将由地方法官执行，并由地方税收提供经费。它还提出了一套囚犯分类制度，禁止监狱内饮酒，允许预约外科医生和牧师提供必要的教育和检查，同时还引进了为监狱看守支付报酬和为收容者提供教育的制度。

法律程序也获得了改进。1825年的《陪审团法》（Jury Act）将与陪审团有关的八十五部法律整合为一部。法官的数量也获得了增加。贵格会和摩拉维亚教徒被允许在刑事法庭上宣誓后提供证言。除非是因为作伪证而被判刑，否则罪犯服刑期间也可以在刑事法庭以证人身份作证。许多案件的管辖级别被降低，从每季度举行一次的巡回法院级别，下放到了地方法院。皮尔甚至开始着手改革苏格兰的法律制度。在担任内政大臣期间，简单清晰一直是他竭力追求的目标。

随着血腥刑罚式微，以及告密者们在法庭身败名裂，无论是对罪案的调查能力还是定罪率都应该适当上升，以使法律阻吓犯罪的功能维持在正常水平。此外，根据当时内政部门的"忧虑文件"显示，良好的公共秩序对于当时的新兴经济也非常重要。当时伦敦全城有一百万居民，而皮尔手中只有东拼西凑的数百警力打击犯罪和维护秩序,他们既没有足够的工作动力,也容易受到腐败和贿赂的侵蚀。为了解决这一问题,他国内外多方咨询,积累了大量调研数据,最终决定设立一支平民警察力量。

1822年3月,皮尔在伦敦设立了警察特别委员会,目标是建设"一套与一个自由国家的特点相称的完美警察制度"。特别委员会于1822年6月17日发布了报告,认为"一套有效的警察制度,与这个国家和社会对于完美的行动自由和免受干涉的权利的追求,二者很难调和"。报告的语言虽然克制,但其表达的观点和四年前的特别委员会报告并无本质不同。之前那份报告认为,警察制度的提议"令人反感和厌恶",应当被自由的人民毫不留情地拒绝。[6] 不光是布鲁厄姆这样的激进分子,绝大多数英格兰人都深入骨髓地相信,国家对个人权利的入侵和压迫比无法无天的社会更令人难以接受。一个集中管理的警察队伍,基本和专制独裁相当。

当议会就此问题缄默不语时,皮尔依然坚持不懈。他抓住了历史的潮流。快速的工业化和城市化使得人们对犯罪和骚乱的现实恐惧与日俱增。戈登暴乱遗留下的余烬依然在暗处默默燃烧,并在十九世纪二十年代多次零星爆发,干扰着人们的日常生活。1828年,依然是作为内政大臣,皮尔焦急地呼吁改变陈腐的警察机构。他认为这个机构已经"完全不适合"国家的现状。这些机构不仅缺乏统一,而且无法协调,像碎片一样七零八落。在皮尔的努力下,议会又设立了一个新的委员会调查研究该问题,其中成员主要都由赞同改革的议员组成。他将伦敦城里的财产犯罪统计数字甩在委员会面前。同年七月,委员会按时提交了报告,这次终于建议为首都设立一支警察力量。[7]

这份建议最终带来了1829年的《大都会警察法》(Metropolitan Police Act)。法案设立了一支警察部队,由内政部控制,管理伦敦市中心十英里半径内的治安(但伦敦城不在管辖范围内,它在1839年另行建立了一支类似但独立的警察力量)。这支警察部队该如何塑造,很大程度上都取决于内政部和皮尔。他当时在警察的数量、结构、招录和派遣方面都有极大的自由度。与此同时,他还要说服公众,自己并不是要建造一个警察国家,更没有试图剥夺人们的自由。他向公众保证,"大都会警察"不会成为德不配位者或达官贵人的养老院和避难所,也不会有种姓之分。警察队伍将是一支专业和一视同仁的队伍。而且警察的本质属性是平民的而非军事的,这一点区别对于争取首都人民对设立常备力量维护街头秩序的支持非常重要。"警察就是公众,公众就是警察",皮尔在他著名的《执法的原则》中这样写道。这本书的序言为所有新招募的警察提供了"通用指南"。其中,巡警们被要求"通过礼貌和友好善意的幽默,不分种族和社会地位,迅速为个人提供友善的帮助",从而"维护公众支持"。警务人员被分成了不同的警察部门,一千名警察依靠实际工作成绩获得委任,人们亲切地将他们称为"皮勒"或"博比"。两名治安官(随后被称为警察总监)负责监督,并向内政部门汇报。过去支付给教区守夜人和治安官的费用重新归集为特别警察费,作为警察部门的开支和薪水。部门总部被设在苏格兰场,也就是今天的伦敦警察厅。[8]

尽管皮尔最初的期待只局限于伦敦范围,但他采取的措施陆续被其他地方借鉴和效仿。到了1856年,议会通过了《郡县警察法案》(County and Borough Police Act),所有城市和县城都有义务设置自己的警察部门。这些警察受到统一监督,但由地方具体管理。在总体的统一之中,不乏一定程度的多样和灵活。人们之前有关警察会成为政府压迫工具的担忧逐渐缓解。

治安管理方式的变化也为检控犯罪的方式带来了重大改变。警务部门在1842年任命了第一位侦探。由于警察越来越多地负责侦查犯罪,加上他们本就承担预防犯罪和逮捕罪犯的职责,检控犯罪便自然而然地移交到他们手中。长期存在的自诉制度终于在经历了维多利亚时代的暂时中止后,正式走到了尽头。大多数人欢迎这样的改变,因为之前的制度近些年已经饱受司法部门的资深官员、议会和媒体的攻击。国家最终不仅如过去一样掌握着审判和惩罚罪犯的权力,同时还掌握了检控他们的权力。[9]

皮尔对于这些前辈们所抗拒的改革非常自豪,认为自己的党派所推行的政策一度落后于公众所追求的自由。他在1827年坦言:"我作为托利党一员,乐于见到目前没有任何一部法律与我的名字相关,但刑法的严厉程度已经得到了一定程度的减轻,滥用已经得到了一定程度的阻止,公正执行已经得到了一定程度的保障。"[10] 尽管他拒绝一部成文的刑法典,但他所取得的成就,在广度和深度上都让传统的英格兰刑事法律有了崭新的起点。在最具创造性的警察制度中,他的睿智遥遥领先于公众和议会的观念。这是他最伟大的遗产。

他缓和严刑峻法的工作虽然看上去显得踌躇不前且多为权宜之计,但的确在许多案件中废除和限制了死刑。他仍然坚持绞刑能够带来阻吓犯罪的实际功效。皮尔在1830年短暂地离开了政府职位,辉格党人接手了他的工作。随着他的离职,这些最初也许必要的谨慎方法很快被公众意见甩在身后。继任的辉格党政府随之采取进一步措施,废除了包括伪造罪在内的许多死刑。仅仅过了三年,皮尔主导改革时的涓涓细流就变成了滔天洪水,威胁着皮尔建立和维护的堤坝。[11] 到了1841年,几乎所有的死刑都仅限于严重的暴力犯罪行为,以及鸡奸行为。

警察力量的形成是议会立法的产物。血腥法案、流放、感化院的建立和扩张,以及随后限缩死刑范围也同样都是。与此同时,十九世纪实体刑法的发展更多地是基于司法实践中对具体案件、问题和关切的回应。其中有关精神错乱和紧急避险的法律就是很好的例子,下面我们就要讲讲这些故事。

第 25 章
疯癫与法律

你们英格兰人要欢乐和欣喜
因为你们被无情疯癫的意志支配
当被狗或人咬了要小心被激怒
犯罪不再是犯罪——当他的头脑激荡错乱
　　　　——《迟到的赦免》('On a Late Acquittal'),
　　　　　　　　　　载《泰晤士报》(1843 年)

232　现今仍然留存的另一项法治成就也可以间接地归功于皮尔。1843 年,他开始了自己的第二个首相任期。1 月 20 日星期五,一位来自格拉斯哥的名叫丹尼尔·麦克纳顿(Daniel M'Naghten,在有的记录中叫麦克诺顿或麦克南顿)的年轻伐木者枪击了首相的秘书爱德华·德拉蒙德(Edward Drummond)。枪击发生的距离很近,而且直接命中脑后,造成了致命伤,德拉蒙德在挣扎数日后死亡。多亏了皮尔新设立的警察队伍,要不是第一分队的詹姆斯·西尔维警员及时阻止,麦克纳顿很有可能再开一枪,当场就让德拉蒙德归西。毫无疑问,这是一场有预谋的谋杀,凶手的目标实际是首相本人。但陪审团在法官的积极鼓励下,无罪释放了麦克纳顿,原因是麦克纳顿精神失常,因此其行为不构成犯罪。

　　精神失常在当时已经是重罪案件常见的辩护理由,审案法官们经常面对这类问题。理由能否成立通常取决于法官的自由裁量和陪审团们的判断力。因为既没有成文的法条就此问题进行明确规定,也没有德高望重的在堂法官[1](in banc)曾经对此做出权威性的判决,更缺乏任何有拘束力的先例可以遵循。大多数法官参考的原则来自于 1724 年的"爱德华·阿诺德案"(Edward Arnold's Case)。[2] 该案中,"疯狂内德"开枪打伤了奥斯陆勋爵。法官们指示陪审团,判断精神是否失常的标准在于"被指控者是否完全被剥夺了自己的理解力和记忆力,以及是否知道自己的所作所为与野兽、畜生或婴儿无异"。这个标准也被因此被称为"野兽测试标准"。

233　除此之外,关于刑事案件里精神失常判断标准最重要的权威性论述来自于黑尔的《国王的抗辩》。这本书在他死后的 1736 年出版。尽管这只是一份个人意见,但由于来自于权威并且与柯克的观点呼应,因此一直受到相当的重视。黑尔写道,如果要让一个人完全不承担刑事责任,必须要有"对记忆和理解力的彻底剥夺"。他进而主张:

> "一种精神失常是部分失常,还有一种是完全失常……要精确地定义那条隐形的区分部分和完全失常的界限是非常困难的;它必须取决于法官和陪审团们对环境的充分衡量和考虑:一面是一种针对人类天生缺陷的残暴;另一面是对罪大恶极的极度放纵。"³

黑尔的格言将责任赋予给了陪审团,同时将"部分失常"排除在辩护理由之外。只有"完全失常"才可以。

托马斯·厄斯金再一次出现了。在自己参与的最后一场国家审判——"哈德菲尔德案"(*Hadfield's Case*)——他为精神失常的法律标准和刑事责任标准留下了难以磨灭的记号。这场审判的标志性意义在于,初审法院不仅审查确认了事实,而且制定了精神失常的法律定义。这个定义并不是由法官判决作出,而是来源于辩护律师对陪审团的发言。1800年,曾经服役且记录优良的詹姆斯·哈德菲尔德(James Hadfield)开枪射击国王乔治三世,当时国王正坐在德鲁里巷剧院的皇家包厢。也许出于故意,子弹没有打中国王。这场未遂的刺杀很快告破,凶手被缉拿,演出继续进行,国王也一直待到演出结束。六周后,哈德菲尔德以叛国罪被送到王座法院,由首席大法官凯尼恩及其他三位大法官和一个陪审团审理。⁴ 嫌犯有权自己选择辩护律师,所以他选了厄斯金,费用由公共开支承担。

案件事实并没有任何争议,但哈德菲尔德的精神状态所产生的法律后果却是另一回事。检察官在加罗的协助下,⁵ 采纳了黑尔的判定标准,即此人如果"完全错乱,以至于他根本不知道自己在做什么,并且无法分辨善恶",那么"我们法律的仁慈精神认为他不应当被视为犯罪"。⁶ 检察官很有信心,认为他们有足够的理由证明嫌犯距离上述标准遥不可及。证人的证词显示,事发当日,哈德菲尔德一整天都魂不守舍,举止和言论都像是精神失常的人。他购买了"超精细的火药",向人展示了讨价还价购买来的两支手枪,并且告诉他的理发师自己要去戏院。

厄斯金唯一不愿搭理的证人是约克公爵。他是最早逮捕嫌犯的人之一,并且认出哈德菲尔德曾经作为自己的手下在弗兰德斯担任勤务兵。厄斯金只问了他三个问题,就诱使公爵承认,勤务兵是从最可靠和最受信任的士兵中选出的,哈德菲尔德曾向他说过自己是"一位厌倦了生活的人",毫无伤害国王的意思,而且哈德菲尔德曾经想过自己的所作所为会让自己被处死。随后,厄斯金向陪审团发表了大胆到令人惊骇的开案陈词。[7] 他首先赞颂了英格兰的司法制度。一场针对国王的潜在谋杀通过逮捕而未造成严重后果,嫌犯还"披上法律所能提供的所有护甲……在律师的代表下,由国王自己任命但不能任意挑选的法官"主持进行一场公正的审判,"为所有文明社会展示了一座我们国家司法的永恒纪念碑"。紧接着,他开始论述法律问题——法律问题当时尚未完全交由法官决断。他恭敬地引用了黑尔的观点,但这个观点似乎不能支持哈德菲尔德的辩护理由。

仿佛伊卡洛斯(Icarus)附身,厄斯金腾空而起,使用了一种法律辩护中最不寻常也最危险的策略:寻找法律背后的逻辑,并以此来说服法官和陪审团,让他们放弃被普遍接受的假设、古老传统、惯例和权威意见,转而支持自己的结论。他要说服陪审团的不仅是"这个不快乐的囚犯根据我自己对于疯癫的定义是个疯子,而且他刺杀国王的行为是这种疾病直接产生的怪胎。"他的双翼会像伊卡洛斯一样被太阳融化吗?

厄斯金首先处理的是柯克和黑尔这两位权威的意见。"(完全剥夺记忆和理解力)真正的解释,需要受到法庭最大限度地关注和思考。如果完全剥夺记忆只按照字面意思来理解的话",它将只能适用于白痴,而不是疯子。凭借着对精神病学的洞察——当时还不存在精神病学这一学科，[8] 厄斯金提出了被后世称为"不可抑制的冲动"的辩护理由。他首先对两类案件进行了区分：一种是关于天生的白痴，这些人不知自己的年龄和生父，在法律下也很容易认定；另一种则是躁狂和疯癫的人，他们周期性地"屈服于狂暴状态之下，此时所有的想法都被压制，理性不仅受到干扰，而且完全被连根拔起"。接着，他又提出了第三种更加新颖同时在法律上更为棘手的分类，"此时幻觉并没有那么极端可怕……但幻想……仍然不受控制地统治了现实和事实"。他主张，第三类案件让最聪明的人都受到愚弄，因为受到这种幻觉折磨的人可以回忆事实，并理性地推理，但却身处"幻象之中，就像是真正的精神错乱一样"，"在无意识的情况下受到攻击，理解力被强力压制和征服，无力反抗"。厄斯金总结认为，"剥去狂暴或疯狂，剩下的幻觉才是精神失常的真正标志"。

厄斯金导演了精彩的剧情转折。在他的指示下，一位名叫亨利·克莱因(Henry Cline)的杰出外科医生前往纽盖特监狱为嫌犯检查。克莱因发现，嫌犯头部有两处深深的刀伤，都是在为国王和国家服役期间留下的。这两处刀伤刺入大脑，并导致了精神失常。哈德菲尔德虽然侥幸在刀伤中活了下来，但理智无法挽回地受到了严重损害。从军队退役后，他的行为就变得古怪骇人，还曾经一度攻击了自己尚在襁褓之中的儿子。

克莱因和其他证人确认了厄斯金的观点。亚历山大·克赖顿(Alexander Crichton)博士是一名处理精神病的专家，也同样给出了哈德菲尔德精神失常的意见。随着其他二十多名证人一个个走上法庭，凯尼恩勋爵坐不住了，他打断庭审，询问检察官他是否可以带证人上庭提供与厄斯金相反的证据。在提议被拒绝后，他终于接受了这一切。法官和检察官接受了厄斯金对于精神失常的定义，也同意哈德菲尔德的确属于精神失常。加罗建议陪审团作出一份基于精神失常的无罪裁决,为未来将哈德菲尔德送去精神病院提供法律基础。陪审团照办了,这名囚犯变成了一名病人。乔治国王自己也受到断断续续疯癫的困扰,并没有感受到多少不快。厄斯金完成了这场非凡演出,为精神失常的法律规范作出了流传后世的贡献。"就法律关注的范围而言,它曾经是晦暗不明的",但这个标准"依靠厄斯金的雄辩,被带到了聚光灯下,并成为一段时期内法庭认定精神失常的唯一标准"。⁹ 它推翻并取代了黑尔的格言。

但事实真的这样一帆风顺吗?1812 年的两起分别被称为"鲍勒案"和"贝林厄姆案"的案件又为这个结论打上了问号。托马斯·鲍勒(Thomas Bowler)是一位农民,对另一位农民心怀怨恨,开枪打伤了对方。约翰·贝林厄姆则更加恶劣,他刺杀了首相斯宾塞·珀西瓦尔——他是不列颠唯一被刺杀的首相,从而名留青史。贝林厄姆声称,自己本来想刺杀的是英国驻俄国大使。在他看来,所有他所认为的压迫者的代理人都是行刺的合法目标。然而,尽管这两人都获得了精神鉴定方面的有利证据,却依然都被定罪并被送上绞架。他们的审判依然按照旧的精神失常标准进行。首席大法官詹姆斯·曼斯菲尔德(James Mansfield)审理了贝林厄姆的案件,他指示陪审团,"法律是极度清晰的:如果一个人被剥夺了所有的推理能力,以至于无法分辨……对错",他就不需要承担刑事责任。在曼斯菲尔德看来,厄斯金所提出的第三种分类,即当一个人深陷受到伤害的认知,并因此寻求报复,但同时却能够分辨对错时,既不算精神失常,也不能以此作为辩护理由。

这两起案件的处理方式和结果都招致医学界和法律界的严厉批评,司法机关整体上也更倾向于使用厄斯金的方法。由于这种方法更良性,也更符合当时的医学认识,所以它在 1840 年的另一起针对王室的未遂谋杀案中再次得到确认。当时,年轻的维多利亚女王正坐在马车上前往宪法山,爱德华·奥克斯福德(Edward Oxford)朝着女王开枪。他同样没有打中,也同样以叛国罪受到指控。[10] 他同样召唤证人,出庭证明自己行为异常,父亲和祖父都疯疯癫癫,同时检方也有大量证人证明他举止正常。他同样也要求医生为自己的精神状态提供专业意见。医生们表示,他的确精神失常或愚蠢低能,或者二者兼有。尽管有人质疑"医疗人员去纽盖特监狱检查时,已经有了预先倾向和判断,认为他们是去检查一个疯子",但他仍然以精神失常被无罪释放。法官在这起案件中直接点名批评了鲍勒案,认为它得出了"野蛮的"结论;而检察官在此案中也拒绝援引贝林厄姆案,认为"该案在处理案件方式的正确性方面存有一些疑点"。

麦克纳顿案延续了奥克斯福德案的处理思路。该案及其后续争论带来了名为"麦克纳顿规则"的判定标准,为精神失常的法律定义争议画上了句号,但同时也僵化了这个标准。这套规则可回溯至厄斯金的定义,它并非由可靠的权威制定,而且多次遭到律师和医生的批评,但一直留存至今。1843 年 3 月,该案的审判在老贝利法院进行,由高等民事法院首席大法官尼古拉斯·廷德尔(Nicholas Tindal)以及威廉和柯勒律治(John Coleridge)共三位大法官主持审理。[11] 一名医学专业人士也许是出于希望看到刑法对精神失常问题再次进行审查的目的,为这名默默无闻的苏格兰人提供经费,让他获得了充足的辩护。为他辩护的大律师团星光熠熠,领衔者是御用大律师亚历山大·科伯恩(Alexander Cockburn),未来的首席大法官。

科伯恩在开案陈词中首先引用了前辈厄斯金对精神失常的定义。他告诉陪审团,"这个准则中可以发现对法律真正的解释"。麦克纳顿深陷双重妄想,他觉得不管身处国内国外,无论去往何处,"托利党人"都在一直迫害和追逐着自己,同时还认为德拉蒙德就是首相。几位证人出庭,就麦克纳顿妄想的持续时间和严重程度作出了令人印象深刻的证词。八名医生被召集在一起,就麦克纳顿的精神问题给出专业意见。他们一致认为,嫌犯是在幻觉的强力支配下,丧失了自我控制。他亲自告诉其中一位医生,就算他"吃下成吨的药物也无济于事"。医生们诊断他属于部分精神失常,属于"精神偏执"——可能是偏执型分裂症中严重的一类——所以才会让"成吨药物"都不起作用。[12]

首席大法官问检察官,是否有任何证据可以和医生们的一致意见对抗,如果没有的话法官们将会就此结束案件。检察官无力反驳,于是廷德尔简单地指示陪审团,告诉他们如果要作出有罪裁决,他们必须放心满意地认为,麦克纳顿在开枪时"有足够的能力运用他的理解力,知道他正在做一件邪恶和错误的事情",并且"意识到……这种做法违反了上帝和人间的法律"。这显然是旧的判定标准。然后廷德尔忽然转向,指向医生们一致的专业意见,询问陪审团是否真的还需要更清楚地提示。他强调,如果陪审团认为"嫌疑人被卷入了巨大的困境",那么也许应当将其无罪释放。陪审团抓住了这条线索,拒绝了更多的指示,并随后以精神失常裁定被告无罪。麦克纳顿逃脱了死刑,但必须被送去治疗。他不会以杀人犯的身份被送上绞架。根据1800年因哈德菲尔德案而通过的《刑事疯癫法》(Criminal Lunatics Act),他会以病人的身份被拘留。他首先被送往贝特莱姆医院,然后在1864年被送到新修建的布罗德莫精神病院。1865年,麦克纳顿在那里去世,时年五十二岁。

这些案件整体的影响力不仅流于表面。对于那些希望缓和法律严酷程度的人,这些案件让他们看到自己所争取的目标已经实现。同时,法律对精神失常的规定最终赶上了医学的发展。然而,这场革命性的进程很快就会戛然而止。僵化又开始了。

这起"无罪"裁决引起了议会和媒体的愤怒。麦克纳顿可没有打偏,德拉蒙德失去了性命。危险的精神失常者像是幽灵一样,带着免死金牌游荡在这片土地之上。在疯癫的祭坛上,牺牲的是对公众的保护。人们对于受害者的同情压过了对"贫穷不幸"的罪犯的怜悯。连激进的医学期刊《柳叶刀》也发文抨击和抗议,维多利亚女王呼应着公众的忧虑,写信给首相罗伯特·皮尔,用尖锐的措辞向他强调:

> "我们看到,奥克斯福德案和麦克纳顿案在最有才干的律师主导下进行审判……他们允许并建议陪审团基于疯癫作出无罪裁决。可是,每一个人在道德上都确信这两名作恶者完全清楚和能够认识到他们的所作所为!从这点看来,法律的力量好像完全被放在了法官手中,而且完全取决于他自己认为法律是否应当适用。为何议会不能将首席大法官曼斯菲尔德在贝林厄姆案中的裁决制定为法律呢?为什么不能让法官们在指示陪审团时受到限制,只能按照这种方式解释法律,不要随意乱来呢?"[13]

亨利·布鲁厄姆首先提出建议,"由国家法律来规范部分精神失常状态下的犯罪行为",并邀请上议院大法官或首席大法官"亲自处理这件事"。[14]上议院贵族们激烈辩论,促使林德赫斯特(Lyndhurst)勋爵和上议院大法官启动了一项古老的宪法机制,通过该机制,议会可以针对某个特定法律问题给出具体的答复。他们准备了五个假设性的问题,交给一个由法官组成的小组,该小组由廷德尔负责主持。1843年6月19日,除了一名法官外,其他法官都作出了回复。他们的答复并不构成针对某个具体案件的司法裁决,也并没有义务一定答复,只是对上院议员们存有疑问而提出的具体问题的司法意见。[15]莫尔法官就是其中的异议者,他坚决反对在未听取辩论意见的情况下给这种抽象的问题做出答复。他担心此类答复"如果在刑事审判中被引用,将会使得整个司法都陷入尴尬。"

但这些答复还是摇身变为统治司法实践的权威意见,被称为"麦克纳顿规则",在普通法的司法实践中被广泛运用和接受,成为衡量有

关被告精神失常状态下刑事责任的标准。简而言之,法官给陪审团的指示是:

> "要以精神失常作为免除刑事责任的理由,必须要清楚地证明在进行犯罪行为时,被指控方因为受其精神方面疾病的影响,使得理性存在缺陷,以至于不能认识到自己所从事行为的本质和特性,或者虽然认识到,但不知道它是错误的。"

如果嫌疑人符合上述标准,就会获得一份"因精神失常而无罪"的特殊裁决,后续接受医学治疗。[16]

这条规则实际上是麦克纳顿案的大幅倒退。在它的指示下,陪审团们将毫无疑问地作出"有罪"裁决。嫌犯出于冤屈而行事,希望复仇,因此知道自己在做什么,也知道自己的行为是错误和非法的。普通法下一直长期发展的关于精神失常刑事责任的法律被这套僵化的规则代替。它对判定刑事责任而言过于狭窄,没有给"不可抑制的冲动"——意志控制失效——留下空间。后来有一些尝试想要绕开它的限制。1883年,詹姆斯·菲茨詹姆斯·斯蒂芬在其著作中表达了对该规则措辞的保留意见。虽然作为一名法官,他必须在精神失常刑事责任的问题上遵守该规则。[17]但他希望允许为不可抑制的冲动免除刑事责任,并在1881年主持的审判中重新以更加有利于嫌疑人的方式阐述了对陪审团的指示。

然而,由于上述规则的权威性、来源和在实践中的不断重复,后续司法实践想要在情况有新发展乃至全新情况下对其作出修正,几无可能。1922年的特鲁案(*True's Case*)中,刑事上诉法院(Court of Criminal Appeal)终于有机会陈述自己的权威意见。罗纳德·特鲁夸口说自己要去杀人,随后真的用极度残忍的方式杀害了一名妓女。四名医生都认为他有精神病,但陪审团根据法官指示的法律依然将其定罪。刑事上诉法院支持了这项判决。实际上,他们认为初审法官在指示时已经过于慷慨。麦克纳顿规则是"充分和有益的"。[18]

上述规则导致的众多问题之一,是其阻止了普通法体系发展出"减轻责任"这一法律概念。作为对比,苏格兰早在1867年就有了这一概念,[19]而英格兰法律还要再等待很长时间,直到议会直接介入。一直到1957年的《杀人行为法》(Homicide Act),它才姗姗来迟,以通过限制间歇性疯癫和中度疯狂刑事责任的方式,来换取公众对保留死刑的支持。但那时的"减轻责任"只是将谋杀降低到误杀,让法律后果稍有缓和,而且只限于谋杀案件,也不支持部分精神失常作为可靠的辩护理由。在谋杀案和其他所有案件中,认定精神失常的标准仍然是1843年制定的那套。麦克纳顿规则正如其名字一样,是一个晦涩难解的背景和程序的共同结果。它提供了一个所谓"法官造法"的最佳案例,这一法律保持了相当长的时间,许多人都迫切认为它需要被重新审视。[20]

这不是维多利亚女王时代唯一以这种方式持续至今的法律规则。另外一个同样重要且同样持续至今的司法裁决,同样以一种不规律的方式成型。它是法律史上最离奇的案件之一,事关一场大海上的绝境,以及一位被吃掉的可怜男孩。麦克纳顿案中的精神失常也是辩护理由之一,但并非关键。这起案件争论的焦点并不是精神失常,而是紧急避险。

第 26 章

险境面前无法律

经过陪审团和五位法官的审判
他们遭受了什么无从可知,
他们被定罪并送回牢房;
很快,就不用继续哀叹,
女王用她的仁慈给他们自由
为这个海上悲剧画上句号。

——阿农:《海上悲剧》
(Anon,'The Terrible Tale of the Sea')

面对伯肯黑德考验*时保持镇定,仿佛吞下子弹一般艰难,
但他们做到了,乔利们,女王陛下的乔利们,这些水手士兵!

——吉卜林:《水手士兵》
('Soldier An' Sailor Too')

---

* 此处系指"伯肯黑德号"(*Birkenhead*)海难事件。"伯肯黑德号"是英国皇家海军的一艘蒸汽护卫舰,于 1852 年 2 月 26 日在南非开普敦附近海面触礁沉没。由于救生艇不足,船上 643 人最终只有 193 人生还。士兵们在船只沉没过程中,坚持服从命令,让船上的妇女和儿童先走,确立了危险环境下尤其是海难逃生中的"妇女儿童优先"行为准则。

241　　　　进入19世纪,议会在创设法律方面扮演了越来越重要的角色,但案例和先例也没有完全从法律舞台退场。当出现重要的法律问题时,法官们不必等待议会制定法律,也不需要询问议会的意见,他们自己就可以创设和发展法律。法官们看上去很享受这么做。

　　　　1848年前,这种程序看上去还不太规范。例如在刑事案件中,如果一个案件的法律问题过于复杂和棘手,就会被暂时"保留"起来,留给伦敦的法官权衡处理。这些法律问题"由律师在法官们面前辩论——不是在某一个法院的法官面前,而是在高级律师会馆",因为所有的法官都是这里的成员。[1]如果他们认为因犯错误地被定罪,就会建议特赦;如果没有,则判决就获得通过。他们不会给出判断的详细理由。1848年,一个法定机构取代了这个非正式的法庭,命名为"王室诉讼保留法院"(Court for Crown Cases Reserved)。法律规定,五名法官组成审理案件的小组,首席大法官勋爵必须是其中之一,其他法官也通常是王座法院中最资深的法官们。只要五名法官中有任何人坚持,案件就必须交给法院的全部十五位法官讨论。这个法院在听取辩论意见后,可以确认或推翻任何低级别法院的判决,或直接指令下级法院作出判决。换句话说,这个法院可以对不明确的法律问题发表权威性的裁判意见。所有巡回法官甚至季度法庭的主席都可以"保留"法律

242　　问题,交由这个威严的法庭决定,但前提是嫌犯必须在低级别法院中被判有罪。

　　　　在五人法官审判小组(乃至重组后的高等法院王座分庭)的整个历史中,没有任何一个案件能够比1884年的"达德利与史蒂芬案"(*Dudley and Stephens Case*,亦称'木犀草号'案)更加著名了。这个案件要面对的重要问题是:"受饥饿驱使,为什么不能吃掉船上的一个小伙子水手?"所谓的"海事惯例"与普通法的戒律相符吗?紧急情况面前可以无视法律吗?

7月5日,一艘名叫"木犀草号"(Mignonette)的老式航海帆船在前往澳大利亚途中遇到海难,沉没于非洲海岸附近。四名海员侥幸逃上了救生艇,其中三名为成年船员,另一名是年仅十七岁的普通水手理查德·帕克(Richard Parker,通常被称为"船舱小子")。他们在救生艇上飘荡了数天。除了两罐大头菜以外,没有其他任何食物,更没有足够的淡水。他们只能靠着降雨和一切能从海里捞出来东西维持生命。这么多天,他们唯一捕获的食物只有一只海龟,四个人分享了七天。最终,这场恐怖折磨开始的第六十四天,三名成年的海员获救,并被送回到法尔茅斯。遗憾的是,那名男孩没能回来。当人们询问三人,为何他们能在如此极端的环境下坚持这么久时,船长汤姆·达德利和大副爱德温·史蒂芬斯坦率地承认,他们杀死了那名男孩,将其放血,并吃掉了他。他们甚至还在海关的办公室里,给船东提供了书面证词。诚实在这个时候似乎并不是一个特别好的品质。两人和第三位船员埃德蒙·布鲁克斯一起被逮捕,并被指控谋杀。他们对自己面前的情况深感困惑,并对他们无权吃掉男孩表示非常错愕——在茫茫大海上为了存活而吃人是一个古老的"海事惯例"。然而,他们杀掉了男孩,而不是等他自然死亡后再吃,这一点成为案件的关键。

　　吃人的海事传统已经有很长的时间了:在沉船这种极端危险的境况面前,幸存者们可以抽签,输的人会被杀死并被其他人"分享"。人们经常怀疑这种抽签有舞弊嫌疑,因为最后的输家通常有明显的特征:年轻人、乘客或者黑人。W. S. 吉尔伯特(W. S. Gilbert)在发表于1869年的《南希贝尔传奇》(Yarn of the "Nancy Bell")一诗中曾直接对此进行讽刺,其中一名老水手自愿告诉他:

> "那是一艘好船名叫南希贝尔
> 我们乘着它前往印度洋,

> 在一块暗礁上我们遭遇不测
> 但这种事情经常在我身上发生……
>
> 一整个月我们没有吃喝
> 直到所有人都无法忍受
> 于是我们进行了一场抽签，根据结果
> 船长成为我们的美食。"

作者的意思是，要么这场抽签被描述得过于公平，要么船长极不受欢迎。

1837年，埃德加·爱伦·坡（Edgar Allan Poe）发表了一部有先见之明的作品《亚瑟·戈登·皮姆的故事》（The Narrative of Arthur Gordon Pym），其中几乎原样描述了后来发生的现实。在这部黑暗故事中，遭遇海难的漂流者们同样逮到了一只海龟，更令人感到毛骨悚然的是，故事中最后被杀害和吃掉的人刚好就叫理查德·帕克。但故事和现实的不同处在于，这个理查德·帕克自己提出了抽签，并在抽签后愿赌服输，牺牲了自己。[2]

在"'木犀草号'案"中，尽管达德利曾经提议进行抽签，但由于布鲁克斯拒绝参与（可他并没有拒绝后来的"食物"），最后并没有进行。他们相信，帕克不顾劝阻，喝了几天海水，所以注定会死。在某种意义上，他已经为自己的命运抽了一签。但其他人并没有征求过帕克意见，帕克也从未同意自己的死亡。7月24日或25日中的一天，汤姆·达德利用一把小刀割开了男孩的喉咙，为其解脱。杀掉男孩而非让其自然死亡，让达德利及时获得了帕克的新鲜血液，这些血液很珍贵，足以让达德利和其他船员们多存活几天。几天以后，一艘名叫"蒙特祖马号"（Moctezuma）的德国航海帆船路过，救起了三名幸存者。当时，三人正在享用他们的"早餐"。漂流者焦急地祈祷，希望这艘帆船能发现他们,"达德利用一种诡异阴郁的语调说,当时'他们的心都提到了嗓子眼'"。³当人们最终发现三人时,他们明显已经处于极度虚弱的状态,不可能再坚持太长时间。这名船舱男孩没有白死,他很好地完成了自己的使命。

"'木犀草号'案"引起了全世界的关注。这是1884年第四起成为大众焦点的食人案件。其他三起都发生在美国:威廉·欧文斯吃掉了一名死去的同伴;科罗拉多的食人者阿尔弗德·佩克(Alferd Packer)杀害并吃掉了自己的雇主;⁴探险英雄阿道弗斯·华盛顿·格里利(Adolphus Washington Greely)在北极探险中遭遇灾难,成为一名"食人的幸存者"。阿道弗斯的事情起先一直被掩盖,直到八月份才被《纽约时报》曝光。⁵在神秘的北极探险和食人禁忌的双重刺激下,公众一直对这起事件津津乐道。

在英格兰,公众对于"'木犀草号'案"的反应非常复杂。起初,公众普遍认为,一位英格兰人竟然凭借食人幸存,这种行为无异于野蛮人,并一致对没有进行抽签这件事耿耿于怀。随着事实不断披露,人们了解到达德利曾经提议过抽签程序,公众意见又压倒性地转为同情这些幸存者。他们不再是大众想象中毫无人性的形象,而变成了最极端情况中,在道德和现实夹缝中挣扎的正直和富有基督精神的人。人们本能的同情压倒了厌恶。理查德·帕克的亲生兄弟(同时也是一名水手)公开和这三人握手。

然而,内政部和司法界等官方对这起"非常可怕的案件"仍然存有很深的顾虑。如果屈从外界的压力和诱惑认可这种行为的合法性,那么紧急避险就可能成为"放纵激情和凶残犯罪的合法外衣"。⁶此外,维多利亚时代道德主义高涨,难免被发生在公海上的这种卑劣的行径所激怒。这种行为在古典时代都曾经被允许甚至鼓励,例如阿伽门农为了让自己的舰队抵达特洛伊,牺牲了自己的女儿伊菲琴尼亚。

可如今在基督教的精神下,它们都被蒙上了不一样的光彩。不管是超道德的马基雅维利(Niccolo Machiavelli)还是边沁的无神论功利主义,都无法在普通法的环境中找到自己的栖身之所。更不用说,1859年出版了一本最富有争议且最令人不安的著作——达尔文(Charles Darwin)的《物种起源》(*Origin of the Species*)。人们已经将其当成权威引用,以此公开证明"物种的存活"使得杀害帕克具有合理性。[7] 这起事件是不折不扣的悲剧,但它提供了一个完美的机会,使"海事惯例"受到普通法的规制,让生命的神圣高于生存的本能。[8] 合法性和基督教道德将被锻造成一个整体。对于海员困境的同情将与法治的主张相互结合。这起案件将会成为一个非常重要的关键判例,树立一项非常重要的法律基本原则,同时也不会让其中的参与者承受过分的代价。一开始,检控方就没有反对保释,于是被指控犯下死罪的嫌疑人史无前例地暂时获得了人身自由。

  法律必须判定,紧急避险是否能够成为抗辩的理由。那句古老的格言"险境面前无法律"是有效的吗?[9] 至少在维多利亚时期,法律界的意见是分裂的。当时的法律规定基本上遵循了马修·黑尔爵士的引领,他认为在和平时期,"如果一个人受到了死亡威胁,强迫他叛国、谋杀或抢劫,对于死亡的恐惧不能成为他的借口"。[10] 但随着法律改革提上日程,不同的观点开始出现。1839年,刑法委员会的委员们建议,紧急避险也许可以作为杀人的正当理由。七年后,刑法修订与整合委员会决定不支持其成为抗辩理由。他们希望将在此类情况下的罪犯"交给王室的仁慈"处理。1879年,刑法典草案委员会也没有做好准备将紧急避险作为抗辩理由,而是将这一问题留给"根据具体案件的具体情况适用法律的原则"去决定。[11] 然而,英格兰在现实中并没有相关案例。[12] 因此所有的争论都只能是假设性的。那么,在"'木犀草号'案"中将要发生的一切,会成为长久以来一直被法律界期待的那一刻吗？

当时其实已经有了行动的呐喊和蓝图。1883年，在"木犀草号"沉没前一年，王座分庭的法官詹姆斯·菲茨詹姆斯·斯蒂芬爵士发表了自己权威且不朽的三卷本《英格兰刑事法律史》(History of the Criminal Law in England)。[13] 他对法律的分析为许多事件的发展带来了根本性的影响。他注意到，法律中几乎没有权威对他所称的强制威胁或紧急避险进行过论述，而且更令人关注且惋惜的是，除了军队中的高压强迫外，几乎没有此类案件出现在法官面前。这仍然是"法律的好奇心所关注的地方之一"。在英国的法律里，这个主题仍然"如此模糊，以至于当此类案件出现在法官面前时，法官们实际上可以适用他们认为合适的任何权宜之计"。[14] 在他大量的研究中，只发现了两起和该问题相关的案件，但它们都以受到威胁的理由进行判决，根本没有提及紧急避险；其中一人在1745年被强迫为詹姆斯党人战斗；另一个人被强迫参与捣毁机器的行动。史蒂芬为黑尔在此问题上的立场辩护，认为这是"基于权宜之计"，并将其毫无例外地适用在了所有犯罪上：

> "刑法是一套适用范围最庞大的强制体系。对那些确实想要犯下罪行的当事人，它集合了一整套对伤害人身、自由、财产等行为的威胁手段。这些威胁手段能够在当事人遭受反向威胁时撤销吗？法律对一名想要谋杀他人的人说，如果你这样做我将会绞死你。但如果有另一个人对他说，如果你不做的话我将开枪打死你，此时法律能撤回它的威胁吗？
>
> 毫无疑问，当犯罪诱惑最强的时候，法律应当清晰无误地向相反的方向强调。将一个人放在两头开火的境地中当然是非常不幸的，但如果罪犯通过死亡或暴力威胁就能让他们的代理人获得免罚金牌，对于整个社会而言则是更大的不幸……勾结共谋的

大门将被打开,作恶的组织将会受到鼓励……毫无疑问,一名受到威胁而犯下罪行的罪犯,在道德上的罪过要比自愿犯罪的人轻一些,但这种情况下的合理结果,应该是由一个按照恰当比例减轻惩罚的措施去实现。"[15]

重点呼之欲出:法律的权宜之计与仁慈温和相互结合。这个结合吸引着人们的注意力,它也许可以平等地适用到强迫和紧急避险的情形中,只需要等待合适案件的到来。

司法机构认定,"'木犀草号'案"为他们正面回应史蒂芬建议提供了完美的机会。他们将会基于紧急避险裁判案件。无论如何,他们将会一劳永逸地决定这个"海事惯例"的合法性——它将在陆地上同样适用。为了这么做,首先要有一个有罪裁决,才能将案件提交给上级的司法机关。但有任何陪审员愿意给这些曾面对过两难困境的正直海员们定罪吗?法尔茅斯的公众意见明显倾向于被告,就连那名船舱男孩的家人也认命而没有指责他们,只是说他们不应当杀死男孩,而应让其自然死亡。在这名年轻人的一块纪念碑上,他的哥哥坚持要将《使徒行传》中的一句诗铭刻上去:"主啊,不要把这罪归于他们"(行传 7:60)。纵观整个英格兰,许多人甚至把三名嫌犯当成经历和忍受了一场可怕酷刑的英雄。

站在法律角度,罪行看上去清楚无误。事实没有自相矛盾之处,并且得到了所有被告的承认。然而,他们的证词尚未通过严格的刑事司法程序获得。这些证词仍然可能受到挑战。现在需要一名目击证人,但三人都已经被指控。检方决定,他们将不会在布鲁克斯的指控中提供任何证据,并以此使他成为一名检方证人。剩余的两名被告,达德利和史蒂芬斯被送到了埃克塞特。1884 年 11 月 1 日,星期六,审判在这里由赫德尔斯顿(John Walter Huddleston)男爵主持。赫德尔斯顿是一名商船船长的儿子,他是一位普通的法官,但易于驾驭,是确保作出有罪裁决的最好人选。这并不完全是他的成就。

检控方遇到的第一个困难,是如何跨过大陪审团这道障碍。大陪审团由地方的知名人士组成,他们将会判定是否有足够证据将被告送上审判席。原则上,大陪审团有权行使独立的裁判权,或者将谋杀指控完全否决,或者将其减轻为误杀。这两种做法都会妨碍"'木犀草号'案"成为标志性的判例。赫德尔斯特决定阻止这种事情发生。他没有忍受辩护律师们的长篇大论,在研究了相关法律后,他指示陪审团,紧急避险不是谋杀的抗辩理由。他同时表示,这些海员们最终不会受到伤害。大陪审团同意起诉,被告可以被检方控告。[16] 审判得以顺利地被安排在紧接着的周一进行,还是由赫德尔斯特主持。这次将由一个"小陪审团"(也即审判陪审团)来决定罪名是否成立。

这就遇到了第二个困难。司法机关希望看到一份被限定在紧急避险问题上的裁决。根据1873年的《司法组织法》第三条,王座法院在1876年被废除。它和所有的巡回法庭都被整合到了一个统一的机构,即高等法院。根据第四十条,高等法院可以组成一个五人法官法庭,行使此前王室诉讼保留法院的权力,决定刑法中的疑难问题并给出具有约束力的裁判意见。为了实现这一目的,必须要有一份有罪裁决。眼前这个案件已经万事俱备,只是不能确定陪审团是否会帮忙。小陪审团的陪审员们社会地位相对较低,也不像大陪审团一样容易顺从。他们也许不会玩这个游戏。

审判开始时,控方的律师首先发言。面对陪审团,他们重复了两天前大陪审团程序中赫德尔斯特说过的理由。他同时假设提出并很快自己否决了另一个辩护理由:即麦克纳顿规则下的间歇性精神失常。被告律师不同意这种法律解读,但谁也无法阻止他对陪审团依法发表意见,主张紧急避险应当成为辩护理由。当然,赫德尔斯特将会指示陪审团,这个辩护意见是在胡说八道,陪审团有义务作出有罪裁决。但这还不是故事的结束。法官的意见并不能一定保证最终的结果。法官不能命令陪审团作出自己希望的裁决。如果陪审员被说服，他们甚至可能在跟此案一般明显有罪的情形下作出无罪裁决。更有可能的情况是，他们会妥协地认定被告有罪，但不是谋杀而是误杀。这个结果同样会是法庭和这场审判的灾难。

考虑到这些，审理法官决定绕开这个充满风险的过程，拾起了一个已尘封许久的古老程序："特别裁决"。[17] 陪审团们将不用为自己的裁决背负任何道德责任。他们的良心将不会受到干扰。他们得以从必须裁决确认两名被告有罪或清白的不公平的任务中解脱出来，也不需要忍受听赫德尔斯特说出死刑这两个字眼。相反，他们只需要判定案件的事实（这里显然没有争议），并将其余工作留给法官决定，让法官基于他们认定的事实决定这两名可怜被告的法律后果。赫德尔斯特随后就会马不停蹄地把案件交给更高级别的法院，让他们判定自己对紧急避险的法律理解是否正确。这个更高级别的审判庭将可以对这条海事惯例的合法性作出权威性地判决。

当检方证据呈交完毕后，法官邀请陪审团作出一份特别裁决，并向陪审团解释，除此之外唯一可能的替代方案就是作出有罪裁决。为了方便陪审团的工作，他甚至向他们提供了一份特别裁决的草稿。陪审团们默默同意了，按照要求给出了裁决，按照赫德尔斯特的解释描绘了案件事实。他们在裁决中甚至为嫌犯求情，但并不知道二人其实并不需要。奇怪的是，案件此后就暂时休庭，直到12月4日才移师至新落成的皇家司法院（Royal Courts of Justice）。这座坐落于河岸街的哥特式建筑为法院们提供了一个辉煌和永久的安身之处，它们自1826年就从威严但陈旧的威斯敏斯特厅中迁出，在进入皇家司法院之前一直被简陋地安置在附近。

但是"'木犀草号'案"应当被交给哪一个更高级的法庭呢？由于

使用了古老的特别裁决,因此产生了一些司法管辖权和程序方面的扭曲。早年间使用特别裁决的时候,一旦一份特别裁决作出,案件就会被巡回法院移送至独特且更高级别的王座法院,由那里的法官来决定法律争议。但现在王座法院已经不存在了,新的高等法院虽然承担着此前国王诉讼保留法院的职能,但它需要一个有罪裁决才能启动程序,可这个案件并没有有罪裁决。案件要送到哪里去解决呢?最终,有关部门决定,由赫德尔斯顿男爵召集其他四名资深法官,与他一起组成小组,启动已经休会了的巡回审判。巡回审判将在伦敦而非埃克塞特进行。法官们在那里的身份不是巡回法官,而是王座分庭法官,将由他们审理下半场案件。可是,他们五人没有共同审理过上半场,更没有首席大法官的参与。[18] 他们希望通过这样一个独创却繁琐的机制,能够使得法官们有足够合法性和权威去论述有关紧急避险的法律问题。论述完法律后,他们还要进一步将法律适用在这起案件的事实上。这个程序同样问题多多。实际上,法官们在这里扮演了法官和陪审团的双重角色,他们一起给谋杀者定罪,并判处他们死刑。一切看上去都是那么奇怪且让人费解,法官们成功地把自己绕进了一个被扭曲了的处境,有人甚至将它描述为"令人生厌的程序操纵"。[19] 但就是在这样一种方式下,一项基本的法律原则最终得以确立。

12月4日,皇家司法院,在英格兰首席大法官柯勒律治勋爵的法庭上,"'木犀草号'案"于五名法官面前继续审理。五天后,经历了漫长的法律辩论和一次休庭,柯勒律治给出了意见。这份意见看上去更像是对英格兰观念里良好品行的一次布道和赞颂,而不是一份基于清晰推理和基本原则的法律权威判决。在当时,这份判决广受赞誉,被称为是为那些生命处于急迫危险境地者作出的"对法律的一次透彻阐述,以及对道德准则的一次有力声明"。而最近,它则被批评是"司法

神经一次悲惨的溃败"。[20] 但无论如何,柯勒律治的意见还是激起了共鸣:

> 维持自己的生命一般而言都是人们的责任,但也许最高和最朴素的责任却是牺牲它。战争中到处是这样的情况,一个人的责任不是活着,而是死去。这种责任,在海难中,是船长对船员,是船员对乘客,是士兵对妇女和儿童,就像高贵的伯肯黑德号海难事件一样;这种责任给人以道德必要性,让人为别人的生命牺牲,而非维持自己的生命。没有任何国家,尤其是英格兰,希望有人在此时退缩。

进行抽签——这种将责任丢给天意的行为——不能够也不应当成为免罪的理由。在一个基督教国家——尤其是英格兰——自我牺牲永远应当排在牺牲他人之前。维多利亚时代道德主义的典型缩影就是"妇女儿童优先"。这项准则的最佳代表案例不是"'木犀草号'案",而是发生在"伯肯黑德号"军用运输舰。1852年,这艘早期的铁皮船在开普敦附近撞上礁石后沉没。船上没有够所有人逃生的救生艇。船上的士兵和水手们没有把最脆弱的同伴们推下大海,更没有吃掉他们,而是在船上立正,让妇女和儿童们坐在救生艇里属于他们的位置上。没有一个男人试图加入她们,大部分男人在大海中不知去向或葬身鱼腹。后来,"泰坦尼克号"沉没时,乐队一直在演奏,也体现了"伯肯黑德考验"下的高贵精神。[21]

这是一个完美的典范,而典范应当受到支持。柯勒律治勋爵承认,"我们经常树立一些自己都无法达到的标准,也经常制定一些自己都无法满足的规则"。即使法院不能够将自我牺牲树立为一项法律义务,它仍然可以将牺牲他人定为犯罪。法官们一致决定,普通法高于海事惯例,屠杀和吃掉船舱男孩的行为,尽管是在极端饥饿的情况下发生的,仍然是犯罪。达德利和史蒂芬斯被判定犯下谋杀罪,并被判处死刑。这是皇家司法院判处的唯一一起死刑。[22] 但这只是形式上看起来很可怕，因为法官们非常清楚地知道，被告们将会在行政机关的仁慈干预下获得缓刑。

于是，法律就通过这种人为的方式而得到塑造好，并一直延续至今。紧急避险不能成为谋杀的辩护理由（尽管它可以用来减轻责任）。背后基本的法律原则是，任何人都不能将自己的生命看得比其他人更加重要，并因此成为刽子手。目的和结果不能正当化手段。[23] 让不列颠的船舱男孩们欢呼吧！12月12日，达德利和史蒂芬斯的死刑判决被改判为六个月监禁，男孩们的欢呼又被压抑了。在此后的大海上，沉默不语而非正直坦率将成为新的惯例。

第27章

律界阿波罗:爱德华·马歇尔·霍尔

他在漫长而险峻的律师生涯中,教会了我们不要只从表面上表现得相信一个案件,而要从内心深处信仰它。

——欧内斯特·威德(鲍克:《法庭之后》)

[Sir Ernest Wild (Bowker, *Behind the Bar*)]

辩护律师必须要掌握超脱却有激情、说服而无信仰的艺术……当一名律师充满激情地确认自己的客户是清白的时候,就不可能无动于衷……爱德华爵士留下的东西只有一张"经典审判"的清单、他粗暴的奇闻轶事以及那个充气垫子。

——约翰·莫蒂默:《抓紧残骸》

252 　　议会在19世纪继续通过立法进行刑事司法改革。在今天，如果辩护大律师没有站在自己客户的立场激烈地对陪审团发言，这场法庭大戏就是不完整的。通常这一幕才是一场辩护的高潮，而交叉盘问只是为它提供基础材料。但在1836年之前，除了叛国罪审判外，这是只有检控方才享有的特权，辩护方不能这么做。那一年，《囚犯辩护法案》通过，明确赋予了辩护大律师向陪审团发言的权利。当时，被告仍然不能在宣誓后直接对陪审团发言为自己辩护，因此，允许大律师站在被告立场发言，实际上是让大律师成为被告的代言人。于是，我们现在熟悉的对抗式审判制度才完整成型。

　　这种变化使辩护大律师不可阻挡地发展壮大。从最轻微到最邪恶的所有案件中，他们都开始成为统治法庭的最重要力量。辩护演说是每一起审判最精彩的部分，它要求华丽和戏剧性。辩护是一门艺术，但它同时也是一个表演。像演员一样的大律师们开始出现。随着大众媒体的广泛发展，这些人将成为明星。这个角色就像是为一个人量身定做的，没有其他任何人能像这个高大帅气的橄榄球运动员兼剑桥毕业生一样更适合这项工作。他就是1882年在内殿律师学院获得律师资格的爱德华·马歇尔·霍尔(Edward Marshall Hall)。他外表无可挑剔，容貌古典端庄，举止迷人，还谦虚地直接向维多利亚时代最伟大的演员亨利·欧文(Henry Irving)学习演技。马歇尔·霍尔很快掌握了精髓，看上去像模像样。他拥有共情和理解的天赋，同时精通医

253 学和武器知识——对许多谋杀案的辩护而言，这些知识是无比珍贵的。

　　尽管厄斯金和布鲁厄姆在生前也获得了大众的欢迎，但马歇尔·霍尔可能是第一位大律师明星。他是一位报纸时代的受益者，一位细心的媒体经营者甚至扭曲者。尽管他一心追求宣传，并毫无疑问地带着炫耀和卖弄，但他的动机不应当被误解和贬低。1903年，《贫困囚犯

辩护法案》(Poor Prisoners' Defence Act)第一次规定了最原始的"法律援助",但在此之前,没有任何为刑事辩护提供资金资助的机制。即使法案通过后,资助也非常有限。如果被告不能自己为辩护筹集费用,几乎就没有其他途径可以求助。这种情况下,他们不得不依靠公众捐款,而最终筹得的金额也很大程度上取决于他们的个人魅力,要么就是跟报纸达成一笔交易。马歇尔·霍尔在整个职业生涯中都为设立公设辩护律师而活动,他将后一种方式利用到了极致。这像是一种共生的关系。马歇尔·霍尔像是上帝送给小报的礼物。这些小报当时如雨后春笋般出现,并且激烈地争夺着大众的注意力。他从小报那里收钱,为自己的案件支付费用,而小报从他那里获得审判的详细信息,并让他名声大振。

他的交叉盘问非常出色,但最擅长的是面对陪审团发言。放在今天看来,他的举止和策略都显得过分夸张,就像同时代的人们会喜欢的那种夸张表演的舞台剧一样。但在他的时代,马歇尔·霍尔能够无可匹敌地吸引公众关注,让陪审团惊叹不已。他的表现令人愉悦,甚至让人着迷。他经常长袍飘逸地走进法院落座,一名年轻职员常年负责在他到来之前为他备好战斗的武器:一把可以调节的圆凳,一套装着圆规、直尺和放大镜的仪器盒,一堆各种颜色的彩色铅笔,一个气垫和一瓶嗓子喷雾。最后这两样东西在关键时刻具有很强的破坏力,因为马歇尔·霍尔会在这些时候通过给气垫充气或大声吸入喷雾制造噪音。[1] 这时所有的目光都将聚集在他身上。一位名叫诺曼·伯基特(Norman Birkett)的年轻皇家律师曾细致描述过他这种催眠术一般的人格,画面出自 1920 年的"绿色自行车案":

> 我会永远记得马歇尔·霍尔走进法庭的一刻……他身上散发着一种奇怪的磁性,法庭内的每个角落都能感受到。旁听者们在他身影出现的刹那变得激动不已,那是一个在当时家喻户晓

的名字,是从地板到地道都能听到的微弱声音……所有人的目光都盯着他。他是一个非常帅气的男子,有着高贵的头颅和丰富的表情……当他开始对法官发言时,人们发现他除了俊美的外表和伟岸的身姿之外,还有一个对辩护律师来说最珍贵的天赋——美妙绝伦的嗓音。[2]

马歇尔·霍尔几乎能在任何情况下获胜,虽然这意味着他的一部分客户可能会因此从谋杀罪中侥幸脱身。"他拥有非常珍贵的使用真正同情的能力",波齐特注意到,他是自己"曾见过的辩护律师中唯一一名在陪审团面前哭泣,在讲话时让眼泪流落到自己脸颊的人。"[3] 他在发言中的标志性动作是高大挺拔地站直,伸开长臂,比划着正义的尺度,一边说话,一边缓缓地推翻陪审团的想法,引导他们最终做出无罪裁决。[4] 在没有激动人心的欢乐中实现这个目的确实是了不起的成就。即便在检察官发言时给气垫充气发出噪音也无损他的完美。陪审团们崇拜他,媒体也是。他的案件被媒体争相报道,被人们如饥似渴地阅读。随着时间推移,他逐渐有了战无不胜的名声。他参与的每次辩护都寄托了大众的期待,期待他实现不可能的任务。事实上,他通常情况下都做到了。

在他职业生涯的前半部分,马歇尔·霍尔可以代表自己的客户发表有力的演讲,但不能让客户在宣誓后提供证言,也不能让他们直接接受交叉盘问。1898 年的《刑事证据法》(Criminal Evidence Act)带来一场至关重要的改革,改变了这一切。作为辩护的一部分,被指控者第一次被允许在宣誓后作证。从那时起,大律师们可以建议他们的客户坚持自己沉默的权利,或者将自己交给法庭严格审视。在谋杀案件里,这个选择事关生死。许多大律师都保持着原来的做法,担心新的做法充满风险。但马歇尔·霍尔正是那个愿意去承担风险的人。

图 15 爱德华·马歇尔·霍尔,衣冠楚楚且温文尔雅,大众媒体的宠儿

他也许曾经是一名伟大的悲剧演员,但同样还可以成为一名伟大的导演。他的策略是设计一个能够让被告担纲主角的场景。为了实现这一策略,他把对检方证人的尖锐盘问、在开案陈述中勾勒自己的案件、在被告作证之前传唤辩方证人、戏剧性的法庭"展示"等手段统统结合。其中效果最显著的一次,是 1908 年的"亚茅斯谋杀案"(Yarmouth Murder Case)。他和他的事务律师一起,在陪审团面前表演了一场醉醺醺的扭打,用来展示一把左轮手枪是如何不小心掉落在地。[5] 安排好场景后,他开始指挥演出。在他的导演之下,许多受指控者都通过活生生的表演拯救了自己的生命。但有一个人差点没有成功,原因是演员自己过于蹩脚的表演。

这个人的名字叫罗伯特·伍德(Robert Wood)。1907 年,他被指控谋杀,这起案件后来被称为"卡姆登镇谋杀案"(Camden Town Murder Case),是英王爱德华时代最离奇的一起悬案。伍德被指控谋杀了一名妓女,这名妓女的艺名叫菲利斯,真名叫艾米丽·迪莫克。她的遗体在住所被人们发现,发现时喉咙已被割开。与她结交的伍德很快被逮捕和指控。马歇尔·霍尔被指定为辩护律师。

审判于 12 月 12 日在新落成的中央刑事法庭大楼里进行,它是老贝利法院的官方名称。这起案件引起了轰动,被大小媒体连篇累牍地详细报道。马歇尔·霍尔正处于最佳状态。他对检方证人的真实性和准确性展开猛烈攻击,成功地质疑了那些声称在案发时看到伍德出现在犯罪现场附近的证人。接下来他要做一个至关重要的决定:他的客户应该继续保持安静,还是自己出来作证?此前很少有被告在谋杀案指控中自己作证,而且站出来的人也没有谁能在老贝利法院成功脱罪。所有出来给自己作证的人最后都上了绞刑架。法律界的共识是,保持沉默是更好的选择。

但这显然不是马歇尔·霍尔的选择,至少不是他深思熟虑后的选择。起初,他明确反对伍德站上证人席。但另一名年轻的大律师韦尔斯利·奥尔在研究案件后，认为如果不站上证人席，伍德将会必死无疑。马歇尔·霍尔是一位从谏如流的人，这名年轻人最终说服了他。让被告站上证人席本来就是非常冒险的举动，而伍德自己的特质又更为其增加了许多风险。伍德是一名创造力平庸的艺术家，同时是先锋画家沃尔特·西克特(Walter Sickert)的助手。这名先锋画家甚至利用自己同伴的惨境，画了一系列描绘伦敦风流社会的博人眼球的画作，还将其命名为"卡姆登镇谋杀案"。伍德是一个毫不掩饰自我的人，但不得不装模作样地表演这出戏。马歇尔·霍尔在另一起案件中曾说过，"虚荣是谋杀犯与生俱来的一种特质，感谢上帝，这个特质绞死了他们中间的大部分。"[6] 当然，虚荣也差点绞死了伍德。

在整个审判中，伍德一直无精打采地坐在被告席上，并且几乎不"把下巴从支撑的修长手指上抬起来片刻"。可以想象，他成了一名非常糟糕的证人。他的开场堪称灾难。马歇尔·霍尔用一个直指案件核心的问题作为开场——"是你杀害了艾米丽·迪莫克吗？"但伍德却没有直接回答"不是"，而是露出了微笑。马歇尔·霍尔重复了一遍，得到的回复依然是一个微笑。他告诉伍德必须"直截了当地回答"，这次至少终于有了回应："我的意思是，这太荒谬了。"伍德拒绝认真对待马歇尔·霍尔，对许多基本的问题都以傲慢而尖锐的腔调回复。在其他人看来，他让自己过分地放纵和沉溺于戏剧效果之中，过分地沉迷于夸大其词的华丽辞藻。但他只不过是一个业余选手，一个蹩脚的演员，当然，同时还是一名处于生死审判之中的犯罪嫌疑人。

与他相反，马歇尔·霍尔却是一名专业选手。他同样会夸张做作，同样具有戏剧性，但可以恰如其分地调节自己的语调，控制自己的观众。他直接向陪审团发言，眼睛注视着他们，用真诚来进行说服："作为一名辩护律师，我有信心。"他说，"我说的不是你们当中的某一个人，而是所有人，你们谁敢说这名坐在被告席的男人杀害了艾米丽·迪莫克。"随后,他低声表达了对这些天来审判程序的轻微不满,因为检察官被安排到第一个和最后一个发言。紧接着他突然戏剧性地怒不可遏:"我再说一次,我要一份无罪裁决,别的什么都不要,一份能够结束这项指控的无罪裁决。这些撒谎的证人们没有人能让它焕发出任何生机。"《每日邮报》(*Daily Mail*)的报道综合体现了他执业生涯的表现:马歇尔·霍尔在这场辩护中的工作"艰巨而猛烈……他靠着杰出的敏锐度组织了证据,毫无瑕疵地构建了所需的材料,并用最熟练的剧作技巧带来累积的效果。"这是"一场以尊严为主要诉求的演说……他的诉求基于两个理由:人心和智慧。他把这两个理由都成功地抓住了。"7 这就是辩护的精髓。伍德最终能从绞架逃脱,更有可能是马歇尔·霍尔的演讲,但也可能是由于他自己的证词。也许陪审团们不会相信一个如此谨小慎微的人会犯下如此残忍的罪行。

"无罪裁决"受到了老贝利法庭外聚集等待的人群的欢迎。这与我们这个时代让戴安娜王妃丧生的公众狂热是一样的:"女人们尖叫着,变得歇斯底里。边缘的人被挤得摔倒在地上,晕倒在两边的商铺和房屋之内,紧接着人群爆发出呼喊并陷入狂欢。"8 像卡姆登镇谋杀案这样的案件完全能够保证媒体收获巨大的发行量。维多利亚时代和爱德华七世时代里,人们饥渴地盼望着那些挑逗刺激的故事。侦探小说已经兴起,用来接替恐怖故事在上一个时代的位置。而这些可是生活中真实的案件和恐怖故事,以及真实的罪恶所带来的快感!

爱德华·马歇尔·霍尔爵士于 1917 年被授予爵位。他继续做着大律师,几乎直到 1927 年他生命的最后一刻。为了纪念他,内殿律师学院为他降半旗致哀。他在圣殿花园 3 号的办公室"显得怪异地安静和空荡……当马歇尔·霍尔这位暴风骤雨一般的人物离去后,所有东西看上去都冷冷清清。"9 他的胜利也许是短暂的,他对法律的影响也不复存在。但他的传奇还在被传颂,成为人们观念中伟大律师的标准。

第四部分 法治

公元1907—2014年

第 28 章

"阿道夫·贝克的殉难"和刑事上诉法院的建立

> 法律是真正的
> 所有一切杰出的化身
> 它没有任何错误或瑕疵。
> 大人,因此我,体现了法律。
> ——W. S. 吉尔伯特,《艾俄兰斯仙女》
> (W. S. Gilbert, *Iolanthe*)

261 　　越来越多的报纸开始报道法庭审判。记者们对报道案件的兴趣越来越浓厚,他们的法律专业知识也越来越丰富。一个以前从未发生过的景象出现了:案件审理过程和其背后的调查都被完全呈现在公众面前,接受公众仔细而严格地审视。公众里什么人都有,有些人看上去可不像是福尔摩斯那样的私家侦探,而更像是雷斯垂德探长。媒体可是一群无风也起浪同时又凶狠好斗的暴发户,他们想尽一切办法找机会对司法系统发起攻击。人们对司法系统的怀疑逐渐增多:也许这套系统不是绝对可靠的,也许它也会犯错,也许有时清白的人会被定罪,也许让行政部门来审查案件是不恰当的,也许——只是也许——无辜的人可能会被绞死。

　　受到人们苛刻批评的可不光是那些五大三粗的警察们。就连本来神圣的法律程序本身,甚至法官的遣词造句和行为举止,都曝光在了聚光灯下,受到大众媒体的仔细审视,完全得不到原有的尊重。司法判决不光被人们翻来覆去地检查,还甚至受到各种批评。曾经人们以为,在这套近乎完美的法律体系中,正义几乎是不可能缺席的。然而,那些证明司法衰败的案例却一次次成为报纸的头条。这些变化起初严重破坏了法院和陪审团审判的声誉,但最终又挽救和维护了它们。一个认为自己完美无缺的法律制度注定会让人失望,但一个愿意承认自己错误并采取措施改正的制度却能拥有生存和繁荣的弹性。在此过程中,一场媒体宣传运动扮演了重要角色。这次运动的中心是当时新创办的小报《每日邮报》,而且受到了阿瑟·柯南道尔(Arthur Conan Doyle)的鼓励和支持。他不光是福尔摩斯这位侦探祖师爷角色的创造者,而且他本人就是一名业余侦探。这场运动非常有效,为司

262 法系统带来了急迫而必要的改革,并且创设了一套专门用来改正司法错误的制度。这场运动所关注的焦点案件,主角是阿道夫·贝克(Adolph Beck),他是一名被定罪的诈骗犯。

1877年，有一名自称"约翰·史密斯"的小流氓因诈骗妇女钱财和首饰而被逮捕。他的真名叫约瑟夫·迈耶（Joseph Meyer），行骗的手段其实十分老掉牙。这位充满魅力的小流氓假装自己是一名贵族，给自己取了一个唬人但根本不存在的名号："威尔顿·德·威洛比勋爵"。当时负责这起案件的检察官是福雷斯特·富尔顿（Forrest Fulton），他成功将这名嫌疑人定罪。十八年后，"威洛比勋爵"再次粉墨登场，更多的受害人在其忽悠之下人财两空。其中十名受害人都指认了一名挪威人，说他就是诈骗犯，这人名叫阿道夫·贝克。然而，还有几名受害者却确认阿道夫·贝克不是诈骗他们的人。此外，有一位名叫古林的字迹鉴定专家通过笔迹鉴定确认，有一些1895年诈骗案的伪造文件出自贝克之手，1877年诈骗案中的一些文件也可能是贝克制作。但贝克在老贝利法院受审时，后面这些文件并没有作为证据被公开展示。1896年3月，当年把"史密斯"送进监狱的检察官如今成了审理贝克案的法官——福雷斯特·富尔顿爵士——他那时已经是伦敦助理法官（Common Serjeant）。[1] 当贝克的辩护律师通过发掘古林的证据，指出1877年的文件（有证据证明贝克当时身处秘鲁）和1895年的文件（被认定为贝克伪造）为同一个人伪造时，法官裁定律师不能向陪审团提出这种"附随问题"。于是，这场辩护最核心的支柱就这样被法官碾得粉碎。检方的证人言辞统一，充满自信，他们的证词累加起来的效果非常显著，结论也十分明确。大量彼此独立的受害人都指认贝克是行骗者，但这些人的意见明显受到了字迹鉴定专家意见的影响。定罪已经是板上钉钉。只用了几分钟，陪审团就做出了有罪裁定，贝克被判处七年监禁。[2]

贝克开始竭尽所能地证明自己的清白。他试图让自己的案件重新审理。当时，上诉理由只能针对法律问题，不能针对事实问题，有罪裁决也不可能被推翻。贝克的律师能做的只是向内政部一遍又一遍地申诉，要求重新审查案件，希望以此获得皇家赦免。这套机制被称为行政审查。1845 年，上议院指定了一个委员会，调查和研究扩展上诉审查范围的可能性。在这个问题上，所有法官都和帕克（James Parke）法官的立场一致。他在作证时说：刑事案件中，执法错误是非常罕见的；即使发生错误，由赦免来处理也足够了；新建立一个上诉机制不光成本高昂，而且会导致案件不合理地拖延，进而减损目前这套快速果断的司法机制所拥有的威慑力。³ 但现行制度的不合理之处确实不合逻辑，让一些人无法理解。史蒂芬曾评论："因为一个人本身是清白的，然后去赦免他，最起码可以说这个程序是非常笨拙的。"⁴

想要获得赦免的难度太高了，贝克根本不可能有机会争取到。尽管事实证据可以证明"史密斯"在 1877 年被定罪的时候自己正身处南美，此外一位勤勉的政府职员在受委派调查赦免申请的时候，从监狱记录中发现当年被定罪的"史密斯"是一位犹太人，行过割礼，而贝克却两样都不符合，但贝克依然无法获得任何救济。他在监狱内服刑，并在 1901 年出狱。1904 年，又有一些受害人在警察的撺掇下指认贝克是"威洛比"。同一位笔迹鉴定专家再次确认了受害者提供的证据。贝克又一次在老贝利法院受审，再度被定罪。主审人格兰瑟姆大法官对案件心存疑虑，决定暂缓执行判决。

《每日邮报》开始为贝克奔走呼号。其中有一名记者叫乔治·西姆斯（George Sims），他坚信贝克是清白的，写了很多文章指出案件明显存在的问题。⁵《每日电讯报》（*Daily Telegraph*）跟进报道，揭露了案件中的阴暗面，谴责内政部的渎职，并呼吁建立一个刑事上诉法院。1904 年 7 月，贝克还在监狱被囚禁，真正的"史密斯"终于被抓到了现行，并承认所有案件都是自己所为。直到此时，贝克才终于从指控他的肤浅证据泥潭中挣脱，重获清白。在无法反驳的事实面前，字迹鉴定专家撤回了意见，所有指控他的证人全都弄错了。一场司法的公然失败终于暴露无遗。贝克于7月19日被释放,随后获得了五千英镑作为补偿。

虽然只是偶尔发生,但这种司法误判带来的影响极大。贝克两次被错误地以看上去无可辩驳的证据定罪。人们对个案的愤怒转化为要求司法改革的呼声。媒体报道称,一个质询委员会已经设立,会专门负责调查此事,但事态并没有丝毫缓和,毕竟调查和掩盖之间的界限本来就扑朔迷离。调查结论认为,福勒斯特·富尔顿爵士没有责任(实际上他很大程度上是有过错的),也没有追究检察官或警察的责任(二者都应当承担部分责任)。调查把整个黑锅都甩到了内政部的低级官员和监狱部门身上。调查委员会认为,调查法官和律师并试图从他们那里获得证据,"是整个调查中最令人焦虑和困难的部分",因为整个法官和律师的职业荣誉都可能受到玷污。他们焦虑的地方在于,一个位高至"伦敦首席法官"(Recorder of London)的人物,不应当受到交叉盘问这种方式的粗暴对待。于是,"首席法官"流利地撒谎,毫不脸红,把锅甩给小人物们让他们承担责任。[6] 调查者们当然知道,"街头的群众"在阅读西姆斯的报道和批评后,肯定会清醒地看到"这些专业人士是如何在自吹自擂的正直下,人为地将一个清白的人两次定罪,甚至完全不允许对他有利的证据和辩护呈现在陪审团面前"。这该如何应对呢?这可是一个赫拉克勒斯的任务般艰巨的使命,远远超出了调查委员会的权限和能力。

贝克并不是唯一引起大众关注的错案。柯南·道尔在《每日邮报》的文章中还为一位英印混血律师呼吁。这位律师名叫艾达尔吉(George Edalji),他的父亲是一名印度拜火教徒。1903年,艾达尔吉成为另一起公然错判的受害者。不知是哪里出了差错,有人指控艾达尔吉在某一个晚上于斯塔福德郡的乡下游荡,并且故意弄伤了别人的马匹。可他完全没有作案动机,也有不在场证明,根本不太可能是嫌疑人。然而,在一个彼此关系无比紧密的社区,一个外来者总是更容易成为目标,更何况还有他的种族问题。人们通过匿名信举报他,他随后被法院定罪。包括许多律师在内,有超过一万人请愿,要求还他清白,但内政部完全无动于衷。权威部门绝不会承认一个清白的人有被定罪的可能,他们宁愿维持这种对司法和正义的扭曲。对于司法体系错综复杂的整体利益而言,也许他们宁可让天塌下来,也不会允许有人质疑英格兰刑事司法制度的正直和完整。直到1907年,艾达尔吉才获得了赦免,一个迟到的、勉强的、不情不愿的赦免。[7]

此类案件一再出现,一再被媒体曝光,公众们对刑事司法制度的担忧和不满越来越严重,呼吁进行结构性改革的声音也越来越响亮。行政审查明显已经不合时宜,一个上诉法院迫在眉睫。整体上,法官们对此持反对意见。首席大法官阿尔弗斯通勋爵是这项改革的坚定反对者。最终,1907年,在议会的直接干预下,刑事上诉法院扭扭捏捏地成立了。它将用来审查对定罪和量刑的上诉,不光基于法律理由,还可以基于事实或证据理由。它坐落于皇家司法院,在这座宏伟建筑的屋顶上,矗立着象征制定法律和司法的神圣雕塑:摩西和阿尔弗雷德大帝。

1873年,《司法组织法》废除了所有的旧式中央法院,并以统一的英国最高法院取而代之。最高法院由专门处理民事上诉案件的上诉法庭和高等法院组成,后者最初被分为五个分支,分别是:王座分庭、民事诉讼分庭、财税分庭、衡平分庭,以及遗嘱检验、家事和海事分庭。1881年,前三个分庭合并成为新的王座分庭。每一个分庭都有普通法和衡平法的管辖权,当普通法和衡平法存在冲突时,以衡平法为准。在它们之间,如今又多了一个刑事上诉法院——尽管从技术角度而言,这个上诉法院并不是最高法院的一部分。[8]

尽管司法系统内大部分人反对设立刑事上诉法院,坚持认为不需要这样一个上诉机制,但即便他们口头上永不妥协,事实上也必须承认刑事案件可能并不可靠,裁决有可能是错误的——不光是法律可能错误,事实认定和证据也有可能。有史以来第一次,被定罪的罪犯们有权上诉。这个新建立的法庭不仅不是司法制度衰败的象征,反而展示了英格兰法律足够强大,足以承认和纠正自己的错误。当然,司法体系内坚信英格兰司法制度完美无瑕的意见依然强大,它们厌恶对陪审团裁决的否认和对法官量刑的批评。这种情绪在很长一段时间内都限制了上诉法院发挥其作用。基于此,起初人们担心的这个新设法庭会被潮水般案件淹没的情况很快被证明是杞人忧天。[9]

当然,不管采取了多少安全和防范措施,错案仍然有可能继续发生。这个问题在死刑案件中显得尤为严重,因为被定罪的罪犯通常都会在三周内被送上刑场,让所有人间的法院都无能为力。中世纪的法官们曾经向上帝求助,期待在上帝的指引下获得可靠和最终的结果。在更晚近的时期,人们把绝对可靠寄托在陪审团身上。但是,一旦警察行为失当或犯下错误、程序存在瑕疵或者陪审团有所疏忽,如果这些问题被曝光和承认,死刑这项终极刑罚也就势必会在公众脑中被打上问号。又过了六十年,面对清白无辜者可能被绞死的事实,议会终于废除了所有罪名中的死刑。法院和陪审团依然可能犯错,但完全没有挽回余地的情形不会再发生。

上诉制度不只限于刑事上诉法院,也不只限于刑事或民事案件。在战争时期,当自由处于危急时刻,人们还有权对拘留等行为进行上诉,虽然在这项机制下没有获得律师代理的权利。

第 29 章

为安全牺牲自由

糟糕的法律是最恶劣的一种暴政。

——埃德蒙·伯克 1780 年在布里斯托尔的演讲

就保护我们传统的自由而言,我们的法律体系和法治精神要远比任何一人一票的制度更加负责。任何试图走向暴政的国家和政府,都会从削弱合法权利和破坏法律开始。

——玛格丽特·撒切尔 1966 年在保守党会议上的发言

267　　　历史上,在与大革命时期的法国交战时,议会曾经暂时中止过人身保护令制度,并允许对公民进行行政拘留。更近一些的时候,议会曾通过立法紧急授权,将这项权力明确赋予了行政机关。在 1914 年《国土保卫法》(Defence of the Realm Act)的授权下,枢密院于 1915 年制定了 14B 条例,以回应当时在大众中初现端倪的德国支持者所带来的威胁。出生于德国、后来归化英国的亚瑟·扎迪格(Arthur Zadig)就成为依据此条例被拘捕的人之一。他申请了人身保护令,质疑条例的合法性。《国土保卫法》中没有任何关于拘留的规定,它的制定者也无法认同 14B 条例这种异类。"国王诉哈利迪代表扎迪格案"(*R. v. Halliday exparte Zadig*,哈利迪是扎迪格在拘留营中的长官)将这个争议一直带到了英国最高的司法机关——上议院司法委员会。司法委员会在 1917 年 3 月举行了辩论。辩论的问题很简单:对宪法作出重大修改的权力是否仅限于议会? 议会是否可以将这种权力授权给行政部门? 扎迪格主张,14B 条例是越权的,超出了行政权的范围。如果司法委员会确认枢密院公布条例的行政命令有效,将必然会减损议会的完整权力。五名来自王座分庭的法官[包括新晋大法官阿特金(James Atkin)]以及三名来自上诉法院的法官都拒绝了扎迪格的这一理由。与他们一起的,还有上议院其他五名法官中的四位。唯一对此持有异议的,是顽固的苏格兰长老会成员托马斯·肖(Thomas Shaw)勋爵。他表示,议会从来没有"如此暴力专横地使用其权力"进行制裁。《法律时报》将他这次演说描述为"针对他心目中不列颠自由的一部杰出而激烈的长篇演说"。扎迪格依然被囚禁,自由仍旧受到压制。[1]

268　　　第二次世界大战期间,有将近两千名纳粹、法西斯的同情者或"外国敌人",甚至包括一些"与敌人相关人士"被拘禁。拘禁他们的法律依据是以 1939 年和 1940 年的《紧急权力防御法案》[Emergency Powers（Defence）Act］为基础制定的条例18B。和《国土保卫法》不一样的是,《紧急权力防御法案》明确授权行政部门可以制定拘留或以其他方式限制公民自由的条例。条例18B授权内政大臣可以凭国家安全利益的名义,拘留不确定的任何人,只要他有合理理由相信此人"有敌对的来源或关系"。赫伯特·莫里森（Herbert Morrison）在这场战争的大部分时间里担任内政大臣。他无情地挥舞着这个被自己称为"可怕权力"的大棒。而丘吉尔（Winston Churchill）最初对大规模监禁"敌对外国势力和可疑分子"热烈拥护,但逐渐——即使还在战争期间——对这个严重侵犯公民自由的制度产生了严重疑虑。

> 让行政权力在没有任何已知法律为依据进行指控的情况下将一个人投入监狱,尤其是还要拒绝其接收同侪审判的权利,这种行为的可憎程度是最为严重的,也是所有集权政府的基础,无论它是纳粹还是其他什么专制制度。[2]

不管是否可憎,它就是一次又一次地获得运用了,越来越多的人被卷入这张大网。

这些被拘留者没有受到任何指控,也没有被送上法庭接受任何审判。但是他们被允许向内政部咨询委员会进行申诉。此委员会的主席是御用大律师诺曼·伯基特,是同时代最重要的一位辩护律师。他于1939年获得任命,当时反对者们担心他的"立场和观点可能过度倾向自由主义,会在没有十分扎实证据的可疑案件中将外国人的利益置于国家利益之上。"这种担心非常具有误导性,伯基特向当时的内政大臣约翰·安德森（John Anderson）爵士保证,任何可疑的情况"都将按照有利于国家和不利于个人的方式解决"。他充分意识到这份工作的重要性,但也对没有任何赔偿和救济措施感到惋惜。尤其是大量的拘留营案件涌入,随着案件不断增加,"痛苦的"拖延也变得越来越严重,这使"这个圣诞节（1940年）许多人都不得不一直待在拘留营。他们自上个五月份就在这里,没有任何审判,也没有对拘留他们给出任何理由"。³尽管"每天精神都饱受折磨",也许已经发展到憎恶整套制度的程度,但他仍然准备好尽职尽责地继续自己的艰巨任务,直到战争结束。⁴

在申诉过程中,律师可以协助被拘留者准备申诉材料,但不能在委员会代表他们发言。委员会对被拘留者来说帮助不大,他们没法很清楚地向被拘留者说明被拘禁的理由——可能因为是"有敌对来源或关系",也可能因为"对公共安全有害的行为"——最多加上一点点大而化之的针对个人的细节描述。他们也不会提供指控所依据的证据,不会说明这些证据的来源。当然,委员会自己内部会有一份更加实质性的摘要,被称为"案件说明"。对被拘留者的所谓"听证"其实更像是一场讯问。这些脆弱的被拘留者们事先根本不知道自己要面对什么样的问题,也对委员会的讯问程序一无所知。对这种做法不乏批评之声,下议院有意见直接将其与星室法庭相提并论。⁵当然,一直彬彬有礼的伯基特在努力试图保持公正。在程度非常恶劣的案件中,他已经准备好建议中止和撤回拘留令,以便"稍微在这个世界上保留一点我们本应为之奋斗的公正"。⁶安德森同样也倾向于自由主义,几乎毫不犹豫地就同意了他的建议。但随着"假战"导致陆军和海军节节败退,对于第五纵队的恐惧又卷土重来。伯基特试图坚持的"自由主义"变得十分可疑。一场猎巫运动死灰复燃。更大规模的拘留开始了。

接下来的几个月中,尽管缺乏任何证据,伯基特拒绝了法西斯主义领袖奥斯瓦尔德·莫斯利(Oswald Mosley)和他的妻子——同时也是丘吉尔的表妹——戴安娜(Diana Mosley)的申诉。拘留他们的理由是他们正密谋筹划组织一支第五纵队。当然,伯基特非常确信安全部门犯下了严重错误,也确信根本不存在所谓的第五纵队。慢慢地,他变得不太易于屈服了。他越来越多地给出了释放的建议。为了确保他的工作状态，或者说为了保证他的顺从，1941年11月3日，伯基特被提拔为高等法院法官。就在同一天，上议院司法委员会对"利弗西奇诉安德森案"（*Liversidge v. Anderson*）作出了判决。这起案件的声音至今在法律史中回荡，但回荡的声音并非它的裁决，而是其中一名法官的异议意见。

1940年5月，安德森下令拘捕了一位名叫杰克·佩罗茨威格的犹太人。这名犹太人化名罗伯特·利弗西奇，以假身份抛头露面。国务大臣宣布，自己有足够合理的理由相信利弗西奇是敌对分子，必须要被拘留和控制起来。伯基特的委员会尽管觉得这起案件有一些让人生疑，但最终还是勉强同意维持拘留决定。1941年3月，利弗西奇采取法律行动，以非法监禁为由提起诉讼，希望陪审团审判能够迫使国务大臣在法庭上提供证据。他屡战屡败，最终案件被交到了上议院司法委员会。

法官们面对的核心争议问题在于，法庭是否可以调查内政大臣所谓"合理理由相信"的客观基础？或者就像他自己宣称的，这种"相信"仅仅是一种主观的判断，所以并不需要客观基础？当时，大部分法官都认为国家安全至高无上。他们判决认定，只要内政大臣有这种"相信"，并出于真诚行事，他一人就可以完全决定某一案件中是否有合理嫌疑，而并不需要披露其决策的基础。因此，内政大臣的行为及其合理性不能也不需要通过法庭来裁决。但是，有一位法官不同意这种观点。他就是第一次世界大战时期在分区法院对扎迪格作出不利判决的阿特金爵士。他发表了一份反对意见，这份意见后来成为司法无论在何种紧急情况下都要保持独立的至为经典之论述。他责难并冒犯了自己的法官同事。他说，在面对与民众自由相关的问题时，他们表现得"比行政部门的想法还要行政"。

第29章　为安全牺牲自由

> 在这个国家,在枪林弹雨中,法律不是沉默的……它们在战争时期讲着与和平时期一样的语言。法官们应当对所有人一视同仁,要站在个人和行政部门对其自由的侵犯之间,要警惕将任何压迫行为合法化的行为,这些都曾经是自由的支柱之一,也是我们近来为之奋斗的自由的一项基本原则。

他还说,在这起案件中,他"听到了许多观点,如果在查理一世时期的王座法院上,它们也许是有可能被接受的"。[7]

阿特金的异议——或者说是谴责——并不受欢迎。上议院大法官西蒙(John Simon)子爵给他施压,让他在公布异议之前修改异议意见。但阿特金拒绝了。但是,在后续的一系列案件中,除了一起由丹宁(Alfred Denning)勋爵主持审理的案件认同了这份多数意见外,[8] 阿特金的立场——不论动机是什么——都获得了肯定和支持,原来的多数意见被竞相贬低、无视和回避。行政部门限制民众自由的行为将会用一个客观标准去裁判。只有极个别的地方(例如新加坡和马来西亚)依然保留了倾向于多数意见的立场。

它导致的一个后果是,近年来,各地最高法院越来越坚定地站到维护公民自由的一边。斯卡曼勋爵在 1974 年警告,越是在国家危机中——或者在人们以为的国家危机中——法律越是要最高程度地警惕,并意识到自身受议会至上这一原则的限制。

> 在正常时期,当恐惧不在大地上蔓延的时候,英格兰的法律坚毅地保护个人的自由并尊重人的个性。但在非常时期,当充满恐惧和偏见的时候,普通法的弱点就显示出来了:它无法抵抗议会的意志,不论这种意志多么令人吃惊和充满偏见。[9]

就在斯卡曼(Leslie Scarman)勋爵发表他的警告时,不列颠加入了欧洲大家庭,从而置身于大陆法系的制度之下。在这些制度中,完全没有议会至上原则,其中大部分国家在法律层面都为个人权利提供了更好的保护。和过去相比,议会的权力不再那么不受限制。此后,在1998年发生了另一项重大的变化:布莱尔(Anthony Blair)领导的工党政府第一次执政期间,《人权法案》获得了通过。这一和平时期通过的法案赋予了法院谴责议会立法的权利,当然,法院依然不能判决议会立法无效。但这仍然是保护个人权利和自由的一项重大进步。可是,此后的政府基于他们戏剧性的国家安全考量,又准备将这些来之不易的权利和基本公民自由视为负担,弃之一边。目前,一共有超过一千项法律和规定允许官员强制进入住宅、车辆和办公室,其中有超过一半是1997年以后制定的。当然,对不列颠传统自由侵犯最严重的行为,都产生于"反恐战争"开始以后,尤其是多次尝试去破坏"这个国家在个人自由方面最基础的保护措施:对(恐怖嫌疑人)不进行指控而强制关押的时间限制"。[10]

侵蚀这项自由的理由,是人们觉得国家存亡危在旦夕。布莱尔坚称,在面对恐怖威胁时,"将公民自由置于优先地位是危险的误判",这样做"是误入歧途,是错误的"。[11]在此问题上,他与美国的布什政府持相同观点。布什政府展示出了规避法治的高超技术,为了避免使用"拷问"这个词,他们熟练地对其重新定义。布莱尔的继任者布朗先生在联合王国的《国家反恐战略》前言中直陈:"任何政府的第一要务,是保护国家和大众所有成员的安全。"两位首相的指导思想,都来自于西塞罗的格言:民众的安全是至高的法律(*Salus populi suprema lex*)。[12]

这在罗马和罗马法下也许是真的,但在英格兰和普通法下不是。在这个国家,民众的安全存在于法治之内,而不是来自于破坏法治。这个观点的核心被压缩成自由女神雕像基座上铭刻的本杰明·富兰克林(Benjamin Franklin)的格言:"放弃基本自由以换取一点点安全的人,既不会拥有自由,也不会拥有安全。"在长期珍视的自由面前背过身去,这种做法绝不是对暴政和恐怖主义的胜利,而是对我们自己所珍视、也希望别人能够享有的一切自由的背叛。曾担任上议院大法官的宾厄姆(Thomas Bingham)勋爵在自己的文字中坦言:"我们不能在违背这个社会之所以值得称赞的基本原则后仍然还称赞它"。[13]

实际上,恐怖袭击带来的威胁让英国和美国政府都采取了同样的应对措施。这些应对措施恰恰破坏了那些让西方社会值得人们珍惜的法治和自然正义原则。美国将恐怖分子关押在关塔那摩基地的动机和当年克拉伦登将被关押者送去泽西岛或苏格兰是一样的,都是为了否决他们在国内法下享有的人身保护令权利。

在联合王国,2001年通过的《反恐犯罪和安全法案》第四部分允许在不作出指控或审判的情况下,对卷入恐怖主义的外国国籍嫌犯进行羁押。但经过欧洲人权法院一系列强力裁决的干预,这些嫌犯不能被驱逐出境。因为许多嫌疑人返回自己国家后,可能会受到刑讯逼供或者遭受侮辱性的待遇。人权法院判决认为,《欧洲人权公约》(European Convention on Human Rights)第三条规定的禁止虐待的条款对所有驱逐案件都平等且绝对地适用:

> 无论何时,如果有实质性的理由可以相信,一名个人可能因其被移往另一国家而有遭受与第三条规定不符的对待的危险,签约国就有责任在他/她在被驱逐过程中采取保护措施,预防发生此类对待。

在这种情况下,"这位个体的所作所为,不论有多么恶劣或危险,都不应当成为实质考虑的因素"。[14] 面对这一困境,当时的内政大臣戴维·布伦基特(David Blunkett)引进了一项措施,可以对国际恐怖分子嫌疑人在没有指控和起诉的情况下无限期羁押。这样,他们既不会被正式起诉,也不会被驱逐。为了让此措施获得通过,联合王国不得不违反《欧洲人权公约》的第五条(自由权利),"在战争或其他威胁国家存亡的公共紧急事件时期"违反这一条是被允许的,但该措施仅适用于外国国籍。宾厄姆勋爵推测,这可能是"深思熟虑地政治考量"后得出的结果。因为政府必须要考虑,如果将一名不列颠公民如此拘禁,后果会有多么严重。这项法案于2001年12月开始实施,此时距离法案被送进议会表决只有一个月时间。严重影响人权和个人自由的苛刻立法仅仅在下议院辩论了十六个小时,在上议院的时间甚至更短,就获得了通过。这部法案并没有被恰当地严格审视。[15]

根据此项法案的第21(1)和(2)条,授权拘留必须要满足两个前提条件。内政大臣必须要合理地相信,该位个体在联合王国的存在对国家安全构成威胁,同时还要合理地怀疑,该位个体是一名有关"从事、准备或煽动国际恐怖主义事件"的恐怖分子、国际恐怖组织成员、属于这些恐怖组织或与恐怖组织有关。布伦基特所怀疑的大部分人都被关押在伦敦东南的贝尔马什监狱,这里安保级别极高,戒备森严。这种做法激起了众多批评。其中最让人羞耻的,也许是津巴布韦大使向克里斯·穆林(Chris Mullin)议员表示:"我们津巴布韦是法治国家,我们不会把人关起来数年而不审判,就像你们在贝尔马什做的一样。"[16]

这些被拘押者只能诉诸法庭。终于,在2004年10月,他们的上诉抵达了上议院司法委员会。这些案件被称为"贝尔马什案"(Belmarsh Case)。[17] 这片土地最高裁判机构的九名法官中,有八名法官宣布,2001年法案的第四部分与联合王国在《欧洲人权公约》第五条下的义务相冲突。司法委员会的大法官们说,这部法律中的羁押条款没有能够合理地说明国家安全面临什么威胁;这种做法不符合比例原则,也并不是当前情况的紧急程度所必需的;同时,它还不合理地歧视了外国人。

就上面最后一点,首席法官宾厄姆问道,人身保护令是否真的像建议的那样,只限于不列颠国籍?他根据判决先例,给这个问题"回答了一个大写的'不'"。他引用了曼斯菲尔德勋爵在萨默塞特案中的意见,并以此确立了一个原则:"每一位在管辖权范围内的个人,都享有我们法律的平等保护"。霍普(David Hope)勋爵认为,"个人权利和自由,尤其是少数群体,无论他们有多么不受欢迎,都像大多数人一样,拥有同样的权利",而这项原则就是这种权利的基本保障措施。[18]

霍夫曼(Leonard Hoffman)勋爵认为,这起案件是自己一生中遇到的最重要的案件。政府提出,因为公共紧急事件威胁国家存亡,政府可以正当地限制和减少自由,但他驳回了政府的理由,并称自己没有"低估恐怖分子和他们的狂热组织进行杀戮和破坏的能力,但他们没有威胁到国家的存亡。我们是否能从希特勒手里幸存是一个问题,但毫无疑问我们能在基地组织的挑战中存活。"他以不存在紧急状况为由同意了上诉。他的言论,就像先辈阿特金勋爵一样,在这个经历过斯图亚特专制独裁和皮特恐怖统治的国家中激起了广泛共鸣:

>"这类(拘留权力)在任何形式上都无法和我们的宪法兼容……它将这个国家至今都引以为傲的一项古老自由置于疑问之中:免受任意拘捕的权利。内政大臣试图主张的权力,是一种可以把个人在没有指控或审判的情况下任意无限期拘留的权力。除此之外,没有其他任何东西能与联合王国人民的本能和传统更加对立。免受任意逮捕和拘捕的自由是一项典型的不列颠自由。当欧洲大部分国家的民众都可能因为统治者一时兴起而被随意扔进监狱的时候,这个国家的栖居者们就开始享受这种自由。它被欧洲公约接纳,成为其一部分。在那些曾经被纳粹统治过的国家也确立了这种自由。联合王国同意这项公约,是因为其中的权利是不列颠民众在普通法下就已经享有的……在遵循传统法律和政治价值而生活的民众看来,真正威胁到一个国家存亡的不是恐怖主义,而是像这样的法律。这是衡量恐怖主义是否实现目的

的真正标准。"[19]

他们实际上走得更加激进。在没有考虑《欧洲人权公约》的情况下,他们的判决宣布这项法律违反了普通法的基本原则。

美国的法院也采取了类似的做法。美国最高法院在"布迈丁诉布什案"(*Bormediene v. Bush*)中认定,被拘禁者有申请人身保护令的宪法权利。肯尼迪(Anthony Kennedy)大法官援引了《大宪章》、"五骑士案"和萨默塞特案。他引用了亚历山大·汉密尔顿(Alexander Hamilton)的观点,"将任意囚禁付诸实践,是所有时代的暴政都最喜欢也最令人生畏的工具。"他总结如下:"法律和宪法在设计之初,就是要在极端时期也能存活和维持。自由和安全可以兼顾,而在我们的制度下,它们是在法律中被兼顾。"

第 30 章

纽伦堡和诺曼·伯基特

我们将探讨英国人一个非常重要的特征:尊重宪法和法律。英国人将"法律"视为凌驾在国家政权和个人之上的某种东西,它冷酷、愚蠢,但丝毫不会腐败……极权主义中那些只有权力没有法律的思想,从来没有在这里生根发芽。

——乔治·奥威尔:《狮子和独角兽》
(George Orwell, 'The Lion and The Unicorn')

给他们一场审判,给他们正义。这是我和我的同伴们为之奋斗的东西。

——纽伦堡的一名警卫(鲍克:《法庭之后》)

276　　　对法治最严重的威胁也许来自二十世纪。在国际化的背景下,残忍的极权主义制度——尤其是以希特勒(Adolph Hitler)治下的纳粹德国为代表的制度——通过制定不合理的法律,颠覆法律保障,腐蚀司法独立,煽动作秀审判。法律被暴露在赤裸裸的邪恶面前。当第二次世界大战的恐怖硝烟终于落定后,如何处理和报复战败者纳粹德国成了一个问题。之于战胜者,对失败者的残忍报复本可以迅速进行。丘吉尔最初曾经亲口说过,他倾向于用一项褫夺公权法案规避法律障碍,从而实现快速处决战犯的目的。但是这一设想最终没能实现,取而代之的反而是战后欧洲的两项非凡成就:第一项是纽伦堡法庭的建立,它很大程度上是基于普通法原则创设的,用来审判纳粹战犯;第二项是《欧洲人权公约》的制定,同样主要由普通法律师设计,其中的领头人就是纽伦堡审判中英国的主要检察官。[1]

　　对主要战犯的审判于1945年11月20日至1946年10月1日在纽伦堡进行。那里是纳粹思想的发源地。这是一场历史中独一无二的审判。战败国家幸存的领导人破天荒地踏上了审判席,被指控犯有刑事共谋(指控1)、有具体指控的破坏和平罪(指控2)、战争罪(指控3)和反人类罪(指控4)。他们的指控书为国际法的词典中增加了一个新的名词:"种族灭绝"。通过设立一个法庭来审理受到上述指控的作恶之徒,这不得不说是一个伟大的成就。美国、英国、法国和苏联

277 一致同意了它的建立和运作。这是一个糅杂着不同法律和制度的混合物,混杂着美国和英国两种普通法制度。虽然由来自美国最高法院的大法官罗伯特·杰克逊(Robert Jackson)担任首席检察官职位,但在法官和检察官中,英国人都占据着统治地位。在国际刑法领域,英国法学为其基本原则所做出的贡献,要远远超出其他任何法律制度。

　　英国上诉法官劳伦斯勋爵被选为这个"国际军事法庭"的主席。他的任命很快就会被证明是正确的。他用温和与正直团结着法庭中

的其他法官,使大家精诚合作。这绝非易事。他在审判过程中的表现也堪称模范,确保程序在几乎所有观察者看来都是公平和公正的,就连许多被告也这样认为。他体现了公正司法的本质。[2] 而作为替任与他并肩作战的,不是别人,正是伯基特法官。[3]

英国人起到的作用并不令人意外,他们一直接受着对抗式审判的训练,迄今为止最好的辩护律师也都来自英国。然而,人们对美国团队的领袖杰克逊法官给予了非常高的期望。他作了一场精湛而令人难忘的开案陈述,并将对赫尔曼·戈林(Hermann Goering)这位关键被告进行交叉盘问。法官们信心十足,相信"他的能力将确保获得满意的结果",足以揭露和打击这位幸存的纳粹领袖,"曝光纳粹制度的一切恐怖和惨无人道",以此向世界证明这场"审判实现了自己的终极目的"。[4]

但这种自信很快就动摇了。戈林利用交叉盘问中的漏洞,为自己的行为进行辩护,并为德国的未来一代详细解释和颂扬了纳粹思想及其信仰。旁听者们尤其是那些来自英语世界的旁听者们——全都被这样的发言震惊了。伯基特作为一名辩护艺术巨匠,曾经公开批评:

> 杰克逊法官尽管才能出众……但从来没有学习过英格兰法庭的概念里的交叉盘问最基本和最重要的元素。他过分地倚重自己事先准备的文件,没有对那些粗心大意或者具有破坏性的答案及时追问,没有格挡和刺杀,没有引导证人走向提前设计好的陷阱,更重要的是,对于那些宏大的问题,缺乏一个清晰且压倒一切的概念框架以简单而有力地呈现它们。[5]

杰克逊担任了多年总检察长和最高法院大法官,长期脱离律师职业,已经缺乏"交叉盘问者所应该具有的,潜意识里能够预计证人想法的第六感"——如果他曾经有的话。[6] 他对这位自大浮夸的帝国元帅的盘问长达三天,但搞得"逻辑混乱"。他要攻击的目标不仅毫发无损,反而控制了盘问的局面。戈林非常享受调戏这位被派来折磨他的人,仿佛自己才是"杰克逊法官的主人"。凭借着对德文的精通和对档案的熟悉,戈林可以轻易寻找到对自己有利的说辞,同时还能羞辱自己的敌人。审判过程中甚至还有不少自摆乌龙的情况发生。例如,杰克逊准备的一份档案指控戈林策划了"解放莱茵"行动,但戈林却指出,文件上实际说的是"清洁莱茵河",并和颜悦色地承认了它。杰克逊还准备了一份据称是会议记录的文件,却自己承认戈林不知道文件的内容。其实戈林是清楚的,他只是没有列席会议而已。劳伦斯(Geoffrey Lawrence)缩短了其中一个庭审的时间,没有让失误继续发生下去,"也许我们在现状下休庭更好。"[7]

法庭自身也受到了批评。有批评意见认为,他们让被告把证人席变成了演讲席,对庭外的听众们发表演说。虽然对被告纵容要好过给他们任意戴上嘴套,尤其是在这样重要的审判中。但就如这场审判中英方首席检察官大卫·马克斯韦尔-法伊夫(David Maxwell-Fyfe)的观察,一个胜任的辩护律师应当有能力在不需要法庭协助的情况下控制住证人。[8] 杰克逊的失败给整个审判都蒙上了阴影。审判之前就有一些预言家们警告,担心审判将会成为纳粹宣传的平台,或者变为一场拖延的闹剧,看样子这些警告马上就要兑现。这也是伯基特的看法。他深感绝望地写道:"伟大的战斗失败了,它一旦失败就只能部分勉强恢复,而不可能痊愈。情况可能会改善,但不能完全挽回。"[9]

马克斯韦尔-法伊夫凭借对浩如烟海般档案的熟练掌握,以及对纳粹国家制度的深刻理解,专业地摧毁了戈林这位第三帝国的拥护者,至少部分甚至全部挽回了局面(当然这可能是对杰克逊的进一步羞辱)。

图16 纽伦堡审判：罗伯特·杰克逊（左）和大卫·马克斯韦尔-法伊夫（右）。前者是一名慷慨激昂的演说家，但不是一名优秀的审问者；后者是一名在普通法对抗式审判体系中接受了良好训练的刺客。中间那位是罗伯特·法尔科（Robert Falco），来自法国的代表。

尽管很少有人认为马克斯韦尔-法伊夫是一名杰出的律师——伯基特就对他评价不高——但他对戈林的盘问可以称得上是大师级的教科书范本:礼貌、简洁,以及彻底的毁灭性。他举止冷静,问题简短而精确,以已经掌握的具体事实为依据。马克斯韦尔-法伊夫不需要审判庭的任何支援。每当戈林试图展开长篇大论时,他马上打断:"我已经提出了我的看法……让我们继续下一个问题。"盘问持续了五个小时。整个盘问看上去简单直接,但其实是专门设计来迷惑对手的。来自美国的法官弗朗西斯·比德尔印象深刻地记录道,马克斯韦尔-法伊夫"像一只斗牛犬一样,孜孜不倦,甚至都没有注意到证人的鲁莽,他的轻佻、智慧和冷嘲热讽,都渐渐哑火了"。戈林变得愤怒却又无能为力,"他用紧握的拳头为自己辩护,面色发红,愤怒不已"。在这场无情又锋利的审问面前,戈林彻底崩溃了,整个人看上去就像是一个虚张声势的地痞。[10]

马克斯韦尔-法伊夫还将继续交叉盘问其他被告。当他们站在证人席上时,一名记者注意到:

> 当(马克斯韦尔-法伊夫)站起来准备开始盘问时,你能看到他们都紧紧地抱住了自己——他提问的形式和内容,多么具有戏剧性,多么能带来智识上的满足:他让人消除戒心的背后藏着什么样的恐吓……"我想做到绝对的公平"——接着他就开始盘问,这些问题加起来就相当于谋杀指控。[11]

马克斯韦尔-法伊夫的表现看上去就像是给美国人、法国人和俄国人上了一课。

比有效的交叉盘问更重要的,是这场特殊审判的法律认定,以及法律认定所依据的法律基础。尽管诺曼·伯基特只是一名替任法官,但法院所有主要的公开声明和裁决——它们很大程度上挽救了这场审判——都是由他主笔。他堪称20世纪最杰出的英国法律全能选手,是有史以来最伟大的刑事辩护律师之一。他成长于卫理公会派的氛围,在剑桥大学伊曼纽尔学院学习了历史、神学和法律,最终将法律作为终身职业,并于 1913 年在内殿律师学院获得律师资格。他在伯明翰开始了自己的法律执业生涯,不久之后被那位马歇尔·霍尔看中,加入了他在圣殿花园的办公室。伯基特从 1923 年起成为一名自由主义议员,并在 1924 年获得御用大律师头衔。他的"老朋友和老对手"马克斯韦尔-法伊夫这样形容他:

> 二十世纪最伟大的法庭演说家之一……最后一位有"圣经传统"的伟大榜样,亦是英国辩护领域的坚强链条。不论客户是谁,他的交叉盘问总是充满道德热忱,总可以让拥挤的法庭鸦雀无声。他的演讲总是像圣经的钦定版本一样,受到人们的偏爱。[12]

一名低级别的职员有一次恰巧在高等法院遇到伯基特发言,立刻被这个"充满韵律的声音"抓住了:"是那个声音让我着迷,完美而清晰的发音,引人入胜的声调。我像脚下生根一样动弹不得。"[13] 在某个疑难案件上,伯基特发表了精彩的演讲,随后,他被《每日邮报》评论为"本年度最伟大的法律巨星"。

他在法庭上的巅峰时刻之一,是著名的 1934 年"布莱顿行李箱藏尸案"。他在大量指控面前,为嫌疑人托尼·曼奇尼争取到了无罪裁决。而曼奇尼在临终之前,终于承认自己就是杀人凶手。另一位同时代的大律师翘楚帕特里克·黑斯廷斯(Patrick Hastings)曾经这样评价伯基特:

> 如果我命里注定要把一位女士切成碎片并把她放在一个空旅行箱里(就像曼奇尼做的那样),我将会毫不犹豫地把自己的未来托付给诺曼·伯基特。他将会说服陪审团:(一)我并不在现场;(二)我没有把那位女士切碎;以及(三)如果我真这么做了,那也是她完全应得的。

图 17 诺曼·伯基特御用大律师,他作为辩护人和法学家的成就一样伟大,是"司法和正义的潜在威胁!"诗曰:"如果他再一次迷失/回到了自己行凶的老路/他如果还会尽全力去做好/那他的律师可能就是伯基特。"

有一位法官曾说,伯基特说服别人的力量是"司法的潜在威胁!"伯基特曾经抱怨,这些疑难险峻的案件会"让一个人少活许多年"。但他的助理机灵地回复他:"也许是吧——但它们可是让自己的客户多活了好多年。"[14]

尽管他作为律师的成就如此卓越,但他对法律最伟大的贡献并不在陪审团审判这个狭小的舞台,甚至也不在我们此前说过的拘留咨询委员会,而是作为一名法官协助打磨了二十世纪最重要的法律制度发展。纽伦堡的审判程序体现了"国家受国际法管辖,被打败的暴君将要对其行为负责,但并不是通过行刑队,而是通过法院和法律"这一原则,审判本身也为这一原则打下了最重要的基础。伯基特法官身处这场变革的前线。他最早时已经收到了担任法庭主席的邀请,但这份邀请后来又被撤回。尽管如此,他对这场审判的影响仍然非常深远。美国人早先希望起诉阿尔弗雷德·克虏伯,他的父亲是实业家古斯塔夫。起诉他是因为古斯塔夫已经病入膏肓,无法站着接受审判。伯基特对这个提议大感吃惊,指出"这不是一场足球游戏,不可能让替补队员在不造成任何麻烦的情况下随时被派遣上场"。尽管伯基特是一名替任法官且没有投票权,但他的观点还是占了上风。他清晰地认识到这场漫长审判所具有的深远意义:

> 这场审判足以成为国际法历史上一个非常伟大的里程碑。所有后世将从此有一个高屋建瓴的判例,那些或大或小的侵略者们在发动战争时将会确定地知道,如果他们失败了,将会面对何种悲惨的清算。为了让这场审判能够抵御各种批评,它本身必须被展现得公平、有说服力,必须基于确凿的证据,不能随着时间流逝而发生动摇……在这一切所作所为都将确凿无疑地书写进历史的情况下,世界必须要保持耐心(我也一样!)。

但是,他还是坚信自己,并在日记中吐露:"如果所有重复和累加的繁琐事项都被严格排除在外……审判将毫无疑问持续更短的时间,争议焦点将会更加清晰,能够被透彻地定义,情绪也会更加缓和,从而实现更好的综合效益。"[15]

在法官们休庭审议和组织裁决期间,伯基特终于实现了自己的目标。他"掌握档案的深度和速度超过了所有参加庭审的法官"。同时也很重要的是,他与其他所有法官——尤其是来自苏联的法官——全部保持了热忱而良好的关系。他参加了所有的辩论,并被邀请起草这份"也许是历史上意义和影响最为深远的裁决",一份国际版的《大宪章》。[16] 他拥有杰出的表达能力、清晰的头脑和对证据的熟练掌握。他全神贯注于那些将最终被用来度量每一名被告的法律原则,这些法律原则的结晶将会被法官们作为判决的依据。但法官们来自于四种不同的法律制度,每个人也个性不同。因此,如何理解和适用这些法律不可避免地在法官中引发了争议和辩论。其中最具争议的是"共谋"指控,这个概念在法国的法律体系下是完全不存在的,但伯基特认为它对于指控纳粹制度策划侵略和屠杀非常关键。最后,长达五万字的裁决大部分都是由伯基特完成,其中包括共谋的论述部分,认定"将侵略战争作为目标而持续策划,已经毫无疑问地被证据证明"。[17]

法庭最终将十九名被告定罪,无罪释放了三名。在这十九名罪犯中,戈林在被执行死刑前自杀,另外十一名罪犯被绞死,其余七名分别被判处长度不等的监禁。它向世界展示了获胜的国家们通过一致行动,在面对战败国时能够坚守正义,而不是野蛮复仇,同时战争罪犯和种族灭绝者将不会逍遥法外。某种程度上,纽伦堡审判终于完成了查理一世大审判开启的工作。

同时代的人们很快认识到,英国法官尤其是伯基特在法律方面做出的突出贡献。作为微小的补偿,他被授予了贵族头衔。上议院大法官乔伊特(William Allen Jowitt)在致信中说:"这个国家因你在1946年做出的工作而欠你太多。"[18] 另一项更可观的补偿是,他的名字将载入史册。记载他的主要有两个人:前上议院大法官西蒙勋爵,以及美国在纽伦堡审判中的替任法官约翰·帕克。

西蒙曾经写道:"伯基特是一位令人钦佩的榜样……正义在他那里并没有与仁慈背离,但当他审判欺凌弱小者时,也并未忘记那些受害者。就他巩固我们对法治之下公正审判的观念所做出的贡献……这个国家亏欠他太多。"[19] 一个更加慷慨但合乎情理的赞辞来自帕克。他明确赞扬了伯基特那些基础性的重要贡献:

"他清楚地意识到了我们参与的这项事业的重要性。他不知疲倦地投身于起草判决的工作,这不仅是对那些接受审判的人的公正对待,同时也是一份献给全人类的智慧和历史的公正判决。尽管他只是审判法庭的替任法官之一……所有听众都听到了他的声音,他的双手起草了大部分也是最重要部分的判决,在塑造最终结果方面,没有人……比他的作用更大。我坚定地相信,如果审判庭这次的工作是根据法律塑造国际秩序的里程碑,诺曼·伯基特必须要独得这项荣誉中的大部分。当机会来临时,很少有人能够像他那样,如此卖力地为自己的同类谋求福利。"[20]

第 31 章

是非与权利

英国宪法中没有对权利进行声明或定义,这是其他国外立宪主义者们非常重视的……大多数外国宪法制定者们都以声明权利作为宪法开篇。

——A. V. 戴雪:《宪法学导论》

285 　《欧洲人权公约》(下文简称《公约》)最早的名字是《欧洲保障人权和基本自由公约》,在 1950 年由欧洲委员会(Council of Europe)起草。欧洲委员会是根据《伦敦条约》于 1949 年 5 月 5 日成立的组织,联合王国是其最早的十个签约国之一。该委员会成立的时间比欧盟更早,并一直保持着完全独立的地位。这是一个纯粹的政府间咨询性质的组织,对成员国没有强制约束力,目前共有四十七名成员国,其中包括俄罗斯,但没有白俄罗斯和梵蒂冈。这个组织的目的是促进成员国在法治、保护人权、发展和保护民主方面的合作。《欧洲人权公约》就是组织诞生后的第一项成果。

　　鉴于第二次世界大战中对人权任意践踏的可怕经历,《公约》设计之初的目的就是为了防止此类邪恶和恐怖事件再次发生。但在起草时,它还有一个目的——作为"生活在铁幕之后的人们的灯塔",抵御东欧不断滋长的共产主义势力。这可以解释它为何明确提出了诸多"一个民主社会必不可少的"[1]价值和原则,以及为何拒绝苏联加入欧洲委员会和公约。

　　负责起草公约的是组织下设的"法律和行政委员会",大卫·马克斯韦尔-法伊夫被任命为委员会主席。他希望得到国际社会的支持,维护英国人世世代代都视为理所当然的民主自由和权利——他把这些东西叫做"体面基本生活的前提和必需"。1948 年联合国《世界

286 人权宣言》发表,他也有可能从中获得了灵感。《世界人权宣言》由一位名叫约翰·汉弗莱(John Humphrey)的法学家起草,他来自加拿大,成长于普通法环境。从这个角度看,就算普通法不是《公约》的亲生父母,至少也扮演了养育它的重要角色。尽管在执行方面可能存在疑问,但就《公约》本身的内容而言,英国的历史传统对其并不陌生。公民自由(这绝对是一个更少争议且因此可能更好的术语)是所有民主社会的核心。但自由是被赋予的,而权利则是与生俱来的。赋予的

东西可以被撤回,但与生俱来的东西不会。

考虑到有史以来最凶残的独裁者都曾经任意剪裁和定义自由,所以毫无疑问起草者们会更倾向于使用"权利"一词。英国没有反对这个建议。实际上,马克斯韦尔-法伊夫还为其辩护。他坚持认为,尽管这是一个伯克式的措辞,但也不应该"模糊地泛泛而谈,而应当使用法院可以实际执行的术语"。他为欧洲委员会"做到了联合国未能做到的,即创设一个具有强制执行力的保护民主权利的公约"而感到骄傲。[2] 为了强制执行这些权利,欧洲人权法庭在斯特拉斯堡成立了。[3] 至此,防止暴政复活的两个主要的法律堡垒——国际性的刑事法庭和《欧洲人权公约》——都已经建造完毕。在它们的建立和发展过程中,普通法律师们扮演了重要的角色。

积极参与后者的,更多是那些具有保守主义而非激进主义倾向的律师。1951年,在丘吉尔强烈的支持下,英国成为第一批批准该公约的成员国之一。尽管英国是除了爱尔兰外第一个批准《公约》的国家,但并没有将其纳入到国内法。一个原因是英国担心这样做会影响议会至上原则;另外,因为《公约》保护的权利和自由都可以在普通法下获得实现,让骄傲的英国人认为没有必要再重复立法。根据《公约》,遭到损害的一方必须要穷尽国内的救济渠道,才能诉诸斯特拉斯堡的法庭。英国同意遵守《公约》规定,但却不在自己国内的法院为它的实施提供具体保障,[4] 这是典型的英式和稀泥。由于英国国内法院通常都不会也不愿对斯特拉斯堡的法律制度点头哈腰,因此英国不得不经常在斯特拉斯堡遭受羞辱——它在这里败诉的案件远超其他国家。当输掉案件后,尽管不情愿,但也不得不遵守裁决。这样的做法成本高昂、令人尴尬且毫无必要。

直到1998年,《人权法案》出现,才从根本上解决了这种尴尬局面。它迫使英国法院在一切可能的情况下都要用与《公约》兼容的方式解释国内法律。但实在解释不通时,法院不能直接推翻立法,只能发表一份"不相容声明"。这种操作对于司法机构而言并不陌生,历史上有清楚的先例。当法官们尝试解释议会立法时,会假定"议会没有违反普遍道德规则和国家法原则的意图,因此在任何可能的时候,对该等法律的解释都要与个人及国际层面的道德准则相一致。"[5]

英国的法院可以作出判决让议会感到尴尬,但不能凌驾其上。他们可以批评甚至谴责立法,但不能推翻它。《人权法案》第3(2)(b)条明确规定,任何为保持与《公约》一致性而对国内立法的解释行为,都"不影响任何与《公约》不一致的基本立法的有效性、继续运作和执行"。但这项规定仅适用于那些基本的和最重要的法律,其他根据授权制定的或没那么重要的立法(例如枢密院命令、规定或者规章)都可以被法院推翻。《公约》第13条规定了明确和有效的司法救济途径,用来应对那些违反公约行为,但这些规定并未包括在《人权法案》中。因此,尽管经常被引用,但《公约》从理论上仍然没有被囊括在英国国内法的体系之中。当然,法官依然可以推翻苏格兰议会或威尔士议会制定的与《公约》不兼容的法律,因为这些法律并不是由一个主权议会制定。从这些规定和实践看,《公约》是这些议会的基本法,但不是威斯敏斯特议会的基本法。[6]议会仍然有至高无上的权力,它的主权没有受到损害——当然,这种安排的合理性存疑。正如一位杰出的评论家近来指出的那样,无论好坏,法官们将会"在决定我们的权利范围方面,参与并扮演一个与之前相比更加重要的角色"。[7]

《人权法案》被视为英国宪法和权利观念发生革命性变化的一个决定性标志。以戴雪为代表的传统观点认为,普通法是通过提供救济的方式保护自由,而不是强制权利的执行;自由取决于议会,议会不仅不可能犯错,而且也不会犯错;法律的目的是限制行政和滥用权力,议会不会滥用权力;议会至上和法治是就同一枚硬币的正反面;人们对此坚信不疑。议会至上原则基于一个假设,即议会永远不会侵犯基本权利。因此,持有上述观点的人们认为,根本不需要制定什么《人权法案》,也永远不需要宣布法律与《公约》不兼容。

但他们大错特错。"人权文化"正在发展,法治的观念也需要进化,直到将所有自由社会坚持和认可的基本人权都纳入其中。如果权利不是依靠政治和社会斗争艰难争取到的胜利果实,而是人性本身固有的属性,那么不论议会有多么至高无上,议会的权力有多么巨大,也不能侵犯这些权利。因此,议会至上原则与受法治保护的权利观念之间,将会存在实实在在的冲突和张力,尤其是在社会气氛紧张的时候。

当然,实际并非一直如此。在维多利亚时代和二十世纪的大部分时间,司法机关和立法机关一直是一条战线的同盟。他们并肩作战,却并不是为了保护权利,而是为了强制道德的实施,维持社会的道德统一。

第 32 章
堕落和腐败:亵渎、淫秽和奥斯卡·王尔德

这个国家的每一位个人,就像是在一个治理有方的大家庭中一样,都必须让自己的行为遵循得体的规范、遵守睦邻友好的原则和基本的礼貌;在自己的身份和地位上做到正派、勤勉和温雅。

——布莱克斯通:《英格兰法律评论》

淫秽不是一个有精确法律定义的措辞;在法院的实践中,它意味着"任何让法官震惊的事情"。

——伯特兰·罗素:《清教主义的复燃》

(Bertrand Russell, 'The Recrudescence of Puritanism')

289　　　法律通过规范行为而限制自由。"自由"很少意味着"许可"：它不仅禁止一个人作出伤害其他人的行为——例如袭击和偷窃，而且在英格兰和不列颠历史的不同时期，它同样禁止一个人作出某些只伤害自己（如果算得上伤害的话）的行为。例如，直到 1961 年以前，自杀在英格兰都属于犯罪，1967 年以前同性恋也是。相反，吸毒这个曾经合法的行为，现在变得非法。更有意思的是，饮酒这项与许多暴力犯罪直接相关的行为，除了在美国有过一次灾难性的禁止试验外，从未被西方任何国家的任何法律禁止。

　　人们把展示同性恋爱、吸毒这样的行为定为犯罪，并不是因为它们的本质是邪恶的，而是因为在某一个特定社会的某一个特定时期，社会中的大多数人认为它们是邪恶的。[1] 这样的定罪其实是大众表达强制性的道德观念（或者暴政）的一种方式。维多利亚时代的道德主义者们，尤其是那些"自封为上帝的核心执法机构"里的福音派教徒，热心地投身于保护妇女儿童免受性侵和保护扫烟囱工不受窒息的运动，但同时，他们也在焦虑的驱使下，通过诉诸法律的手段限制饮酒和赌博，并将色情文学和任何他们认为不体面的事物统统连根拔除。

290　　他们认为，道德应当有强制力；法律不光要规范公共行为，还要规范私人行为；不仅要保护弱小一方免受其他邪恶之人的侵害，也要防范他们自身内部的邪恶；那些能作出对社会有害的行为的低下阶层，同样会参与其他犯罪。[2]

　　这场运动的主要组织机构是"反堕落协会"。这是一个成立于 1801 年的机构，一直与不守安息日、妓院和赌场等势力做斗争；当然，斗争的对象也包括亵渎神明的行为和不守规矩的书籍与出版物。其中，亵渎安息日是该协会斗争的主要对象，消耗了该组织的大量资源和精力。在成立第一年，他们就在伦敦获得了超过六百件此类案件的定罪判决。[3] 尽管这样，他们好像还是不够忙，仍然有足够的空闲去处理一些所谓的淫秽物品案件。他们经过调查,发现在普通法制度下,对此类淫秽物品的检控几乎是一片空白。据此他们推测,在伦敦有钱的外国人之间一定有一个巨大的阴谋,这些人雇佣了超过三十名中间人(大部分来自意大利)成双入对地辗转全国各地,兜售他们"淫秽的书籍、出版物、画册和玩具等"。[4] 有意思的是,他们对"玩具等"具体指什么并没有更详细的说明。该协会迅速开始行动,或者对兜售此类物件的人提出淫秽诽谤指控,或者根据1824年的《流浪法》(Vagrancy Act)指控他们公开进行淫秽行为。根据法律对淫秽的定义,这些物品必须严重冒犯公共礼仪,并对公共道德具有破坏性。截至1857年,该协会一共在法院指控了一百五十九起此类案件,只有五起被判决无罪。[5] 然而,奥斯基国王的牛棚可没那么容易打扫干净,那些"泛滥的污秽"依然持续存在。鉴于当局无法把"巨大的存量"一网打尽,这些东西事实上并没有减弱,只是转到了地下。高压的管控只是让淫秽物品变得更加极端。[6]

在这种一根筋彻底根除的思潮引领下,当时的上议院首席大法官坎贝尔提出了一份《淫秽出版物法案》(Obscene Publications Act),将打击目标从出版商和零售商扩大到了淫秽物品本身,地方法官可以直接命令将此类物品径行没收或销毁。他主持审理了若干起此类案件,积极地投身于这项"比氢氰酸更致命的"贸易的斗争,同时也意识到了下层社会中那些"放肆而令人作呕的杂志"是何等泛滥。[7] 虽然政府并不支持,虽然有两位前任大法官反对——布鲁厄姆(他更担心十岁以下的孩子被送去监狱和孕妇被送去做苦力)和林德赫斯特(认为不存在"下流出版物狂热")——坎贝尔提出的法案还是在1857年获得通过,成为法律。

坎贝尔并没有打算把这些法律用在严肃文学身上。他向议会保证,这些措施只会被用来打击那些"完全被用来败坏年轻人道德,动摇正常人对于'正派'的共识"的作品。⁸ 他们恐惧和担心的,不是统治者的腐化,而是工人阶级的堕落。前者可以安全地阅读奥维德或苏维托尼乌斯的拉丁文原著,但后者却只能看到删节后的译本。麦考利发现,"很难相信,在眼前这个有如此之多诱惑的世界,会有任何绅士……因为阅读(阿里斯多芬尼斯和尤维纳利斯)而变得堕落"。⁹

批评者们忧虑"淫秽"会被如何定义,有价值的艺术作品在实践当中如何与纯粹堕落的色情作品区分。定义和区别的模糊,加上具体执行过程中地方法官巨大的自由裁量权,使得地方法官对具体案件的本能反应成了案件结果最重要的决定性因素。没过太久,批评者们的担忧就成为现实。

1868 年,法案实施十一年后,坎贝尔的继任者科伯恩勋爵在分区法院审查了一起名叫"国王诉希克林"(*R. v. Hicklin*)的案件。被告是一位福音派金属商人,他制作了一份恶毒攻击天主教的小册子,其中曝光了牧师在忏悔室趁机侵犯脆弱女信徒的手段,充满了色情细节。这时,《淫秽出版物法》"唯一的目的"早就被抛在脑后,比起自己前任提出法案时的有限目的,科伯恩对这份法律的解释要宽泛许多。通过此案,科伯恩确立了一套对淫秽作品的判定标准,该标准一直持续了一百年。"受指控事物是否属于淫秽,要看当此类出版物落入人手中时,它是否有使人暴露于不道德影响面前,使人具有思想堕落和腐败的趋势。"他宣称,就算像格雷在 1858 年发表的《解剖学》(*Anatomy*)一类的医学论文,"在特定情况下也有可能是淫秽的";但同时他又指出,由于这一类出版物不会被"男孩女孩们"轻易地看到,因此可以免于被检控。¹⁰ 可是,和以前的保证一样,科伯恩的保证随后也变成了空谷绝响。他对于淫秽的定义像是赋予了维多利亚时代一根大棒,被挥舞着打击任何可能具有冒犯性的文学作品甚至科学研究,而且将在整个英语世界中持续好几个世代。¹¹ "具有堕落和腐败的趋势"被实践证明是一个过低的标准,一件作品很容易就会迈过这条红线。

在实际运用时,1857 年《淫秽出版物法》专断、不公,并且时常显得荒唐而滑稽。它在让判决成为嘲弄对象方面独领风骚,远远超过了其他任何刑事法律。用过度简化的规则和瞬时的道德标准对事物进行分类,本身就是值得嘲讽的。回头来看,它似乎为这个国家增加了几分喜剧色彩,但对于那些受到官员审查和批评的人们,这一切都让人抑郁和沮丧。幸运地是,尽管它的现代化身——1959 年和 1964 年的《淫秽出版物法》——仍然是有效的法律并躺在法律全书中,但更像是一件古玩而不是武器,很少会实际使用。

1857 年《淫秽出版物法》最著名的早期受害者,是一份在 1832 年首次出版的关于计划生育的时髦宣传册,名字叫《哲学之果:关于人口问题的一篇论文》。1877 年,国家世俗协会的两位领袖查尔斯·布拉德洛(Charles Bradlaugh)和安妮·贝赞特(Annie Besant)重新出版了它,并制定了非常便宜的定价,希望它能在大众市场上有更高的销量。光是这个定价,看上去就已经证明了这部作品在试图腐蚀大众道德观念。他们想要以此作为一个测试案件,所以事先就将他们的意图通知了主管部门,宣称"我们没有打算出版任何我们认为不能在道德上为其辩护的东西"。遗憾的是,道德可能确实站在他们一边,但法律不是。科伯恩勋爵亲自审理了这起案件。他谴责这种"不谨慎的行为"极大地加速了作品的传播,使得此前没有引起大量关注的作品臭名远扬。陪审团裁决被告因出版可能腐蚀大众道德的书籍而有罪,但否认他们是出于任何堕落的动机。科伯恩无视了陪审团的免责意见,认定在淫秽案件中,动机不是应当考虑的因素。[12] 特别是面向大众的描写性行为的书籍,哪怕不是出于愉悦大众神经的目的,也有相当可能受到检控。

在所有的"淫秽"中,最低劣的那种是"反向的""不敢言说之爱":

同性恋,也叫鸡奸。仅仅是描写它就已足够邪恶,亲身实践它则更加恶劣。而当一名道德上有问题的作家同时又是一名亲身实践者的时候,简直就是罪无可恕了。

1895年,大字不识几个的昆斯伯里(Queensberry)侯爵一怒之下,在阿尔波玛俱乐部留下了一张卡片,上面写着"奥斯卡·王尔德(Oscar Wilde)是一名鸡奸犯"。侯爵本人是拳击运动规则的起草者,他长期以来都怀疑,这位聪明、诙谐的过气名人对自己叛逆的儿子阿尔弗雷德·道格拉斯(Alfred Douglas)有着不健康的"兴趣"。受到这位年轻爱人的鼓励,王尔德错误地决定采取法律手段,提起刑事诽谤指控。昆斯伯里雇佣了私人侦探,他们发现了各种各样的王尔德与男妓厮混的证据。针对昆斯伯里的审判土崩瓦解了,同时一项根据1885年《刑法修正法》(Criminal Law Amendment Act)作出的指控把王尔德自己送上了被告席。这项法案最初的立法目的是保护女孩,将女性同意性行为的合法年龄从十三岁提高到了十六岁。此后,这部法案多了一项修正案作为第十一章,专门惩罚男性之间公开或私下的"严重猥亵"行为。这项修正案没有提及女性,可能是由于维多利亚女王自己并不相信有女同性恋者存在。严重猥亵行为并不是根据行为来定义的,它逐渐被解释为包括鸡奸在内的任何同性恋行为,并成为一项独立甚至更加严重的犯罪。第十一章在接下来数十年中,都是一张敲诈勒索者的许可执照。

很多人愿意帮助王尔德,他们想了许多办法,给他提供机会,让他逃到阳光充沛且压迫更少的法国。但王尔德坚持要等待自己的命运,一直留在伦敦肯辛顿蓬街的卡多根酒店。这座时髦的充满世纪末情调的建筑属于莉莉·兰特里(Lillie Langtry),她是著名的影星,也是未来英王爱德华七世(Edward VII)的情人。1895年4月5日,在他啜饮着葡萄酒和气泡水时,警察上门逮捕了他。[13] 王尔德受到了二十五项严重猥亵指控,被安排在老贝利法院接受审判。御用大律师爱德华·克拉克(Edward Clarke)爵士此前检控了昆斯伯里,现在免费向王尔德提供了辩护。考虑到当时社会被激起的敌视王尔德的滔天巨浪,他这样的举动无疑是慷慨之举,并且需要过人的道德勇气。[14] 这起案件轰动全城,王尔德积极地为自己辩护,歌颂这种大卫和约拿单在《圣经》里,或者阿喀琉斯和帕特罗克洛斯在《伊利亚特》史诗中就已经存在的爱情。然而,他和男性有染的证据数量太多了,其中甚至包括一名来自萨沃伊的女服务员的证词,描述在他的床单上发现过像爱尔兰地图一样的污渍。经过两场审判(陪审团在第一场中没有达成一致裁决),王尔德最终被定罪,威尔斯(Alfred Wills)法官判处了法律允许范围内最重的刑罚:两年苦役徒刑。妓女们在街头庆祝判刑,但审判法官认为"对这样一个案件而言,这么做是完全不合适的"。[15]

同性恋行为此后还要被视为犯罪许多年。尽管它们在 1967 年通过《性侵法》(Sexual Offences Act)后已经变得合法,但仍然有诸多限制条件。参与者必须要二十一岁或以上,必须要在私下进行,仅限于两人之间,三人或四人的同性行为仍然属于犯罪。直到 1994 年,承诺同意的年龄才降低到十八岁,到 2000 年变成了十六岁,而且北爱尔兰同性恋的合法化不得不等到欧洲人权法院干预后才获得实质性推动。在 2003 年的《性侵法案》中,严重猥亵和鸡奸终于从法条中删除,二人以上的同性性行为也终于变得合法。在英格兰这片绿色而舒适的土地上,人们花费了数千年,终于重建了索多玛和蛾摩拉。

对于"鸡奸"的检控和对书籍的审查互相结合。内政大臣和警察局长们最急切地想将这些越轨者从他们的会所和小屋中捉拿归案,迫不及待地想要实现将整个国家从"污秽文学"中净化的宏愿。他们是拥有审查癖好的一对双胞胎。有关同性恋的书籍当然就是他们的首要目标。哈维洛克·艾利斯(Havelock Ellis)在 1898 年出版了《性倒错》(*Sexual Inversion*)一书。尽管艾利斯可以带领一整个军团的医学专家证明这本书的科研性质,并指示口才极佳的御用大律师霍勒斯·阿沃里(Horace Avory)为自己辩护,但仍然徒劳无功。检控并没有针对作者,而是针对了出版商托马斯·贝德伯勒(Thomas Bedborough)。胆小的贝德伯勒很快承认有罪,避开了审判。他被处以罚款,受到指控的出版物也随之销声匿迹。

倒错行为即便在已经合法以后仍然有可能受到惩罚。1928年,雷德克利芙·霍尔(Radcliffe Hall)的女同性恋小说《孤独之井》(*Well of Loneliness*)由乔纳森·凯普出版公司(Jonathan Cape)推出,随后就受到了检控。这起检控十分古怪,因为书中并没有任何色情或猥亵的描写,其中最露骨的一段是"她像亲吻爱人一样亲吻了她的整个嘴唇"。整部作品都是没有多少文学价值的浪漫感伤。出版之后,哈维洛克·艾利斯和维拉·布里顿(Vera Brittain)称赞了它感情真挚,但并不欣赏其风格。西里尔·康诺利(Cyril Connolly)认为它过于冗长,但仍然是一部勇敢的书,并希望其"为其他作家写出更好的作品铺垫道路"。[16]然而,它确实戳中了社会的一些痛处,而且非常大胆。第一次世界大战结束后,未婚女性的数量急剧增加,人们非常担心女同性恋的现象会扩散开来。雷德克利芙·霍尔本人就几乎是这种潮流的夸张漫画:她浑身充满男子气概,戴着单片眼镜,喜欢抽烟,身穿花呢大衣,并有一位名叫尤纳的"同伴"常伴左右。人们认为,当时是一个道德急速崩坏的时代。年轻人们喜欢跳舞胜过教堂祷告。"旧秩序下的人们聚集起来维持现状",引发了"国家资助下的色欲纵横的十年"。[17]《周日快报》(*Sunday Express*)的一位领导抨击这本书污染且堕落,并要求彻底禁掉它。这让乔纳森·凯普本人十分惊恐——同时也看到了一个作出改变的机会。[18]

他向内政部询问这本书是否属于淫秽物品。当时的内政大臣不是别人,正是保守派的威廉·乔因森-希克斯(William Joynson-Hicks)爵士。他更为人所知的名字叫"荒谬的吉克斯"(the Preposterous Jix),是一名福音教派的道德主义者,也是内政部有史以来最自以为是和最缺少教养的领袖。[19] 看上去傻子都能预计到询问的后果,但凯普可不傻。通过被禁的方式促进销量也是意料之中的事情,况且他已经为可能的不测后果想好了替代措施。检察长阿奇博尔德·博德金(Archibald Bodkin)也收到咨询,是关于检控的法律依据;他的副手接着又去询问了首席地方法官查尔斯·拜伦(Charles Biron)爵士,看他是否可以配合。吉克斯写信给凯普,称《孤独之井》可能会"通过刑事法律程序而被禁止"。[20] 凯普同意撤回公开出版。而公众则像往常一样,燃起了前所未有的热情。很快,这本书就再次售罄,将要迎来第三次加印。凯普急切地想将这本书的巨大名声快速变现,于是将排版送去了法国,并在那里印刷出版。海关收到命令,要求严格禁止这本书流入境内。海关委员会的主席和委员们决定亲自读一读这本书。读完之后,他们认为这本书根本不算淫秽书籍,并将此事报告给了温斯顿·丘吉尔。当时的温斯顿·丘吉尔正担任国库大臣,负责海关和税收。丘吉尔可不是拘守礼仪之辈,并且也看不起吉克斯。他宣布,自己领导下的海关将不会对此事采取任何行动。[21]

吉克斯觉得他这位前辈的做法完全不可理喻,他不得不到法庭起诉,用批评者的话就是试图将"英国文学的全部内容"阉割到"他认为可以安全地交到一名女学生手中"。[22] 就像狄更斯《我们共同的朋友》(Our Mutual Friend)中那位波茨纳普先生一样,吉克斯确实曾经说过,言论自由和写作自由必须受到限制,而限制的标准是"这些所说所写的内容是否会让这些小家伙们中最小的一个感受到冒犯"。如果真的实施,这个标准绝对会把莎士比亚的十四行诗排除在外,多恩的挽歌就更不用说。吉克斯担心这个案件会被交给陪审团审判,于是就将被没收的《孤独之井》放在首席地方法官面前,让法官传唤出版商前往弓街(Bow Street)地方法院,"说明为何这本淫秽书籍……不应当被销毁"。他们让出版商的代理律师诺曼·伯基特闭嘴,也拒绝听取作者和一大批著名证人的证词,拜伦直接判决这本书属于淫秽诽谤书籍,应当被烧毁。就这样,一直到了1949年这本书才获得了平反。这场公开的宣传风暴,使得霍尔此书在美国的销量达到惊人的每周四万册。23 后来纽约州一所法院审理过一起关于此书的案件,判决认为这本书不违反任何法律。

露骨的异性性行为也没有逃脱官员们的监督。他们直接针对和最感兴趣的目标是女性的性高潮。从《尤利西斯》(*Ulysses*)中的莫莉·布鲁姆到《查泰莱夫人的情人》(*Lady Chatterley's Lover*)中的康丝坦斯·查泰莱,对这些书籍的打压措施显示出了迫害光谱的两个极端。《尤利西斯》的作者詹姆斯·乔伊斯(James Joyce)生活在法国,这本书也在法国出版,英国官员不可能对作家或出版商提出任何指控。任何流入国境之内的此书,都会被海关依照1876年的《海关和税收法》(Customs and Excise Act)没收。这本书被主管官员们严厉批评,称"一眼看上去就知道是一本色情书籍"。批评者中的带头人物就是博德金,他看了整书七百三十二页中的四十二页后,就起草了一份猛烈抨击的意见。结果,从1922年到1936年,海关确实阻止了一部分书籍流入境内,但却永远都无法找到并摧毁它的源头。照旧,禁令反而促进了传播。很多读者从来都没有读过乔伊斯的书籍,却在怂恿和诱惑之下想办法要弄到一本禁书。好奇的读者们为把这些大部头著作偷运回国吃够了苦头,但真的读了之后一定会觉得失望到无以复加。大部分人可能只能硬着头皮读到第三页,只有很少的人最终能够读到《芬尼根的守灵夜》(Finnegan's Wake)。

然而,最让内政大臣惊讶的事情在1926年发生了。一份语调朴实、不带感情的文件出现在自己的办公桌上,来自剑桥大学伊曼纽尔学院的 F. R. 李维斯(F. R. Leavis)博士。他为自己和大学图书馆各申请一本《尤利西斯》,其中图书馆的将会提供给本科生借阅,以便他们准备李维斯开设的有关乔伊斯的课程。内政部还以为自己看错了。在检察长的亲自过问下,剑桥警察局长询问了李维斯,调查整起事件是不是一场恶作剧,但发现显然不是。这个课程将面向所有"本科的男孩女孩"。博德金赶紧致信剑桥大学校长,希望他阻止或者劝说李维斯取消计划中的课程。但在这件事情上,校长既没有权力阻止,更没有意愿阻止。[24]

更让内政部感到不安的是,有消息称前首席大法官、已故的伯肯黑德(Birkenhead)勋爵就私藏了一本。另一位文坛重量级人物 T. S. 艾略特(T. S. Elliot)也提交申请,希望政府允许在英格兰出版此书。他在纽约的一个法院出庭作证,因为当时美国对此书的进口禁令已经解除。兰登书屋在美国出版了此书的未删节版,收获了巨大的销量。最终,1936 年,鲍利海出版公司(Bodley Head)的约翰·莱恩(John Lane)带来了此书的英国版本,并大做广告,宣称这是"被首席大法官阅读,被剑桥大学讲座使用的一本禁书",从而让出版商赚得了巨额利润。总检察长最终介入此事,认为此书不是淫秽作品——他甚至更进一步,宣布希克林案中对于淫秽物品的定义是不恰当的。作者写作的主观意图必须是一项考虑因素。

这种宽松的观点并没有持续多久。到了 1950 年,另一波审查席卷大地。这次道德改革运动的罪魁祸首,是当时的内政大臣、保守的大卫·马克斯韦尔-法伊夫。[25] 在他的管理之下,检控比例暴增,被查禁的书籍呈指数增长,就连稍带颜色的海滨明信片都在法律铁拳的威胁之下全部下架。这次运动最甚时,史云顿的法官甚至命令销毁薄伽丘的《十日谈》——尽管这本书在任意一个镇子上的公共图书馆里都

第32章 堕落和腐败:亵渎、淫秽和奥斯卡·王尔德　　　　361

可以很容易地借阅。内政部承受着来自民众的嘲笑。这当然不是第一部被庸才和蠢才们投入熊熊烈火的文学经典:福楼拜的《包法利夫人》(Madame Bovary)、笛福的《摩尔·弗兰德斯》(Moll Flanders)以及拉伯雷的著作都曾在焚化炉中打过照面。以前人们所担心的希克林案的测试标准会阉割全世界经典文学的忧虑,正在一步步变成现实。

然而,转机发生了。1955年圣诞节,在赫伯特(Alan Patrick Herbert)议员、罗伊·詹金斯(Roy Jenkins)、迈克尔·富特(Michael Foot)和诺曼·圣·约翰-史蒂瓦斯(Norman St. John-Stevas)的带领下,作家协会向马克斯韦尔-法伊夫提交了一份新的《淫秽出版物法草案》,用以取代维多利亚时代的旧法案,并替换希克林案的检验标准。新法案将把出版物的主要出版目的纳入考虑因素,同时专家提供的关于作品艺术性或文学性的证据也将会获得法庭接纳。这份草案起初没有任何进展,但罗伊·詹金斯是发起人之一,还是让它具有特殊的重要性。他本人在未来某一天将会成为内政大臣,而且是英国历史上最倾向自由主义的一位。

在他接手内政部之前,关于改革的呼声就从未消退。1959年,一份新的《淫秽出版物法案》获得通过,这份法案由下院议员提出,结合了作家协会草案中的内容。诺曼·伯基特在上院为其保驾护航,他多年前就曾经徒劳地为《孤独之井》奔走,试图让其免于被宣布为淫秽物品。没有人会认为《孤独之井》是一部文学意义上的伟大著作,但伯基特指出,现存的法律标准毫无疑问地会把乔叟《里夫的故事》、莎士比亚《罗密欧与朱丽叶》、佩皮斯的《日记》等一大批经典名著牵连到阴沟里去。[26]

新法案最重要的变化是第四章,其中为淫秽物品引入了一个新的辩护理由。即便一本书被认为有堕落和腐败的倾向,如果可以证明出版该书籍"因其事关科学、文学、艺术或学习的利益,从而对公众有利"，就可以免除定罪和没收。专家意见最终获得了接纳。伯基特回忆了他自己与雷德克利芙·霍尔的交往，告诉议会，他因没能在第一起案件中获得机会对陪审团发言为霍尔辩护而"感到深深地后悔"。[27] 但无论如何，这是一个非常权宜的妥协。一篇文章竟然有可能堕落、腐败但同时又对公众利益有好处！关于这一章法律的测试诉讼很快就会在一年后到来。伯基特虽然很渴望，但他并不是这起案件的辩护律师。登场的是另一位法律巨人——御用大律师杰拉尔德·加德纳（Gerald Gardiner）。他在未来将会成为上议院首席大法官，领导议会废除死刑。

1960年5月，受新法案的鼓励，企鹅出版公司（Penguin Books）的创始人艾伦·莱恩（Allen Lane）宣布，他将在英国以廉价简装版出版二十万本未经删节的二十世纪经典名著——D. H. 劳伦斯（D. H. Lawrence）的《查泰莱夫人的情人》。劳伦斯的作品，无论小说、诗歌还是绘画，一直以来都饱受前所未有的敌意和抨击。《查泰莱夫人的情人》在英国长期被禁，它的出版对方方面面都是一项巨大的挑战。财政部高级顾问默文·格里菲斯-琼斯（Mervyn Griffith-Jones）说："如果不对这部作品的出版采取任何措施，那以后针对其他任何小说的管制都将非常困难。"[28] 如今强力压制这样一部小说看上去很荒谬可笑，但这种可笑也体现了道德观念变化的迅速程度。昨天习以为常的事，今天就可能变得难以置信。

企鹅出版社因出版淫秽书籍而被指控。他们在老贝利法院接受陪审团审判，主审人是伯恩（Laurence Byrne）法官。根据新的法案，辩护方可以传唤专家证人，证明作品的文学性质和"公众利益"。可以作证的专家有一整支队伍：从 E. M. 福斯特（E. M. Foster）到伍尔维奇主教约翰·罗宾逊（John Robinson）。但形成鲜明对比的是，检方没有传唤任何一名证人。这并非检方懒惰，而是实在找不到可以协助他们的证人。特别讽刺的是,他们甚至考虑询问F. R. 李维斯,因为他曾在评论中说:"劳伦斯的《查泰莱夫人的情人》里对色情的大量使用是对品位的冒犯。"²⁹可是,鄙视这部作品的文学性和鼓励它受到检控和打压完全是两个问题,李维斯当然不愿意成为这样的帮凶。

不愿投降认输的检控方决定数一数这部著作中一共有多少脏话,这项任务的艰巨程度和它的可笑程度不相上下。整个程序异常滑稽,在检方的开案陈述中就展露无遗:格里菲斯-琼斯庄重地告诉陪审团,这部小说中包含三十处"fuck"或者"fucking",十四处"cunt"和四处"cock"。除了数数外,他还试图让九名男性和三名女性组成的陪审团放弃使用新的判定标准,而使用他自己制定的适用此著作的标准:他们是否同意自己的儿子或者女儿——"因为女孩阅读也可以像男孩一样好"——读这本书呢?他们是否会把这本书随便放在家里的某处?他们是否希望自己的妻子或者仆人们也读它呢?³⁰ 检察官想利用孩子们的声音激起陪审团的愤怒,但没想到只引起了观众的阵阵嘲笑。在上议院,更多的嘲笑接踵而至:一位议员表示,他不会反对自己的女儿阅读这本书,但坚决反对自己狩猎场的看守阅读它。检方的指控和这起案件一并宣告破产,陪审团在经过不到三小时的讨论后,宣布企鹅出版社无罪。

不让宣传肯定不是好的宣传,但这次政府试图禁止出版引发的案件却是出版商期望的最佳宣传。在一年之内,《查泰莱夫人的情人》卖出了两百万册,甚至比《圣经》卖得都多。D. H. 劳伦斯最不成熟的一部作品就这样被推上了不朽地位。1990年,它甚至成为了英国广播公司第四套电台"睡前读物"的推荐对象。尽管如此,从后来政府依然不遗余力地试图以法律扼杀自由来看,当权者们好像从来没有接受教训。³¹

这起案件成为七年之后另一起案件的榜样。新案件中,被告也同样兴高采烈地充分利用了案件提供的宣传机会。它是唯一一起有检方证人作证，证明自己的确因为受到作品影响而腐败堕落的案件。其中一名证人名叫戴维·谢泼德（David Sheppard），是前任英格兰板球队队长，后来担任教会主教。他的腐败堕落来自于阅读《通往布鲁克林的最后出口》（Last Exit to Brooklyn）。这本书由约翰·考尔德出版公司（John Calder）推出，其中详细描述了纽约吸毒者和男妓的丑恶生活。出版商受检控后在老贝利法院受审，并被处以象征性的罚款，然后案件被上诉到了上诉法院。那里的法官们被约翰·莫蒂默（John Mortimer）的理由说服了。他说"书中对同性恋性工作和吸毒的描绘如此令人反感，以至于它非但毫无可能让读者实践这种行为，反而会提高结婚率，促进完全无添加的'老霍尔本'香烟的销量"。[32] 有罪裁决最终被撤销，但表面上并不是基于这个理由，上诉法院认为，初审法官错误地指示陪审团，即便著作属于淫秽物品，他们仍然需要判定出版该书籍是否为了公共利益。《通往布鲁克林的最后出口》成为了最佳畅销书，出版商们可以依靠不道德的收入大发横财。

莫蒂默对此类案件的兴趣渐浓。1971年，他为一本"地下"的"青春期"杂志《奥兹》（Oz）辩护。这本杂志故意挑逗青春期色情行为，例如它把可爱的"鲁伯特熊"描绘成一个靠着"巨根"吸引"老处女"的形象。整个审判中出现了许多超现实的元素，比如卡通形象的具体年龄，比如一名证人在回答阿盖尔（Michael Argyll）法官询问时声称，为女性口交在海军中被称为"在峡谷里歌唱"。在场的来自美国的访问法官和他们的妻子实在受不了这种搞笑情景。其中一名来访者问他们："是否整个旅游季都会有这种审判？"同时，老贝利法庭外年轻的示威者们举着标语牌，上面写着"每天一次高潮，让你远离医生"。[33] 也许事实确实如此，但这并不能让有罪裁决也远远离开。这又是一起在初审中失败的轰动案例，同样又在上诉后获得了翻转。这样的操作好像已经成了一种习惯。

另一种很少出现在法庭上的道德犯罪是亵渎。1977年,可怕的道德审查员玛丽·怀特豪斯(Mary Whitehouse)"一直在孜孜不倦地寻找可能会冒犯她的材料",[34] 她复活了一项普通法里古老而神秘的罪名——亵渎神明诽谤(该罪名只是为英国教会的敏感性质提供法律保护),[35] 并开始着手启动一项自诉程序,目标是丹尼斯·莱蒙(Denis Lemon)和他的《同志新闻》(Gay News)。这本小众报纸曾经发表了詹姆斯·柯卡普(James Kirkup)一首描述基督在十字架上陈词的露骨的同性色情诗歌,名字叫《可以言说之爱》('The Love That Dares to Speak Its Name')。

莫蒂默为莱蒙辩护。另一名出生在澳大利亚的律师杰弗里·罗伯森(Geoffrey Robertson)为《同志新闻》辩护,他曾在《奥兹》杂志的案件中协助过莫蒂默的工作。他声称自从"在青年保守派舞会上踩到了她的脚趾头"之后,就对玛丽·怀特豪斯颇有好感。作为回报,玛丽称他是"魔鬼的辩护人"。莫蒂默也一样,也是这位令人生畏的女士不情不愿的爱慕者之一。[36]

在老贝利法院的审判开始之前,双方进行了非常重要的法律争论。辩方提交了意见,认为该作品应当根据1959年和1964年的《淫秽出版物法》指控,而不应当依据普通法中的渎神罪起诉。因为按照法案,他们将可以传唤专家证人,提供关于此诗文学性方面的证据。法官艾伦·金-汉密尔顿(Alan King-Hamilton)认为,专家证人很有可能导致作出一份无罪裁决,于是驳回了这项提议。渎神才是核心问题。[37] 如果文学意义不再是个问题,那神学呢?金-汉密尔顿认为,因为所有的陪审员都要根据《新约》发誓,肯定都已经知道其中的内容,因此裁定控辩两方均不能呈交神学方面的证据。[38]

接下来的审判就更加离奇了。审判时陪审团听取了检方的指控,一份印有诗歌内容的材料被发到他们手中。检方没有提交任何其他证据,这是法律格言"事实本身说明问题(res ipsa loquitur)"的经典例证。辩护方受到限制,只能提交一些品格证据,其中一名证人告诉法官,她十六岁的儿子读过《同志新闻》,让法官大感震惊。随后,大律师在结案陈词中引用了大量《圣经》中的内容,甚至比引用的法律条文都多。罗伯森的伶牙俐齿尽管狡猾,但又引人入胜。玛丽·怀特豪斯后来写道:

> "我永远不会忘了听完杰弗里·罗伯森的总结陈词后,我感受到的那种压倒性的绝望。这真是一场精彩的表演。他的语调温和且有说服力。在法庭的沉默中,罗伯森谈到了上帝对罪人和同性恋的爱,他们和其他人一样,都可能有被救赎的希望……他拿起了《公祷书》,提醒陪审团注意圣餐仪式上的文字:'这是我的肉——吃掉它。这是我的血——喝掉它。'……上帝一定是通过罗伯森在讲话,不管他的意图是什么。"39

他是魔鬼的信徒还是奥兹国的巫师?约翰·莫蒂默的雄辩可能真有这样的本事,但离打动这个深信《圣经》的陪审团还差了一点:

> "这起案件的控方显然代表着未知的超自然力量,而我饱学的朋友罗伯森先生代表着一家没有肉身的公司。我自己在这里,代表个人,他站在危险的被告席,接受着这项古老的指控,这项指控已经有五十年没有出现过了。登山宝训(The Semon on the Mount)告诉我们,要爱我们的邻居,但是玛丽·怀特豪斯夫人却将她的邻居送上了被告席。"40

金·汉密尔顿之所以被选择审理此案,是因为他作为犹太人,比较可能保持不偏不倚。然而,他似乎是受到了超越自身力量的鼓舞。根据大家的说法——不光是他自己的说法,他的总结非常高超,但同时也足以定罪。⁴¹ 当陪审团审议时，检控方带头祈祷，祈求神灵的帮助，以确保定罪。陪审团们听从了上帝的旨意。《同志新闻》和莱蒙受到了罚款处罚。这一次，上诉一直打到了上议院司法委员会，但仍然失败了。这首平庸诗歌因为渎神而被禁止出版。但这种做法就像是在风中吐痰一样弄巧成拙。全国每一个大学生都有机会从杂志《社会主义挑战》1977 年 7 月的特别副刊中偷偷看到这首诗的全貌，这比起在《同志新闻》发表获得的阅读量不知要高出多少。许多人把这首具有异国情调的违法色情诗歌当成了过去时代的珍贵纪念品。1983 年，企鹅出版公司出版的《同性恋诗集》(Penguin Book of Homoerotic Verse)把这首诗选入其中。但是在它本应该出现的地方，却只有出版方的一则免责声明，称"英国公众无法获得"这首诗歌。在现实中，许多英国公众都能接触到这首诗。如果它从未被诉讼煽风点火，或者没有因殉难光环而显得如此诱惑，它的读者可能远远没有这么多。这首诗的出版禁令至今依然有效，但违反禁令不会再受到处罚。⁴²

虽然反对亵渎神明的法律依然存在，但很难想象它在未来还会有实际使用的一席之地。1989 年，有人试图指控萨尔曼·拉什迪(Salman Rushdie)的《撒旦诗篇》，但由于法律的保护范围仅限于圣公会信仰之内，起诉因此完全没有依据并很快破产。但即便起诉继续推进，一个随机选择陪审团也毫无疑问会作出无罪裁决，因为任何真的读过这本书而不是把它烧掉的人，都会意识到这本书是多么人畜无害。⁴³

近年来，尽管《淫秽出版物法》仍然生效，但已经很少被引用。即便是出售和拥有硬核色情物品的行为也已经合法。只有所谓的"极端色情"(兽交、恋尸癖、生殖器割除和威胁生命举动的图片)和儿童色情图片才会受到检方积极地检控。所有成年人，不光是内政部或代表他们行事的海关官员，都要对自己选择阅读和观看的内容负责。公众也许可能很欢迎法律的保护，但对于法律过度的侵扰肯定不再那么宽容。[44]

通过法律打压同性恋活动、淫秽物品和亵渎神明的时代已经落下了帷幕。法律阻止"道德滑坡"的努力就像克努特命令潮水停止一样徒劳。我们回首这段历史的时候，会对其中很多尝试感到错愕和可笑。毫无疑问，后世的人们回首我们这个时代时，也会对一些道德主义者和他们徒劳无功的尝试有同样感受。与此同时，另一个不那么有趣的旧时遗迹也将会在这个"放任自由的社会"里被扫地出门。

第33章

命悬一"线"

长期而痛苦的关于死刑的争议,对于那些策划谋杀的杀人犯们是非常不公平的。

——费舍尔大主教 1957 年议会辩论

305　　英格兰在十八世纪末期见证了绞刑的巅峰。进入十九世纪后，皮尔、罗米利、麦金托什等激进的改革者们曾成功地限制了死刑的适用范围。截至1861年，死刑只在谋杀、叛国和暴力海盗行为中适用，另外在皇家造船厂纵火也被认为可以适用死刑。但进一步限制死刑的进程随后就遭遇了强大的阻力。在狄更斯和萨克莱等公共道德主义者看来，公开执行绞刑最坏的一面，在于那些呆滞麻木或借机买醉的围观群众，以及他们在围观死刑时的荒唐行为；但1868年把死刑限制在监狱大门里秘密执行后，这种坏的一面就已经消除了。死刑过程得到了净化，程序庄严而恪守礼仪，有国教教会的许可和参与，被处以死刑的人数极少，这些人所犯的罪孽也极为深重，只有像比尔·赛克斯（Bill Sykes）这样的杀人犯才会被吊死，不会再有小扒手道奇这样因扒窃就被处死的情况了。

　　直到第一次世界大战后，废除死刑的呼声才又开始出现，这次它获得了政治上的支持。新当选的国会议员们设立了下议院死刑委员会。1931年，工党政府倒台，同时也中止了议会在此问题上的进一步进展。在充满恐惧与疑虑的二十世纪三十年代，废除死刑的兴趣还能一直持续并保持生机，主要要归功于两个人：其中之一是一位社会主义知识分子和未来的坎特伯雷大主教，另一位是有一个古怪名字和古怪性格的百万富婆。

　　威廉·坦普尔（William Temple）是一位新潮人士：他是一名杰出的英国国教神学家，同时坚定地反对死刑，这一点本身就非常有象征意义。罚款或者监禁不需要宗教背书，但死刑却一直需要。无论是支持者还是反对者，都以《圣经》为依据。神学领域的死刑辩护者——从十八世纪的领班神父佩利到二十世纪的大主教菲舍尔（Geoffrey Fisher）——都坚决地捍卫死刑在实践中的作用以及《旧约》对死刑的认可。绞刑不光是一种威慑手段，而且是一种道德和宗教的必要内容。而废除主义者以贵格会为主要代表,他们倾向于引用统计数据和《新约》中温和的原则。¹坦普尔首次从英国国教建立的根本核心出发,对死刑进行了一系列连贯的哲学批判。他已经走到了权力中心,因此他发出的声音无法被忽视或轻易贬低。他可以命令政客和法学家对自己的意见礼貌而尊重,但此时正是另一场世界大冲突的序章,他的声音回荡在政治荒野,能够被人听到,但无法引起足够的重视。

另一个更加尖锐嘹亮且引人关注的声音来自令人敬畏的富婆维奥莱特·范·德·艾斯特(Violet Anne Van der Elst)。她是一位不可思议的古怪人物,但大部分事迹已经在历史中消散。她是让废除死刑话题在以冷漠著称的时代能够一直保持"生机"的重量级关键人物。她通过相当强大的经济实力和不屈不挠的坚持,在1935年开始发动废除绞刑的街头示威运动。她与专业宣传机构结成同盟,开始为自己的事业大量造势。她首先征集了超过十万个签名,请愿为一位名叫布里格斯托克(Brigsock)的杀人犯争取缓刑。失败后,她租赁了两架飞机,让飞机带着黑色的旗帜在他执行死刑当日飞掠万兹沃斯监狱(Wandsworth Prison)上空,并安排了十几人身披广告牌在监狱大门外游行。上午九点,行刑时刻到来,一排排妇女们跪地祈祷,削发明志。她发誓要"越来越过分地斗争"。两周后,她重回战场,用类似的示威活动抗议另一起死刑的执行。这次警察出动了,拦下了她安装了扩音器的货车,此时她正要开着货车前往监狱。这位夫人毫不退却,身着全套的丧服,开着她柠檬色的劳斯莱斯,闯过警方的警戒线,径直开向旺兹沃斯监狱的大门,期间还碾过了一名警察的脚。她怪异的行为让警察大感惊骇,但又毫无办法。她的飞机不顾禁飞令再次出动。内政部也被她的举动惊动,甚至告诉政治保安处调查她的背景以确认是否有外国势力干预。她的名字看上去似乎是个外国人——实际上她是正宗的英国人,但嫁给了一位比利时人。²

图 18　不屈不挠的"V. D. 艾尔希",一位古怪而有效的废除主义者,图中是她的经典姿势。

还有一次，她拦下一辆卡车，给了司机两百英镑，让司机开车冲撞监狱大门。司机欣然同意，但行动却失败了。尽管如此，公开透明的大门却因为这个古怪的小女人而被打开。受到此事鼓励，她充分利用媒体的注意力——他们授予她"V. D. 艾尔希"的称号——耗资一千英镑预订了伦敦朗豪坊的女王音乐厅，在1935年6月举行公众集会。当晚的集会以一场音乐会开场，演奏曲目就是由曾做过音乐经理人的艾斯特自己谱写。接着她盛情款待了在场的听众，号召志愿者加入，但不接受捐款——她的钱已经足够了——同时宣布她已经收到了"来自世界范围内的三百万封支持信件"。两名便衣警察混在人群中，监视这场可能的颠覆活动。他们观察到，来参加这场集会的人都"衣着相当体面"，主席甚至是一名陆军上校。尽管在集会快结束时有些人高喊了"红色联盟"，但除了两名身着制服的救世军官员外，并没有其他明显的极端分子。他们松了一口气，因为艾斯特夫人似乎"并没有受过良好教育，有时语法也不好。"[3]

受够了国教会的态度，同时为了激发公众兴趣，她在1937年发起成立了一个新的宗教，教义包括以催眠术改变命运、矫正犯罪，并为反绞刑运动鼓呼。[4] 她的自我宣传无边无际，甚至托人模仿制作了耶稣受难的画像。一座小山上，一些人被绞架吊死。左边站着一位身穿红袍的法官，右面站着一群哭泣的人，其中一位张开双臂，既是众人的守护天使，又是耶稣化身的人物就是艾斯特夫人。[5] 她不知疲倦地向前。直到二十世纪五十年代末，还能够看到她和支持者们一起，在行刑前夜的监狱门外守夜，并在第二天清晨齐唱赞美诗。她从未放弃，也从未平静下来。她活得足够久，见证了自己成功的那一天，最后于1966年去世。首相克莱门特·艾德礼（Clement Attlee）曾说，这位古怪的女性在废除死刑方面的贡献无与伦比。[6] 她毫无疑问让死刑成为被人们嘲笑的对象，一个建立在庄严和崇敬之上的制度无法在舞台哑剧中长期存活。随着二十世纪三十年代的消退和五十年代的到来,社会思潮发生了根本变化。

死刑的最终消亡要归功于政治家、媒体、宗教领袖、学者甚至包括监狱官员和法官的观念转变。有史以来第一次,精英阶层的大多数人都赞成废除死刑,死刑自身的生命也随之进入了倒计时。这种转变是如何发生的?1953年也许是决定性的一年。当时,皇家死刑委员会公布了期待已久的调研报告,又恰巧发生了两起最为令人不堪的死刑案件。

1948年提议设立的皇家死刑委员会最初目的并非废除死刑,而是考察死刑的范围是否可以被进一步限制,运作是否可以进一步优化。找这样一个委员会的主席可不容易,呼声最高的伯基特勋爵都婉拒了这一职位。直到1949年4月,委员会才最终搭建完整,主席是谨慎但不乏谋略和智慧的文职官员欧内斯特·高尔斯(Ernest Gowers)爵士。这是一双稳妥安全的双手,不会随便捣乱。在此后的四年中,委员们时常聚在卡尔顿花园一楼那间庄严宏伟的房间内开会。在一把马蹄形的长桌面前,他们听取了有史以来范围最广的关于死刑问题的专家证人意见,专家来源不拘一格,有国内也有国外,职业包括监狱官员、犯罪学家、律师甚至一名刽子手。当坎特伯雷大主教乔弗里·费舍尔在作证时表示,死刑有其必要但执行应当庄严而神圣,一名身着羊羔皮领黑色外套的女士站起来质问主教是不是基督徒,并问他基督是否会像他现在这么说。这位女士就是艾斯特夫人。询问不得不暂时中止,直到她开着自己的劳斯莱斯离开后才得以继续安全进行。委员会审查了关于死刑在阻吓犯罪方面的证据,这是整个调查中最重要的部分。他们调查了美国的相关经验,观察了欧洲的情况,研究了英国犯罪学家的著作,发现并没有令人信服的统计结论可以证明死刑的阻吓效果。

高尔斯的报告最终在 1953 年 9 月提交议会。虽然委员的职权范围受到了限制,但他们仍然尽可能地倾向于赞成废除死刑。当然,最终他们只能在刑法的大厦上进行一些小修小补。不过,他们似乎在暗示,只有彻底废除死刑才能实现委员会设立的目的,才能纠正现行制度中的不妥和模糊之处。有些人认为这是一场废除主义者的阴谋,一场以间接方式砍倒绞刑架的尝试。但是,这里并没有什么阴谋,它的结论是根据证据作出的。

也许皇家委员会最重要的意义在于他们澄清和掌握了海量证据,无论对于赞成者还是反对死刑者。这种大规模的调研有足够的力量引领信念转变,最著名的例子就是委员会主席高尔斯自己。开始调研前,他自己对于死刑问题并没有任何强烈的倾向性意见,但调研结束后却转变为"一名全心全意的废除主义者——并非基于情感,而是出于理性和智识"。[7] 然而,为了争取公众支持,诉诸情感和诉诸理性一样重要。1953 年的两起案件为废除死刑提供了情感支持。在这一年初发生的两起案件同时动摇了保留死刑的两个原则性的支柱:第一,对值得的人将总会施以仁慈;第二,无辜者绝对不会被送上绞架。

1952 年 11 月,两位年轻人德里克·本特利(Derek Bentley)和克里斯·克雷格(Chris Craij)闯入了克里登的一间商店。克雷格有一把手枪,本特利戴着指节铜套。一位住在对面的邻居在房顶上发现了他们,并打电话通知警察。警官爬上屋顶,很快逮捕了本特利。本特利大声向自己同伴喊道:"让他们看看!克里斯。"克雷格连开数枪,杀害了其中一位名叫西德尼·迈尔斯的警官。克雷格继挑衅警察,"你们这些勇敢的条子,快来啊,我只有十六岁!"这句话的意思要么是嘲笑警察们软弱无能,连一个孩子都抓不住;要么是更令人恐惧的理解:他一无所有,根本不会因为杀害警察而被绞死。这些不懦弱的警察们最终除掉了他的武器并将其逮捕。

两位少年都被指控犯有谋杀罪。陪审团为本特利求情,申请仁慈赦免。审判法官和首席大法官都认为他的罪行稍轻。然而,更应该受到处罚的克雷格被判处"等候女王陛下发落"(针对青少年的一项终身监禁处罚,但实际上克雷格只在监狱里待了稍稍超过十年),本特利却被判处绞刑。他必须要被判处死刑:这是法律明确规定的刑罚。[8]

但他肯定不会真的被绞死吧?看上去这是一个明显可以暂缓执行的案件:一名十九岁的低能青年,没有武器,在谋杀发生时身处警察控制之下,而他的同伴,实际犯罪的行凶者,只有十六岁,没有达到判死刑的年龄。本特利以"共同犯罪"被定罪,很大程度上是基于对他那句含糊不清的"让他们看看,克里斯"的消极解释。他的本意是让克雷格扔掉武器,还是开枪射杀警察?谋杀一名警察当然让公众义愤填膺,但本特利在1953年1月即将被执行死刑,这还是在公众和议会中都激起了史无前例的缓刑呼吁。公众对此事的负罪感超过了本能的复仇心理。正如这场戏剧性事件的一名参与者所言:"同情心突然就从不幸的警察及其家人那里,转到了这位即将被处死的年轻人身上。"[9]

最终决定生死的权力落在了内政大臣大卫·帕特里克·马克斯韦尔-法伊夫爵士身上(他在当时的业内打油诗中被称为"生活中最接近死亡的东西")。[10] 他征求了戈达德(Rayner Goddard)勋爵的意见,勋爵对缓刑持反对态度,并为自己是内阁成员中最不惧压力的成员而深感骄傲。当主张废除死刑的议员们在下议院对他的执拗展开攻击,并称他的"怜悯是靠定量供给"时,马克斯韦尔-法伊夫面无表情地坐在那里,双臂交叉,不为所动。[11] 为这名年轻人争取缓刑的骚动,可能只是稍稍吹干了他死刑判决上的墨迹。马克斯韦尔-法伊夫绝不会向他所认为的"歇斯底里"低头。[12] 德里克·本特利必须为维持警察士气而去死,必须为他不负责任的同龄人的罪孽去死,还必须为阻止其他暴徒藏在未成年人面具后作恶而去死。马克斯韦尔-法伊夫在一次议员会议上说,他同意本特利智商低下、目不识丁且患有癫痫的事实,但这些事实只会让他更加确认自己的结论,即"这是一名社会没有他也完全运转良好的年轻人"。这样冷酷的阐述对缓解大众"处死他极不体面"的焦虑毫无用处。[13] 公众也再次确认马克斯韦尔-法伊夫的怜悯的的确确"依靠配给获得"。他懦弱的决定完全起了反作用。本特利最终被执行死刑,但他既是一个警示的榜样,也成了一名殉道的烈士。[14]

几个月之内,另一个更加重要的维系死刑制度的支柱也遭到了史无前例的压力。马克斯韦尔-法伊夫再一次扮演了支撑天地的阿特拉斯,而非力大无穷的参孙。1950年,蒂莫西·埃文斯因谋杀妻儿被执行死刑,人们发现她们的尸体被埋葬在伦敦诺丁山瑞灵顿街10号后面的洗衣房中。她们都是被掐死的。埃文斯曾经对谋杀妻儿的行为供认不讳(后来证明是伪造的),但在开庭及之后一直坚持自己是清白的,并指控他的前任房东,也是检方的首要证人约翰·克里斯蒂(John Christie)。就这样,埃文斯不仅被人们当成了残暴的凶手,而且还是一名下贱到不惜牵连一名无辜者为自己掩盖罪行的无耻之徒。三年后,克里斯蒂终于东窗事发,人们发现他就是一个恋尸癖杀人狂,并在他的洗衣房后发现了另外六具尸体,其中包括他自己的妻子。他甚至主动承认是自己掐死了埃文斯的妻子,但拒绝承认杀害了他的女儿。克里斯蒂在1953年被执行死刑,但罪名中并没有当年指控埃文斯的那部分。除了瞎子和聋子外,所有人都清楚地知道,一个变态狂被纵容继续杀人,而一位清白无辜的人却因为自己没有犯下的罪行而被绞死。

将无辜者处死给死刑拥护者们带来了无法克服的障碍。内政部清楚地意识到了这一点,并想尽一切办法维持这套制度的绝对正确。马克斯韦尔-法伊夫曾说,实践中无辜者绝无可能被绞死,他至今坚信这一点。但问题在于,其他人正在逐渐失去信心。为了试着平息埃文斯和克里斯蒂案所带来的疑虑,1953 年 7 月——克里斯蒂接受绞刑的同一月——马克斯韦尔-法伊夫安排御用大律师约翰·斯科特·亨德森(John Scott Henderson)去做了一个简要的闭门报告。报告在十天之内就完成了,结论是埃文斯因谋杀其妻儿而有罪。克里斯蒂的供述是虚假的,两名变态杀人狂只不过是恰巧同时生活在了同一个屋檐下。这个结论也许确实平息了内政大臣的顾虑——他的回忆录里没有提到与埃文斯和克里斯蒂案有关的任何事情,也没有提到他安排的这次报告——但是在公众和议员中,这份报告起到的作用微乎其微。除了内政部,对所有其他人而言,这起案件都超越合理怀疑地证明,死刑案件中误判的可能性无法被完全清除,一位清白无辜的人有可能最终被错误地处死。

维克多·雨果(Victor Hugo)曾经写道,他更喜欢把断头台称为"雷素克"(Lesurques,一位被错误杀害的无辜者),并不是因为他相信每个被执行死刑的人都是清白的,而是因为只要有一位被误杀者,就足以永远抹掉死刑的所有价值。关于死刑威慑作用的复杂辩论和其中相互矛盾的统计数据可能会让公众一时摸不着头脑,但一个清楚证明其错误的反面案例却足以将绞架的地基震垮。在一年之内,这个被认为绝无犯错可能的制度就开始崩溃了。无辜者可能被杀死,仁慈赦免不会应来尽来。也许就废除死刑而言,本特利和埃文斯用自己生命作出的贡献,要远远多于其他任何激进分子和社会活动者。死刑制度虽然还要再苟延残喘十年,但已经受到了致命的道德创伤。

然后,这个消亡进程又被一起轰动的案件加速了。案件的主角是露丝·埃利斯(Ruth Ellis)。这是一起在其他国家会被称为"情杀"的案件。一位被始乱终弃的妇女开枪射杀了她不忠的爱人。这位年轻的母亲被判处死刑。《每日镜报》领衔各媒体,呼吁反对埃利斯的死刑判决,五万人联署请愿要求对她进行赦免。一切归于徒劳,法律不为所动,埃利斯必须死。1955 年 7 月 13 日清晨,在她生命的最后时刻,当她正在十字架面前祷告时,监狱外同样聚集了一大群人,其中就有范·德·埃斯特夫人,他们反复吟诵着"埃文斯——本特利——埃利斯"。他们的名字三位一体,已经成为废除主义光环下的殉难代表,会在死刑最后的岁月里一直绕它左右,并最终将它彻底打垮。

1957 年的《杀人行为法》由当时已经成为上议院大法官、基尔穆子爵的马克斯韦尔-法伊夫设计,并获得了费舍尔大主教的背书。这份法案移除了原有制度中最受抨击的那些部分,是保留死刑制度的最后尝试。但它最后仍然失败了。它所带来的不公和不合理使死刑制度更不得人心。这种局面下,唯一可能的选择就是废除它。大法官杰拉尔德·加德纳是一名贵格教徒,也许是因为不想签发死刑判决,他两次拒绝了高等法院的任命。新的坎特伯雷大主教迈克尔·拉姆齐(Michael Ramsey)和一群新近任命的教区主教都全身心地反对死刑。优秀的作家和学者们出版了大量支持废除死刑的书籍和文章。就连一位以前的刽子手艾伯特·皮尔庞特也姗姗来迟地谴责自己的行业。工党议员、退伍军人、资深社会活动家西德尼·西尔弗曼(Sidney Silverman)提出了一项普通议员提案,提议废除死刑,内阁同意留出时间进行辩论。

与过去一样,最强烈的反对意见来自上议院。大主教拉姆齐发表了重要演讲,支持废除死刑。基尔穆子爵是他最活跃的反对者。国教会的突然转向给了他一个措手不及。在超过四十年的从政生涯中,他从来没有想过自己"有一天会看到民众的意见竟然受到主教和议会中每一个成员讥讽嘲笑"。[15] 这样的声音显然已经不合时宜,他的意见只代表了上议院的少数派。议案最终以 204 票对 104 票获得通过。《谋杀(废除死刑)提案》[Murder(Abolition of the Death

Penalty) Act] 于 1965 年成为法律。在四年后的一次确认投票后,它继续获得通过,依旧以成文法形式生效。此后所有尝试复活极刑的行动都以失败而告终,死刑已经被结结实实地埋葬在了历史课本和杜莎夫人蜡像馆之中。

第 34 章

卡特福德谋杀案

一名审判法官、一名独任上诉法官和一个完整的上诉法院,它们全都错了。我们法律制度的每一道安全阀都在证明自己不仅没有实际作用,反而加速了这起悲剧性误判事件的发生。

——克里斯托弗·普莱斯和乔纳森·卡普兰:《康菲的忏悔》
(Christopher Price and Jonathan Caplan, *The Confait Confessions*)

1984年,当代除了废除死刑以外最重要的一份刑事立法工作完成了。就像当年的阿道夫·贝克丑闻促使刑事上诉法院建立一样,在付出另一起误判的代价后,议会终于采取行动,保护街头和警察局内的嫌犯。1984年的《警察和刑事证据法》(Police and Criminal Evidence Act)有史以来第一次明确规定了嫌犯被警察拘捕时所享有的基本权利,以及警察在拦截、搜查、询问嫌犯时的判断标准,以此确保上述行为的正当程序。多起案例证明,这些规定是当时急切需要的。[1]

1972年4月22日,大约凌晨1点30分,消防员们在卡特福德区道格特路27号的房间里发现了麦克斯韦尔·康菲(Maxwell Confait)的尸体,这里是他的房间。这是伦敦南部普通得不能再普通的一块区域。他被人掐死,凶手行凶后还试图在屋内纵火毁尸灭迹。两名医生根据尸体的僵硬程度判定,死亡时间是尸体发现前若干小时,最有可能在晚上8点至10点之间。两名医生都没有采用更加精确的测试手段进一步确定具体死亡时间。他们听说死者生前有沉溺于"非自然行为"的倾向,因此都拒绝进一步测试直肠温度。这种一丝不苟的精神也许能稍稍减轻他们的负罪感,但却让三名无辜的男孩经受了多年牢狱之灾。

康菲来自塞舌尔,只有二十六岁。他是一名异装癖性工作者,在当地被称为"米歇尔"。即便按照当时的标准,审判法官也算是无知麻木。他称康菲是"一个奇怪的生物……对这个世界而言死不足惜"。

起初嫌疑最大的是康菲的房东温斯顿·古德(Winston Gwde)。能够指控古德的间接证据很多:他是一位有五个孩子的已婚男士,双性恋,而且被认为是康菲的情人。这位房东和他的房客总是厮混在一起,有几次甚至一起男扮女装前往伦敦西区的夜店。古德的性格充满占有欲且容易嫉妒,有证据证明他俩最近发生了争吵,康菲打算彻底离开道格特路一带。甚至古德自己给警察陈述的案发当晚事件经过也前后不一致。警察们以为他就是罪犯。但他并没有受到正式指控,而是被送去精神病院,并在两年后服用氰化物结束了自己的生命。

警方突然改变了他们的侦查方向。不管是出于懒惰、自负还是固执,他们忽然把调查目标放到了因为在当地纵火而被逮捕的三名年轻人身上。他们分别是艾哈迈尔·萨利赫(Ahmet Salih)、罗纳德·雷顿(Ronald Leighton)和科林·拉蒂摩尔(Colin Lattimore)。其中萨利赫年纪最小,只有十四岁,也是三人中最聪明的;雷顿十五岁,智商只有七十五;科林十八岁,但心理年龄只有八岁。他们年轻、行为不良、有纵火记录,更重要的是,他们弱小无助,容易被捕食和掠夺。1984年以前,拘捕和询问犯罪嫌疑人时所遵循的规范被称为"法官守则",这是司法部门关于对警方调查和询问嫌犯的司法建议,违反这些司法建议将会导致相关证据在审判时被排除在外。[2] 至少在法院看来,警察在遵守这些建议方面一直保持着良好的声誉,只不过嫌犯主动坦白的比例惊人地高——当然这是好事情。这三名年轻人在兰迪维欧警察局接受了询问,都对自己的罪行供认不讳。科林·拉蒂摩尔是最先招供的,他的供述看上去似乎是要给警察们带来一场压倒性的胜利。

根据这些供述,三人都被送到了老贝利法院。1972年11月,他们的案件由主审大法官查普曼和陪审团审理。萨利赫被指控纵火、意图危及他人生命,其他两人都被指控谋杀。他们的辩护律师包括两位御用大律师[约翰·马里奇(John Marriage)和西里尔·萨尔蒙(Cyril Salmon)],以及一名富有经验且后来成为御用大律师和巡回法官的年轻大律师[布莱恩·沃特林(Brian Watling)]。经历了长达三周的审判,陪审团一致裁定他们各自五花八门的罪名成立。法官依法对他们三人进行量刑:雷顿犯下谋杀罪,被判处"等候女王陛下发落";拉蒂摩尔从轻定罪为误杀,根据1959年《精神健康法》(Mental Health Act)被拘留;萨利赫故意纵火罪成立,被判在少年拘留所感化四年。他们都

316 根据英国法律得到了依法审判;他们都获得了最优秀律师的辩护;他们的命运是由自己同侪组成的公正无私的陪审团决定。对那位潦倒、不幸和"混搭"的异装癖而言,正义已经实现。

唯一的问题是,被定罪的人都是清白的,没有任何人的任何正义得到了实现。毫无疑问,这些被询问者们被检控官员总警司艾伦·琼斯(Alan Jones)投喂了许多事实细节。即便在这样的帮助下,他们的"招认"仍然对不上号。首先,死亡时间一项就足以排除他们的作案嫌疑:尤其是拉蒂摩尔,他有非常可靠的凌晨1点前的不在场证明。此外,案件中充斥着各种难以置信和无法印证的细节,无论哪一个都足以摧毁他们招供的真实性。然而,审判时,检察官、御用大律师理查德·杜·卡恩(Richard Du Cann)却在验尸官的顺从配合之下,试图削弱医学专家证人提供的死亡时间证据,并且所有辩方大律师——一共加起来有六名——看上去都对这个问题无能为力。不管这些律师看上去多么有名,他们为这三名被告提供的服务实在太差劲。律师名字之前的"御用律师"字样往往是政治方面成功的奖励,或者是对法律专业贡献的补偿,但并不是辩护质量的保证。他们认为死亡时间足以证明客户的清白,胜利唾手可得,因此根本没有进行细致的准备,甚至都没有对自己一方的证人进行必要指导。法庭上发生的事情让他们措手不及,根本没有足够的资源和准备进行还击。他们对于狡辩搪塞的医生证人们过于顺从,甚至根本没有人去问医生那个重要的问题:"康菲被杀害的时间最晚是否有可能在4月22日凌晨1点?"两位医生后来都在一档电视节目中确认,在本案中这是不可能的。但一切都太晚了,大律师们把整场演出搞砸了。

他们在这起案件其他方面的工作也乏善可陈,包括调查温斯顿·古德是否有罪。最初他们确实做了这样的努力和尝试,但被审判法官驳回,并称这样的举动为"辩护策略"。法官看上去一定要把这些被告定罪。法律虽然不瞎，但是偶尔可能会眨一眨眼睛。除了萨利赫的辩护律师——唯一一位名字前没有"御用"头衔的大律师——没有任何律师尝试排除询问口供。审讯口供不仅是检方检控的核心，甚至就是检方检控的全部。辩护律师们都有挑战和质疑的权利，但只有一个人真正积极地付诸实践。法官在指示陪审团时，甚至把无律师提出反对意见这一事实都当成了审讯口供可靠的证据。这太不寻常了。辩护律师在提出动议时看上去仿佛在梦游，只是做做样子——有人甚至连这都无法做到，毫无活力，毫无热情，毫无法庭之上应有的技能。他们离托马斯·厄斯金和马歇尔·霍尔相差十万八千里。判决被提起上诉，上诉又被驳回。

经过大规模的公众宣传——其中有拉蒂摩尔父母的不懈努力，有地方议员克里斯托弗·普莱斯（Christopher Brice）的坚持号召，有大规模的报纸和电视报道——他们的案件终于被内政大臣发回到上诉法院重新审查。1968 年《刑事上诉法案》（Criminal Appeal Act）通过后，一共只有五起案件曾经被这样发回。1975 年 10 月 6 日，在大法官斯卡曼勋爵和其他两位上诉法官的主持下，这起上诉案开始审理。杜·卡恩继承了检控方最恶劣的传统，决定不惜一切代价维持原判。一位新指定的御用大律师路易斯·豪瑟尔（Lewis Hawser）将为全部三名上诉人辩护。

这一次，有关死亡时间的所有医学证据和其他证据都经过了全面的审查，就连检方的原始证人也在盘问时承认，死亡时间不可能迟至凌晨 1 点。两位辩方证人甚至坚定地认为，死亡时间不可能晚于晚上 11 点，有可能还要早上许多。许多模棱两可的陈述都被澄清了，专家证词的焦点非常清楚。麦克斯韦尔·康菲的死亡不可能是由三名上诉人造成。无论他们在警察面前说了什么，他们的供述都是虚假的。上诉获得了批准，三位年轻人重获了自由。但毫无疑问，杀害康菲的真正凶手在侦查警官的胡作非为之下,永远不可能被调查清楚了。第一位嫌疑人温斯顿·古德的遗孀认为,古德几乎肯定要为谋杀和纵火负责。

三名男孩的遭遇显示了法律制度在保护嫌疑人方面的不足,也让大多数法官都意识到了改革的迫切必要。[3] 亡羊补牢,政府被迫采取行动,最终形成了1984年的法案。这项法案做了大量规定,以确保程序正当。尤其在针对审问嫌疑人方面,法案制定了强大的安全保护措施,包括对审讯进行录音。随着时间推移,基于有争议的供述进行定罪的情况逐渐停止,人们对警方在此问题上玩忽职守的投诉和抱怨也随之消失。现在所有一切都被录音,甚至经常录像。接下来的一年,在另一个重大改革中,议会设立了皇家检察署(Crown Prosecution Service),从警方手中接手了所有检控工作,将侦查犯罪和检控犯罪之间不健康的联系彻底切断。

这些年轻的无辜者们付出了高昂的代价,但他们经受的苦难也带来了若干长久持续的积极变革:审前程序发生了根本性的变化。在接下来的时间里,许多人将会因此受益——甚至包括警察——而且天堂也没有因此陷落。

第35章

法治受到威胁?

一个安定的政府,
一个古老而公正的地方,
这里的自由缓慢扩张,
从一个先例到另一个先例。

——阿尔弗雷德·丁尼生:《你问我为什么》
(Alfred Tennyson,'You Ask Me Why')

319　　随着法律发生大量实质性变化,例如1984年的《警察与刑事证据法案》等,司法程序也随之发生了改变,其中有些变化的意义相当重大。例如,古老的巡回法院制度和季度法庭在1971年被新的巡回刑事法庭(Crown Courts)取代;上议院司法委员会被新成立的最高法院取代,它于2005年成立,四年后正式开始运作。

　　新组建的"威斯敏斯特三角"象征意义非同凡响。国会广场南端是威斯敏斯特教堂,这是皇家教堂和国家圣地,是英国国教和君主制度在国家心脏地带的具体化身,二者的权力都已不复当年,更多只是装饰性的作用。东边矗立着威斯敏斯特宫,这里是国会所在地,它取代君主成为了最高统治者和法律制定者。西边是最高法院,法律的终极解释者和守卫者。这座法院有个崭新的名字,同样也需要一个新的居所,这不仅与其尊严相符,也与议会在物理上拉开距离。过去的司法委员会就在上议院开会,新的最高法院搬到了国会广场装修一新的米德尔塞克斯市政厅。这座建筑本身足够宏伟,但在旁边教堂和国会的映衬下还是略显矮小。

　　这些象征意义的建筑仿佛在说,君主作为法律创制者的地位已经被议会取而代之,但不管是谁,制定法律的人依然掌控着它;主子虽然换人了,但仍然有一个主子。但这种理解并不正确。正如我们所看到的,法律有自己的生命。它带着正义和公平的观念渗透到英国社会的每一个角落。不管立法者有多么妄尊自大,都不可能通过制定法律将这种观念清除。议会至高无上的地位是通过自我宣告和长期默许实现的,这一切并没有经过证明和检验。普通法可以锯掉暴虐的君320 主,同样能在面对暴虐的议会时拿起大棒。[1]法律并不主动寻求与立法者的冲突,它希望协调和一致。但如果英格兰——或者英国——最基础的正义原则受到威胁时,法律必将坚守阵地。届时,柯克在"伯纳姆案"(*Dr. Bonham's Case*)中的名言将获得新生。

近年来,除了我们已经讨论过的之外,还有一些对不列颠法律传统和制度构成威胁的事物。行政机关要对其中的一部分甚至大部分负责,但议会也同样应当受到谴责,因为不论出发点多么良好,他们有时都在放纵一个"民选专政"机构,让其削弱法律的内在价值。[2]

刑讯逼供

大不列颠声誉最严重的污点,是其对刑讯逼供的暧昧甚至纵容态度,和参与了被委婉称为"非常规引渡"的非法虐待行为。宾厄姆勋爵尖刻地指出,"尽管这个国家的法院在反对刑讯逼供和通过刑讯取得的证据方面曾经是全世界的领袖和榜样,但并不能因此就说联合王国已经和刑讯逼供势不两立。"[3] 幸运的是,不管公众和政治压力有多大,法院一直保持了明确且毫不妥协的立场。

在"奥斯曼诉国务大臣案"(*Othman v. Secretary of State for Home Department*)中,[4] 将激进伊斯兰分子阿布·卡塔达(Abu Qatada)强制遣返回约旦的计划被司法机关阻止。该案首先由特别移民申诉委员会(SIAC)审理,后在 2013 年 3 月 27 日由上诉法院民事分庭审理。两个法庭都在裁决中给出了详细和全面的论证。在后一份裁决中,案卷主事官和两名上诉庭法官都注意到,阿布·卡塔达是"一名极度危险的人物",并且"从一般感觉来看对他的遣返已经够迟了"。但是,在人权法中这并不是"一个相关或应当被考虑的因素"。除了对上诉律师针对约旦过于激烈的批评没有理会之外,两个法庭都认为如果阿布·卡塔达被遣返回约旦,其人权将受到侵害。他在缺席的情况下已经被法院认定犯有密谋恐怖主义罪,根据约旦刑法,他回国后还将面对一场重新审判,重审中存在切实风险,可能用刑讯逼供获得的证据来指控他。欧洲人权法院明确裁定这种情况是"公然践踏正义",让整个程序"自动不公且违反第 6 条"。三名上诉法官的裁决没有丝毫含糊其辞。一个建立在普通法基础上的国家必须让自己和一丝一毫刑讯逼供的迹象都保持足够距离：

> "刑讯逼供在全世界范围内都被视为邪恶。当存在切实的风险，证明被遣送目的地国家的审判有切实可能是以通过刑讯逼供获得的证据为基础时，任何国家都不能把一个人遣送去这个国家。"

"切实的风险"——这个曾经被斯特拉斯堡的法院在先前同样案件的裁决中使用的词语——或者甚至仅仅是"切实的可能性"，都足以让法院阻止遣返行动。

同一天还有另一起宣判的案件。一位名叫"吉"的埃塞俄比亚公民已经在英国定居，但"与伊斯兰极端主义者厮混，策划恐怖主义事件"。他在当天赢得了对特别移民申诉委员会遣返裁定的上诉。法官们认为，内政大臣以国家安全理由将其驱逐出境的决定是对的，但吉应当被允许留在英国，因为他返回埃塞俄比亚后有面临刑讯逼供或被侮辱对待的风险。上诉法官们认为，尽管国务大臣保证控制遣返时间，并加强对埃塞俄比亚侵犯人权行为的监督，但这些保证都不应当影响上诉人的基本法律保障。《欧洲人权公约》把自身的保护范围延伸到所有人，其中也包括那些与恐怖主义有牵连的人。每一个在不列颠的人都应当受到法律同等的保护。这和普通法的精神是一致的。法官们决心维护法治，决定支持他的上诉，"但缺乏真正的热情"。这些司法机构的领导者们对具体案件的裁决结果本身并不关心，但他们确实对禁绝刑讯逼供充满热情，以此保护普通法制度不受其污染。

腹泻式立法

当一些新的令人不快的事物出现——例如互联网上的儿童色情

或信用卡盗刷——公众们总会热切期望它们很快被禁止和惩处。这时去回顾普通法的历史或者早期判决对解决问题毫无帮助。正如维多利亚时代的人们所熟悉的那样，一个快速变化的社会需要新的法律。这就是议会大展身手的地方。过去两个世纪，立法取代了案例，成为刑事司法的主导力量。议会在 1861 年制定《侵犯人身法》（Offences Against the Person Act），将其作为检控暴力犯罪的法律依据；在 1984 年制定《警察和刑事证据法》，以规范逮捕、拘留和审问的基本程序——这些都没有问题。其中一些法律早就被热切期盼并已经姗姗来迟。简洁、连贯和易于理解的法律总是受到欢迎，并将长期存在。

但如果一次看上去无关紧要的立法演化成一场暴风雪，最终演变成一场危及整个法律体系的雪崩时要怎么办呢？有些人把这叫做超负荷，也有些人称其为"腹泻式立法"。十七和十八世纪时，柯克和布莱克斯通各自哀叹了成文法对普通法的有害影响，后者曾经抱怨法律"被五花八门相互冲突的法条糟蹋得不成样子"。[5] 1894 年，梅特兰在著作中拿当时和中世纪对比，说"对于连续立法的期待是现代才有的"。他为"年复一年，议会必须每次都聚在一起，然后倾诉一大批法律（并且）每一个议员都要在脑海中构想新的法律"的事实而感到悲哀。[6] 按照现在的标准看，即便是梅特兰所称的过度活跃的维多利亚时代，和现在相比也显得过于平静。例如，在 1861 年和 1948 年之间，立法实践中几乎没有制定任何刑事领域的法案，一些零散的规范个别罪名的立法（例如性行为的合法自愿年龄、国家机密等）也非常简明扼要。在第二次世界大战后，尤其是进入七十年代，政府变得越来越热衷于制定新的法律，为了修补，为了改革，为了管理，为了干涉。

无能和无知的竞争不是改善和进步的良方。如今所有的立法都来得太快、太复杂也太不分青红皂白。它们通常起草得质量很差。其中大部分是议会对小报歇斯底里的仓促回应。英格兰显然没有处在一个需要每年都如此频繁制定新刑事法律、创设新罪名、修改证据法或刑罚术语的时代。把"社区服务"修改成"社区惩罚"再修改成"社区报答",这显然不是社会应对犯罪方式的重大进步。笨拙立法的最坏典型莫过于 2003 年的《刑事审判法》(Criminal Justice Act)。这部法律共有 339 节、38 个附件、1169 段和 20 页被废止的法条。即便是高等法院的法官也不得不承认,他们无法理解其中一些条款,而且近期的一位大法官也说,它有"无穷的复杂性"。[7]

它所带来的后果是,也许有史以来第一次,没有任何一个人——即便是那些司法机构的资深人士——能够全面完整地懂得或理解某个领域的全部法律。法律的数量太多了,它们像一团乱麻,让人困惑,甚至有时明显莫名其妙。它们今天被制定出来,但一部分永远不会被实际使用,一部分将会给其他法律带来无意但灾难性的改变,还有一部分可能在明天就会被废止。议会议员们对自己所制定的法律知之甚少。当然,他们会让法官和律师们承担责任。

今天的刑事司法制度热切期盼一位二十一世纪的罗伯特·皮尔,一位有能力对法律进行改革和合理化,可以在议会干预面前坚守立场的人物。法律委员会和很多人长期以来一直呼吁制定一部刑法典,但没有任何一届政府对此表示出过兴趣。

犯罪不值得

就在律师们必须要更加"对法律博学"的时候,大幅削减公共资金的行动开始了,甚至比经济衰退来得还早。它很有可能降低了皇家检察院的效率,并诱使那些资质较好、能力较强的辩护律师在富裕的私人付费客户那里寻求他们的牛奶和蜜糖。犯罪不值得。这样的削减给司法制度、追求正义和辩护质量都带来了非常重大的威胁。不光是在刑事和家事法庭,在精神健康或移民法庭也是一样。越来越多的法院看到无法律知识的当事人独自出庭,不是因为他们愚蠢,而是因为无力承担开支。

刑事和民事法院的法官们,在案件准备和辩护标准都很差劲,或者在当事人独自出庭试图为自己代理或辩护的情况下,将面临着可能把审判程序和自己的角色恢复到十九世纪以前的窘境。这是很多年都没有出现的情况。法官将不得不更加积极地参与到审判,进入对抗擂台,甚至有时要接管交叉质询;但这些都是为了实现正义,而非出于他们任何主动的意愿。

由非专业人员代表自己的司法审判,时间难免会拖得很长,也更容易出现误判。任何节约公共开支都有可能是短暂的,但对司法系统已经造成的伤害却可能难以复原。这是公共司法有史以来面对的最严峻挑战。把一辆劳斯莱斯轿车换成一辆卫星牌(Trabant)轿车,这就是进步吗?

危险边缘的陪审团

陪审团审判是英式自由的基本原则,它在今天的地位和以前一样重要。

> "白厅里任何一位暴君的首要目标都是让议会完全服从自己的意志;第二个目标就是推翻或削弱陪审团审判。因为没有任何暴君愿意把自己臣民的命运和自由交给十二个国民决定……陪审团审判不光是正义的工具,也不光是宪政的一个轮轴:它是证明自由依然鲜活的指示灯。"[8]

没错,虽然一个半世纪以来陪审团的权限不断收窄,但基本情况仍然如此。除了一些例外情况,民事案件已经基本不再由陪审团而是法官独自审判。刑事案件中由陪审团参与审判的数量也不算太多。

大多数的案件都以认罪告终,剩余的大部分案件也由地方裁判法官审理。但是对许多存在关键争议的案件,由于利害关系重大且后果严重,仍然会交由陪审团来决定。严重的犯罪都会被交由刑事法院审理,被告也仍然有权选择陪审团审理一些不太严重的案件,尤其是和诚实品格相关的案件。

陪审团虽然已经不再是标准配置,但仍然是司法正义的堡垒。公众参与是普通法制度的一个重要标志。担任陪审员为普通民众提供了独特的参与公共服务的机会,使他们可以深入了解刑事司法的日常工作,并在认真考虑证据和充分知晓信息的基础上,对自己的同胞作出慎重的决定。陪审团制度的一个附带的好处是它不仅有利于民主制度,也有利于被告。

然而,这套制度如今受到了来自多方的威胁。为应对北爱尔兰问题所设立的"迪普洛克法庭"(Diplock Courts),建立了一套完全由法官独自审理的制度。近年来,2003年的《刑事审判法》也规定了由法官独自审理的特殊情形。这么做最明显的理由,是防止陪审团受到干预——在过去的岁月中,这是建立星室法庭的一个主要理由。

但对陪审团制度的最主要威胁来自内部,而且是源于一项现代社会的产物——互联网。最近大量案件显示,虽然司法机关有明确指示,但一部分陪审员依然自行对案件进行了调查,甚至与案件当事人进行过沟通。首席大法官伊戈尔·加吉(Igor Judge)勋爵就察觉到陪审团审判的完整性受到了威胁,并对违反规定的陪审员作出了威慑性的惩罚。他们不负责任的举动、不受控制地在脸书或推特上发言,都给整个陪审团制度构成真实的威胁。如果这套制度不能保持其完整性,它就无法继续生存。

结　语

从盎格鲁-撒克逊英格兰的酝酿，到金雀花王朝的呱呱坠地，再到十六世纪的完整兴盛直至今天，英格兰普通法经历了漫长而多事的旅程。它的发展和生长是有机的，由冲突和战争塑造。它的发展得益于神话的存续、对先例的巧妙解释和纯粹的必要。

它是世界上最伟大的法律制度之一，在捍卫自由方面首屈一指。在公开展露的外表之下，它克服了许多艰难险阻，并因此在英国社会的每一个方面都根深蒂固，让人们有理由对它是否能够经受得住当前的挑战抱有谨慎乐观的态度。它的那些基本指导原则——法律面前人人平等、司法独立、陪审团审判、对抗式审判中的平等对抗权利——都将得以存续。有那么多的英国人都有赖于此并为此珍惜。

法治是自由和生命的根本，是大不列颠不成文宪法的恒久特征，也是保护权利和自由免受专制侵犯的捍卫者——不论它看上去多么和蔼，不论它来自于国王还是民选政府。对滥用权力的救济就是法治。它保护了我们，我们也必须保护它。

略语表

下列书籍的具体信息请参见书后所附参考书目。

在《国家审判》(*State Trials*)中未有记录的案件均已给出其引用参考来源。这些案件可以在专门的法律图书馆中查询。

略 语	全 称
Blackstone	Commentaries on the Laws of England
Bracton	Thorne, S. E., ed., *Bracton: On the Laws and Customs of England*
EHD	English Historical Documents
Glanvill	Hall, G. D. G., ed, *The Treatise of the Laws and Customs of England commonly called Glanvill*
GRA	Malmesbury, William of, *Gesta Regum Anglorum*, ed. R. Mynors et al.
Henry	Huntingdon, Henry of, *History of the English People 1000-1154*, ed. D. Greenway
LHP	Downer, L. J., ed, *Leges Henrici Primi*
Niger	Anstruther, R., ed., *Chronicles of Ralph Niger*
OHLE	Oxford History of the Laws of England
OV	Chibnall, M., ed., *The Ecclesiastical History of Orderic Vitalis*

P&M	Pollock, Frederick and Maitland, Frederic, *The History of English Law*
ST	Howell, T. B., ed., *State Trials*
SWEC	Coke, Edward, *Selected Writing of Sir Edward Coke*

注 释

序 言

1. *Glanvill*, p. xi.
2. G. R. Elton, *England Under the Tudors*, Folio Society edn (London, 1997), p. 63.
3. A. V. Dicey, *Lectures Introductory to the Study of the Law of the Constitution* (London, 1886), p. 56.
4. Edward Coke, *Institutes of the Laws of England*, 4 parts (London, 1817), iv, p. 36; Blackstone, I, pp. 156ff; Dicey, *Lectures Introductory to the Study of the Law*, p. 35.
5. Dicey, *Lectures Introductory to the Study of the Law* (p. 39), 该格言原型源自瑞士政治理论家让·路易·德洛姆（Jean Louis De Lolme）的《宪法》(*Constitution d'Angeterre*), 后者摘自第四代彭布罗克伯爵菲利普·赫伯特（Philip Herbert, 4th Earl of Pembroke）1648 年 4 月 11 日的演讲。
6. 丹宁勋爵引自托马斯·富勒（Thomas Fuller）的作品，详见 *Gnomologia*：*Adagies and Proverbs, Wise Sentences and Witty Sayings, Ancient and Modern, Foreign and British*, no. 943 (London, 1732)。

第 1 章　盎格鲁-撒克逊时期法律的发布

1. Patrick Wormald, *The Making of English Law*：*King Alfred to the Twelfth Century* (Oxford, 1999), p. 27.
2. *EHD*, I, pp. 391-4. 这些文本记载于十二世纪初根据罗切斯特主教指示编写的《罗切斯特教堂文告》(*Textus Roffensis*), 体现了诺曼人对古老法律遗产的重视和继承。这些精心制作的书籍在 18 世纪的一次运输中曾掉进了泰晤士河中，但幸运的是没有遭受严重损坏，牛皮纸上的墨迹也没有受到影响。这件无价之宝目前被保存在梅德韦郡档案馆的保险箱中。它未来很快会移至大教堂以便更好地展示和保护。
3. Bede (the Venerable), *History of the English Church and People*, II. 5, Folio Society edn (London, 2010), p. 74.
4. *OHLE*, I, p. 2.
5. *GRA* I. 9. 2.《撒利克法典》(Salic Code)颁布于公元 507 年至 511 年之间，并此后被克洛维的继任者们重新颁布。查士丁尼于公元 529 年颁布了查士丁尼法典。
6. Bede, *History of the English Church* II. 5, p. 73. Wormald, *Making of English Law*, pp.

29f, 93-101.
7. J. M. Wallace-Hadrill, *Early Germanic Kingship in England and on the Continent* (Oxford, 1971), pp. 40ff.
8. 沃莫尔德给出了可能的解释, 参见 Wormald, *Making of English Law*, p. 101。
9. *OHLE*, I, p. 36.
10. *Ibid.*, pp. 6f.
11. "先令"由日耳曼语衍生而来,曾用来指代从金戒指上削切下来的碎块,参见 H. Munro Chadwick, *Studies on Anglo-Saxon Institutions* (Cambridge, 1905), p. 61。
12. Clause 64; Lisi Oliver, *The Beginnings of English Law* (Toronto, 2002), pp. 75, 99.
13. Clause 13. "个人价格"是肯特地方方言,大致可能与"赎罪金"含义相仿,等价于100先令; *ibid.*, p. 65b.
14. Clause 60; *ibid.*, p. 73.
15. Clause 33. "银币(Sceatta)"字面意思为"财富"或"财产"。在埃塞伯特时期,"银币"是指与一粒大麦重量相当的碎金。二十个"银币"为一先令。真正的银质硬币直到至少75年后才出现,此后"Sceatta"一词就被人们误用指代银质硬币。参见 Anna Gannon, *The Iconography of Early Anglo-Saxon Coinage* (Oxford, 2003), p. 12。
16. *EHD*, I, pp. 394-407.
17. Warren, W. L., *King John* (New Haven and London, 1997), p. 178.
18. Bede, *History of the English Church*, II. 5, p. 74.
19. *EHD*, I, p. 396.
20. *Ibid.*, p. 394; Oliver, *Beginnings of English Law*, p. 127.
21. "法律"(law)一词来源于斯堪的纳维亚语"*lagu*"。
22. *OHLE*, II, p. 244.
23. 《列王纪》3.7-14; Simon Keynes and Michael Lapidge, eds, *Alfred the Great: Asser's Life of King Alfred and Other Contemporary Sources* (London, 1983), p. 109. 沃莫尔德为阿瑟著作最终一章的真实性提供了有力佐证,他总结认为阿瑟"详尽且生动地重现了一位国王观念中的正义观和责任观,在整个中世纪西方的历史著作中独一无二",参见 Wormald, *Making of English Law*, pp. 118-25。 "郡长"(Ealdormen)是地方的大地主,也是皇家官员,他们通常管理一个或数个郡县,负责当地的法律、社会秩序和司法。十世纪之后,这一称谓逐渐被丹麦语的"首领"(jarl)取代,随后又被英语的"伯爵"(earl)代替。"里夫"(reeve)是当时一种负责行政工作的高级官员。
24. Keynes and Lapidge, eds, *Alfred the Great*, p. 92.
25. *OHLE*, II, p. 25.
26. *EHD*, I, pp. 407-16; Wormald, *Making of English Law*, pp. 265-85; Keynes and Lapidge, eds, *Alfred the Great*, p. 304.
27. *EHD*, I, p. 408.
28. *Ibid.*, p. 415; Richard Fletcher Bloodfeud: *Murder and Revenge in Anglo-Saxon England* (Oxford, 2003), p. 115.
29. *EHD*, I, p. 410. 对国王的赎罪金至少高达6,000先令。与该起誓相当的变通做法是由一群人集体起誓,他们的赎罪金总和与对国王的赎罪金相当(*Laws* §4), 参见 Keynes and Lapidge, eds, *Alfred the Great*, p. 307 note 13。
30. *GRA* II. 122. 2.

31. *Ibid.* "百户"(hundred)这一名称最早出现在十世纪中期,当时埃德蒙的第三部法典将其作为一种组织实体提及。《埃德加百户令》(The Hundred Ordinance of Edgar, 公元 957-975 年)为其制定了具体程序,参见 *EHD*, I, pp. 429f. 考虑到阿尔弗雷德的统治天赋,这种细分的管理单元很有可能是由他提出,或者早先存在但由他进行统一管理的。
32. *EHD*, I, pp. 408f.
33. *GRA* II. 132.
34. Sarah Foot, *Aethelstan, The First King of England* (New Haven and London), p. 188.
35. Wormald, *Making of English Law*, p. 444.
36. Foot, *Aethelstan*, p. 140.
37. *EHD*, I, p. 417.
38. Wormald, *Making of English Law*, pp. 305-8.
39. *EHD*, I, pp. 427f.
40. 传说他曾经试图命令海浪退下,但这并不能证明他的愚蠢或自大。恰恰相反,他是用这一举动向阿谀奉承的追随者们证明现世权力的局限。
41. Wormald, *Making of English Law*, p. 27.
42. Charles Kingsley, Prelude to *Hereward the Wake* (London, 1866).
43. Fletcher, *Bloodfeud*, p. 118.
44. *EHD*, I, pp. 454-67.
45. 《末日审判书》(Domesday Book)的汇编者将威塞克斯、麦西亚和丹麦法区视为各自独立的实体。
46. *GRA* II. 183. 5-6.

第2章 盎格鲁-撒克逊时期法律的实施

1. *LHP*, ch. 49, l. 5a: *Pactum enim legem vincit et amor iudicium*.
2. Alan Harding, *The Law Courts of Medieval England* (London, 1973), p. 30.
3. 百户法庭承担的功能直到 1867 年才基本被全部废除。
4. *OHLE*, II, pp. 64f, 282.
5. *P&M*, II, pp. 555f; John Hudson, *The Formation of the English Common Law* (London, 1996), p. 35.
6. *OHLE*, I, p. 17 note 56.
7. *EHD*, I, p. 453; *OHLE*, II, pp. 31ff, 49.
8. "指控"(Appeal)一词来源于法语"appeler",相当于控告的意思。"重罪"(Felony)是指极其严重的罪行,其严重程度足以破坏领主和封臣之间的封建保护关系,以至于领主可以合法没收重罪者的财产,甚至剥夺其生命。参见 John Langbein, Renée Lettow Lerner and Bruce Smith, *History of the Common Law* (New York, 2009), p. 29。
9. "十户联保"作为英语术语最早记载于 1114 年的历史文献中,但与其意思相近的"friborg"一词则可能更为古老,参见 *OHLE*, II, pp. 169ff, 391f。
10. 民防团(Posses)一词即来源于此。
11. *Leges Edwardi* in *OHLE*, II, p. 414.
12. 人数多少由法官自由裁量,确定人数后由被告自己选择参与人员,参见 *OHLE*, I,

p. 615. 。

13. James Whitman, *The Origins of Reasonable Doubt*: *Theological Roots of the Criminal Trial* (New Haven and London), p. 75.
14. Hudson, *Formation of the English Common Law*, p. 76.
15. A. J. Robertson, *Anglo-Saxon Charters* (Cambridge, 1939), pp. 137ff; Peter Hunter Blair, *Anglo-Saxon England* (Cambridge, 1956), pp. 218-19; Wormald, *Making of English Law*, pp. 151ff. 大约 40% 的盎格鲁-撒克逊法律争议都以这种方式结案, 和今天许多民事案件是一样的。
16. Harding, *Law Courts of Medieval England*, pp. 225f.
17. Robert Bartlett, *Trial by Fire and Water*, *the Medieval Judicial Ordeal* (Oxford, 1986), pp. 4, 7.
18. *Ibid.*, pp. 33, 64.
19. 在英格兰和威尔士, 陪审团只能做"有罪"或"无罪"两种裁决, 但在苏格兰, 陪审团还有第三种选项:"未能证实"。这种裁决意味着被指控者之所以能逃脱法律的惩罚, 仅仅是因为证据方面存在轻微的疑点或技术缺陷。这种裁决结果不会给被指控者带来任何实际的刑事处罚, 但因怀疑而产生的污点将长期存在。
20. 其他方式的神明裁判还包括: 十字架考验(两方将分别以伸展双臂的姿势被绑在十字架上, 直到一方无法坚持这种姿势); 在滚烫的犁头上行走(传说忏悔者爱德华的母亲艾玛王后就曾在主教圣斯威辛的帮助下成功经受了这一考验, 但这一说法很可能是杜撰的, 参见 Bartlett, *Trial by Fire and Water*, pp. 10f, 17f); 食用圣洁面包(威塞克斯伯爵古德温就因经受此考验而窒息身亡, 他被指控谋杀, 参见 Harding, *Law Courts of Medieval England*, pp. 27f)。
21. 埃塞尔雷德法典和克努特法典中都如此记载。
22. Quoted in Robert Bartlett, *England Under the Norman and Angevin Kings*, 1075-1225 (Oxford, 2000), p. 181; *The Pontifical of Magdalen College*, ed. H. A. Wilson (London, 1910), pp. 179f.
23. 《关于烙铁和水的法令》(*Decree concerning Hot Iron and Water*), 参见 Andrew Reynolds, *Later Anglo-Saxon England*: *Life and Landscape* (Stroud, 1999), pp. 101f. 。
24. W. L. Warren, *Henry II* (London, 1991), p. 283, note 1. 此处描述的是安茹时期的程序, 但早些时期的程序也很可能类似。
25. Bartlett, *Trial by Fire and Water*, pp. 79f; Bartlett, *England Under the Norman and Angevin Kings*, pp. 183f.
26. Harry Potter, *Hanging in Judgment*: *Religion and the Death Penalty in England from the Bloody Code to Abolition* (London, 1993).
27. Andrew Reynolds, 'Crime and Punishment', *The Oxford Handbook of Anglo-Saxon Archaeology*, ed. Helena Hamerow, David Hinton and Sally Crawford (Oxford, 2011), p. 895.
28. *Ibid.*, p. 910.
29. W. S. Mackie, *The Exeter Book*, 2 vols (Oxford, 1934), I, p. 29.
30. J. H. Baker, *An Introduction to English Legal History*, 4th edn (London, 2002), p. 9.
31. Hudson, *Formation of the English Common Law*, p. 17.

第3章 诺曼枷锁?

1. Edmund Burke, *Writings and Speeches*, 12 vols (New York, 2008), VII, pp. 487f.
2. P&M, I, p. 79.
3. *GRA* III. 247.
4. *Ibid.*, 245.
5. 英语恢复在法庭的主导地位历时颇久。1362年,议会通过法律规定起诉状应当以英语书写;1650年,议会通过法律规定所有司法文件和司法程序都应以本地语言书写和进行。王政复辟期间(1660-1714年),这一规定被推翻。直到1731年,议会用几乎完全一致的文字再次立法,规定法庭的所有程序应"只能以英文语言和文字,不得使用拉丁文或法文"。*EHD*, IV, p. 483; V(b), p. 1231; X, p. 237.
6. Wormald, *Making of English Law*, pp. 481f.
7. P&M, I, p. 65.
8. M. T. Clanchy, *Early Medieval England*, Folio Society edn (London, 1997), p. 30; OHLE, II, pp. 258f; Marjorie Chibnall, *The Debate on the Norman Conquest* (Manchester, 1999), pp. 92f.
9. *EHD*, II, p. 164; Henry, p. 32.
10. *OHLE*, II, pp. 424ff.
11. *Ibid.*, pp. 202f.
12. *OV*, II, p. 203.
13. *Ibid.*, V, pp. 294ff.
14. Henry, p. 31.
15. *OV*, II, pp. 314-18.
16. *OV*, VI, p. 100.
17. The late twelfth-century *Dialogue of the Exchequer*, *EHD*, II, p. 528.
18. 克努特时期杀害丹麦人也可能会有类似的罚款。参见 *OHLE*, II, pp. 407ff.。
19. *EHD*, II, p. 523.
20. *Ibid.*, pp. 399f.
21. Hudson, *Formation of the English Common Law*, p. 75.
22. *Bracton*, II, p. 410.
23. F. W. Maitland, ed., *Pleas of the Crown for the County of Gloucester* 1221 (London, 1884), no. 87, pp. 21f, 141f.
24. *OHLE*, II, p. 273.
25. *Ibid.*, p. 284.
26. R. C. Van Caenegem, *The Birth of the English Common Law*, 2nd edn (Cambridge 1988), p. 13.
27. Henry, p. 30.
28. *OHLE*, I, pp. 108f; II, pp. 297f.
29. *OV*, IV, pp. 42f.
30. Chibnall, *Debate on the Norman Conquest*, pp. 92, 105.
31. Henry, p. 48.

32. *GRA* IV. 321.
33. Geoffrey of Monmouth, *History of the Kings of Britain*, Folio Society edn（London, 2010），p. 101.
34. *GRA* I. 419. 2
35. *EHD*，II，pp. 400ff.
36. *GRA* V. 411.
37. *EHD*，II，p. 192；*Henry*，p. 58.
38. 巡回法庭（Itinerant Justices）——巡回（eyre）一词来源于古法语单词，意思是旅行或者漫游。
39. *EHD*，II，p. 191.
40. *Henry*，p. 64.
41. *EHD*，II，p. 200
42. Wormald，*Making of English Law*，p. 266.

第 4 章　亨利二世和普通法的创设

1. *Henry*，p. 96.
2. Warren，*Henry II*，p. 317；Hudson，*Formation of the English Common Law*，p. 22.
3. Bartlett，*England Under the Norman and Angevin Kings*，p. 150.
4. Baker，*Introduction to English Legal History*，p. 19.
5. *EHD*，II，p. 408. 在埃塞尔雷德时代的一项法律中，就有这种强制指控的先例，要求十二个地方乡绅谴责他们社区中的所有"不良行为者"。
6. *Glanvill*，ch. xiv；Hudson，*Formation of the English Common Law*，p. 177；Bartlett，*Trial by Fire and Water*，p. 66.
7. 这些刑罚在克拉伦登法令中并没有记载，但在北安普顿法令中却称其有过记载。参见 *EHD*，II，p. 411。
8. *EHD*，II，p. 411.
9. Warren，*Henry II*，pp. 284f.
10. 最初在1273年，一共有六个巡回区，但该数字此后在四个到九个之间浮动。在发展过程中，巡回法官被赋予了"听审和判决"（审理严重的刑事案件）和"提审囚犯"（审理所有被关押着的囚犯，不论其罪行，从而清空牢房）的职能。他们还可以根据授权审理民事案件（被称为 nisi prisus）。这些获得授权的法官会每年两次到访巡回区内的主要市镇，举行审判。伦敦市范围内的刑事巡回审判一直在老贝利法院进行，直到1834年才移师至新的中央刑事法庭，但基本制度一直没有发生根本变化。直到1971年，巡回审判制度才最终被彻底废除，取而代之的是坐落在主要市镇中心并配备了常驻法官的刑事法院系统。
11. Warren，*Henry II*，pp. 298ff；*OHLE*，II，pp. 546f.

第 5 章　贝克特和神职罪犯

1. *OHLE*，I，p. 505.

2. *Ibid.*, pp. 624f; II, p. 747; P&M, I, p. 455.
3. Richard Winston, *Thomas Becket* (London, 1967), p. 143.
4. John of Salisbury, in Warren, *Henry II*, p. 464.
5. Winston, *Thomas Becket*, pp. 145f.
6. *OHLE*, I, pp. 115f.
7. *EHD*, II, pp. 718ff.
8. Winston, *Thomas Becket*, pp. 358ff; Warren, *Henry II*, p. 539.
9. *OHLE*, I, p. 118; cf. p. 603. 公元1102年，大主教安塞姆（Anselm）曾经禁止英格兰教士娶妻。亨廷顿的《亨利》一书（第50页）对此的观点至今发人深省："危险在于，如果他们追求超出自身能力的纯洁，反而可能会陷入可怕的不洁，从而让基督教的名声彻底蒙羞。"
10. Warren, *Henry II*, pp. 538ff.
11. *OHLE*, I, p. 110.
12. Warren, *Henry II*, p. 518.
13. Blackstone, IV, ch. 28, especially pp. 364f; James Fitzjames Stephen, *A History of the Criminal Law in England*, 3 vols (London, 1883), I, pp. 458ff.
14. Stephen, *History of the Criminal Law*, I, p. 461.
15. Baker, *Introduction to English Legal History*, p. 514.
16. *OHLE*, VI, p. 532.
17. Stephen, *History of the Criminal Law*, I, p. 462.
18. *OHLE*, VI, pp. 536–40.
19. Stephen, *History of the Criminal Law*, I, pp. 462ff; Theodore Plucknett, *A Concise History of the Common Law*, 5th edn (London, 1956), pp. 439ff; Langbein, Lerner and Smith, eds, *History of the Common Law*, pp. 619f. 以上文献均对具体时间有不同的记载。

第6章 亨利二世的成就

1. Van Caenegem, *Birth of the English Common Law*, p. 13; Paul Brand, *The Making of the Common Law* (London, 1993), pp. 80–4.
2. 编年史官和皇家司法官霍登的罗杰肯定有一份副本，参见 *OHLE*, II, p. 530。
3. Cited in *OHLE*, II, pp. 519f.
4. Brand, *Making of the Common Law*, p. 93.
5. J. H. Baker, *The Law's Two Bodies* (Oxford, 2001), pp. 79ff.
6. *Ibid.*, pp. 13–17, 22–4, 77.
7. Warren, *Henry II*, p. 317.
8. Clanchy, *Early Medieval England*, pp. 110ff.
9. Warren, *Henry II*, p. 360; Brand, *Making of the Common Law*, p. 101f.
10. *Glanvill*, Prologue.
11. *OHLE*, II, pp. 576, 844.
12. By Hall in *Glanvill*, p. xii.
13. *LHP*, ch. 6, l. 4; ch. 6. l. 6.
14. *Glanvill*, pp. xxx–xxxiii; *OHLE*, II, p. 872.

15. P&M, I, pp. 164f.
16. *Glanvill*, pp. 2f.
17. *Ibid.*, Prologue.
18. *Niger*, p. 168. 拉尔夫·奈吉尔是一位神学家,他曾在流亡中为贝克特服务,并在其主人被杀后再次流亡国外,因此他对亨利及其法律改革毫不意外地抱有敌意。在他扭曲的评价中,亨利并非法律的传播者,而是"出卖和拖延正义的人"。
19. David Carpenter, *The Struggle for Mastery*: *Britain* 1066-1284 (London, 2003), p. 295.

第7章 大宪章

1. Warren, *Henry II*, p. 259.
2. 1377年,当男爵们装模作样提出推举爱德华三世的第三个儿子为王位继承人的想法时,反对这一提议的主要理由之一是他的名字:高特的约翰。绝不可能再有一个叫约翰的国王。
3. 摘自《大宪章》序言。
4. 这种早期议会是指国王和其议员扮演最高司法机构角色的制度,这一制度的痕迹在议会高等法院中继续得以体现。
5. *EHD*, III, pp. 316-24.
6. 这一说法来源于近年来的研究和评论,以 J. C. 霍尔特为代表。
7. 有记载的英国统治者与其臣民之间最早的契约比《大宪章》还要早两百年,那是首次国王恢复统治之前必须同意某些条件,但我们不知道这些条件或承诺是否曾以书面形式提出。《盎格鲁-撒克逊编年史》记载,1014年,埃塞尔雷德承诺"他将成为(他的人民)的仁慈的主人,并改革一切他们都讨厌的东西"之后,恢复了王位。参见 *EHD*, I, p. 247。亨利一世在1100年加冕时颁布的《自由宪章》也是《大宪章》的直接书面渊源。参见 *EHD*, II, pp. 400ff.。
8. Carpenter, *The Struggle for Mastery*, pp. 292f.
9. W. L. Warren, *King John* (New Haven, 1997), pp. 141-4.
10. 拉丁原文为"in aliquo loco certo",通常翻译为"在某一特定地点"。由于巡回法庭可以听审民事诉讼,这一短语的意思一定是说开庭的地点是可以预测的,而非法院永久在一个地点开庭。
11. "被占土地找回"(novel disseisin)令状用于当事人主张自己土地被非法剥夺占有、"先人占有权"(mort d'ancestor)令状用于当事人主张自己为土地合法继承人、"神职任命权"(darrein presentment)令状用于与教会之间关于任免权的争议。
12. 这一条款被蚀刻在新的最高法院的图书馆门上。
13. Warren, *King John*, p. 239.
14. 索尔兹伯里和林肯郡各有一份副本,大英图书馆有两份。温斯顿-丘吉尔曾计划让美国人保留二战期间在美国巡回展出的林肯副本,作为美国加入战局的奖励。但林肯大教堂拒绝了这一无原则的牺牲。
15. *EHD*, III, pp. 337-40.
16. *Ibid.*, pp. 324ff.
17. (1)英国教会应是自由的,其权利不受减损,自由不受损害;(2)伦敦城应享有一切古老的自由和自由的习俗……所有其他城市、行政区、城镇和港口应享有一切自由和自由的习俗;(3)我们不会向任何人出卖,不会向任何人否认或拖延权利或正义。

18. J. C. Holt, *Magna Carta*, 2nd edn (Cambridge, 1992), p. 14; Bartlett, *England Under the Norman and Angevin Kings*, p. 65.
19. 28 Edward III, cap. 3.
20. Holt, *Magna Carta*, p. 4.
21. Geoffrey Robertson, *Crimes Against Humanity* (New York, 1999), pp. 2f.
22. Warren, *King John*, p. 240.
23. P&M, I, p. 173.

第8章 从肉刑到陪审

1. 此处的一个例外是决斗审判。这种审判方式没有"上帝判决"的特征,不要求必须要有神职人员在场,只有在当事人选择的情况下才能使用,并且通常只限于土地相关争议。即便如此,它的地位仍然迅速滑落到了无足轻重的地步,只有在叛国罪审判中还有一席之地。1819年,在臭名昭著但被误读的阿什福德诉桑顿案后15个月,该审判方式最终被废除。该案中,死去女孩的哥哥援引了一项被称为"谋杀申诉"的古老权利,该权利允许死者的亲属对无罪裁决提出申诉并要求重新审判。而被宣判无罪的嫌疑人桑顿则援引了这项同样古老的"决斗审判"权,要求和指控他的威廉·阿什福德进行一对一决斗。后者拒绝了决斗的请求,桑顿因此被无罪释放:罗伯特·美加瑞,《新法律杂感》(牛津,2005),第57-79页。十六世纪末的猎巫运动中,水刑在英格兰和其他一些地方再次成为了私刑的一种,被指控为女巫的人被绑起来扔进水里,看她们是沉是浮。尽管遭到了官方反对,但这种"女巫游泳"的陋习贯穿存在于整个十七世纪,并传播到了大洋彼岸的弗吉尼亚,直到1706年才告终止。参见 Bartlett, *Trial by Fire and Water*, pp. 146f.
2. Danny Danziger and John Gillingham, 1215: *The Year of Magna Carta*, (London, 2003), pp. 196f; Whitman, *Origins of Reasonable Doubt*, pp. 53, 83-90. 誓言和除罪保证被保留了下来,并成为了普通法的一部分,直到1833年被最终废止。如今的司法宣誓书则是誓言变形后的流传至今的一种形态。
3. Bartlett, *Trial by Fire and Water*, p. 141.
4. *OHLE*, VI, pp. 47f.
5. *EDH*, III, pp. 340f.
6. 邻居苏格兰的陪审团审判历史不甚清楚,但据信是受盎格鲁-诺曼影响,在十一到十二世纪逐渐普及。这一进程可能受到了一位英格兰祖先的影响,但其发展经历了完全不同的过程,并至今保留有诸多特色,例如陪审团人数为15人而非12人,裁决只依简单多数作出。参见 Ian Willock, *The Origins and Development of the Jury Trial in Scotland* (Edinburgh, 1966), pp. 20-30.
7. 不适用于轻罪和严重叛国罪。在这两类案件中保持沉默将被视为认罪。参见 Blackstone, IV, p. 320。
8. 最终在1772年被废除,取而代之的是定罪判决。1827年起,任何有能力却拒绝申辩的嫌疑人都会被视为作出无罪申辩,但"恶意沉默"的概念得以保留。陪审团审判也不再需要经过嫌疑人的同意。

第9章 法律神鹰

1. Brand, *Making of the Common Law*, p. 136.
2. *OHLE*, VI, pp. 171-4.
3. Megarry, *A New Miscellany*, pp. 61f; J. H. Baker, *The Common Law Tradition: Lawyers, Books and the Law* (London, 2000), p. 256.
4. *Ibid.*, p. 133.
5. J. H. Baker, *The Order of Serjeants at Law* (London, 1984), p. 9. Paul Brand, *Origins of the English Legal Profession* (Oxford, 1992), p. 3.
6. Baker, *Introduction to English Legal History*, p. 156.
7. Brand, *Making of the Common Law*, pp. 6-15, 57-75.
8. Baker, *Order of Sergeants at Law*, p. 15.
9. 这一说法多见于都铎时期，当时众多的法律学院一同转型成为规模与剑桥规模相当的法学院。后该说法因柯克和布莱克斯通的青睐而流行，尽管后者使用这一词时指称的是早已过去的黄金时代。参见 Baker, *The Common Law Tradition*, p. 3; Sir John Fortescue, *De Laudibus Legum Angliae*, (Cincinnati, 1874), pp. 187-95。
10. Francis Cowper, *A Prospect of Gray's Inn*, 2nd edn (London, 1985), p. 1; Baker, *Introduction to English Legal History*, p. 155.
11. Fortescue, *De Laudibus Legum Angliae*, ch. L; *OHLE*, VI, p. 413; *EHD*, V, p. 532; Baker, *Order of Serjeants at Law*, pp. 72f; Baker, *Introduction to English Legal History*, pp. 155-8. 十七世纪，新的"御用律师"头衔成为了比高级律师更高级的头衔，丝织法衣相比古怪的头罩更受欢迎。这套古老的等级从未被废止，但随着1921年最后一位高级律师林德利勋爵逝世，这一头衔最终寿终正寝。
12. 有蛛丝马迹似乎证明格雷学院和林肯学院在1340年就已经存在。参见 Baker, *The Common Law Tradition*, pp. 15-18。
13. 13*OHLE*, VI, pp. 453-9.
14. J. H. Baker, *The Legal Profession and the Common Law* (London, 1986), pp. 3-6; Baker, *The Common Law Tradition*, pp. 31-4; Richard Havery, *History of the Middle Temple* (London, 2011), pp. 39-40. 根据1448年卷宗中的描述，还有一个名为"外殿学院"的机构，是"法院人士的学院"。但这一机构未能独立留存，逐渐被其两个邻居吸收合并。
15. The Black Books of Lincoln's Inn. 十四世纪"学院学徒"之间爆发过多起暴力冲突事件。参见 Baker, *The Common Law Tradition*, pp. 12-16。
16. Gray's Inn Pension Books, I, p. 414.
17. Baker, *The Common Law Tradition*, p. 18.
18. *Ibid.*, pp. 24-8.
19. *OHLE*, VI, pp. 12, 470ff.
20. *EHD*, III, pp. 351-4, 361-7, 370-6, 384-92.
21. Coke, *Institutes of the Laws of England*, II, p. 156.
22. Alan Harding, *Medieval Law and the Foundations of the Modern State* (Oxford, 2001), pp. 186-90.
23. *OHLE*, VI, p. 39.

24. Fortescue, *De Laudibus Legum Angliae*, ch. XVIII.
25. P&M, I, pp. 206f. 对该日期、作者及作品目的的简要介绍,参见 *Bracton*, III, pp. xv-l; Paul Brand, 'The Age of Bracton', *The History of English Law: Centenary Essays on 'Pollack and Maitland'*, ed. John Hudson (Oxford, 1996), pp. 65-89。
26. *Bracton*, I, pp. xxxiiif.
27. Ibid., II, p. 33.
28. Fortescue, *De Laudibus Legum Angliae*, chs IX and XVII; *OHLE*, VI, p. 18.
29. Ibid., chs XXII, XXVII and XXXII.

第 10 章　国王的良心,法官的脚

1. *OHLE*, VI, p. 69.
2. *EHD*, V, pp. 521ff.
3. Dicey, *Lectures Introductory to the Study of the Law*, pp. 48f; *OHLE*, VI, p. 64.
4. *OHLE*, VI, pp. 68f.
5. Ibid., pp. 46f.
6. James I, *Basilikon Doron*, in *King James VI and I: Political Writings*, ed. Johann Sommerville (Cambridge 1994), p. 43.
7. *OHLE*, VI, p. 8.
8. John Selden, *Table Talk* (London, 1689), p. 64.
9. John Guy, *The Cardinal's Court: The Impact of Thomas Wolsey in Star Chamber* (Hassocks, 1977), pp. 29, 35, 97.
10. George Cavendish, *Thomas Wolsey*, Folio Society edn (London, 1962), p. 52.
11. J. H. Baker, *The Reports of John Spelman*, Seldon Society 94 (1978), p. 80; *OHLE*, VI, pp. 175ff.
12. *OHLE*, VI, p. 178; William Roper, *The Life of Sir Thomas More*, Everyman edn (London, 1963). pp. 60ff; Guy, *The Cardinal's Court*, p. 98.

第 11 章　星室法庭:让英格兰沉默

1. *EHD*, V(a), p. 375.
2. Ibid., p. 377.
3. William Hudson, *A Treatise on the Court of Star Chamber* (London, 1792), p. 8.
4. *EHD*, V, pp. 532f; Alfred Denning, *Landmarks in the Law* (London, 1984), p. 49.
5. Guy, *The Cardinal's Court*, p. 19; *EHD*, V, pp. 537f.
6. Hudson, *Treatise on the Court of Star Chamber*, p. 9.
7. *EHD*, V, p. 524; Guy, *The Cardinal's Court*, pp. 131, 136ff.
8. *OHLE*, VI, p. 197; Guy, *The Cardinal's Court*, pp. 64f.
9. Ibid., p. 138.
10. Francis Bacon, 'Of Judicature', in *Bacon's Essays*, ed. Richard Whately (London, 1892). 他

自己也没能实践这个标准;1621 年因为收受贿赂,培根丢掉了大法官的职位,被处以罚款,并被监禁在钟楼。有点烦人的是,培根在承认这一处罚公正的同时,却又宣称自己是"近五十年来英格兰最公正的法官"。

11. Coke, *Institutes of the Laws of England*, IV, p. 65.
12. Guy, *The Cardinal's Court*, p. 113.
13. *ST*, III, pp. 711-69.
14. Hugh Trevor-Roper, *Archbishop Laud* (London, 1962), p. 173.

第 12 章 酷刑逼供

1. John Langbein, *Torture and the Law of Proof* (Chicago, 2006), pp. 129ff.
2. 福蒂斯丘的《英格兰法礼赞》有一整章(第十二章)用来讨论这一主题;其他著作均为重申其立场。参见 Coke, *Institutes of the Laws of England*, III, p. 35; Blackstone, IV, p. 320; Stephen, *History of the Criminal Law*, I, p. 222。
3. Selden, *Table Talk*, p. 216.
4. *Calendar of State Papers Domestic, Elizabeth*, 1581-90, ed. Robert Lemon (London, 1865), p. 48.
5. John Gerard, *The Autobiography of a Hunted Priest*, trans. Philip Caraman (New York, 1952), pp. 104ff.
6. *Ibid.*, p. 107, n. 2.
7. *Ibid.*, p. 108.
8. *Ibid.*, p. 109.
9. *Ibid.*, pp. 110-13.
10. *Ibid.*, p. 115.
11. 'Of the Pacification of the Church', in *The Works of Lord Bacon*, 2 vols (London, 1838), I, p. 355.
12. Blackstone, IV, p. 321; Langbein, *Torture and the Law of Proof*, pp. 94-123.
13. *EHD*, V(b), p. 1200.
14. Christopher Hibbert, *Charles I* (London, 1968), p. 150.
15. J. P. Lawson, *The Life and Times of Archbishop Laud*, 2 vols (London, 1829), II, p. 364; S. R. Gardiner, *History of England*, 18 vols (London, 1863-97), IX, pp. 348-59; Trevor-Roper, *Archbishop Laud*, p. 388f.
16. 里索威城堡酒店。1836 年,当时的城堡主人爱德华·卡斯特爵士购买了星室法庭橡木镶嵌的天花板,从而为整个国家将其保留了下来。

第 13 章 令状和自由宪章

1. *OHLE*, VI, pp. 91f.
2. *EHD*, V(a), pp. 391f.
3. *OHLE*, VI, pp. 93.

4. Coke, *Institutes of the Laws of England*, I, pp. 461-77.
5. *ST*, III, pp. 1-233.
6. Faith Thompson, *Magna Carta*, *its Role in the Making of the English Constitution*, 1300-1629 (Minneapolis, 1948), p. 86.
7. Holt, *Magna Carta*, pp. 13, 15.
8. Hibbert, *Charles I*, p. 102.
9. Thomas Bingham, *The Rule of Law* (London, 2010), pp. 17, 20.

第14章 "王是法律"对"法律是王":爱德华·柯克爵士

1. 'The King is the Law' versus 'the Law is King'.
2. Pref. 1 Rep., in *SWEC*, I, p. 6.
3. *Ibid.*, p. xxiii.
4. Allen Boyer, *Sir Edward Coke and the Elizabethan Age* (Stanford, 2003), p. 3.
5. John Gest, *The Lawyer in Literature* (Boston, 1913), p. 158.
6. S. E. Thorne, *Sir Edward Coke* 1552-1952, Seldon Society (1952), p. 4.
7. Lisa Jardine and Alan Stewart, *Hostage to Fortune: The Troubled Life of Francis Bacon* (London, 1998), p. 254. 他们还曾是情敌——至少是"婚敌"。二人都曾看上伯利的孙女哈顿夫人,一位富裕的寡妇。柯克最终赢得了这场战斗。
8. *ST*, II, pp. 1-62. 加德纳认为审判本身标志了"英格兰宪法史中的里程碑。"当时在律师中享有盛誉的苛刻原则被法官们以前所未有的独特方式阐述出来,结果是一种有利于个人权利抵抗国家的环境自那时开始稳步形成(*History of England*, I, p. 138)。
9. *SWEC*, I, p. xxv.
10. *Ibid.*, p. 39. My emphasis.
11. *Trew Law of Free Monarchies*, *EHD*, V(b), pp. 397ff.
12. 'Of Judicature', in *Bacon's Essays*, ed. Whatley; David Willson, *King James VI and I* (London, 1956), pp. 257f.
13. Jardine and Stewart, *Hostage to Fortune*, p. 389.
14. *EHD*, V(b), pp. 406f. 受普通法律师的煽动,此书于1610年在议会引起激烈争论,并最终以皇家宣告的方式宣布为禁书。
15. *SWEC*, I, pp. 478ff; Willson, *King James*, p. 259. 确切的日期为1607年11月10日星期天,而非流传的1608年。
16. *SWEC*, II, pp. 684, 701.
17. *Dr Bonham's Case* (1610) in *SWEC*, I, pp. 264-83, at p. 275. 与什么矛盾? 托马斯·莫尔宣布《最高权力法令》因"与上帝律法矛盾"而无效。数年后吉尔伯特·伯内特[Gilbert Burnet, *History of His Own Time*, 6 vols (Oxford, 1823), II, p. 205]记录了他所认为的律师界的"烂醉格言","即使是反对《大宪章》的议会法案本身也是无效的。"
18. Alfred Denning, *What Next in the Law* (London, 1982), pp. 319f. 二十世纪,另一位特立独行的法学巨擘丹宁勋爵认为,不列颠的法官们应当像大洋彼岸的美国同行一样,在必要时拥有否决立法的权力。
19. Jardine and Stewart, *Hostage to Fortune*, p. 340.

20. 经常被引用[包括 Cuthbert Johnson, *Life of Sir Edward Coke*, 2 vols (London, 1837), II, p. 380]。他认为其源于哈蒙德·莱斯特兰奇。
21. 培根认为个人恩怨在其中起了重要作用。参见 Jardine and Stewart, *Hostage to Fortune*, p. 365。
22. Langbein, *Torture and the Law of Proof*, p. 120.
23. *ST*, II, p. 871.
24. Jardine and Stewart, *Hostage to Fortune*, p. 363.
25. [1615] I 衡平法院报告,第一卷。近期完整的对此案的讨论,参见 *Landmark Cases in Equity*, ed. Charles Mitchell and Paul Mitchell (Oxford, 2012), pp. 1–32。
26. Jardine and Stewart, *Hostage to Fortune*, p. 373.
27. Robert Aston, *James I and his Contemporaries* (London, 1969), pp. 80–5.
28. Jardine and Stewart, *Hostage to Fortune*, p. 387.
29. *Ibid.*, p. 389.
30. G. M. Trevelyan, *England Under the Stuarts* (London, 1946), p. 106.
31. *EHD*, V(b), p. 391.
32. *EHD*, V(b), p. 195.
33. J. P. Kenyon, *The Stuart Constitution* (Cambridge, 1966), p. 8.
34. *SWEC*, I, p. 102.
35. 培根不仅智慧更胜一筹,而且在雄辩方面也遥遥领先。本·约翰逊在《木材,或由人类和物质构成的发现》(*Timber, or Discoveries Made Upon Men and Matter*)一书中曾说"他的听众生怕遗漏而不敢咳嗽或左顾右盼……每个听他演讲的人都生怕他突然结束"。威廉·汤森[William Townsend, *Modern State Trials*, 2 vols (London, 1850), II, p. 357]批评了柯克的辩论风格,称"对法庭面前的所有请求都有有害影响"且"在我们的法庭上卖弄辞藻"。
36. *SWEC*, I, p. xxvii.
37. Thomas Carlyle, *Historical Sketches* (London, 1898), p. 176.
38. Dicey, *Lectures Introductory to the Study of the Law*, p. 18.
39. Trevelyan, *England Under the Stuarts*, p. 105.

第 15 章　俄狄浦斯时刻:查理一世大审判

1. *ST*, III, pp. 1382–1535.
2. Harding, *Medieval Law and the Foundations*, p. 334.
3. Thomas Babington Macaulay, *History of England*, 12th edn, 5 vols (London, 1856), I, p. 83.
4. 这种思想持续存在,并跨越了大洋大洲,在随后的几个世纪开花结果。托马斯·杰斐逊曾建议,盎格鲁-撒克逊政体的两位奠基人亨吉斯特和霍萨的名字应当出现在美国的国印上,以体现美国人从"撒克逊"祖先继承的没有被诺曼君主专制制度玷污的自由基因。沃尔特·斯科特爵士在《艾凡赫》(1819)一书中,把无依无靠的"撒克逊人"和贪婪压迫的诺曼人进行了对比。
5. 这一时期议会两院通过的立法被称为"条例",因为当时议会并没有获得国王的批准。
6. Ernst Kantorowicz, *The King's Two Bodies* (Princeton, 1997), p. 9; *EHD*, V(b), pp. 684f.
7. Aston, *James I*, p. 81.

8. Hibbert, *Charles I*, p. 156.
9. Kantorowicz, *King's Two Bodies*, p. 23.
10. *EHD*, V(b), p. 735. My emphasis.
11. 哈里森上校在自己的诛君罪审判中所说的话。
12. D. Alan Orr, 'The Juristic Foundation of Regicide', in *The Regicides and the Execution of Charles I*, ed. Jason Peacey (Basingstoke, 2001), pp. 117-37.
13. J. G. Muddiman, *The Trial of King Charles the First* (Edinburgh and London, 1928), p. 64, note 9.
14. *EHD*, V(b), pp. 749f.
15. Pauling Gregg, *Free-born John: A Biography of John Lilburne* (London, 1961), pp. 259ff; Andrew Sharp, 'The Levellers and the End of Charles I', in *Regicides and the Execution of Charles I*, ed. Peacey, pp. 181-201.
16. Earl of Clarendon (Edward Hyde), *The History of the Rebellion and Civil Wars in England*, 6 vols (Oxford, 1721), V, p. 245.
17. C. V. Wedgewood, *The Trial of Charles I*, Folio edn (London, 1981), pp. 103f.
18. Muddiman, *Trial of King Charles*, p. 72.
19. 在牛津的阿什莫尔博物馆中藏有一顶据称是布拉德肖的帽子。
20. Clarendon, *History of the Rebellion and Civil Wars*, V, p. 255.
21. Muddiman, *Trial of King Charles*, p. 106.
22. *ST*, IV, p. 994.
23. *Ibid.*, p. 997; Geoffrey Robertson, *The Tyrannicide Brief* (London, 2005), p. 155.
24. Muddiman, *Trial of King Charles*, pp. 78ff.
25. Gardiner, *History of England*, XIII, pp. 300ff.
26. Gilbert Burnet, *Death and Life of Sir Matthew Hale* (London, 1682), p. 13. 当时允许代理人就法律问题进行辩护,但不允许代表客户进行交叉询问或演说。法律辩护意见由他的上司约翰·赫恩(John Herne)发表,参见 *ST*, IV, pp. 577, 586, 599, 917 note。
27. Muddiman, *Trial of King Charles*, p. 90.
28. *ST*, IV, p. 998.
29. *Ibid.*, pp. 998, 1000, 1002; Matthew Hale, *Pleas of the Crown*, 2 vols (London, 1736), II, p. 317; William Hawkins, *A Treatise of the Pleas of the Crown*, 3rd edn, 2 vols (London, 1739), II, p. 329; Blackstone, IV, p. 320.
30. Muddiman, *Trial of King Charles*, pp. 211-23.
31. Roger Lockyer, ed., *The Trial of Charles I*, Folio edn (London, 1959), p. 7.
32. Wedgwood, *Trial of Charles I*, p. 116.
33. Joseph Spence, *Anecdotes* (London, 1820), p. 275.
34. Hibbert, *Charles I*, p. 157.
35. 后来在《国王的圣像》(*Eikon Basilike*)中,查理被塑造成了基督形象,这本书很可能是其牧师所书。
36. Muddiman, *Trial of King Charles*, p. 234.
37. Robertson, *The Tyrannicide Brief*, pp. 3, 364.
38. *ST*, V, pp. 947-1362.

第 16 章　生而自由的约翰

1. David Jenkins, *Notes and Queries* (London, 1852), IV, p. 134.
2. *ST*, III, pp. 1315–69.
3. Gregg, *Free-born John*, p. 135.
4. *Ibid.*, p. 244.
5. *Ibid.*, p. 245.
6. *ST*, IV, pp. 1269–470.
7. 关于李尔本和"陪审团法律认定"之间更详细的记载,参见 Thomas Green, *Verdict According to Conscience: Perspectives on the English Criminal Trial by Jury, 1200–1800* (Chicago, 1985), pp. 158–99。
8. *Ibid.*, p. 173.
9. *ST*, V, pp. 407–61.
10. Green, *Verdict According to Conscience*, p. 195.
11. Gregg, *Free-born John*, p. 337.
12. *Ibid.*, p. 355.
13. Paul Halliday, *Habeas Corpus from England to Empire* (Cambridge, MA, 2010), p. 232.

第 17 章　从王朝复辟到光荣革命

1. *ST*, VI, pp. 951–98. 对此最好的分析,参见 Green, *Verdict According to Conscience*, pp. 200–64。略简单的描述,参见 Denning, *Landmarks in the Law*, pp. 134–52。
2. Whitman, *Origins of Reasonable Doubt*, pp. 174f.
3. *The Poems and Letters of Andrew Marvell*, ed. H. M. Margoliouth, 3rd edn, 2 vols (Oxford, 1971), II, p. 314.
4. *EHD*, VIII, pp. 384ff.
5. Coke, *Institutes of the Laws of England*, III, Ch. lxxix; Blackstone, IV, p. 146.
6. *R v. Wagstaffe* [1665] 1 Keble 934, 83 Eng. Rep. 1328.
7. *ST*, VI, pp. 999–1025; *EHD*, VIII, pp. 86–9.
8. Dicey, *Lectures Introductory to the Study of the Law*, p. 236; Bingham, *The Rule of Law*, p. 14.
9. Burnet, *History of His Own Time*, II, p. 250f.
10. *EHD*, VIII, p. 83; Tim Harris, *Revolution: The Great Crisis of the British Monarchy, 1685–1720* (London, 2006), pp. 192ff.
11. William Gibson, *James II and the Trial of the Seven Bishops*, (London, 2009), p. 54; Harris, *Revolution*, pp. 185–95.
12. *Ibid.*, p. 41.
13. *ST*, XII, pp. 183–422.
14. Quoted in Harris, *Revolution*, pp. 287f.
15. *EHD*, VIII, pp. 122–8.
16. Edmund Burke, *Reflections on the Revolution in France* (1791), Folio Society edn

17. Julian Hoppitt, *A Land of Liberty? England* 1689-1727 (Oxford, 2000), p. 23; Harris, *Revolution*, p. 494.
18. Vernon Bogdanor, *The New British Constitution*, (Oxford, 2009), p. 54.
19. *EHD*, VIII, pp. 129-35, at p. 134. 在 1760 年，另一项法案确保法官即使在国王驾崩的情况下也能继续任职，参见 *EHD*, X, p. 247。
20. Brougham's Speech, 7 February 1828, *EHD*, XI, p. 364.
21. Henry Brougham, *Historical Sketches of Statesmen*, 6 vols (London, 1845), V, p. 220.
22. *EHD*, X, pp. 252-6; John Wilkes, *The North Briton*, XLVI Numbers Complete, 4 vols (London, 1772), III, pp. 247-60; Arthur Cash, *John Wilkes, The Scandalous Father of Civil Liberty* (New Haven, 2006), p. 100.
23. George Rude, *Wilkes and Liberty* (Oxford, 1962), p. 27.
24. *ST*, XIX, pp. 1154-77; *EHD*, X, pp. 256f.
25. Cash, *John Wilkes*, p. 160.
26. *Leach v. Money* (1765): *EHD*, X, pp. 257f.
27. *ST*, XIX, pp. 1030-74, 这是对此最全的描述，因为作者获得了卡姆登笔记中记录的完整判决。参见 *EHD*, X, pp. 258-63。
28. Cash, *John Wilkes*, p. 162.

第18章　英格兰的纯洁空气

1. Norman Poser, *Lord Mansfield: Justice in the Age of Reason* (Montreal and Kingston, 2013), pp. 111, 121.
2. *ST*, XIX, pp. 1103-37.
3. 83 Eng Rep. 518 (KB 1677).
4. 87 Eng Rep 598ff, 830 (KB 1697).
5. 91 Eng Rep 566 (KB 1701).
6. 91 Eng Rep 567 (KB 1705); 92 Eng Rep 338 (KB 1706).
7. 27 Eng Rep 47 (Ch 1749).
8. 2 Eden 125 (Ch 1762).
9. 他的影响一直持续到今天，影响范围也超出了英格兰，尤其是在美国。他曾经坚定的反对美国独立的立场看上去都具有了讽刺意味。
10. Blackstone, IV, p. 436.
11. *Ibid.*, I, p. 123.
12. *Ibid.*, I, pp. 411ff.
13. P. Hoare, *Memoirs of Granville Sharp*, 2 vols (London, 1828), I, p. 59; F. O. Shyllon, *Black Slaves in Britain* (London, 1974), pp. 55, 63f., 67f; James Walvin, *England, Slaves and Freedom* (Mississippi, 1986), p. 35; Simon Schama, *Rough Crossings* (London, 2005), p. 40.
14. 拉丁文 *adhuc sub judice*，意为仍在司法判决过程。
15. Letter of 20 February 1769, in Wilfred Prest, *William Blackstone* (Oxford, 2008), p. 252.

16. Poser, *Lord Mansfield*, pp. 48, 119.
17. *ST*, XX, pp. 1-82, 136; *EHD*, X, pp. 263f, 由速记员卡佩尔·洛夫蒂记录。曼斯菲尔德从未对该记录表示过异议。参见 Steven Wise, *Though the Heavens May Fall* (Cambridge, MA, 2005), pp. 181-4。
18. 判决五天后,《纪事晨报》(*Morning Chronicle*)和《伦敦广告报》(*London Advertiser*)刊登了一首诗歌庆祝,"暴君的奴役锁链消失,/奴隶们呼吸英格兰纯净的空气"。参见 Shyllon, *Black Slaves*, p. 165。
19. 受益这一判决的不仅只有奴隶。1854 年,一群俄国海军逃兵在吉尔福德被他们的上级军官扣留。在当地警察的协助下,他们被转运至朴次茅斯,以便被遣返回他们的军舰。对他们的拘留被宣布为非法,他们获得了自由。参见 Dicey, *Lectures Introductory to the Study of the Law*, pp. 239f。
20. *Donoghue v. Stevenson* [1932] AC 562.

第 19 章　暴民的威胁

1. 它最后一次使用是在 1919 年。1 月 31 日格拉斯哥的"乔治广场之役"中,当警长拿出《暴动法》试图宣读时,法案直接被从手中夺走;另外则是在 8 月 3 日的利物浦和伯肯黑德警察罢工期间。这起事件与 2011 年的暴乱惊人相似,商店被破坏和抢劫,货物散落在街道上。《泰晤士报》将该地区描述为"利物浦的伊普雷",人们对发生的暴虐行为记忆犹新。士兵们被召集起来,拿着固定好的刺刀,向人群多次冲锋,并在他们的头顶上扫射。当时甚至派遣了一艘战舰和两艘驱逐舰前往威勒尔。1967 年《暴动法》被废除,1986 年《公共秩序法》废除了普通法中的暴动罪,改为法定罪,最高可判处十年监禁。
2. 罗伯特·沃波尔在审判的第二天向上议院提交了对亨利·萨切维尔博士的指控。
3. *ST*, XV, pp. 1-522.
4. *ST*, XIX, pp. 1075-1137. 威尔克斯命令出版商专门印刷了 13 本给地狱火俱乐部。讽刺的是,真正的"公开出版"一直到上院启动对威尔克斯的指控后才完成。关于这一下流改编的分析,可参见 Arthur Cash, *An Essay on Woman* (New York, 2000)。
5. 这群"低端支持者们"常常被当成"暴徒"或者"乌合之众",包括选民、商铺店主、手工艺人和小商人,以及学徒、仆人和苦力,参见 Rude, *Wilkes and Liberty*, pp. 43ff, 以及 George Rude, *The Crowd in History*, 1730-1848 (London, 1981), p. 61。卡什将"威尔克斯暴徒"称为"本世纪最讲礼貌的人之一",参见 *Essay on Woman*, p. 12。
6. Rude, *Wilkes and Liberty*, p. 52.
7. Ibid., p. 51.
8. Ibid., pp. 49-56; Rude, *The Crowd in History*, pp. 55ff; Peter Thomas, *John Wilkes: A Friend to Liberty* (Oxford, 1996), p. 82f; Ian Gilmour, *Riot, Risings and Revolution: Governance and Violence in Eighteenth-Century England* (London, 1992), pp. 315ff.
9. Cash, *John Wilkes*, pp. 260f.
10. 威尔克斯和曼斯菲尔德将成为朋友并彼此惺惺相惜,参见 Poser, *Lord Mansfield*, p. 256。
11. 伯克一直对威尔克斯煽动民意的做法持保留意见,认为这种手段即使有效,也是没有原则的做法;参见 Edmund Burke, *Correspondence*, ed. Thomas Copeland, 10 vols (Cambridge, 1958-78), I, p. 349。伯克对这一系列事件的看法在《关于目前不满原因的思考》(Thoughts on the Cause of the Present Discontents)中有更进一步的阐述,该文发表于1770年。
12. Christopher Hibbert, *King Mob: The London Riots of* 1780 (London, 1958), p. 81.
13. *Ibid.*, pp. 58-60.
14. *Ibid.*, pp. 91, 122.
15. *Ibid.*, p. 61.
16. Poser, *Lord Mansfield*, pp. 351ff.
17. Hibbert, *King Mob*, p. 81.
18. *Ibid.*, p. 92.
19. *The Morning Chronicle*, quoted in Hibbert, *King Mob*, p. 93.
20. *Ibid.*, p. 114.
21. *Ibid.*, p. 106.
22. *Ibid.*, p. 108.
23. Letter of 10 June 1780 to Mrs Gibbon, in *Miscellaneous Works of Edward Gibbon, Illustrated from his Letters, with Occasional Notes and Narrative, Complete in One Volume*, ed. John, Lord Sheffield (London, 1787), p. 300.
24. *ST*, XXII, pp. 175-237, 1253; Thomas Erskine, *Speeches*, 4 vols (Chicago, 1876), I, pp. 86-155.
25. Lord Campbell, *Lives of the Lord Chancellors*, 7th edn, 10 vols (New York, 1878), VIII, p. 44.

第20章 重罪犯恐惧症

1. John Locke, *Second Treatise on Government* (1690), ss. 85 and 94; Blackstone, II, p. 2; E. P. Thompson, *The Making of the English Working Class* (London, 1963), p. 61.
2. 布勒据说"博学过人",关于他的才识体现在这篇未注明出处的引文中,这篇引文来自17世纪的名篇《论惩罚》('On Punishment'),摘自哈利法克斯侯爵乔治·萨维尔(George Savile, Marquis of Halifax.)的《政治、道德和杂谈》(*Political, Moral and Miscellaneous Thoughts and Reflections*)。
3. Oliver Goldsmith, *The Traveller*, l. 386.
4. *EHD*, VIII, pp. 89ff.
5. Langbein, Lerner and Smith, *History of the Common Law*, pp. 690ff.
6. 布莱克斯通创造了这一说法,参见 Blackstone, IV, p. 239。
7. 关于法官和陪审员所面对的道德困境,参见 Whitman, *Origins of Reasonable Doubt*, passim。
8. Burnet, *Death and Life of Sir Matthew Hale*, p. 25.
9. 但是厄斯金仍然设法在1786年的苏塞克斯巡回审判中摆脱了这一限制,参见 Campbell, *Lives of the Lord Chancellors*, VIII, p. 68。但其他人呢?
10. Christopher Hill, *Liberty Against the Law* (London, 1997), p. 265.
11. *The Key of Liberty: The Life and Democratic Writings of William Manning,* 'A Laborer,' 1747-1814, ed. Michael Merrill and Sean Wilentz (Cambridge, MA, 1993), p. 141.

第 21 章　加罗律师？

1. 尤其见 John Langbein, *The Origins of Adversary Criminal Trial*（Oxford, 2003），以及 John Hostettler and Richard Braby, *Sir William Garrow*（Hook, 2009）。2009 年至 2011 年，BBC 根据老贝利在线网站（Old Bailey Online）制作了一部名为《加罗律师》（*Garrow's Law*）的电视剧。
2. 除了都是苏格兰人外，我和这位伟人还有另一个联系。加罗在伦敦的故居位于贝德福德街 25 号，现在是一个聚集了超过六十名大律师的事务所，我本人有幸是其中一员。
3. Stephen, *History of the Criminal Law*, I, pp. 419–22.
4. 例如可参见 Hostettler and Braby, *Sir William Garrow*, pp. 33–62。
5. *Ibid.*, p. 67.
6. John Hostettler, *A History of Criminal Justice*（Hook, 2009）, p. 241.
7. Whitman, *Origins of Reasonable Doubt*, p. 200.
8. Quoted in Whitman, *Origins of Reasonable Doubt*, p. 186.
9. *Ibid.*, pp. 195–9; Langbein, *Origins of Adversary Criminal Trial*, pp. 261–6.
10. Stephen, *History of the Criminal Law*, I, p. 424.
11. Macaulay, *History of England*, I, p. 447.
12. R. Vogler, *A World View of Criminal Justice*, passim.
13. 《泰晤士报》在 1790 年 1 月 5 日的文章中将其称为厄斯金的挚友。直到今天，二人依然难分彼此；BBC 的《加罗律师》精确地还原了十八世纪老贝利法院案件的原貌，但稍有瑕疵的是该片中将几起厄斯金担任代理律师的案件张冠李戴到了加罗头上。

第 22 章　西塞罗之舌：托马斯·厄斯金

1. Brougham, *Historical Sketches*, II, pp. 55–66.
2. *Dictionary of National Biography*（1885）.
3. Norman Birkett, *Six Great Advoates*（London, 1961）, p. 82. 该意见非常权威，尤其是考虑到出处：诺曼·伯基特本人就是自己所处时代伟大的辩护律师。他流传甚广的那本小书是他在 1961 年为 BBC 所做的一系列谈话的记录。除了厄斯金，他还选择了查尔斯·罗素、爱德华·克拉克、爱德华·马歇尔·霍尔、帕特里克、黑斯廷斯和鲁弗斯·艾萨克斯。后面这三位伯基特都很熟悉，并有亲自交往。
4. Campbell, *Lives of the Lord Chancellors*, VIII, p. 291f.
5. 师徒情深并没有妨碍厄斯金站出来反对自己的恩师。1784 年的"圣阿萨弗院长案"（Dean of St Asaph's Case），在有关煽动性诽谤的问题上，他就这么做了。参见 Lloyd Stryker, *For the Defence*（New York, 1947）, pp. 130f.
6. *Ibid.*, pp. 49–64.
7. *ST*, XXI, pp. 1–485.
8. Erskine, *Speeches*, I, pp. 27f.
9. *Ibid.*, pp. 52, 55.
10. Campbell, *Lives of the Chancellors*, VIII, p. 30.

11. Thomas Paine, Preface to the English Edition of the *Rights of Man*, *in Political Writings*, ed. Moncure Conway (Pennsylvania, 1978), pp. 331–4.
12. John Keane, *Tom Paine: A Political Life* (London, 1995), p. 323.
13. Thompson, *Making of the English Working Class*, pp. 74, 94, 104.
14. Donald Thomas, *A Long Time Burning* (London, 1969), p. 133.
15. *ST*, XXII, pp. 357–471.
16. Erskine, *Speeches*, I, pp. 497–506.
17. Burke, *Reflections on the Revolution*, pp. 6, 26f; Burke, *Correspondence*, VI, pp. 41ff; Connor Cruise O'Brien, *The Great Melody* (London, 1993).
18. Erskine, *Speeches*, I, pp. 474f.
19. Thompson, *Making of the English Working Class*, pp. 488ff.
20. Burke, *Correspondence*, VII, p. 544.
21. *ST*, XXIV, pp. 199–1407.
22. Erskine, *Speeches*, II, p. 404.
23. *Ibid.*, p. 589.
24. *ST*, XXV, pp. 1–748.
25. Burke, *Correspondence*, VIII, pp. 66, 79. 厄斯金和伯克在同一时期都担任过议员。厄斯金对伯克的评价无与伦比。他将伯克视为"榜样",但同时二人对许多问题的立场并不一致。尽管伯克在一封 1795 年 5 月 26 日的信函中对厄斯金在叛国罪案件中的挑衅大发雷霆,但二人一直保持了友好的关系。
26. Stryker, *For the Defence*, p. 330.
27. Campbell, *Lives of the Lord Chancellors*, VIII, p. 118, note 2.
28. *Ibid.*, p. 342.
29. Stryker, *For the Defence*, pp. 487f.
30. William Townsend, *The Lives of Twelve Eminent Judges*, 2 vols (London, 1846), I, p. 398.

第 23 章　自由乐队的指挥:亨利·布鲁厄姆

1. *ST*, XXI, pp. 367–414.
2. Chester New, *The Life of Henry Brougham to 1830* (Oxford, 1961), pp. 53ff; Francis Hawes, *Henry Brougham* (Edinburgh, 1957), p. 70.
3. Henry Brougham, *Life and Times*, 3 vols (New York, 1871), II, pp. 59f.
4. New, *The Life of Henry Brougham*, p. 64.
5. New, *The Life of Henry Brougham*, pp. 250f; Brougham, *Life and Times*, II, pp. 289–95.
6. 出自布鲁厄姆的协理律师托马斯·登曼,登曼后来做到了首席大法官,引自 New, *The Life of Henry Brougham*, p. 253。
7. New, *The Life of Henry Brougham*, pp. 253ff; Stryker, *For the Defense*, p. 562.
8. *EHD*, XI, pp. 364–8.
9. 该法案有时也被称为《被告法律顾问法案》,比如 *OHLE*, XIII, pp. 77f。奇怪的是,Volume XI, p. 642 记录的是通常的名字。
10. Henry, Lord Brougham, *Speeches on Social and Political Subjects*, 2 vols (London, 1857),

II, p. 279.
11. 1868 年 5 月 7 日,《每日电讯报》在布鲁厄姆去世后的评论。

第 24 章　平静的篝火:皮尔、公共保护和警察

1. Norman Gash, *Mr Secretary Peel*（London, 1961）, p. 333; Douglas Hurd, *Robert Peel*（London, 2007）, p. 16.
2. Gash, *Mr Secretary Peel*, p. 319.
3. *Ibid.*, pp. 340f.
4. 铸币厂同样有极大的动力把伪造者送上法庭。
5. Gash, *Mr Secretary Peel*, pp. 316ff.
6. *OHLE*, XIII, pp. 23f.
7. Gash, *Mr Secretary Peel*, pp. 493f.
8. Gash, *Mr Secretary Peel*, pp. 497–503.
9. *OHLE*, XIII, pp. 63–7.
10. *Parliamentary Debates*, 1827, xii, cols 393–411.
11. Gash, *Mr Secretary Peel*, p. 485.

第 25 章　疯癫与法律

1. 拉丁文 *in banc*,意为"一个席位",多名法官列席在古老的普通法法院（王座法院、民事诉讼法院或国库法院）审理法律问题。参见 Stephen, *History of the Criminal Law*, II, p. 152。
2. *ST*, XVI, pp. 695–725.
3. Hale, *Pleas of the Crown*, I, p. 30.
4. *ST*, XXVII, pp. 1281–1356.
5. 考虑到要获得大量的许可,BBC 的《加罗律师》电视剧删去了所有厄斯金的戏份,并将其用加罗替换。
6. Stryker, *For the Defence*, p. 372.
7. Erskine, *Speeches*, IV, pp. 165–211.
8. "精神病"这一术语最早的书面记录在 1846 年。
9. Stryker, *For the Defence*, p. 385.
10. Townsend, *Modern State Trials*, I, pp. 102–50.
11. *Ibid.*, I, pp. 314–411.
12. Donald West and Alexander Walk, eds, *Daniel McNaughton: His Trial and the Aftermath*（Ashford, 1977）, pp. 91–9.
13. A. C. Benson, *The Letter of Queen Victoria*, 3 vols（London, 1907）, I, p. 587.
14. West and Walk, eds, *Daniel McNaughton*, p. 10.
15. Stephen, *History of the Criminal Law*, II, p. 154f.
16. The Trial of Lunatics Act 1883, s. 2(1).
17. Stephen, *History of the Criminal Law*, II, pp. 153f.

18. 16 Criminal Appeal Reports, p. 164; West and Walk, eds, *Daniel McNaughton*, p. 133.
19. "迪斯勋爵在国王诉丁沃尔案"(*R. v. Dingwall*)的意见,参见 West and Walk, eds, *Daniel McNaughton*, pp. 10-11。
20. Jeremy Dein and Jo Sidhu, 'Legal Insanity', in *Cases that Changed Our Lives*, ed. Ian McDougall (London, 2010), pp. 103-12.

第26章 险境面前无法律

1. Stephen, *History of the Criminal Law*, I, p. 311.
2. Donald McCormick, *Blood on the Sea* (London, 1962), pp. 11 and 19. 书中的记载使得这一巧合更加离奇。根据该记载,达德利在"木犀草号"这次航行中恰好读了这部小说。但这一说法没有其他佐证,作者也没有标明来源,有可能只是他将想象和现实糅杂以后的过度发挥。出于讽刺意味的致敬,扬·马特尔在他的海难故事《少年派的奇幻漂流》(*Life of Pi*)中,将那只老虎命名为理查德·帕克:被吃者变成了食人者。
3. 达德利的解释,引自 A. W. Brian Simpson, *Cannibalism and the Common Law* (Chicago, 1984), p. 69。
4. F. Mazzulla and A. Muzzulla, *Al Packer: A Colorado Cannibal* (Denver, 1968), passim. 佩克的名字被拼写为阿尔。
5. Simpson, *Cannibalism and the Common Law*, pp. 147-60.
6. *R. v. Dudley and Stephens*, 14 QBD (1884), 273.
7. Simpson, *Cannibalism and the Common Law*, pp. 81, 89.
8. 早年发生过另外一起海难食人事件。1874 年,"欧克辛思号"沉没,该案在起诉中就遇到了重重困难。它本可能又是一起满城风雨的著名案件:船主是普利茅斯的一名保守议员,船员们以虐待手下而臭名昭著,但最终却沦落到自相残杀。另一个惊人的巧合是史蒂芬斯曾在"欧克辛思号"上工作过。*Ibid.*, pp. 31, 176-94.。
9. 拉丁原文为"*Necessitas non habet legem*",其英文翻译也很有渊源。"需求面前无法律"最早出现在十四世纪的《农夫皮尔斯》(*Piers Plowman*)中。民间议论某些法官时,会给他们取绰号叫"需求"。因为他们根本不懂法律。
10. Hale, *Pleas of the Crown*, I, p. 51.
11. David Perry, 'Death on the High Seas', in *Cases that Changed Our Lives*, ed. McDougall, p. 114.
12. 1842 年美国的"霍姆斯案"(*US v. Holmes*)提出了类似的问题(尽管对英国法院没有约束力):必要性能够成为谋杀的合法辩护理由吗?由于救生艇严重漏水,水手们把幸存的乘客们扔到了海里。其中一位受被指控误杀,并被判罪名成立。
13. 巧合的是,当史蒂芬在 1884 年在"国王诉普莱斯案"(*R. v. Price*)中裁定私下进行的火葬并不违法时,内政大臣威廉哈考特爵士风趣地指出,法官很快就会批准将食人作为处理尸体的一种方式。参见 Simpson, *Cannibalism and the Common Law*, p. 122。
14. Stephen, *History of the Criminal Law*, II, p. 108.
15. *Ibid.*, II, pp. 107f.
16. 大陪审团制度在 1933 年被初步废除,当时留下了若干例外,最终在 1848 年全部消失。但这一制度在美国一直延续了下来。

17. Stephen, *History of the Criminal Law*, I, p. 311, 书中观察到截至 1883 年,特别裁决已经"几乎完全在实践中消失了……被王室诉讼保留法院取代"。距离它最后一次被使用已经几乎有一百多年了。
18. Simpson, *Cannibalism and the Common Law*, pp. 219-23.
19. *Ibid*., p. 237.
20. *OHLE*, XIII, p. 277.
21. 这就是英国人的方式,与法国人和美国人的方式截然不同! 1816 年,法国的"美杜莎"号护卫舰在塞内加尔途中失事。舰长和高级船员们没有牺牲自己,而是弃船而逃,放弃了一百五十位其他乘客,任他们在木筏上漂流。这些乘客的悲惨命运已经注定——即使靠着人相食维持,最终也只有十五人幸存。他们绝望的命运在名画《美杜莎之筏》中得以记录。根据霍姆斯案中透露的信息,船长和船员们上了救生艇,把妇女和孩子们遗弃在了下沉的船上。
22. David Perry, 'Death on the High Seas', in *Cases that Changed Our Lives*, ed. McDougall, p. 116.
23. *R. v. Howe* [1987] 1 AC 417; *Re A (Children) (Conjoined Twins: Surgical Separation)* [2001] 2 WLR 480.

第 27 章　律界阿波罗:爱德华·马歇尔·霍尔

1. *Ibid*., p. 230.
2. Birkett, *Six Great Advocates*, p. 12.
3. *Ibid*., p. 14.
4. 第一次这种表现出现在"雅茅斯谋杀案"(*Yarmouth Murder Case*),参见 Edward Marjoribanks, *The Life of Edward Marshall Hall* (London, 1929), p. 273.。
5. Bowker, *Behind the Bar*, p. 32.
6. Marjoribanks, *The Life of Edward Marshall Hall*, p. 48.
7. *Ibid*., p. 262.
8. *Ibid*., p. 259.
9. Bowker, *Behind the Bar*, p. 154.

第 28 章　"阿道夫·贝克的殉难"和刑事上诉法院的建立

1. 在中央刑事法院内,该职位的级别仅次于伦敦首席法官(Recorder of London)。1900 年,福雷斯特·富尔顿爵士被提拔为首席法官。
2. E. R. Watson, *Trial of Adolph Beck* (Edinburgh, 1924), pp. 115-56.
3. Langbein, Lerner and Smith, *History of the Common Law*, p. 704.
4. Stephen, *History of the Criminal Law*, I, p. 313.
5. 后来收录到一本名为《阿道夫·贝克殉难记》('The Martyrdom of Adolf Beck')的小册子中。
6. Watson, *Trial of Adolph Beck*, pp. 45, 247-96. 内政部于 1924 年拒绝了沃森查阅该案案卷的请求。

7. Gordon Weaver, *Conan Doyle and the Parson's Son* (London, 2006); Rosemary Pattenden, *English Criminal Appeals* 1844–1994 (Oxford, 1996), pp. 27–34. 柯南·道尔还将为另一起著名误判案件的外国受害者发声。1909 年,一位名叫奥斯卡·斯莱特的德国犹太人在格拉斯哥被判谋杀罪成立,该判决所依据的证据同样漏洞百出。他被判死缓。柯南·道尔是呼吁释放斯莱特的主要人物。直到 1928 年,苏格兰刑事上诉法院最终推翻了判决,宣判斯莱特无罪。参见 William Roughead, *Trial of Oscar Slater*, 4th edn (Edinburgh, 1950)。
8. *OHLE*, XI, p. 805.
9. *Ibid.*, p. 808; XIII, pp. 136f; Pattenden, *English Criminal Appeals*, p. 22.

第 29 章 为安全牺牲自由

1. A. W. Brian Simpson, *In the Highest Degree Odious: Detention without Trial in Wartime Britain* (Oxford, 1992), pp. 24f.
2. *Ibid.*, pp. iii, v, 1, 110.
3. *Ibid.*, pp. 82–6, 261–73; Montgomery Hyde, *Norman Birkett* (London, 1964), pp. 469, 472.
4. Simpson, *In the Highest Degree Odious*, p. 416.
5. *Ibid.*, p. 90.
6. Hyde, *Norman Birkett*, p. 470.
7. *Liversidge* v. *Anderson* [1942] AC 206, at 244. Simpson, *In the Highest Degree Odious*, p. 363, 作者中肯但也许有点过于简单地认为,阿特金的"激情不是出于对自由的任何特殊追求,而是出于对法官和行政官员之间相对地位的考虑"。
8. Denning, *Landmarks in the Law*, pp. 228–33.
9. Leslie Scarman, *English Law-The New Dimension* (London, 1974), p. 15.
10. Bingham, *The Rule of Law*, p. 150.
11. 'Blair: Shackled in War on Terror', *Sunday Times*, 27 May 2007.
12. Cicero, *De Legibus*, III. iii. viii.
13. Bingham, *The Rule of Law*, p. 136.
14. *Chahal* v. *UK* [1997] EHRR, 413, para 80.
15. Bogdanor, *The New British Constitution*, p. 56.
16. Christopher Mullin, *A View from the Foothills* (London, 2009), p. 537.
17. *A* v. *SS for Home Department* [2005] 2AC 68.
18. *Ibid.*, para. 108.
19. *Ibid.*, paras 86–8, 96–7.

第 30 章 纽伦堡和诺曼·伯基特

1. See Chapter 31 below.
2. R. W. Cooper, *The Nuremberg Trial* (Harmondsworth, 1947), p. 27.
3. 替任法官的作用是随时待命,以备在审理法官因疾病或其他原因缺席无法履职时代替审理法官。

4. Hyde, *Norman Birkett*, p. 509.
5. *Ibid.*, pp. 510f.
6. Earl of Kilmuir, *Political Adventure* (London, 1964), p. 112.
7. Ann Tusa and John Tusa, *The Nuremberg Trial* (London, 1983), pp. 281f; Hyde, *Norman Birkett*, p. 510. My emphasis.
8. Kilmuir, *Political Adventure*, p. 113. 马克斯韦尔-法伊夫,未来的基尔穆尔子爵,实际上他在本次审判中的职位是副首席检察官,但是总检察官哈特利·肖克罗斯爵士只在审判中发表了(尽管很轰动)开案和结案陈词。参见 Cooper, *The Nuremberg Trial*, p. 34。
9. Tusa and Tusa, *The Nuremberg Trial*, p. 291; Hyde, *Norman Birkett*, p. 510. 杰克逊并未从中吸取教训,也没能好好研究材料,在接下来的审判中,他对另一名被告沙赫特的询问并无多少改善。参见 Tusa and Tusa, pp. 344f。
10. Kilmuir, *Political Adventure*, pp. 114f; Tusa and Tusa, *The Nuremberg Trial*, p. 286.
11. Cooper, *The Nuremberg Trial*, p. 33.
12. Hyde, *Norman Birkett*, p. 583; Kilmuir, *Political Adventure*, p. 100.
13. A. E. Bowker, *A Lifetime with the Law* (London, 1961), p. 60.
14. Hyde, *Norman Birkett*, p. 1; Bowker, *Behind the Bar*, p. 238.
15. Hyde, *Norman Birkett*, pp. 496, 503ff.
16. Cooper, *The Nuremberg Trial*, pp. 31f.
17. Tusa and Tusa, *The Nuremberg Trial*, pp. 447-50.
18. Hyde, *Norman Birkett*, p. 530.
19. *Ibid.*, p. 527.
20. 帕克为鲍克《法庭之后》所写的序言。

第31章 是非与权利

1. Kilmuir, *Political Adventure*, p. 183
2. *Ibid.*, pp. 176-84.
3. 正如《公约》早于欧洲共同体或欧盟,与欧洲共同体或联盟无关,斯特拉斯堡法院也与设在卢森堡的欧盟法院无关。
4. The White Paper *Rights Brought Home*: *The Human Rights Bill*. Cm 1997, 3782.
5. Dicey, *Lectures Introductory to the Study of the Law*, pp. 58f. My emphasis.
6. Bogadnor, *The New British Constitution*, pp. 60ff.
7. *Ibid.*, p. 43.

第32章 堕落和腐败:亵渎、淫秽和奥斯卡·王尔德

1. Ann Dally, 'Anomalies and Mysteries in the "War on Drugs"', in *Drugs and Narcotics in History*, ed. Roy Porter and Mikulas Teich (Cambridge, 1995), pp. 199-215.
2. *OHLE*, XI, pp. 139f. 要简明地了解在道德是否具有强制性这一问题正反双方的理由,可参见 Patrick Devlin, *The Enforcement of Morals* (Oxford, 1965)以及 H. L. A. Hart, *Law*,

Liberty and Morality（Oxford，1963）。维多利亚时代后期，以 1874 年的史蒂芬为代表,面对宗教信仰被不断侵蚀以及基督教道德劝导力量的削弱的局面,主张国家通过立法进行干预。这种主张大部分都成为了现实,直到 1960 年代所谓的"纵容社会"的到来。德夫林和哈特之间争论所带来的立竿见影的效果是 1957 年的关于同性恋犯罪和卖淫的沃芬顿报告。这份报告是对二者的非常有力的组合。德夫林是一名资深法官,他本人博学而优雅,但其论点的依据是同性恋的污染性、腐蚀性和"不证自明"的不道德性。随着道德观念在此后半个世纪的迅速转变,这些论点现在听上去仿佛是上古时代的声音。哈特是一名牛津的法理学教授,对这些观点作出了简短而明晰的回击,至今仍产生共鸣。随着社会的世俗化和多样化,道德的强制力变得越来越难以维系,甚至连定义道德这一概念也越来越困难。

3. *OHLE*，XI，p. 141.
4. Society Report of 1825,引用自 Thomas，*A Long Time Burning*，p. 189.。
5. *OHLE*，XIII，pp. 364f.
6. Thomas，*A Long Time Burning*，pp. 192f.
7. Campbell，*Lives of the Lord Chancellors*，X，p. 191.
8. Alan Travis，*Bound and Gagged*：*A Secret History of Obscenity in Britain*（London，2000）. p. 5.
9. Thomas Babington Macauley，*Critical and Historical Essays*，3rd edn，3 vols（London，1844），III，pp. 256f. 创立于 1911 年的洛布古典文库曾经将淫秽段落翻译成意大利语,为许多未成年人提供了阅读的途径。
10. *R*. v. *Hicklin*（1868）LR 3 QB，360-74.
11. Travis，*Bound and Gagged*，p. 6.
12. Thomas，*A Long Time Burning*，pp. 265f；*OHLE*，XIII，p. 368.
13. 贝杰曼（John Betjeman）的《奥斯卡·王尔德在卡多根遭难》('The Arrest of Oscar Wilde at the Cadogan Hotel')完美地呈现了这一悲喜剧的氛围。在充满浪漫情调的卡多根酒店,仍然可以享用豪华悠闲的早餐,置身其中仿佛能够感受到"奇迹也许可能会发生"［阿尔弗雷德·道格拉斯爵士：《死去的诗人》（'The Dead Poet'）］和这个男人最终的落败。
14. Montgomery Hyde，*The Trials of Oscar Wilde*（London，1948），p. 65.
15. *Ibid*.，p. 339
16. Diana Souhami，*The Trials of Radclyffe Hall*（London，1998），pp. 173f.
17. Ronald Blythe，*The Age of Illusion*：*England in the Twenties and Thirties* 1919 - 1940（London，1963），pp. 16f.
18. Souhami，*Trials of Radclyffe Hall*，pp. 176ff.
19. Blythe，*The Age of Illusion*，pp. 15-42. 布莱斯也许对写作对象存在偏见,但不可否认的是吉克斯确实是一个傲慢的假正经。
20. Souhami，*Trials of Radclyffe Hall*，p. 181.
21. Travis，*Bound and Gagged*，pp. 57ff.
22. Geoffrey Faber，quoted in Souhami，*Trials of Radclyffe Hall*，p. 192.
23. *Ibid*.，p. 221.
24. Travis，*Bound and Gagged*，p. 26f.
25. 他于 1951 年由丘吉尔任命。在他的自传中并没有提起这段经历。
26. Hyde，*Norman Birkett*，pp. 584f.
27. *Ibid*.，p. 586.

28. Travis, *Bound and Gagged*, p. 145.
29. Ibid., p. 149.
30. C. H. Rolph, *The Trial of Lady Chatterley* (London, 1961), pp. 17-20. 拉尔夫对审判的记录与小说一道在澳大利亚遭到了封禁,因为记录本身就是"堕落或腐败的"。参见 Geoffrey Robertson, *The Justice Game* (London, 1998), p. 9.
31. 1985年,撒切尔夫人为了打压一本平庸之作《间谍捕手》(*Spycatcher*)——一位前助理局长彼得·赖特写的关于军情五处的花边描述——花费了国库25万英镑,不仅让法律遭受了国际上的嘲笑,还为这本原本毫不引人注目的口水书引来了大量读者,并让作者愉快地变成一个令人羡慕的百万富翁。
32. John Mortimer, *Clinging to the Wreckage* (London, 1982), p. 182.
33. Graham Lord, *John Mortimer: The Devil's Advocate* (London, 2005), pp. 150-7; Mortimer, *Clinging to the Wreckage*, p. 3.
34. John Mortimer, *Murderers and Other Friends* (London, 1994), p. 83.
35. 十七世纪起,普通法法院开始对以前只有教会法院才能认定的罪行进行管辖。攻击或嘲讽已建立的教会被认为是对国家的颠覆。上一次亵渎罪指控是在1922年,被认为早已过时。
36. Robertson, *The Justice Game*, pp. 136f; Mortimer, *Murderers and Other Friends*, p. 87.
37. Alan King-Hamilton, *And Nothing But the Truth: An Autobiography* (London, 1982), pp. 174ff.
38. Robertson, *The Justice Game*, p. 140.
39. Ibid., p. 144.
40. Ibid., p. 147; Lord, *John Mortimer*, p. 193. 莫蒂默承认罗伯森的演讲更好,参见 *Murderers and Other Friends*, p. 86。
41. Robertson, *The Justice Game*, p. 148; King-Hamilton, *And Nothing But the Truth*, p. 180.
42. 在以下两部作品中均有全文:Robertson, *The Justice Game*, pp. 145ff, 以及 Travis, *Bound and Gagged*, pp. 258f.
43. 《撒旦诗篇》(*The Satanic Verses*)的公开焚烧,以及针对作者杀气腾腾的伊斯兰教裁决,确保了其不朽地位。
44. 法律仍在干涉私人生活。乱伦、兽交和重婚都是犯罪行为。1994年,在布朗等人案(Brown and Others)中,上议院有限地维持了定罪,理由是在施虐受虐狂活动中,"同意"并不能成为受伤或身体伤害的辩护理由。

第33章 命悬一"线"

1. 关于该主题更加详细的描述,可见 Potter, *Hanging in Judgment*, passim.
2. 内政部档案 HO 45 677344/2a; HO 45 677344/6; HO 45 677344/10。
3. 内政部档案 HO 45 677344/16。
4. Charles Gattey, *The Incredible Mrs Van der Elst* (London, 1972), pp. 46ff, 150.
5. *The Times*, 30 October 1936.
6. Gattey, *Mrs Van der Elst*, p. 46.
7. Letter to Bishop Bell, Lambeth Palace Archives, cited in Potter, *Hanging in Judgment*, p. 159.

8. 关于以上，参见 David Yallop, *To Encourage the Others*（London, 1971）; Francis Selwyn, *Gangland*（London, 1988）; C. B. Dee and R. Odell, *Dad, Help Me Please*（London, 1990）; M. J. Trow, *Let Him Have It Chris*（London, 1990）。
9. Kilmuir, *Political Adventure*, p. 207。
10. Ludovic Kennedy, *On My Way to the Club*（London, 1989）, p. 231.
11. Kilmuir, *Political Adventure*, p. 206, 书中称他被工党议员汤姆·德里伯格这样称呼。
12. *Ibid.*, pp. 206ff.
13. R. T. Paget, *Hanged-and Innocent?*（London, 1953）, p. 110.
14. 尽管已经死去多年，1993 年，本特利获得了皇家赦免，1998 年，针对有罪判决的上诉程序获胜。就戈达德的总结，当时的首席大法官宾厄姆勋爵说，该总结"剥夺了上诉人与生俱来的公平审判机会，而这是每个英国公民的权利"。
15. *Parliamentary Debates*（*Lords*）, 5th series, vol. 268, col. 634.

第 34 章　卡特福德谋杀案

1. 本章的论述，参见 Christopher Price and Jonathan Caplan, *The Confait Confessions*（London, 1976）, passim.
2. 该守则于 1912 年首次颁布，1918 年进行修订，并在 1964 年重编。
3. 但并非所有法官都这么认为。1980 年，在"麦肯尼诉西米德兰兹郡警察局长案"（*McIkenny v. Chief Constable of West Midlands Police*）中，为了阻止伯明翰六人针对警方采取法律行动，丹宁勋爵将警方自己作伪证的可能性形容为："如此令人震惊的景象，每一个有理智的人都会说，'这不可能，这些案件不能再继续下去了。'"丹宁已经放弃了曼斯菲尔德的格言——但这也没用的。当然，他自己名声上确实像天堂陷落，但伯明翰六人组的定罪最终在 1991 年被上诉法院撤销。

第 35 章　法治受到威胁？

1. 并非只有我持有该观点。比如，Denning, *What Next in the Law*, pp. 319-20; Charles Stephens, *The Jurisprudence of Lord Denning: A Study in Legal History*, 3 vols（Newcastle, 2009）, I, p. 1: "当代不列颠政治最重要的议题之一是，议会的意志和法律的意志究竟孰高孰低。" T. R. S. Allen, *Constitutional Justice: A Liberal Theory of the Rule of Law*（Oxford, 2001）一书认为，司法系统不应当执行可能颠覆基本民主权利的法案。与此相对的是戴雪十九世纪的和平主义观点。
2. Lord Hailsham, *The Listener*, 21 October 1976, p. 497.
3. Bingham, *The Rule of Law*, p. 154.
4. ［2013］EWCA CIV 277.
5. Stephens, *The Jurisprudence of Lord Denning*, I, p. 30.
6. F. W. Maitland, *Selected Historical Essays*（Cambridge, 1957）, p. 122.
7. Lord Judge in programme 3 of *The Strange Case of the Law*, BBC 4, 2012.
8. Patrick Devlin, *Trial by Jury*, rev. edn（London, 1970）, p. 164.

参考文献

Allen, T. R. S., *Constitutional Justice: A Liberal Theory of the Rule of Law* (Oxford, 2001).
Anstruther, R., ed., *Chronicles of Ralph Niger* (London, 1851).
Aston, Robert, *James I and his Contemporaries* (London, 1969).
Bacon, Francis, *Bacon's Essays*, ed. Richard Whatley (London, 1892).
Baker, J. H., *The Reports of John Spelman*, Selden Society, 94 (1978).
—— *The Order of Serjeants at Law* (London, 1984).
—— *The Legal Profession and the Common Law* (London, 1986).
—— *The Common Law Tradition: Lawyers, Books and the Law* (London, 2000).
—— *The Law's Two Bodies* (Oxford, 2001).
—— *An Introduction to English Legal History*, 4th edn (London, 2002).
—— *The Inner Temple: A Community of Communities* (London, 2007).
Bartlett, Robert, *Trial by Fire and Water, the Medieval Judicial Ordeal* (Oxford, 1986).
—— *England under the Norman and Angevin Kings, 1075–1225* (Oxford, 2000).
Bede, The Venerable, *History of the English Church and People*, Folio edn (London, 2010).
Benson, A. C., *The Letters of Queen Victoria*, 3 vols (London, 1907).
Bingham, Thomas, *The Rule of Law* (London, 2010).
Birkett, Norman, *Six Great Advocates* (London, 1961).
Blackstone, William, *Commentaries on the Laws of England*, 4 vols, (Oxford, 1765–69).
Blair, Peter Hunter, *Anglo-Saxon England* (Cambridge, 1956).
Blythe, Ronald, The Age of Illusion: England in the Twenties and Thirties 1919–1940 (London, 1963).
Bogdanor, Vernon, *The New British Constitution* (Oxford, 2009).
Bowker, A. E., *Behind the Bar*, 3rd edn (London, 1951).
—— *A Lifetime with the Law* (London, 1961).
Boyer, Allen, *Sir Edward Coke and the Elizabethan Age* (Stanford, 2003).
Brand, Paul, *Origins of the English Legal Profession* (Oxford, 1992).
—— *The Making of the Common Law* (London, 1993).
Brougham, Henry, *Historical Sketches of Statesmen*, 6 vols (London, 1845).
—— *Life and Times*, 3 vols (New York, 1871).
Burke, Edmund, *Correspondence*, ed. Thomas Copeland, 10 vols (Cambridge, 1958–78).
—— *Writings and Speeches*, 12 vols (New York, 2008).
—— *Reflections on the Revolution in France* (1791), Folio Society edn (London, 2010).
Burnet, Gilbert, *Death and Life of Sir Matthew Hale* (London, 1682).
—— *History of His Own Time*, 6 vols (Oxford, 1823).

Calendar of State Papers Domestic, Elizabeth, 1581–90, ed. Robert Lemon (London, 1865).
Campbell, Lord, *Lives of the Lord Chancellors*, 7th edn, 10 vols (New York, 1878).
Carlyle, Thomas, *Historical Sketches* (London, 1898).
Carpenter, David, *The Struggle for Mastery: Britain 1066–1284* (London, 2003).
Cash, Arthur, *An Essay on Woman* (New York, 2000).
—— *John Wilkes, The Scandalous Father of Civil Liberty* (New Haven, 2006).
Cavendish, George, *Thomas Wolsey*, Folio Society edn (London, 1962).
Chadwick, H. Munro, *Studies on Anglo-Saxon Institutions* (Cambridge, 1905).
Chibnall, Marjorie, ed., *The Ecclesiastical History of Orderic Vitalis*, 6 vols (Oxford, 1969–80).
—— *The Debate on the Norman Conquest* (Manchester, 1999).
Clanchy, M. T., *Early Mediaeval England*, Folio Society edn (London, 1997).
Clarendon, Earl of (Edward Hyde), *The History of the Rebellion and Civil Wars in England*, 6 vols (Oxford, 1721).
Coke, Edward, *Institutes of the Laws of England*, 4 parts (London, 1817).
—— *Selected Writings of Sir Edward Coke*, ed. Steve Sheppard, 3 vols (Indianapolis, 2003).
Cooper, R. W., *The Nuremberg Trial* (Harmondsworth, 1947).
Cowper, Francis, *A Prospect of Gray's Inn*, 2nd edn (London, 1985).
Danziger, Danny and John Gillingham, *1215: The Year of Magna Carta* (London, 2003).
Dee, C. B., and Odell, R., *Dad, Help Me Please* (London, 1990).
Denning, Alfred, *What Next in the Law* (London, 1982).
—— *Landmarks in the Law* (London, 1984).
Devlin, Patrick, *The Enforcement of Morals* (Oxford, 1965).
—— *Trial by Jury*, revised edn (London, 1970).
Dicey, A. V, *Lectures Introductory to the Study of the Law of the Constitution* (London, 1886).
Downer, L. J., ed., *Leges Henrici Primi* (Oxford, 1972).
Elton, G. R., *England Under the Tudors*, Folio Society edn (London, 1997).
English Historical Documents,
  I, *c.500–1042*, ed. Dorothy Whitelock, 2nd edn (London, 1979).
  II, *1042–1189*, ed. David Douglas and G. W. Greenaway (London, 1953).
  III, *1189–1327*, ed. Harry Rothwell (London, 1975).
  IV, *1327–1485*, ed. A. R. Myers (London, 1969).
  V, *1485–1558*, ed. C. H. Williams (London, 1967).
  V(a) *1558–1603*, ed. Ian Archer and F. D. Price (London, 2011).
  V(b) *1603–1660*, ed. Barry Coward and Peter Gaunt (London, 2010).
  VIII, *1660–1714*, ed. Andrew Browning (London, 1966).
  X, *1714–1783*, ed. D. B. Horn and Mary Ransome (London, 1969).
  XI, *1783–1832*, ed. A. Aspinall and E. A. Smith (London, 1969).
Erskine, Thomas, *Speeches*, 4 vols (Chicago, 1876).
Fletcher, Richard, *Bloodfeud: Murder and Revenge in Anglo-Saxon England* (Oxford, 2003).
Foot, Sarah, *Aethelstan, The First King of England* (New Haven and London, 2011).

Fortescue, Sir John, *De Laudibus Legum Angliae* (Cincinnati, 1874).
Foss, Edward, *Biographia Juridica* (London ,1870).
Gannon, Anna, *The Iconography of Early Anglo-Saxon Coinage* (Oxford, 2003).
Gardiner, S. R., *History of England*, 18 vols (London, 1863–97).
Gash, Norman, *Mr Secretary Peel* (London, 1961).
Gattey, Charles, *The Incredible Mrs Van der Elst* (London, 1972).
Geoffrey of Monmouth, *History of the Kings of Britain*, Folio Society edn (London, 2010).
Gerard, John, *The Autobiography of a Hunted Priest*, trans. Philip Caraman (New York, 1952).
Gest, John, *The Lawyer in Literature* (Boston, 1913).
Gibbon, Edward, *Miscellaneous Works of Edward Gibbon, Illustrated from his Letters, with Occasional Notes and Narrative, Complete in One Volume*, ed. John, Lord Sheffield (London, 1787).
Gibson, William, *James II and the Trial of the Seven Bishops* (London, 2009).
Gilmour, Ian, *Riot, Risings and Revolution: Governance and Violence in Eighteenth-Century England* (London, 1992).
Green, Thomas, *Verdict According to Conscience: Perspectives on the English Criminal Trial by Jury, 1200–1800* (Chicago, 1985).
Gregg, Pauline, *Free-born John: A Biography of John Lilburne* (London, 1961).
Guy, John, *The Cardinal's Court: The Impact of Thomas Wolsey in Star Chamber* (Hassocks, 1977).
Hale, Matthew, *Pleas of the Crown*, 2 vols (London, 1736).
Hall, G. D. G., ed., *The Treatise of the Laws and Customs of England commonly called Glanvill* (London, 1965).
Halliday, Paul, *Habeas Corpus from England to Empire* (Cambridge, MA, 2010).
Harding, Alan, *The Law Courts of Medieval England* (London, 1973).
—— *Medieval Law and the Foundations of the Modern State* (Oxford, 2001).
Harris, Tim, *Revolution: The Great Crisis of the British Monarchy, 1685–1720* (London, 2006).
Hart, H. L. A., *Law, Liberty and Morality* (Oxford, 1963).
Havery, Richard, *History of the Middle Temple* (London, 2011).
Hawes, Francis, *Henry Brougham* (Edinburgh, 1957).
Hawkins, William, *A Treatise of the Pleas of the Crown*, 3rd edn, 2 vols (London, 1739).
Hibbert, Christopher, *King Mob: The London Riots of 1780* (London, 1958).
—— *Charles I* (London, 1968).
Hill, Christopher, *Liberty against the Law* (London, 1997).
Hoare, P., *Memoirs of Granville Sharp*, 2 vols (London, 1828).
Holt, J. C., *Magna Carta*, 2nd edn (Cambridge, 1992).
Hoppitt, Julian, *A Land of Liberty? England 1689–1727* (Oxford, 2000).
Hostettler, John, *A History of Criminal Justice* (Hook, 2009).
Hostettler, John and Richard Braby, *Sir William Garrow* (Hook, 2009).
Howell, T. B., ed., *State Trials*, 33 vols (London, 1809–26).
Hudson, John, *The Formation of the English Common Law* (London, 1996).

—— ed., *The History of English Law: Centenary Essays on 'Pollock and Maitland'* (Oxford, (1996).
Hudson, William, *A Treatise on the Court of Star Chamber* (London, 1792).
Huntingdon, Henry of, *History of the English People 1000–1154*, ed. D. Greenway (Oxford, 2002).
Hurd, Douglas, *Robert Peel* (London, 2007).
Hyde, Montgomery, *The Trials of Oscar Wilde* (London, 1948).
—— *Norman Birkett* (London, 1964).
James I, *King James VI and I: Political Writings*, ed. Johann Sommerville (Cambridge, 1994).
Jardine, Lisa and Alan Stewart, *Hostage to Fortune, The Troubled Life of Francis Bacon* (London, 1998).
Johnson, Cuthbert, *Life of Sir Edward Coke*, 2 vols (London, 1837).
Kantorowicz, Ernst, *The King's Two Bodies* (Princeton, 1997).
Keane, John, *Tom Paine: A Political Life* (London, 1995).
Kennedy, Ludovic, *On my Way to the Club* (London, 1989).
Kenyon, J. P., *The Stuart Constitution* (Cambridge, 1966).
Keynes, Simon and Michael Lapidge, eds, *Alfred the Great: Asser's Life of King Alfred and Other Contemporary Sources* (London, 1983).
Kilmuir, Earl of, *Political Adventure* (London, 1964).
King-Hamilton, Alan, *And Nothing But the Truth: An Autobiography* (London, 1982).
Langbein, John, *The Origins of Adversary Criminal Trial* (Oxford, 2003).
—— *Torture and the Law of Proof* (Chicago, 2006).
Langbein, John with Lerner, Renée Lettow and Smith, Bruce, *History of the Common Law* (New York, 2009).
Lawson, J. P., *The Life and Times of Archbishop Laud*, 2 vols (London, 1829).
Locke, John, *Two Treatises of Government*, ed Peter Laslett, 2nd edn (Cambridge, 1967).
Lockyer, Roger, ed., *The Trial of Charles I*, Folio Society edn (London, 1959).
Lord, Graham, *John Mortimer: The Devil's Advocate* (London, 2005).
Macaulay, Thomas Babington, *History of England*, 12th edn, 5 vols (London, 1856).
—— *Critical and Historical Essays*, 3rd edn, 3 vols (London, 1844).
Mackie, W. S., *The Exeter Book*, 2 vols (Oxford, 1934).
Maitland, F. W., *Pleas of the Crown for the County of Gloucester 1221* (London, 1884).
—— *Selected Historical Essays*, Cambridge (1957).
Malmesbury, William of, *Gesta Regum Anglorum*, ed. R. Mynors, R. Thompson and M. Winterbottom, 2 vols (Oxford, 1998).
Manning, William, *The Key of Liberty: The Life and Democratic Writings of William Manning, 'A Laborer,' 1747–1814*, ed. Michael Merrill and Sean Wilentz (Cambridge, MA, 1993).
Marjoribanks, Edward, *The Life of Edward Marshall Hall* (London, 1929).
Marvell, Andrew, *The Poems and Letters of Andrew Marvell*, ed. H. M. Margoliouth, 3rd edn, 2 vols (Oxford, 1971).
Mazzulla, F. and Mazzulla, J., *Al Packer: A Colorado Cannibal* (Denver, 1968).
McCormick, Donald, *Blood on the Sea* (London, 1962).
McDougall, Ian, ed., *Cases that Changed our Lives* (London, 2010).

Megarry, Robert, *A New Miscellany-at-Law* (Oxford, 2005).
Mitchell, Charles and Mitchell, Paul, *Landmark Cases in Equity* (Oxford, 2012).
Mortimer, John, *Clinging to the Wreckage* (London, 1982).
—— *Murderers and Other Friends* (London, 1994).
Muddiman, J. G., *The Trial of King Charles the First* (includes *King Charls, His Case*) (Edinburgh and London, 1928).
Mullin, Christopher, *A View from the Foothills* (London, 2009).
Munro Chadwick, H., *Studies on Anglo-Saxon Institutions* (Cambridge, 1905).
New, Chester, *The Life of Henry Brougham to 1830* (Oxford, 1961).
O'Brien, Conor Cruise, *The Great Melody* (London, 1993).
Oliver, Lisi, *The Beginnings of English Law* (Toronto, 2002).
Orwell, George, *Collected Essays, Journalism and Letters*, 4 vols (London, 1968).
Oxford History of the Laws of England (Oxford, 2003–)
    I, *The Canon Law and Ecclesiastical Jurisdiction from 597 to the 1640s*, by R. H. Helmholz (2004).
    II, *871–1216*, by John Hudson (2012).
    VI, *1483–1558*, by John Baker (2003).
    XI, *1820–1914: English Legal System*, by William Cornish *et al.* (2010).
    XII, *1820–1914: Private Law*, by William Cornish *et al.* (2010).
    XIII, *1820–1914: Fields of Development*, by William Cornish *et al.* (2010).
Paget, R. T., *Hanged – and Innocent?* (London, 1953).
Paine, Thomas, *Political Writings*, ed. Moncure Conway (Pennsylvania, 1978).
Pattenden, Rosemary, *English Criminal Appeals 1844–1994* (Oxford, 1996).
Peacey, Jason, ed., *The Regicides and the Execution of Charles I* (Basingstoke, 2001).
Plucknett, Theodore, *A Concise History of the Common Law*, 5th edn (London, 1956).
Pollock, Frederick and Maitland, Frederic, *The History of English Law before the Time of Edward I*, 2nd edn, 2 vols (Cambridge, 1899).
Porter, Roy and Teich, Mikulas, eds, *Drugs and Narcotics in History* (Cambridge, 1995).
Poser, Norman, *Lord Mansfield, Justice in the Age of Reason* (Montreal and Kingston, 2013).
Potter, Harry, *Hanging in Judgment: Religion and the Death Penalty in England from the Bloody Code to Abolition* (London, 1993).
Prest, Wilfred, *William Blackstone* (Oxford, 2008).
Price, Christopher and Caplan, Jonathan, *The Confait Confessions* (London, 1976).
Reynolds, Andrew, *Later Anglo-Saxon England: Life and Landscape* (Stroud, 1999).
—— 'Crime and Punishment', in *The Oxford Handbook of Anglo-Saxon Archaeology*, ed. Helena Hamerow, David Hinton and Sally Crawford (Oxford, 2011), pp.891–913.
Robertson, A. J., *Anglo-Saxon Charters* (Cambridge, 1939).
Robertson, Geoffrey, *The Justice Game* (London, 1998).
—— *Crimes against Humanity* (New York, 1999).
—— *The Tyrannicide Brief* (London, 2005).
Rolph, C. H., *The Trial of Lady Chatterley* (London, 1961).
Roper, William, *The Life of Sir Thomas More*, Everyman edn (London, 1963).
Roughead, William, *Trial of Oscar Slater*, 4th edn (Edinburgh, 1950).

Rude, George, *Wilkes and Liberty* (Oxford, 1962).
—— *The Crowd in History, 1730–1848* (London, 1981).
Russell, Conrad, *The Fall of the British Monarchies, 1637–1642* (Oxford, 1995).
Scarman, Leslie, *English Law – The New Dimension* (London, 1974).
Schama, Simon, *Rough Crossings* (London, 2005).
Schwoerer, L. G., *The Declaration of Rights, 1689* (Baltimore, 1981).
Selden, John, *Table Talk* (London, 1689).
Selwyn, Francis, *Gangland* (London, 1988).
Shyllon, F.O., *Black Slaves in Britain* (London, 1974).
Simpson, A.W. Brian, *Cannibalism and the Common Law* (Chicago, 1984).
—— *In the Highest Degree Odious: Detention without Trial in Wartime Britain* (Oxford, 1992).
Souhami, Diana, *The Trials of Radclyffe Hall* (London, 1998).
Spence, Joseph, *Anecdotes* (London, 1820).
Stephen, James Fitzjames, *Liberty, Equality, Fraternity*, 2nd edn (London, 1874).
—— *A History of the Criminal Law of England*, 3 vols (London, 1883).
Stephens, Charles, *The Jurisprudence of Lord Denning: A Study in Legal History*, 3 vols (Newcastle, 2009).
Stryker, Lloyd, *For the Defence* (New York, 1947).
Stubbs, William, *The Constitutional History of England*, 3 vols (Oxford, 1880).
Thomas, Donald, *A Long Time Burning* (London, 1969).
Thomas, Peter, *John Wilkes: A Friend to Liberty* (Oxford, 1996).
Thompson, E. P., *The Making of the English Working Class* (London, 1963).
Thompson, Faith, *Magna Carta, its Role in the Making of the English Constitution, 1300–1629* (Minneapolis, 1948).
Thorne, S. E., *Sir Edward Coke 1552–1952*, Selden Society (1952).
—— ed. and trans. *Bracton on the Laws and Customs of England*, 4 vols (Harvard, 1968–77).
Townsend, William, *The Lives of Twelve Eminent Judges*, 2 vols (London, 1846).
—— *Modern State Trials*, 2 vols (London, 1850).
Travis, Alan, *Bound and Gagged: A Secret History of Obscenity in Britain* (London, 2000).
Trevelyan, G. M., *England under the Stuarts* (London, 1946).
Trevor-Roper, Hugh, *Archbishop Laud* (London, 1962).
Trow, M. J., *Let Him Have It Chris* (London, 1990).
Tusa, Ann and Tusa, John, *The Nuremberg Trial* (London, 1983).
Van Caenegem, R. C., *The Birth of the English Common Law*, 2nd edn (Cambridge, 1988).
Vogler, R., *A World View of Criminal Justice* (Aldershot, 2005).
Wallace-Hadrill, J. M., *Early Germanic Kingship in England and on the Continent* (Oxford, 1971).
Walvin, James, *England, Slaves and Freedom* (Mississippi, 1986).
Warren, W. L., *Henry II* (London, 1991).
—— *King John* (New Haven and London, 1997).
Watson, E. R., *Trial of Adolph Beck* (Edinburgh, 1924).
Weaver, Gordon, *Conan Doyle and the Parson's Son* (London, 2006).

Wedgwood, C. V., *The Trial of Charles I*, Folio Society edn (London, 1981).
West, Donald and Walk, Alexander, eds, *Daniel McNaughton: His Trial and the Aftermath* (Ashford, 1977).
Whitman, James, *The Origins of Reasonable Doubt: Theological Roots of the Criminal Trial* (New Haven and London, 2008).
Wilkes, John, *The North Briton, XLVI Numbers Complete*, 4 vols (London, 1772).
Willock, Ian, *The Origins and Development of the Jury Trial in Scotland*, Stair Society (Edinburgh, 1966).
Willson, David, *King James VI and I* (London, 1956).
Wilson, H. A., ed., *The Pontifical of Magdalen College* (London, 1910).
Winston, Richard, *Thomas Becket* (London, 1967).
Wise, Steven, *Though the Heavens May Fall* (Cambridge, MA, 2005).
Wormald, Patrick, *The Making of English Law: King Alfred to the Twelfth Century* (Oxford, 1999).
Yallop, David, *To Encourage the Others* (London, 1971).

索 引*

Abu Qatada Case 320f.
Act of Settlement 1701   164f.
Adversarial System   38, 217, 252, 325
　Rise of   199f, 201–5
Advocates *see* Barristers
Aelfheath, (St Alphege) (b.c.953),
　Bishop of Winchester (984–1006),
　Archbishop of Canterbury (1006–
　12)   25
Aethelbert (b.c.552), King of Kent
　(r.c.580–616)   9, **11**, 18. 36
　Law Code of   10–15
Aethelred the Unready (c.968–1016),
　King of the English (r.978–
　1013)   20, 29 n.1, 32
Aethelstan, (b.c.895), King of the
　English (r.924–39)   18ff.
Aethelwine (d.951), Ealdorman of East
　Anglia   25
Alfred the Great (b.c.847), King of the
　English (r.871–99)   15–18, 265
American Revolution   75, 190, 203
　206, 209 210
Amherst, Jeffrey (1717–97), 1st
　Baron   192, 193
Anarchy, The   58
Anderson, John (1882–1958), 1st
　Viscount Waverley, Home Secretary
　(1939–40)   268, 269, 270
Anglo-Saxon Chronicle (late 9th
　century-1154)   45, 71 n.7
Anglo-Saxon Law   9–22, 23–32, 38, 130
Ann and Mary   173, 174
Anne (b.1665), Queen (r.1702–14)   186,
　187
Anselm (b.c.1033), Archbishop of
　Canterbury (1093–1109)   58 n.9
Anti-Terrorism, Crime and Security Act
　2001   272

Archer, John (ex.1640), 113
Argyll, Michael (1915–99), Old Bailey
　Judge (1972–87)   300
Asser (d.909)   16
Assizes   51, 200 n.9, 228, 319
　Exeter   247, 249
　Maidstone   197
　Surrey   199
　Sussex   200 n.9
Atkin, James (1867–1944), Lord of
　Appeal in Ordinary (1928–44)   267,
　270f., 274
Attlee, Clement (1883–1967), Prime
　Minister (1945–51)   308
Attorneys   85, 87, 194
Augustine, Archbishop of Canterbury
　(597–604)   10, **11**, 12, 13
Avory, Horace (1851–1935), High Court
　Judge   294

Bacon, Francis (1561–1626), 1st Baron
　Verulam and Viscount St Alban,
　Lord Chancellor (1618–21)   9, 122,
　125, 127
　Coke and   120, 124, 126, 128, 131
　Star Chamber and   106
　Torture and   111, 112
Bacon, Mr Justice   150
Baillie, Captain Thomas   207f.
Bank of England   226, 227
Bar, The   85, 86
Barristers   83, 86, 116, 151, 199, 200,
　223, 233, 241
　Defence   203ff., 214, 234, 252
　No Counsel Rule and   144 n.26,
　199, 223
Basset, Ralph (d.1127), Justiciar   44
Bastwick, John (1593–1654), Puritan
　controversialist   107

---

* 索引中的页码为英文原书页码，即本书边码。

Battle, Trial by 38f., 48, 49, 77 n.1
Beaumont, Robert de (1104–68), 2nd Earl of Leicester (1118), Justiciar (1155–68) 47
Beck, Adolph (1841–1909) 262ff.
Becket, Thomas (b.c.1118), Archbishop of Canterbury (1162–1170) 52–5, **56**, 57f., 68 n.18, 107
Bede, The Venerable (c.672–735), ecclesiastical historian 10 n.3, 12, 14
Bedlam (Bethlem Hospital) 235, 237
Belle, Dido Elizabeth (1761–1804) 175
Bellingham, John (1769–1812), assassin 219, 235f., 238
Belmarsh Case 273
Benefit of Clergy 53, 58 59ff., 79, 185, 198, 226
Bensted, Thomas (ex.1640) 113
Bentham, Jeremy (1748–1832), philosopher 224f., 244
Bentley, Derek (1933–53) 309ff., 312
Berkeley, Robert (1584–1656), Justice of the King's Bench (1632–42) 128
Bertie, James (1653–99), 5th Baron Norris, 1st Earl of Abingdon 161
Besant, Annie (1847–1933), writer and controversialist 292
Best, William (1767–1845), Chief Justice of the Common Pleas (1824–29) 131
Betjeman, John (1906–84), poet 293 n.13
Bill of Rights 1689 157, 163ff., 209
Bingham, Thomas (1933–2010), Lord Chief Justice (1996–2000), Senior Lord of Appeal in Ordinary (2000–08) 272, 273, 274, 311 n.14, 320
Birkenhead, Frederic Edwin Smith (1872–1930), 1st Earl of, Lord Chancellor (1919–22) 297
Birkenhead, The (1852) 250
Birkett, Norman (1883–1962), 1st Baron, High Court Judge (1941–50), Appeal Court Judge (1950–56), Lord of Appeal in Ordinary (1958–61) 206 n.3, 253, 254, **281**, 296, 298, 308
Advocacy and 280ff.
Home Office Advisory Committee and 268ff.
Nuremberg Trial and 277ff., 282ff.

Biron, Sir Charles, Chief Magistrate 295, 296
Black Books of Lincoln's Inn 89
Blackstone, William (1723–80), 1st Vinerian Professor of English Law 93, 109, **178**, 197, 199 n.6, 211, 224, 225, 289, 322
Slavery and 177–80
Blair, Anthony (1953–), Prime Minister (1997–2007) 271, 272
Blasphemy 301ff
Bloody Code 31, 188f, 203, 226, 231
Blunkett, David (1947-), Home Secretary (2001–04) 273
Bodkin, Archibald (1862–1957), Director of Public Prosecutions (1920–30) 295, 296, 297
Bodley Head, publishers 297
Boleyn, Anne (1501–36), Queen 135
Book of Common Prayer 158, 302
Borough Courts 23
Boumediene v Bush (2008) 275
Bow Street Magistrates 296
Bow Street Runners 193, 224
Bowler, Thomas, trial of (1812) 235, 236
Bracton, Henry de (c.1210–68), Justice and Jurist 91f., 123, 130
Bradlaugh, Charles (1833–91), secularist and controversialist 292
Bradshaw, John (1602–59), President of the High Court of Justice (1649) 139, 141f., **142**, 143–7, 150, 151
Bridewell Prison 110
Brihtwold, Archbishop of Canterbury (693–731) 14
Brittain, Vera (1893–1970), writer 295
Britton 92
Brixton Prison 270
Broadmoor Criminal Lunatic Asylum 237
Brougham, Henry (1778–1868), 1st Baron Brougham and Vaux 206, 218–23, 229, 238, 253, 291
Trial of Queen Caroline (1820) and 220f., **222**
Brown, Gordon (1951-), Prime Minister (2007–10) 272
Brunanburh, Battle of (937) 18f.
Buckingham, George Villiers (1592–1628), 1st Duke of 112, 119

440　　　　　　　　　　　　　　　　　普通法简史

Buller, Francis (1746–1800), Judge of the King's Bench, (1778–94)   197, 207, 214
Burhs   23
Burke, Edmund (1729–97), politician and writer   33, 164, 190, 213, 267
  Erskine and   210, 215f.
  French Revolution   209, 210ff.
  Paine and   209
Burnet, Gilbert (1643–1715), Bishop of Salisbury (1689–1715)   123 n.17, 145 n.26, 163
Burton, Henry (1578–1648), Puritan   107
Bushell's Case (1670)   157–60
Butts v Penny (1677)   175f, 179
Byrne, Laurence (1896–1965), High Court Judge (1945–60)   299

Cambridge, University of   86, 88, 252, 297
  Emmanuel College   280, 297
  Magdalene College   126
  Trinity College   119, 207
  Vice-Chancellor of   297
Camden, Charles Pratt (1713–94), 1st Earl, Chief Justice of the Common Pleas (1761–66), Lord Chancellor (1766–70)   168
Camden Town Murder Case (1907)   256f.
Campbell, John (1779–1861), 1st Baron, Chief Justice of the Queen's Bench (1850–9), Lord Chancellor (1859–61)   206, 291
Canon Law   3
Calder, John, publisher   300
Carlyle, Thomas (1795–1881)   131
Caroline (1768–1821), Queen
  Trial of (1820)   220f, **222**
Canute (b.c.985–95), King (r.1016–35)   20ff., 25, 26, 28
  Law Code of   29 n.21, 36, 38 n.18
Cape, Jonathan, publishers   294f.
Capital Punishment   61, 240, *see also* Bloody Code
  Robert Peel and   224, 226 227, 228, 230
  Abolition of   298, 305–313
Cavalier Parliament (1661–79)   157
Celts   9

Central Criminal Court *see* Old Bailey
Chamberline v Harvey (1697)   176
Chancery, Court of   93, 99–102, 105, 116, 129, 161, 221
  Coke and   126ff.
  Wolsey and   102
Chancery Inns   87, 194
Charlemagne (c.745–814), Holy Roman Emperor (800–814)   16, 20
Charles I (b.1600, r.1625–49)   22, 74, 75, 106, 107, 110, 112, 116,117, 129, 130, 149, 270
  Trial of (1649)   83, 133–41, **142**, 143–8, 283
Charles II (b.1630, r.1660–85)   116, 155, 186
Charter of the Forest (1225)   73
Chester   41, 89
Christianity   9, 10 12, 17, 19, 21, 27, 28, 106, 173, 175f, 179, 244, 250, 290 n.3
Christie, John (ex.1953)   311
Church of England   107, 123, 127, 162, 176, 186, 187, 313, 319
  Capital Punishment and   301, 305, 308
Churchill, Winston (1874–1965), Prime Minister (1940–45, 1951–55)   72 n.14, 268 269, 276, 286, 296, 297 n.25
Cicero, Tullius (106–43BC)   173, 207, 212, 272
Clarendon, Assize of (1166)   47, 49
Clarendon Code (1661–65)   157
Clarendon, Council and Constitutions of (1164)   55–8
Clarendon, Edward Hyde, (1609–74), 1st Earl of   116, 117, 155, 165, 272
Clarke, Sir Edward (1841–1931)   206 n.3, 294
Cline, Henry (1750–1827)   235
Clink Prison   110
Clovis, King of the Franks (r.481–511)   12
Cockburn, Sir Alexander (1802–80), Chief Justice of the Queen's Bench (1859–75), Lord Chief Justice (1875–80)   237, 291ff
Coke, Sir Edward (1552–1634), Chief Justice of the Common Pleas (1606–13) and of the King's Bench

(1613–16)   86 n.9, 118, 119f., **121**, 122–32, 174, 175, 177, 211, 233, 234
   Bacon and   120, 124, 126, 128, 131
   Charles I and   116, 117, 129
   Institutes of   130, 153, 158
   James I and   116, 120–9
   Magna Carta and   75, 117, 130, 131, 132
   Parliament and   320, 322
   Star Chamber and   106, 115
   Torture and   109
Coleridge, John (1820–94), 1st Baron, Lord Chief Justice (1880–94)   236, 249f
Coleridge, Samuel Taylor (1772–1834)   133, 197
Commendams, Case of (1616)   127
Commission for Revising and Consolidating the Criminal Law (1846)   245
Common Bench   82, 85, *see also* Common Pleas
Common Law   1–5, 9f, 35, 37, 38, 40, 42, 83 85f., 93, 118, 119, 122, 131, 137, 138 139, 144, 145, 158 168ff., 202, 218, 221, 239, 244, 250, 271, 301 n.35, 325
   Chancery and Equity and   97–102, 115, 116, 124, 126ff., 174
   Creation of   46–52, 62, 64–7, 81, 90, 91f
   Magna Carta and   72, 75
   Ordeals and   77f
   Parliament and   123, 129 130, 322
   Star Chamber and   105–8, 115, 130
   Torture and   109f., 112, 321
Common Pleas, Court of the   64, 71, 72 n.10, 82, 83, 85, 86, 106, 127, 161, 167, 265
   Origin of   63
Commonwealth   134, 135, 143, 150
Compurgation   26–9, 53, 55, 78 n.2
Confait Case (1972)   314–8
Confirmation of the Charters (1297)   74
Connolly, Cyril (1903–74), writer   295
Constitution, The   122, 126, 157, 169, 174, 238, 276
   Bill of Rights and   164ff., 209
   Executive and   167–9, 174, 183
   Human Rights and   285, 287f.

Kinship and   3, 4, 97f., 127, 129, 131, 137, 144, 147, 169, 267
   Liberty and   177, 274f., 325
   Parliament and   130, 189, 213ff.
   Rule of Law and   92, 173, 177, 211, 216, 276, 325
   Trial by Jury and   324
Conventicle Acts (1664)   157f.
Cook, John (1608–60), regicide   140f, **142**, 143, 145, 147, 159, 153
Copley, John (1772–1863), 1st Baron Lyndurst, Lord Chancellor (1827–30, 1834–5, 1841–6)   238, 291
Coronation Charter (1100)   43
Cotton, Sir Robert (1570/1–1630), antiquarian   130, 140
Council of Europe   285, 286
Council of State   151, 154
Counsel *see* Barristers
Counters   85
County and Borough Police Act 1856   230
Court of Appeal   265, 267, 300, 315, 317, 320, 325
Court of Criminal Appeal (1907–66)   239, 315
   Creation of   261–6
Court for Crown Cases Reserved (1848–1907)   241, 248, 249
Court of High Commission   107
Court of Session   183
Cowell, John (1554–1611), Professor of Civil Law   122
Cowper, Spencer (1670–1728)   202
Cowper, William (1731–1800), poet   192
Crichton, Alexander (1763–1856), physician   235
Criminal Appeal Act 1968   317
Criminal Evidence Act 1898   254
Criminal Evidence Act 1984   314, 317, 319, 322
Criminal Justice Act 2003   322, 324
Criminal Law Amendment Act 1885   293
Criminal Lunatics Act 1800   237
Criminous Clergy   52–8
Cromwell, Oliver (1599–1658), Lord Protector (1653–8)   134, 154, 155, 157, 165

Charles I and 134f., 137, 138–43, 144, 146, 147
Lilburne and 149, 150, 154
Cromwell, Thomas (1485–1540), Secretary of State (1534–40) 104
Crown Courts 51 n.10, 319, 324
Crown Prosecution Service 317, 323
Cust, Sir Edward (1794–1878) 114 n.16
Customs and Excise Act 1876 296

Daily Mail 257, 261, 263, 281
Daily Telegraph 223 n.10, 263, 264
Danelaw 15, 20 21, 24, 32, 38 n.18
Darnell's Case (1627) 116
Darwin, Charles (1809–82) 244
De Lolme, Jean Louis (1740–1806), political theorist 4 n.5
De Lucy, Richard (1089–1179), Chief Justiciar of England (1154–78/9) 47, 54
Declaration of Indulgence (1687) 162, 163
Declaration of Rights (1689) 163f
Defence of the Realm Act 1914 267f
Denning, Alfred (1899–1999), Baron, Master of the Rolls (1962–82) 5 n.6, 271, 317 n.3, 320 n.1
Dicey, Albert Venn (1835–1922), 7th Vinerian Professor of English Law 119, 131, 157
Constitution and 173, 285
Parliamentary Supremacy and 4, 287f., 320 n.1
Dickens, Charles 191, 295, 305
Diplock Courts 324
Dissenters 147, 163, 186, 187
Dr Bonham's Case (1610) 123 n.17 320
Domesday Book (1086) 21 n.45, 36, 40f
Douglas, John Sholto (1844–1900), 9th Marquess of Queensberry 293
Douglas, Lord Alfred (1870–1945) 293
Doyle, Sir Arthur Conan (1859–1930) 261, 264
Drummond, Edward (d.1843) 232, 236, 237
Du Cann, Richard (1929–94), barrister 316, 317
Dudley and Stephens Case (1884) 241–51

Eadric, King of Kent (r.c.679–86) 14, 26
Ealdormen 16, 23, 36
Ecclesiastical Commission (1686) 162
Ecclesiastical courts 25, 41, 46, 52, 53, 56, 59, 91, 122, 130, 301 n.35
Edalji, George (1876–1953) 264
Edgar (b.c.943), King of the English (957–75) 18 n31, 21, 24, 32
Edinburgh 207, 213, 214, 219
Edinburgh Review 219
Edington, Battle of (878) 15
Edmund (b.c.921), King of the English (939–46) 18 n.31, 20
Edmund Ironside (b.989), King of the English (1016) 43
Edward Arnold's Case (1724) 232
Edward the Confessor (b.c.1004, r.1042–66) 21, 28 n.20 33, 36, 44
Edward I (b.1239, r.1272–1307) 51, 85, 89, 90, 92, 98 199
Edward III (b.1312, r.1327–77) 69 n.2, 74, 117
Edward VI (b.1537, r.1547–53) 98, 119
Edward VII (b.1841, r.1901–10) 293
Egerton, Thomas (c.1540–1603, Viscount Brackley, Chancellor Ellesmere (1603–17) 124, 126, 128
Eikon Basilike (1649) 146 n.35
Elizabeth I (b.1533, r.1558–1603) 103, 109, 110, 112, 120, 129, 135
Ellesmere, Thomas Egerton (c.1540–1617), Viscount Brackley, Chancellor (1603–1617) 124, 126, 128
Ellenborough, Edward Law (1750–1818), 1st Baron, Chief Justice of the King's Bench (1802–18) 218
Elliot, T.S. 297
Elliot-Murray-Kynynmound, Gilbert (1782–1859), 2nd Earl of Minto (1814) 220
Ellis, Havelock (1859–1939), physician and writer 294, 295
Ellis, Ruth (ex.1955) 312

Emergency Powers (Defence) Acts 1939 and 1940 268
Emma (c.985–1052), Queen (1002–16), 28 n.20
English Civil War 75, 127, 129, 133,

索 引 443

134, 137, 138, 143, 145, 149 150, 165, 200
Enlightenment, The   202, 205, 206
Entick v Carrington (1765)   168
Equity   62, 107, 265
  Common Law and   4, 97–102, 105, 124, 126f.
Erskine, Thomas (1750–1823), 1st Baron   200 n.9, 205, 206–11, **212**, 213–17, 218 219, 220f., 253, 316
  Baillie's Case (1778)   207ff.
  Burke and   210, 215f.
  Gordon's Case (1781)   196
  Hadfield's Case (1800)   233–5
  Hardy's Case (1794)   213f.
  Insanity and   233–7,
  Paine's Case (1792)   209ff.
  Thelwell's Case (1794)   216
  Tooke's Case (1794)   215f.
Essex, Geoffrey de Mandeville, (d.1166), 2nd Earl of, Justiciar   49
European Convention on Human Rights (1950)   272, 274, 276, 285, 286, 287, 321
European Court of Human Rights, Strasbourg   272, 286, 294, 321
Evans, Timothy (ex.1950)   314
Evidence, Rules of   203f, 228, 252, 254, 265, 298, 314, 322
Euxine (1874)   244 n.8
Exchequer, the Court of   47, 63, 82f., 127, 139 161, 232 n.1, 265
Extraordinary Rendition   78, 320
Eyre
  General   50f., 62f., 66, 72 n.10, 85
  Henry I and   44, 47
  Henry II and   47, 50f., 62f.
  Justices in   44, 47, 62, 66, 78
Eyre, Sir James (1733–98), Chief Justice of the Common Pleas (1794–8)   214, 216

Fairfax, Thomas (1612–1671), General   141
Falco, Robert, French Judge   **279**
Fawkes, Guy (1570–1606)   83, 112
Felton, John (1595–1628)   112f.
Feud   2, 10, 13, 14, 17, 20, 21, 26, 28, 79, 146
Fisher, Geoffrey (1887–1972), Archbishop of Canterbury (1945–61)   306, 309 313
FitzOsbern, William (c.1020–71), 1st Earl of Hereford   36
FitzPeter, Simon, sheriff and justice   55
Five Knight's Case (1627)   116 117, 274
Fleet Prison   117, 193
Foot, Michael (1913–2010)   298
Forest Laws   21, 37f., 58
Fortescue, Sir John (c.1394–c.1479), Chief Justice of the King's Bench (1442–61)   86, 90, 92f., 109
Foster, E.M.   299
Fox, Charles James (1749–1806), Whig Statesman   196, 210 213, 218
France and French   34, 35, 40, 47, 65, 69, 70, 92, 93, 162, 187, 293, 295, 296 *see also* French Revolution
Franklin, Benjamin (1706–90)   272
Frankpledge   25, 26 n.9
Franks   28
Fray, Sir John (d.1461), Chief Baron of the Exchequer (1448–61)   117
French Revolution   191, 206, 209, 212, 213, 215, 226, 268
Fuller, Thomas (1608–61)   46
Fuller, Thomas (1654–1734)   5 n.6
Fulton, Forrest (1846–1926), Common Serjeant (1892–1900), Recorder of London (1900–22)   262, 263

Gaol Act 1823   228
Gardiner, Gerald (1900–90), Baron, Lord Chancellor (1964–70)   298, 313
Garnet, Henry (1555–1606), Catholic Priest   111f.
Garrow, Sir William (1760–1840)   201–5, 206, 214, 217, 218, 219, 233, 235
Gay News Trial (1977)   301ff.
Gefmund, Bishop of Rochester (c.678–93)   14
Gelly v Cleve (1694)   175
General Warrants   166–9
Genocide   276, 283
George III (b.1738, r.1760–1820)   166, 215, 228, 233
George IV (b.1762, r.1820–30)   220

Gerard, John (1564–1637), Catholic Priest   109–12
Germanic influence   2, 9, 10, 12, 13 n.11, 38, 97
Germany   47, 267, 276, 277
Gibbon, Edward (1737–94)   205
Gibbs, Vicary (1721–1820), Chief Justice of the Common Pleas (1814–18)   218
Gilbert, W. S.   242
Gillam, Samuel (b.1715), magistrate   189
Glanvill, Ranulph de (c.1112–90), Chief Justiciar (1180–89)   67f.
   Tractatus De Legibus et Consuetudinibus Angliae and   62, 66ff., 80, 81, 86, 88, 115
Glanvill's Case (1615)   126
Glasgow   185 n.1, 264 n.7
Glorious Revolution (1688)   187, 199
Glynn, John (1722–79), Serjeant   167, 175
Goddard, Rayner (1877–1971), Lord Chief Justice (1946–58)   310, 311 n.14
Godden v Hales (1686)   162
Godwin, Earl of Wessex (d.1053)   28 n.20
Goering, Hermann (1893–1946), Reichsmarschall   277–80, 283
Golden Rule   17
Gordon, Lord George (1751–93)   191, 192, 196
Gordon Riots (1780)   181, 184, 191–5
Gorey Castle, Jersey   154f.
Gowers, Ernest (1880–1966), Civil Servant   308f.
Grand Jury   79, 214, 247f.
Gratian, (fl.mid twelfth century), jurist   52, 57
Gray's Anatomy (1858)   292
Gray's Inn   87 n.12, 89, 139f.
Greely, Adolphus Washington (1844–1935), Polar Explorer   244
Gregory the Great, Pope (590–604)   13
Greenwich Hospital   207
Grey, Charles (1764–1845), 2nd Earl Grey, Prime Minister (1830–34)   221
Grey, Ford (1655–1701), 3rd Baron, 1st Earl of Tankerville   161

Griffith-Jones, Mervyn (1909–79), barrister   299
Guantanamo Bay   272
Guildhall   151, 153, 190, 194, 210

Habeas Corpus see under Writs
Habeas Corpus Act 1640   118, 158, 213
Habeas Corpus Amendment Act 1679   158, 161
Hadfield, James   233ff., 237
Hailsham, Quintin Hogg (1907–2001), 2nd Viscount, Lord Chancellor (1979–87)   320 n.2
Hale, Sir Matthew (1609–76), Chief Justice of the King's bench (1671–6)   144, 177, 200, 233ff., 245f.
Hall, Radcliffe (1880–1943), novelist   294ff., 298
Halliday ex parte Zadig (1917)   267f.
Hamilton, Alexander (1755–1804)   275
Hampden, Sir Edmund, politician   116
Hampden, John (1595–1643)   206
Hanoverians   165, 187
Harcourt, Sir William (1827–1904), Home Secretary (1880–5)   245 n.13
Hardwicke, *see* Yorke
Hardy, Thomas (1752–1832), radical   213, 214f.
Harestock   31
Harold II, King of England (b.c.1022, r.1066)   33, 34
Harrison, Colonel Thomas (1606–60)   138 n.11, 141
Haselrig, Arthur (1601–61), politician   153
Hastings, Battle of (1066)   33
Hastings, Sir Patrick (1880–1952), barrister   206, 281
Hastings, Warren (1732–1818), Governor-General of Bengal   83
Hatsell, Sir Henry (1641–1714), Baron of the Exchequer   202
Hell-Fire Club   166, 188 n.4
Hengist, Saxon war leader (fifth century)   135 n.4
Henley, Robert (c.1708–72), 1st Earl of Northington, Lord Chancellor (1757–66)   177
Henry I (b.1068, r.1100–35)   9, 37, 38, 40, 42–5, 47, 49
   Coronation Charter of   43, 71 n.7

Henry II (b.133, r.1154–89) 38 46, 53ff., **56**, 57, 62–68, 69, 71, 81, 84, 85, *see also* Becket
 The Common Law and 47–51, 58
Henry III (b.1207, r.1216–72) 74, 79, 130
Henry VI (b. 1421, r.1422–61, 1470–71) 92, 109
Henry VII (b.1457, r.1485–1509) 60, 104
Henry VIII (b.1491, r.1509–47) 83, 98, 104
Henry of Huntingdon (c.1088–c.1157) 37
Herbert, Sir Alan Patrick (1890–1971), politician and writer 298
Herbert, Edward (c.1650–98), Chief Justice of the King's Bench (1685–7) 161
Herbert, Philip (1584–1650), 4th Earl of Pembroke 4 n.5
Hereford, William FitzOsbern, (c.1020–71), 1st Earl of 36
Hicklin Test (1868) 291f., 297
High Commission, Court of (1549–1641) 138, 139
High Court 247, 249
High Court of Justice (1649) 138, 139
High Court of Justice (1873) 247, 265, 269, 280, 313, 323
Hitler, Adolph, 276, 286
Hlothhere, King of Kent (b.c.644, r.673–85) 14, 27
Hoffman, Leonard (b.1934), Lord of Appeal in Ordinary (1995–2009) 274
Hogg, Quintin (1907–2001), 2nd Viscount Hailsham, Lord Chancellor (1979–87) 320 n.2
Holloway Prison 312
Holt, Sir John (1642–1710), Chief Justice of the King's Bench (1689–1710) 176f., 179
Home Office 225, 229, 230, 244 262, 263, 264, 295, 297, 303, 307 312
 Advisory Committee 268
Homicide Act 1957 307, 312
Hope, David, of Craighead (1938-), Lord of Appeal in Ordinary (1996–2009), Deputy President of the Supreme Court (2009–13) 274

Horsa 135 n.4
Howell's Case (1588) 116
House of Commons 90, 117, 133, 135, 136 n.5, 141, 149. 150, 151, 161, 165, 168, 174, 187, 191, 215, 218, 219, 221, 225, 269, 273, 310, *see also* Parliament
 Capital Punishment and 224, 227, 305
 Prides' Purge of 138f.
 Wilkes and 188ff.
House of Lords 150, 165, 238, 262, 267, 298
 As a court 137, 139, 150, 187, 188 n.4, 220f., **221**
 Capital Punishment and 226, 227, 313
 Judicial Committee of 267, 269f., 273f., 302f., 319
 Trial of Charles I and 137, 139
Howard, Katherine (1523–42), Queen 135
Huddleston, Sir John Walter (1815–90), puisne judge 247ff
Hudson, William (d.1635), barrister 103
Hue and cry 26
Hugo, Victor (1802–85) 312
Human Rights Act 1998 271, 287f.
Hume, David (1711–76), philosopher 205
Humphrey, John (1905–95), jurist 286
Hundred 18, 23f., 31, 38, 48, 65
Hundred Courts 24, 25, 40, 41, 43
Hunt, Leigh (1784–1859) 218f.
Hyde, Edward (1609–74), 1st Earl of Clarendon (1661–74) 116, 117, 155

Industrial Revolution 205
Ine, King of Wessex (r.688–726, d.728) 17
Inner Temple 87, **88**, 119, 252, 280
Innocent III, Pope (1198–1216) 77
Inns of Chancery 87
Inns of Court 86–9, 130, 194, *see also* Gray's Inn, Lincoln's Inn, Inner and Middle Temple
Inquest of Sheriffs (1170) 47
Inquisitorial System 78, 204
Insanity 231, 232–40, 248
Irving, Henry (1838–1905), actor 252

Isaacs, Rufus (1860–1935), 1st Marquess of Reading (1914), Lord Chief Justice (1913–21) 206 n.3

Jackson, Robert (1892–1954), Associate Justice of the US Supreme Court (1941–54) 277f., **279**
Jacobites 165, 166, 174, 185, 186, 246
James VI and I (b.1567), r. as VI of Scotland (1567–1625) and I of England (1603–25) 120, 129, 135, 136
   Common law lawyers and 122, 123
   Equity and 100, 124, 126f., 128
   Prerogative and 121f., 127
   Star Chamber and 103, 106, 128
   Torture and 112
James VII and II (b.1633, r.1685–8) 224, 162ff.
James, the Old Pretender (1688–1766) 187
Jefferson, Thomas (1743–1826) 135 n.4
Jeffreys, George (1645–89), 1st Baron, Chief Justice of the King's Bench (1683–5), Lord Chancellor (1685–8) 161
Jenkins, Roy (1920–2003), Home Secretary (1965–7, 1974–6) 298
Jenkinson, Robert Banks (1770–1828), 2nd Earl of Liverpool, Prime Minister (1812–27) 220
Jersey, Island of 154f., 272
John (b.1167, r.1199–1216) 68, 69–74
John of Gaunt (1340–99), 1st Duke of Lancaster 69 n.2
Jonson, Ben (1572–1637), poet 82, 131 n.35
Johnson, Samuel (1709–84) 196, 201
Joint Opinion (1729) 176f., 181
Jowitt, William Allen (1885–1957), 1st Earl, Lord Chancellor (1945–51) 283
Joyce, James 296f.
Joynson-Hicks, William (1865–1932), 1st Viscount Brentford, Home Secretary (1924–9) 295f.
Judge, Igor (1941-), Baron, Lord Chief Justice (2008–13) 323 n.7, 325
Judges and Judiciary 261, 264, 265, 317, 323
   Activism of 2, 4, 62, 64, 92, 93, 102, 113, 122 n.18, 230, 232, 236, 238ff., 241, 242, 244, 246, 247, 248, 249ff., 287, 288, 315
   Formation of 50, 51 n.10, 62, 63, 64, 83, 85, 86
   Independence of 1, 5, 62,65, 98, 161, 165f., 167ff., 169, 273ff., 276, 320 n.1, 321, 325
   Integrity of 104, 106
   Lenity of 59f., 79, 99, 101, 199f., 203, 204, 205, 225, 236, 251
   Role of 202, 211, 228, 232, 234, 238, 248
   Servility of 107, 122, 123, 126, 127, 128, 137, 153, 162, 188, 268, 270f.
Judges' Rules 315
Judicature Act 1873 247, 265
Jury
   Civil 41, 78, 99, 324
   Conscience of 79, 99, 154, 157, 169. 199, 200, 203, 248
   Grand 79, 214, 247, 248
   Independence of 1, 157–60, 105, 106, 169, 203, 216, 265, 266
   Magna Carta and 74f
   Origins of trial by 78, 79, 80, 93
   Petty 79, 247, 248
   Precursors of 28, 38, 39, 41, 48
   Presentment by 48, 79
   Role of 80, 93, 99, 139, 153f., 199f., 210, 218f., 227, 233, 235, 249, 265, 293, 299, 310
   Scotland and 28 n.19, 80 n.6
   Special 201, 210, 214
   Speech 252, 253, 254, 257, 281f., 298, 205
   Trial by 1, 21, 64, 90, 100, 196, 199, 200, 202, 261, 324f.
Jury Act 1825 228
Justices in Eyre *see* Eyre
Justinian, Byzantine Emperor (r.527–65) 12, 67, 90

Kelyng, John (1607–71), Chief Justice of the King's Bench (1665–71) 157
Kennedy Anthony (1936-), Associate Justice of the US Supreme Court (1988-) 275
Kennet, Brackley, Lord Mayor (1779–80) 192, 194
Kent, Kingdom of 9, 10, 13, 18, 23, 24

索 引 447

Laws of   9, 14f., 17, 27
Kenyon, Lloyd (1732–1802), 1st Baron, Chief Justice of the King's Bench (1788–1802)   196, 233, 235
Kilmuir, Earl of, *see* Maxwell-Fyfe
King's or Queen's Bench   64, 83, 86, 99, 101, 107, 115, 116, 124, 150, 167, 175, 241, 247, 249
   Conflict with Chancery   126, 128
   Origins of   63
King's or Queen's Bench Division   242, 245, 249, 265, 267
King's Bench Prison   188
King's or Queen's Counsel   87 n.11, 316
King's Peace   24, 39, 83
King-Hamilton, Alan (1904–2010), judge at the Central Criminal Court (1964–79)   301, 302
Knight v Wedderburn (1778)   183
Knights Templar   87

Lambeth Palace   113
Lady Chatterley's Lover Trial (1963)   296, 299ff.
Lane, Allen, publisher   299
Lane, John, publisher   297
Lanfranc (b.c.1005–10), Archbishop of Canterbury (1070–89)   41
Langton, Stephen (b.c.1150), Archbishop of Canterbury (1207–28)   70
Langtry, Lillie (1853–1929), actress   293
Last Exit to Brooklyn Trial (1967)   300
Lateran Council
   Second (1139)   52
   Fourth (1215)   30, 77
Latimer, Hugh (c.1487–1555), Bishop of Worcester (1535–9)   104
Latin   12, 34 n.5, 35, 59, 65, 79, 82, 92, 291 n.9
Laud, William (b.1573), Archbishop of Canterbury (1633–44)   107, 113, 133, 135, 137, 144
Law, Edward (1750–1818), 1st Baron Ellenborough, Chief Justice of the King's Bench (1802–18)   218
Law French   84
Lawrence, D. H. (1885–1930), novelist   299, 300

Lawrence, Geoffrey (1880–1971), Lord of Appeal in Ordinary (1947–57)   227, 278
Lawyers   2, 4, 89, 90, 91, 100, 104, 109, 119, 129, 130, 131, 140, 151, 194, 199, 200, 201, 202, 205, 214, 217, 236, 252, 269, 276, 323, *see also* Advocates, Attorneys, Barristers, Counsel, Inns of Court
   Celebrity of *see* Birkett, Brougham, Erskine, Marshall Hall
   Civil Law   122
   Origin of   85ff., 99
   Reputation of   1, 197, 200
Leasowe Castle Hotel   114 n.16
Leavis, F.R. (1895–1978), literary critic   297, 299
Leges Henrici Primi (c.1115)   44, 56
Leicester, Robert de Beaumont (1104–68), 2nd Earl of, Justiciar (1155–68)   47
Levellers   139 147, 149, 150
Leofwine   27
Libel   105, 167, 201, 207, 210, 293
   Blasphemous   301f.
   Obscene   188, 189, 290, 296
   Seditious   163, 166, 188, 189, 209 218, 219
Libel Act 1792
Lilburne, John (1615–57)   113, 139, 149ff., **152**, 153–6, 157, 165, 184
Lincoln   49, 72 n.14
Lincolnshire   50
Lincoln's Inn   87 n.12, 89, 121, 158, 176, 194, 201, 206, 207, 217, 218
Lindley, Nathaniel (1828–1921), Baron, Lord of Appeal in Ordinary (1900–05)   87 n.11
Lindsay, Sir John (1737–88)   175
Liverpool   185 n.1
Liverpool, Robert Banks Jenkinson (1770–1828), 2nd Earl of, Prime Minister (1812–1827)   220
Liversidge v Anderson (1941)   269ff.
Locke, John (1632–1704)   164, 180, 19
London   15, 34, 51 n.10, 70, 74 n.17, 85f., 109, 113, 167, 173, 184, 186, 198, 206, 210, 213f., 256, 290
   Police and   224, 229f.
   Riots in   188, 189–95
London Corresponding Society   213

Long Parliament (1640–60)   137
Louis XIV, King of France (b.1638, r.1643–1715)   103, 162, 186
Lyndhurst, John Copley (1772–1863), 1st Baron, Lord Chancellor (1827–30, 1834–5, 1841–6)   238, 291
Lyon's Inn   87

Macaulay, Thomas Babington (1800–59), 1st Baron   134, 291
Mackintosh, Sir James (1765–1832), Whig politician   224, 305
M'Naghten, Daniel (1813–65)   232, 236ff.
McNaghten Rules (1843)   236, 239
Machiavelli, Niccolo (1469–1527)   244
Magna Carta (1215)   69–72, **73**, 74ff., 97
  Coke and   117, 120, 130ff.
  Citation of   168, 275
  Influence of   75f., 150, 183
  Myth of   74ff., 116ff., 120, 181
  Reputation of   73, 157, 160, 283
  Supremacy of   90, 123 n.17, 162
Maitland, Frederic William (1850–1906), Downing Professor of the Laws of England   33, 47, 67, 76, 322
Marlborough, Provisions of (1267)   90
Malmesbury, William of (c.1095–1143)   18
Mandeville, Geoffrey de (d.1166), 2nd Earl of Essex, Justiciar   49
Manning, William (1747–1814), American writer   200
Mansfield, Sir James (1733–1821), Chief Justice of the Common Pleas (1804–1814)   236, 238
Mansfield, Lord *see* Murray, William
Marshall Hall, Sir Edward (1858–1927)   206 n.3, 252ff., **255**, 258, 280, 316
  Camden Town Murder Case   256f.
Martel, Yann (1963-), novelist   243 n.2
Marvell, Andrew (1621–78), poet   146, 157
Mary II (b.1662, r.1689–94)   163, 164, 165
Mary Stuart (1542–87), Queen of Scots (1542–67)   135
Matilda (1102–67), 'Lady of the English' (r.1141)   43 45

Maxwell-Fyfe, David (1900–67), 1st Viscount, later Earl of, Kilmuir, Home Secretary (1951–4), Lord Chancellor (1954–62)
  Capital Punishment and   310ff.
  European Convention for the Protection of Human Rights and   285f.
  Nuremberg Trial and   278f., **279**
  Obscenity and   297f.
Maynard, John (1602–90), barrister and MP   151
Mead, William (1658–1716), Quaker   158f.
Medusa, The   250 n.21
Mental Health Act 1959   315
Mercia   9, 14, 15, 17, 21, 32, 36
Merton, Provisions of (1236)   90
Metropolitan Police   230f.
Metropolitan Police Act   230
Middle Temple   87, **88**, 207
Middlesex Guildhall   319
Mignonette, The   242ff., 245, 246, 247, 249
Militia Ordinance   136, 137
Minto, Gilbert Elliot-Murray-Kynynmound (1782–1859), 2nd Earl of   220
Moneyers   19, 43
Montagu, John (1718–92), 4th Earl of Sandwich, First Lord of the Admiralty (1748–51, 1763, 1771–82)   207f.
Moravians   228
More, Sir Thomas (1478–1535), Chancellor (1529–32)   97, 101f., 123 n.17
Morrison, Herbert, (1888–1965), Home Secretary (1940–45)   268
Mortimer, John (1923–2009), barrister, writer   300ff
Moses   16, 17, 19, 265
Mosley, Diana (1910–2003)   269
Mosley, Sir Oswald (1896–1980)   269
Mullin, Chris (1947-), MP (1987–2010)   273
Murder (Abolition of the Death Penalty) Act   313
Murder fine or Murdrum   38
Murray, William (1705–93), 1st Earl of Mansfield, Chief Justice of the

Kings' Bench (1756–88)   174, 175,
  177, **182**, 188, 236, 238
  Erskine and   207ff., 216
  General Warrants and   167f.
  Gordon Riots and   181, 192, 193,
    196, 203f.
  Judgment of (1772)   173, 180f.,
    183f., 274, 317 n.3
  Wilkes and   188f., 190
National Secular Society   292
Necessity   231, 242, 244–51
New Forest   37
Newgate Prison   160, 193, 235, 236
New York   296, 297, 300
New York Times   244
No Counsel Rule and   144 n.26, 199,
  223
Norman Conquest   9, 23, 26, 33ff.,
  38–42, 46
Norman Yoke   2, 9, 33, 36ff., 135, 153
Normans and Normandy   9, 10 n.2,
  33, 64, 65
Norris, James Bertie (1653–99), 5th
  Baron, 1st Earl of Abingdon   161
North Briton   166
Northampton, Assize of (1176)   47,
  49
Northington, Robert Henley (c.1708–
  72), 1st Earl of, Lord Chancellor
  (1757–66)   177
Nuremberg Trial (1945–6)   276–83

Obscene Publications Act 1857   291f.
Obscene Publications Act 1959   292,
  298, 301
Obscene Publications Act 1964   292,
  301
Obscenity   3, 289–304
Odo (c.1030–97), Bishop of Bayeux,
  Earl of Kent   36, 41
Offa, King of Mercia (r.757–96)   14
Offences Against the Person Act 1861
  322
Old Bailey   106, 153, 158, 160, 189 195,
  201 n.1, 214, 236, 257, 262, 263, 293,
  299, 300, 301, 315
  Bloody Code and   198f., 203f.
  Origins of the Adversarial system
    and   202, 204f.
  Renamed the Central Criminal
    Court   51 n.10, 221, 256

Ordeal, Trial by
  Church and   25, 26, 27, 29f., 77
  End of   30, 69, 77ff.
  Of Fire and Water   29f., 48f., 50
  Origins of, 28
Order of the Coif *see* serjeants-at-law
Orderic Vitalis (1075–c.1142),
  ecclesiastical historian   36, 37
Origin of the Species (1859)   244

Osbert de Bayeux (fl 1121–84,
  Archdeacon of York   53
Outer Temple   89 n.14
Oxford, Provisions of (1258)   90
Oxford, University of   86, 88, 177,
  186, 224
Oxford, Edward (1822–1900)   236, 238

Packer, Alferd (1842–1907)   243, 244
  n.1
Paine Thomas (1737–1809), political
  writer   **183**, 209ff., 214, *see under*
  Burke
Paley, William (1743–1805), Archdeacon,
  philosopher   197, 200, 305
Parke, James (1782–1868), 1st Baron
  Wensleydale, puisne judge in the
  Court of the King's bench (1828–34)
  262
Parker, John (1885–1958), American
  alternate judge at Nuremberg   283,
  284
Parker, Richard (1867–84)   242, 243,
  244
Parliament   1, 34 n.5, 70 74, 75, 77
  n.1, 90, 92, 93, 112, 135, 149, 151, 153,
  154, 161, 164, 166, 188, 189, 190, 191,
  213, 215, 219, 221, 229, 238, 241, 264,
  271, 273, 291, 309, 314, 317, 322f., *see
  also* House of Commons, House of
  Lords
  Benefit of Clergy and   59, 60f.
  Bloody Code and   198, 224, 225,
    264
  Capital Punishment and   61, 198,
    224, 225, 226, 227, 240, 264, 305,
    313
  Cavalier   157
  Long   137
  Privileges of   129 163, 167
  Royal Prerogative and   129, 162, 163f.

450   普通法简史

Rump 138 139, 147
Supremacy of 3 4f., 120, 123, 130, 131, 132, 141, 143, 164f., 267, 286ff., 319f., 325
Parliament Square 319
Peacham's Case (1615) 124
Pearne v Lisle (1749) 177
Peel, Sir Robert (1788–1850), Home Secretary (1822–27, 1828–30), Prime Minister (1834–5, 1841–46) 61, **227**, 232, 238, 323
Criminal Justice reforms and 224–8, 305
Police and 229f.
Peine Fort et Dure 80, 145
Penguin Book of Homoerotic Verse (1983) 303
Penguin Books 299, 300
Penn, William (1644–1718), Quaker 15ff.
Percival, Spencer (1762–1812), Prime Minister (1809–12) 219, 236
Petition of Right (1628) 117f., 129, 135, 157
Petty, William (1737–1805), 2nd Earl of Shelburne, Prime Minister (1782–3) 196
Philip de Brois, Canon of Bedford 55
Pierrepoint, Albert (1905–92), executioner 313
Pitt, William (The Elder) (1708–78), 1st Earl of Chatham, Prime Minister (1766–68) 166
Pitt, William (The Younger) (1759–1806), Prime Minister (1783–1801, 1804–6) 213, 214, 216, 274
Plea Rolls 48, 82, 84, 89 n.14, 91
Pleaders (*see* advocates)
Pleas of the Crown 49, 50, 83, 233
Poe, Edgar Allan (1809–49), American writer 243
Police 185, 232, 261, 263, 265
Procedural safeguards and 314, 315, 317f.
Police and Criminal Evidence Act 1984 314, 322
Police Force 196, 197, 224, 227, 311
Creation of 229ff.
Poor Prisoners' Defence Act 1903 353
Pope, Alexander (1688–1744) 166, 180, 188, 193, 197

Powell, Mr Justice 176
Praemunire see Writ
Praemunire, Statute of, 1353 126
Pratt, Charles (1713–94), 1st Earl Camden, Chief Justice of the Common Pleas (1761–66), Lord Chancellor (1766–70) 167f.
Precedent 2, 4, 84, 122, 130, 135, 147, 167
Binding 64 92, 232, 245 n.12
Prerogative Courts 100, 105, 116, *see also* Chancery, High Commission, Star Chamber
Presbyterians 158
Presentment of Englishry 38
Presentment, Juries of 48, 79
Pride, Colonel Thomas (d.1658) 138, 141
Prisons 193, 228
Prisoners' Counsel Act, 1836 223, 252
Pro Camera Stellata Act 1487 104
Proclamations, Statute of, 1539 98
Protestant Association 191
Prynne, William(1600–69), Puritan lawyer 107, 149
Public Order Act 1986 185

Quakers 158, 160, 209, 228, 305, 313
Quarter Sessions 195, 228, 242, 319
Queen's Hall, Langham Place 307
Queensberry, John Sholto Douglas (1844–1900), 9th Marquess of 293

Raleigh, Walter (1552–1618) 120
Raleigh, William of (d.1250), Bishop of Norwich and Winchester 91
Ralph de Diceto (d.1202), Dean of St Paul's Cathedral 63
Ramsey, Michael (1904–88), Archbishop of Canterbury (1961–74) 313
Random House 297
Ranters 147
Raymond, Robert (1673–1733), 1st Baron, Chief Justice of the King's Bench (1725–33) 192

Reading, Rufus Isaacs (1860–1935), 1st Marquess of, Lord Chief Justice (1913–21) 206 n.3
Reeve 17, 22, 23, 24, 25, 41, *see also* Sheriff

Reform Act 1832   221
Regicide   3, 143–8
Regicides   138 n.11, 147
Remonstrance, The (1648)   135
Restoration, The (1660)   34 n.5, 147, 155, 157
Reynolds, Sir Joshua (1723–92)   194
Richard I (b.1157, r.1189–99)   63, 69
Richard II (b.1367, r.1377–99)   82, 98
Richard III (b.1452, r.1483–85)   97, 98
Riot Act 1714   185f., 187, 189, 192, 193
Riots
  Gordon   181, 184, 191–6, 209, 229
  Nottingham Goose Fair   190f.
  Sacheverell   186ff.
  Wilkite   188ff.
Robert de Monte (c.1110–86)   53
Robertson, Geoffrey (1946-), barrister   147, 301f.
Robespierre, Maximilien (1758–84)   215, 217
Robinson, John (1919–83), Bishop of Woolwich (1959–69)   299
Robinson, Richard (fl.1576–1600)   103
Rochester   10 n.2, 74
Roger, Bishop of Salisbury (1102–39)   47
Roger, Bishop of Worcester (1163–79)   55
Roger of Howden (fl.1174–1201)   62 n.3, 68
Rolle, Henry (1589–1656), Chief Justice of the King's Bench (1645–55)   150
Roman Catholic Church   3, 11, 12, 13, 14, 25, 34, 41, 60 70, 74 n.17
  Criminous Clergy and   52–58
  Legislation and   10, **11**, 12ff.
  Ordeals and   29f, 77ff.
Roman Catholics   110, 111, 135, 158, 164, 292
  Disabilities of   184, 191, 193
  Dispensing Power and   161ff.
Roman Civil Law   1,4,10, 12, 13, 35, 65, 67, 77, 7, 86, 90 91, 92, 93, 99, 102, 105, 108, 109, 122, 138, 272
Romans   9, 33, 92, 97
Rome   55, 126, 221
Romilly, Sir Samuel (1757–1818)   224, 305
Royal Commission on Capital Punishment (1949–53)   359

Royal Courts of Justice   249, 251, 265
Royal Exchange Fire Insurance Office   193
Royal Proclamation   98, 122 n.14, 124, 157, 193
Royal Prerogative   75, 97f., 99, 115, 117, 118, 122, 136, 138, 150, 166, 272, see also Prerogative Courts
  Defence of   56, 121f., 129, 162
  Opposition to   115ff., 123, 124, 127f., 129, 131, 132, 163f.
  Torture and   109f., 112f., 114
Rudyard, Benjamin (1572–1658)   117
Rule of Law   1, 2, 44, 68, 72, 118, 119, 132, 163, 173, 212, 245, 267, 271f., 283, 285, 288,
  Threats to   3, 97, 161, 273, 276, 319–25
Runnymede   69, 70, 74
Rushdie, Salman (1947–), novelist   303
Russell, Bertrand (1872–1970), philosopher   289
Russell, Charles (1832–1900), Lord Chief Justice (1894–1900)   206 n.3
Russell, John (1792–1878), 1st Earl, Prime Minister (1846–52, 1865–6)   206

St John-Stevas, Norman (1929–2012)   298
Sacheverell, Henry (c.1674–1724), High Church Clergyman   186ff.
Salic Law   12 n.5, 28
Sancroft, William (1617–93), Archbishop of Canterbury (1677–90)   163
Sandwich, John Montague (1718–92), 4th Earl of, First Lord of the Admiralty (1748–51, 1763, 1771–82)   207f.
Satanic Verses (1988)   303
Scarman, Leslie (1911–2004),Baron, Lord of Appeal in Ordinary (1977–86)   271, 317
Scilly Isles   154
Scotland   19 121, 134, 218 273
Scotland Yard   236
Scott Henderson, John (1895–1964), barrister   312
Scott, Walter (1771–1832)   33, 135 n.4

Scottish Court of Criminal Appeal (1926)   264 n.7
Scottish Legal System   28 n.19, 35, 80 n.6, 22, 129, 229, 240
Scutchamer Knob   24, 27
Selden, John (1584–1654)   100, 110 116, 133, 138
Select Committee on Policing in London (1822)   229
Serjeants-at-law   85, 86, 113
Serjeants' Inn   86, 241
Seven Bishops, the Trial of (1688)   163
Seven Years War (1756–63)   166
Sexual Offences Act 1967   294
Sexual Offences Act 2003   294
Shakespeare, William   46, 74, 93, 119, 296, 298
Shanley v Harvey (1762)   177
Sharp, Granville (1735–1813), slavery abolitionist   173f., 175, 179f.
Shaw, Thomas (1850–1937), Baron Shaw of Dunfermline, Lord of Appeal in Ordinary (1909–29)   267
Shawcross, Hartley (1902–2003), Attorney General (1945–51)   278 n.8
Shelburne, William Petty (1737–1805), 2nd Earl of, Prime Minister (1782–3)   196
Sheppard, David (1929–2005), Bishop of Woolwich (1969–75)   300
Sheriff   22, 23, 24, 34, 40, 44, 47 48 50, 65, 66, 72, 105, 185 n.1, *see also* Reeve
Ship Money   133
Ship Money Case (*R. v. Hampden*, 1638)   128
Shire   16 n.23, 23, 23, 31, 41, 49, 50, 72
Shire Courts   23, 24, 25, 27, 36, 40, 44, 48
Sickert, Walter (1860–1942), Painter   256
Silverman, Sidney (1895–1968), MP   313
Simon, John (1873–1954), 1st Viscount, Lord Chancellor (1940–45)   270
Slavery   218, 223
  Anglo-Saxon   13, 31, 36
  Cases on   173–84
Slavery Abolition Act 1833   221
Slave Trade Felony Act 1811   219
Smith v Brown and Cooper (1701)   176

Smith v Gould (1705)   176
Smith, Frederick Edwin (1872–1930), 1st Earl of Birkenhead, Lord Chancellor (1919–22)   297
Smith, Sydney (1771–1845), Priest and Wit   228
Society of Authors (founded 1884)   298
Society of Constitutional Information (founded 1780)   213
Society for the Suppression of Vice (founded by William Wilberforce in 1787)   290
Solicitors   85, 254, 262
Solomon, King of Israel (c.970–931BC)   10, 16, 121, 180
Somerset, James   173f., 184
Somerset's Case (1772)   175, 183, 274, 275
Southouse, Thomas, attorney   201
Southwark Sessions   195
Special Immigration Appeals Commission   320f.
Spycatcher (1985)   300 n.31
Stalin, Joseph (b.1878, r.1924–53)   276 286
Staple Inn   87
Star Chamber   83, 98, 101, 103–8, 127, 128, 133, 157, 269, 325
  Coke and   115, 120, 130
  Lilburne and   149f., 151, 154
Statutes   4, 60f., 86, 90f., 92, 106, 122, 150, 180, 322
  Capital   60, 61, 198
  Construction of   154, 193, 271, 275, 287
  Magna Carta as first and fundamental   74, 75, 76, 90, 153f
  Repeal of   224, 226ff., 294
Stephen (b.1097, r.1135–54)   45, 52
Stephen, James Fitzjames (1829–94), jurist   109, 204f., 239, 245, 248 n.17, 263, 290 n.2
Strafford, 1st Earl of, *see* Wentworth
Stuart, Charles   17
Stuarts   97, 100, 104, 17, 108, 109, 112, 120, 186, 274
Suffolk   50
Sunday Express   295
Supreme Court of Judicature   265
Supreme Court   72 n.12, **73**, 319

453

Sussex 23

Talbot, Charles (1684–1737), Baron, Solicitor-General (1726–33), Lord Chancellor (1733–37)   176f
Tankerville, Ford Grey (1655–1701), 3rd Baron Grey of Warke, 1st Earl of   161
Taunton Prison   126
Taylor, Jeremy (1613–67), divine   200
Temple, William (1881–1944), Archbishop of York (1929–42), Archbishop of Canterbury (1942–44)   305f.
Temple Bar   86
Test Acts 1673 and 1678   161f.
Textus Roffensus   10 n.1, 43
Theft   13, 19, 28, 48, 54, 60, 61, 198, 226, 289, *see also* Thieves
Thelwell, John (1764–1834), radical agitator   251, 254
Theobald of Bec (c.1090–1161), Archbishop of Canterbury (1139–1161)   69f.
Thieves   19, 20, 31, 44, 224
Tindal, Sir Nicholas (1776–1846), Chief Justice of the Common Pleas (1829–46)   236f., 238

Toleration Act 1689   186
Tooke, John Horne (1736–1812), radical agitator   215f.
Tories   164, 186, 187, 188, 237
Torture   28 120, 272, 320
   Common Law and   78, 80, 93, 109f., 320f
   Royal Prerogative and   109–14
Tower, The   173, 195
   Imprisonment in   106 n.10, 150, 154, 167, 196, 213
   Torture and   109, 110, 111, 112, 113
Treason   25, 37 38 60, 80 n.7, 105, 120, 124, 133, 141, 149, 163, 210 233, 236, 245, 305
   Ambit of   60, 135f., 151, 185
   Charles I and   133f, 139 143, 144, 145
   Constructive   196, 214, 216f
   Torture and   110, 112, 113
   Trial by Battle and   3, 77 n.1
Treason Trials Act 1696   199
Treaty of London (1949)   285

Treaty of Paris (1763)   166
Trover   175f
Tudors   60, 86 n.9, 97, 98, 102, 108, 116, 118, 135 136
   Star Chamber and   104, 105, 107
   Torture and   109, 110
Twenty-five Bedford Row   201 n.2

Ulysses, British edition (1936)   296f.
United Nations   285f.
United States of America   4, 123, 135 n.4, 155, 177 n.9, 180, 217, 247 n.16, 272, 289 296, 297, 300, 309, *see also* American Revolution, Franklin, Guantanamo Bay, Hamilton, New York, *New York Times*, Virginia
   Constitution of   75, 123 n.18, 165, 183, 190
   Declaration of Independence of (1776)   211
   Magna Carta and   72 n.14, 75f.
   Nuremberg Trials and   276f., 280 282, 283
   Slavery and   183
   Supreme Court of   275, 277, 278
U.S. v Holmes (1842)   245 n.12, 250 n.21
Universal Declaration of Human Rights of the United Nations (1948)   285

Vagrancy Act 1824   290
Van der Elst, Violet Anne (1882–1966)   **306**, 307, 312
Vaughan, Sir John (1603–74), Chief Justice of the Common Pleas (1668–74)   160
Verdict   1, 28, 79, 80, 99, 153, 154, 157, 160, 262, 265
   Perverse   155
   Special   239, 248f.
Victoria, Queen (b.1819, r.1837–1901)   4, 230 236, 238, 240, 293
Victorian Moralism   244 245, 250, 257, 288, 289, 290 n.2, 292
Victorians   252, 322
Vikings   9, 15, 18 33, 35, 42
Villiers, George (1592–1628), 1st Duke of Buckingham   110, 119
Virginia   77 n.1, 173, 176, 180
Vote of No Addresses (1648)   137

Wagstaffe's Case (1665)   160
Wallace, William (c.1270–1305)   83
Wallingford, Honour of (feudal barony) (1066–1540)   48
Walpole, Horace (1717–97), 4th Earl of Oxford   196
Walpole, Robert (1676–1745), 1st Earl of Oxford, Prime Minister (1721–42)   187 n.2
Walsingham, Sir Francis (1532–90), Principal Secretary to Queen Elizabeth I (1573–90)   115
Waltham Black Act 1723   198, 226
Walter, Hubert (c.1160–1205), Archbishop of Canterbury (1193–1205), Chief Justiciar (1193–8)   64, 67
Waltheof (ex.1076), Earl of Northampton and Huntingdon (1065)   37
Wandsworth Prison   307
Wars of the Roses (c.1455–85)   92, 97, 104
Watt, Robert (ex.1794)   213f.
Well of Loneliness (1928)   294ff.
Wentworth, Thomas (1593–1641), 1st Earl of Strafford   113, 133, 135, 136, 137, 140, 144, 145
Wergild   13 n.13, 17
Wessex, Kingdom of   9, 15, 17, 18, 21, 23, 31, 32
Westminster   192, 287, 319
Westminster Abbey   319
Westminster, Council at (1163)   55
Westminster Hall   **84**, 131, 136, 183, 203, 205, 249
  Construction of   42, 82
  Courts within   62ff., 72, 80, 82f., 85, 86, 87
  Trials held in   79, 83
    Baillie   207ff.
    Charles I   138, 140–6
    Gordon   196
    Paine   210f.
    Sacheverell   188f.
    Strafford   133
    Wilkes   167f.
Westminster, Palace of   103, 319
Westminister, Provisions of (1259)   90
Westminster School   114

Whigs   164, 186f., 187, 188, 196, 199, 218, 219, 221, 224, 231
Wihtred, King of Kent (r.691–725)   14f.
Wilberforce, William (1759–1833)   218
Wilde, Oscar (1854–1900), Trials of   293f.
Wilkes, John (1725–97)   194, 215
  General warrants and   167f.
  House of Commons and   189f
  Outlawry of   174, 188f.
  Seditious libel and   166
William I, the Conqueror (b.1028, r.1066–87)   20, 37, 42
  Conquest of England by   33ff.
  Church and   41
  Domesday Book and   40f
William II Rufus (b. c.1057, r.1087–1100)   38, 42, 82
William III, of Orange (b.1650, r.1689–1702)   163f., 186
William IV (b. 1765, r.1830–37)   228
William of Raleigh (d.1250), Bishop of Norwich and of Winchester, Justiciar   91
Williams, John (1582–1650), Lord Chancellor (1621–5)   136
Wills, Sir Alfred (1828–1912), High Court Judge (1884–1905)   294
Wolsey, Thomas (c.1473–1530), Cardinal Archbishop of York (1514), Lord Chancellor (1515–29)   101, 104, 115
Wood, Robert (c.1717–71), Under-Secretary of State   167
Wood, Robert   256f.
Woodstock, Council at (1163)   54f.
Writs   45, 97, 122, 152
  Corpus cum causa   115
  Darrein Presentment   72
  Habeas Corpus   118, 122, 149f., 154f., 156, 160, 161, 166, 167, 169, 174, 177, 184, 214, 267, 272, 274, 275, *see also* Coke, Lilburne
  Origin of   75, 101, 115f.
  Mort d'ancestor   72
  Novel disseissin   72
  Praemunire   124, 126, 127, 128
Wulfhelm, Archbishop of Canterbury (c.926–41)   19
Wulfstan, Archbishop of York (1002–23)   9, 20f

Yarmouth Murder Case (1901) 254
Year Books 91
York 54, 82, 87
Yorke, Philip (1690–1764), 1st Earl
 of Hardwicke, Lord Chancellor
 (1737–56) 174, 176f., 189, 192

Yorkshire 50

Zadig, Arthur 267f., 270

著作权合同登记号　图字:01-2022-1269
图书在版编目(CIP)数据

普通法简史／(英)哈利·波特著；武卓韵译. —北京：北京大学出版社，2022.1
ISBN 978-7-301-32845-3

Ⅰ.①普… Ⅱ.①哈… ②武… Ⅲ.①英美法系—研究 Ⅳ.①D904.6

中国版本图书馆 CIP 数据核字(2022)第 017904 号

书　　名	普通法简史 PUTONGFA JIANSHI
著作责任者	〔英〕哈利·波特 著　武卓韵 译
责任编辑	柯　恒
标准书号	ISBN 978-7-301-32845-3
出版发行	北京大学出版社
地　　址	北京市海淀区成府路 205 号　100871
网　　址	http://www.pup.cn　http://www.yandayuanzhao.com
电子信箱	yandayuanzhao@163.com
新浪微博	@北京大学出版社　@北大出版社燕大元照法律图书
电　　话	邮购部 010-62752015　发行部 010-62750672 编辑部 010-62117788
印刷者	涿州市星河印刷有限公司
经销者	新华书店
	880 毫米×1230 毫米　A5　14.875 印张　393 千字 2022 年 1 月第 1 版　2022 年 12 月第 2 次印刷
定　　价	88.00 元

未经许可，不得以任何方式复制或抄袭本书之部分或全部内容。
版权所有，侵权必究
举报电话：010-62752024　电子信箱：fd@pup.pku.edu.cn
图书如有印装质量问题，请与出版部联系，电话：010-62756370